中国广播电视社会组织联合会学术研究系列丛

县级融媒体中心建设的探索与思考

中国广播电视社会组织联合会
海看网络科技（山东）股份有限公司　编

新 华 出 版 社

图书在版编目（CIP）数据

县级融媒体中心建设的探索与思考 / 中国广播电视
社会组织联合会，海看网络科技（山东）股份有限公司编 .
-- 北京：新华出版社，2021.1

ISBN 978-7-5166-5580-1

Ⅰ . ①县… Ⅱ . ①中… ②海… Ⅲ . ①县—传播媒介
—建设—研究—中国 Ⅳ . ① G206.2

中国版本图书馆 CIP 数据核字（2020）第 255503 号

县级融媒体中心建设的探索与思考

编　　者：中国广播电视社会组织联合会　　海看网络科技（山东）股份有限公司

责任编辑：徐文贤　　　　　　　　　　封面设计：贝壳学术

出版发行：新华出版社

地　　址：北京石景山区京原路 8 号　　邮　　编：100040

网　　址：http://www.xinhuapub.com

经　　销：新华书店、新华出版社天猫旗舰店、京东旗舰店及各大网店

购书热线：010-63077122　　　　　　中国新闻书店购书热线：010-63072012

照　　排：北京贝壳互联科技文化有限公司

印　　刷：天津雅泽印刷有限公司

成品尺寸：170mm×240mm　　1/16

印　　张：21.75　　　　　　　　　　字　　数：431 千字

版　　次：2021 年 3 月第一版　　　　印　　次：2021 年 3 月第一次印刷

书　　号：ISBN 978-7-5166-5580-1

定　　价：98.00 元

编选说明

由中国广播电视社会组织联合会和海看网络科技（山东）股份有限公司共同举办的"轻快杯"县级融媒体中心建设征文活动于 2019 年 11 月 15 日圆满结束，总计来稿 148 篇。《中国广播电视学刊》编辑部对应征作品进行了初评。定评会于 2020 年 1 月 5 日在北京举行，共评选出一等奖作品 10 篇、二等奖作品 20 篇、三等奖作品 30 篇，优秀奖作品 16 篇。现将获得一、二、三等奖的作品结集出版。

《中国广播电视学刊》编辑部
2020 年 7 月

目 录

一等奖

1

二等奖

三等奖

一等奖

县级融媒体中心建设要更实更大更强

杨明品

2018年9月20日，中宣部在浙江长兴县召开县级融媒体中心建设现场推进会，要求2020年底基本实现在全国的全覆盖，吹响了全国范围内推进县级融媒体中心建设的冲锋号。不久，县级融媒体中心建设规范和省级技术平台建设标准相继出台，县级融媒体中心改革的顶层设计技术指引正式落地实施。这是我国媒体改革发展历史上的标志性事件，新一轮媒体改革由此拉开大幕。

一年多来，全国各地县级融媒体中心建设高潮迭起，纵深推进，案例频出，成为许多论坛的焦点议题，社会关注超乎预期。推进成效则出现了差异。有些成效十分明显，在政策的引领下，一方面本级财政加大投入，基础设施条件得到根本改善；另一方面，相关改革整体推进，新闻宣传和经营业务发生系统性变革，事业发展焕然一新，经营模式发生变化，经营收入大幅增长；但也有些中心建成挂牌，投入不少，成效不彰，老问题未解决，新问题又冒出来。这些说明推进基层媒体融合发展，面临的情况比较复杂，改革需要扎实推进。媒体融合不仅要做正确的事，还要正确地做事，要在措施精准、统筹协同上下更大功夫。

从当下的进度看，可以肯定，2020年底基本实现县级融媒体中心全国全覆盖的目标能够实现。当然，改革不是完成挂牌指标，不能只看进度，更要看是否规范、质量是否达标，目标是否实现，成效是否显现。据我们观察，目前中心建设的"施工图"设计和"施工过程"必须聚焦到两个点上：一是建成一个什么样的县级融媒体中心；二是怎样以县级融媒体中心的建设，推动媒体变革和基层治理平台创新。

走过多年的下坡路，广电基层在彷徨和疑惑之中，特别期待加快建设成县级融媒体中心，希望这项改革引领基层媒体走出困境，改革既冒"热气"，也接"地气"，能够更带来生机和活力。观察县级融媒体中心一年来的探索实践，我们觉得三个方面亟待加强，简言之，要更"实"，"实"在措施成效；要更"大"，

"大"在网络格局；要更"强"，"强"在系统能力。

一、更实，就是措施更实、成效更实

1.落实中央部署的政策举措要更实

中央宣传部和国家广电总局推出的有关建设标准和规范，是中央要求和顶层设计的具体化，这些建设规范是着眼发展全局和长远、解决根本问题的基本原则和指引路径，在实际工作中应不折不扣地执行，不能搞偷工减料、简单调整。有的地方急于求成，不严格按省级平台和县级融媒体中心建设标准建设施工，以致难以形成新业务支撑能力和新产品新业务开发能力，用户服务能力不强，投了重金，但离基层舆论阵地、综合服务平台和社区信息枢纽建设的目标差距很大。有些地方把县级融媒体中心建设简单地看作是媒体机构的事，缺乏必要的资源配置，功能不健全。习近平总书记指出，媒体融合发展不仅仅是新闻单位的事，要把我们掌握的社会思想文化公共资源、社会治理大数据、政策制定权的制度优势转化为巩固壮大主流思想舆论的综合优势。这种综合优势必须由党委政府予以统筹才能聚合起来。有些地方未能把县级融媒体中心建设上升到一把手工程，统筹协同不够，导致地方配套落实政策跟不上，上面的政策不落地，省级平台和县级融媒体中心建设都有成为半拉子工程的可能。

2.改革和建设效果要更实

省级平台和县级融媒体中心建设一定要坚持建设初心，锚定三个目标，否则容易走偏路子。南方某省县级融媒体中心建设紧锣密鼓推进，但一些县级台台长列举省级平台建设不到位、服务能力不强的"四宗错"。其一，个别省台或省报的技术力量不足，难以达到省级平台建设要求；其二，省级平台的融媒体技术设计与市县融媒体中心的具体运作要求不匹配，出现了上下不接驳、建成了也用不起来的现象，也就是说，县级融媒体中心建成了挂牌了，但难以解决各县媒体运行的实际应用问题；其三，个别省（区、市）的省级台、省党报、省有线网络缺乏协同，各自为政组建"云"往下延伸，利用各自权力争抢市县级"融媒体中心"的资源和承建经费，让基层左右为难无所适从；其四，有的省级平台还是传统思维，习惯指挥基层而不是服务基层，习惯到基层"抽血"而不是帮助"造血"，借由平台便利要求市县台干这干那，使得人才和运作资源本来就匮乏的市县"融媒体中心"更加捉襟见肘。

做实县级融媒体中心，省级平台重在技术支撑和运营服务支撑，要基于用户需求不断强化优化平台功能，为县级融媒体中心解决技术痛点和运营难点；其他相关部门重在推动人事改革、内在机制、资源配给改革落地。

二、更大，就是要着眼主流全媒体大格局，以更高的站位、更大的视野去谋划建设省级平台和县级融媒体中心

县级融媒体中心建设的重要目标是建成为基层主流舆论阵地、综合服务平台和社区信息枢纽，在新闻宣传、产业运营等各方面全面突破"孤岛"困局，蝶变为主流媒体生态系统中面向用户、立足本地的活跃前台，构建众多县级融媒体中心构成省级媒体网、省级媒体网络连着县级融媒体中心的格局，形成主打本地服务的新兴媒体。实现媒体融合纵深发展，关键的是要加快建立融合制播体系，这个体系的基本功能就是一体化资源配置、多媒体内容汇聚、共平台内容生产、多渠道内容分发、多终端精准服务、全流程智能协同。县级融媒体中心虽处基层、独立运作，但它是整个媒体网络的一部分，是这个体系不可分离的一个单元。它的功能的发挥，必须借力于省级平台这个大的网络。这一关系构建为媒体体制机制创新提供了广阔空间。

当下媒体体制机制创新的潜力空间就是集成和协同。省级平台、县级融媒体中心和将要推进的地市融媒体中心，都应从上下左右资源业务集成、运营协同和互相支撑、业务上手拉手上做文章。只有立足于媒体资源整合互补、集成协同，才能发扬特色，形成合力，巩固主流媒体的地位和作用，真正建成为上下贯通、左右相连的思想舆论阵地、综合服务平台和社区信息枢纽。省级平台、地市和县级融媒体中心建设都要聚焦主流媒体发展前途和舆论阵地建设大格局，不能让小部门眼下的利益遮住了望眼。要瞄准合力建设融媒体体系，从基层和用户需求出发，从本身痛点着手，将省级平台建成中枢后台，实现上下左右互动、互助、互利、共赢，将市县融媒体中心建成为大的全媒体体系中的一个"中台"，为前端服务提供智慧支撑。

三、更强，就是发展能力和竞争力引导力进一步增强

没有自我发展能力和市场竞争力就没有持久的传播力与引导力，也不可能占领现代传播制高点。习近平总书记指出，要坚持一体化发展方向，通过流程优化、平台再造，实现各种媒介资源、生产要素有效整合，实现信息内容、技术应用、平台终端、管理手段共融互通，催化融合质变，放大一体效能，打造一批具有强大影响力、竞争力的新型主流媒体。增强影响力、竞争力是县级融媒体中心建设的重要目标。

1.进一步增强服务群众引导群众的能力

省级平台也好，县级融媒体中心也好，都是手段，关键在于坚持以人民为中心，以群众需求为依归，增强创造用户价值的能力。如果我们的服务对群众没有价值，那群众不需要我们，我们也就失去了存在的价值。用户离开了，阵地也就不在了。

有的地方在实际工作中有点本末倒置，重建设形式，不重实际效果，这种形式主义作风危害甚大。

有些县级融媒体中心把工作重点下沉到帮助群众脱贫致富和乡村振兴建设，利用融合媒体服务为乡村种养、文化建设和社会发展提供细致入微的服务，对准解决老百姓生产生活和乡村工作的痛点、难点、堵点，短时间内就实现了转型升级。服务和引导群众，首先要看得见老百姓的需求，而这需要深入到百姓当中去。心中装着百姓，才能服务和引导群众，才能快速增强新时代媒体服务能力，这正是省级平台和县级融媒体中心能力建设的关键所在。

2. 进一步增强市场竞争力

满足市场需求与追求社会效益并不冲突，人们的选择是通过市场来表达的，媒体产业是媒体事业发展的土壤，媒体事业是媒体产业发展的目的。省级平台和县级融媒体中心是融媒共体，应该基于主流媒体大定位进行差异化小定位，着力综合优势和公信力权威性变现，提供商业和社会化媒体难以提供的媒体信息产品和服务，接入政府治理大数据，发挥整体优势，大力增强造血能力，依靠财政扶持但不依赖财政生存。

做好服务才是增强引导力竞争力的王道。如何做好服务，要建立新体制，运用新机制，激发新活力，应用新技术，创造新价值，提供新服务，满足新需求，占领新市场，这是必然的选择。从这几个"新"里，省级平台和县级融媒体中心或许可找到摆脱建设发展困境的锦囊妙计。

（作者单位：国家广播电视总局发展研究中心）

县级融媒体中心助力乡村振兴战略的路径选择

曹爱民

乡村振兴已经上升为国家战略，成为关系全面建设社会主义现代化国家的全局性、历史性任务，在实施过程中需要调动社会各方力量参与。新时期，要考虑将县级融媒体中心与乡村振兴工作进行有效衔接。

2020年，乡村振兴要求取得重要进展，制度框架和政策体系基本形成。同年底，县级融媒体中心也要求基本实现在全国的全覆盖。县级融媒体中心作为最基层的媒体组织，必须深入到乡村，才算真正走完舆论宣传的"最后一公里"。融入和借势国家乡村振兴战略，是县级融媒体中心的媒体责任，是县级融媒体中心需要优先规划和布局的内容，也是实现和检验县级融媒体中心传播力、影响力、引导力和公信力的重要途径。

一、加强舆论引导，营造乡村振兴良好氛围

乡村要振兴，宣传必先行。实施乡村振兴战略需要凝民心聚众力，需要强有力的舆论支持。做好乡村振兴战略报道，宣传党的乡村振兴方针政策和各地丰富实践，营造乡村振兴良好氛围，形成共创乡村振兴的强大合力，是县级融媒体中心义不容辞的责任。

（一）整体布局乡村报道，唱响主旋律

2018年中央一号文件《中共中央　国务院关于实施乡村振兴战略的意见》强调，深入推进乡村全面振兴战略需要"准确把握乡村振兴的科学内涵，挖掘乡村多种功能和价值，统筹谋划农村经济建设、政治建设、文化建设、社会建设、生态文明建设和党的建设，注重协同性、关联性，整体部署，协调推进"。这一要求也为县级融媒体中心的乡村报道指明了方向，确定了任务。

县级融媒体中心是对全县域广播、电视、报刊、党委政府网站、客户端以及微信公众号、微博等公共媒体资源进行有效整合而形成的，改变了以前各自为政的宣传报道局面，可以统一协调，优化媒体资源配置，打造关于乡村振兴战略宣

传报道的县域全媒体传播矩阵和信息采编播一体化平台。县级融媒体中心利用"中央厨房"，移动优先，形成一次采集、多种生成、多元传播的一体化模式，再造媒体组织结构、生产传播经营流程和管理模式，使县级媒体更加适应互联网革命带来的新变化，发挥对农报道的系统性、整体性、协同性，充分发挥不同类型媒体的功能和优势，打造覆盖面广、系统性强、权威性高的农业农村宣传体系。

在具体报道中，融媒体中心应该把乡村振兴战略宣传报道作为重中之重，遵循"对内联动、对外联合、上下联通"的总原则，进行纵向和横向的媒体合作，打通新的资源渠道，共同宣传有关政策以及实施的最新成果、农村典型的人和事，构建起跨地域跨媒体跨行业一体化媒体合作平台，将县级媒体紧密镶嵌在全国媒体网络之中，拓展其覆盖面、渗透率和影响力。

同时，县级融媒体中心也应该坚持和发扬基层主流媒体的权威性和先进性，积极发挥县级媒体在基层思想政治工作中的舆论引领作用，自觉担负起"举旗帜、聚民心、育新人、兴文化、展形象"的伟大使命，在引导群众、服务群众的基础上，从社会、文化、经济等方面助力乡村振兴，特别是产业振兴工作，进而促进县域社会和经济的高质量发展。

（二）借助融媒体优势，增强参与度

"我国许多乡村地区采用'自上而下'的信息传播体系，媒体机构和政府占据主导地位，而农村受众长期处在被动接收信息的地位，是乡村传播的信息接收者，很少成为传播的主体。这种传播模式已经难以满足乡村振兴战略的需要。"

历史事实反复证明，中国政府社会资源动员和聚集能力是其他任何国家都无法比拟的。全社会共同参与乡村振兴，不仅具有社会制度条件，而且具有现实可能。中国特色社会主义乡村振兴模式可以概括为"以政府主导、以农民为主体、全社会共同参与"。乡村振兴战略中，不仅仅依靠政府主导和主动作为，也依靠农民的积极投入和参与，才能更好实现乡村振兴战略的目标和总要求。

"融媒体"是充分利用媒介载体，把既有共同点，又存在互补性的不同媒体，在人力、内容、宣传等方面进行全面整合，实现"资源通融、内容兼融、宣传互融、利益共融"的新型媒体。它既能够发挥传统媒体的权威性和公信力，又具有新媒体的黏性。县级融媒体中心要借助融媒体优势，充分利用抖音、小视频、一直播、秒拍等新媒体，深耕细分垂直化内容，积极创新宣传内容和形式，增强贴近性，提高农民主体的参与度，把他们吸引到积极促进乡村振兴的行动上来。

当前，媒体已进入了融合传播时代，传播格局发生了变化，受众群也发生了转移。县级融媒体中心要适应新格局，把握新规律，优化内容产品，积极打造融媒体传播矩阵，实现渠道下沉和资源整合，延伸融媒触角，聚集起海量用户并建立用户黏性。要坚定"受众在哪里，宣传报道的触角就要伸向哪里，宣传思想工作的着力点和落脚点就要放在哪里"的宣传理念，积极用好两微一抖，在越来越多农村群众使用的移动终端上接触用户、引导用户，不断扩大在新媒体平台上的传播力、引导力、影响力和公信力，使媒体融合效果凸显。

（三）聚焦乡村发展现状和问题，提高针对性

我国乡村社会主要矛盾已经转化为人民群众日益增长的美好生活需要和乡村不平衡不充分的发展之间的矛盾。由于历史和体制的原因，农村人居环境脏乱差污险现象仍然十分普遍和严重；乡村社会思潮比较混乱，农业科技人员奇缺，历史虚无主义市场较大，真假新闻混杂莫辨，自媒体上的一些商业化炒作更是此起彼伏；农民企盼真正落实农村优惠政策，畅通农村市场，实现农业现代化、规模化的呼声比较强烈。

由于缺乏对农村问题的认识高度，过去的"三农"报道往往呈现出表面化、简单化、单一化和碎片化现象。走过场、流于形式的报道多，解决实际问题的少。农村科技、农村经验、农村热点、农民呼声、农民难点都没有及时准确地反映出来，模糊了党媒的报道导向。

习近平总书记曾指出："问题是创新的起点，也是创新的动力源。"县级融媒体中心助力乡村振兴，营造乡村振兴良好氛围，要立足于我国国情、农情，从实际出发，契合政策要点，坚持问题导向，把准农民心理脉搏，倾听他们的呼声，敢为他们代言，及时发现"三农"领域的新问题、乡村振兴过程中的新情况，为决策机关提供参考，为农民群众答疑解惑，并通过宣传报道和平台优势，积极推进问题的解决。

"我们还必须认识到，由于乡村社会的教育水平和文明程度相对较低，舆论引导的任务势必相对较难。我们的县级融媒体绝不能迁就低俗、纵容庸俗、任意媚俗，一定要坚持内容服从健康，引导把持内容，以先进的工业文明、信息文明引导和替代相对落后的农业文明。县级融媒体中心应当在这一伟大的历史进程中，发挥积极而主动的有力助推作用。"

乡村工作点多面广，存在地域差异，发展不平衡，往往会带来一些复杂矛盾和问题。在进行报道时，要把握好时、度、效，需要立足大局思考，体现大局要求，把握好时机，客观分析局部和整体、主流和支流、本质与现象之间的关系，切实把握好宣传报道的效果。必要时，还要善于主动设置议题，以有效地引导舆论。

二、搭建跨界融合平台，助推乡村有效治理

"跨界融合，连接一切"是互联网＋的精神核心内涵。互联网的出现使得行业跨界融合成为可能。县级融媒体中心借助互联网优势，不再是单一的传播平台，而是整合了多个政府部门的政务活动，集新闻传播、智慧城市管理、政务信息发布和电商经营等于一体的综合性平台，也是一个聚合各种用户共同参与的互动平

台。县级融媒体中心已成为推进包括县域、乡村在内的整个国家治理体系和治理能力现代化的重要一环，不但使县级媒体深度参与到社会管理之中，而且"在对接县级媒体生态与媒体融合轨迹的基础上，构筑起一个县域治理的枢纽"。

（一）加速城乡融合，巩固执政基础

城乡二元对立曾是历史的一部分，城乡差距也在此基础上得以形成。乡村振兴客观上要求"四化同步"、推进城乡融合发展，加快形成工农互促、城乡互补、全面融合、共同繁荣的新型工农城乡关系，但是由于长期受二元结构体制的影响，城乡分隔、文化隔阂、要素单向流动的问题始终没有得到很好解决。

城乡和谐是社会和谐的重要方面，涉及国家和社会的长治久安。县级融媒体中心助力乡村振兴不能仅注目于乡村，需要在沟通城乡、服务城乡的基础上，树立融汇城乡的传播意识，推进城乡融合、产业融合，圈层更多的城乡新消费主体，消除城乡在物质和文化上的差别，促进基层社会治理现代化，巩固执政基础。

县级融媒体中心要理顺内外部关系，打通社会资源，以用户为中心，广泛聚合和有效运营各类本土资源，在绿色食品、农特产品、乡村旅游、人口流动、资源开发、社会服务等方面融合，推动、引领、补位乡村振兴战略的实施，成为推动乡村振兴的重要一环，构建新时代乡村治理体系。同时，县级融媒体中心在助力乡村振兴过程中还有必要将现代文明传播到乡村，将城市的一些生活理念、生活方式、思维方式传播到乡村。县级融媒体中心也应当有意识地发掘乡村价值，传播优秀的乡村文化。

"社会治理框架下，县级融媒体传播要承载县域社会治理转型和社会治理能力提升，这既是媒介发展对社会发展的回应，也是县级融媒体建设顶层设计的应有之意。"实施乡村振兴战略本身也是健全现代社会治理格局的固本之策。

（二）畅通地方政务，防范化解乡村重大风险

当前，我国发展不平衡不充分问题在乡村最为突出。农村基础设施和民生领域欠账较多，农村环境和生态问题比较突出，农村基层党建存在薄弱环节，乡村治理体系和治理能力亟待强化。因征地拆迁补偿、劳务工资拖欠、非法集资、金融诈骗、旅游景点服务和购物等问题引发的纠纷，医疗问题导致的医患关系矛盾等也时有发生。

2019年1月21日，在省部级主要领导干部坚持底线思维着力防范化解重大风险专题研讨班开班式上，习近平总书记提出了"提高防控能力，着力防范化解重大风险，保持经济持续健康发展和社会大局稳定"的要求。

县级党政部门是防范和化解风险挑战的第一线和最前沿，而县级融媒体中心则理所应当地成为县级党政部门的重要抓手和得力助手。"最大限度、最大可能地公开政务信息，反映群众诉求、倾听百姓呼声、满足人民需要，赢得千百万人

民群众对政权的热烈拥护和由衷支持，县级融媒体中心是做好这方面工作的首要阐释者和重要担当者。"

县级融媒体中心要充分发挥媒体的信息公开、民意收集、公共议事等功能，打造开放、互动、协商式的新型传播模式，为各有关部门搭建迅速处理问题的平台，建立以人民为中心的政务信息公开机制，走好新时代网上群众路线，顺应民心、尊重民意、关注民情、致力民生，坚持把人民拥护不拥护、赞成不赞成、高兴不高兴作为一切工作的准绳，打好防范化解重大风险攻坚战，有效防范和化解各类矛盾风险，为乡村振兴创造安全的政治环境和稳定的社会环境。

（三）合纵连横，实现乡村高效、智能化管理

党的十九大报告提出：乡村振兴要"打造共建共治共享的社会治理格局。"实现乡村治理有效，就是要按照这一要求，通过创建党委领导、政府负责、社会协同、公众参与、法治保障的乡村治理体系，科学运用现代化治理手段和科学的治理方法，打造"产业兴旺、生态宜居、乡风文明、治理有效、生活富裕"的乡村社会，确保农村社会长治久安、和谐发展。

县级融媒体中心通过互联网、云处理、大数据和智能化手段，搭建跨界融合平台，既可以与省、市上级单位连通与联动，又可以贯通所在区域党委和政府各级组织各个部门、本土各类企事业单位和不同群体，盘活县域社会资源，构建起能够运用海量的用户数据、精准的用户画像、丰富的生活服务项目与有引导力的内容资讯，为所在区域人民群众提供一站式综合服务的新时代治国理政新平台，真正实现"共建共治共享"。

县级融媒体中心作为县域新闻传播、政务服务、综合信息平台，对接政府部门技术平台，参与智慧城市、电子政务、便民服务平台建设，集纳省市县乡镇村的各类政务信息、应急信息、民生服务，按照"媒体＋"的要求，实现公共服务功能，为智慧政务提供信息发布及宣传、互动业务，包括新闻发布、政务公开、政务办理、建言资政、农民普法、远程医疗、政策查询、卫生防疫、防灾减灾、服务评价等，实现受众需求和传播目标的融合、公众参与和新闻传播的融合、政务公开和大众传播的融合，深入源头打通"两个舆论场"。

"县域治理改革是双向型运作，向上意味着县级要有更强的自主性，向下则必须有民众对县域治理的适度参与。"县级融媒体中心不仅是技术层面接入公共服务的端口，更重要的是公众能够通过融媒体平台评价、评判公共服务的质量与水准，与政府就公共服务话题进行互动和交流。

县级融媒体中心也可以与既有基层传播网络对接，加强农村基层党组织建设，深化村民自治实践，建设法治乡村，提升乡村德治水平，健全落实社会治安综合治理领导责任制和大力推进农村社会治安防控体系建设密切结合起来，以此为农

村社会稳定和长治久安提供可靠的体制机制保障。

民众、政府和第三部门多方协作共治的"合作治理"是一种新的社会治理模式，有别于以往基于行政层级的垂直治理模式，是促进乡村振兴的有效途径；有效参与是乡村合作治理的重要因素，主体协商是其重要环节。公众参与和多元互动既能够增进公共服务的针对性和有效性，也能够改进公共服务质量。引领基层社会治理创新，承载基层社会治理现代化是县级融媒体中心能否发挥县域治理作用的关键。

三、开展多种综合信息服务，促进乡村经济发展

党的十九大报告提出，农业农村农民问题是关系国计民生的根本性问题。实施乡村振兴战略是建设现代化经济体系的重要基础，是实现全体人民共同富裕的必然选择。

县级融媒体中心是以互联网等新媒体为导向的。"从互联网发展的实践看，平台化是其基本趋势之一，而这一趋势主要是通过平台聚合各种应用、整合相应资源、并向互联网用户提供多维度服务的形态来体现的。这种业态，使互联网平台具有了强大的用户黏性，同时汇聚了海量的数据资源。"

县级融媒体中心要大力挖掘自身信息资源潜力，将智慧乡村、农业发展、乡村经济、精准扶贫纳入发展环节，借助县级融媒体中心的平台价值、传播手段、网络渠道等助推乡村经济发展，帮助农民探索新的致富模式，帮助乡村经济形成可持续发展的持久动力。

（一）汇聚乡土信息，助推"智慧乡村"建设

"智慧乡村"是以现代先进的互联网技术为依托，以提高农民的生活水平和建立智能化文化、产业价值体系为目标，创造集休闲旅游、文化体验、农耕养殖、民生服务等的多功能业态环境。不同区域由于资源禀赋、功能定位、区位交通和发展水平的差异，有不同的价值功能和发展路径。随着工业化、城镇化进程的推进，乡村特有的乡土性、文化性、生态性和健康、休闲、可持续的田园化生产和生活方式逐渐成为稀缺品，乡村的价值也随着经济社会发展水平的提高而逐渐凸显出来。进入新时代，"绿水青山就是金山银山"，山清水秀的自然资源和乡村特有的农业资源、乡土文化等都成为乡村振兴的基础。

县级融媒体中心是县域信息中枢和综合性、智能化平台，在"智慧乡村"建设中具有重要地位。县级融媒体是最基层的媒体，也是距离乡村最近的媒体，利用原有的县级媒体资源和各种平台，汇集有乡村民宿、地域文化、农业主题公园、田园风光、风土人情、生态康养等多种县域本土信息。这些县域数据和资源都沉淀在县级融媒体中心的平台上，成为最重要的可以运营的数字资产，也是实现智慧乡村特色发展的根本资源所在。

县级融媒体中心也可以与"智慧乡村"系统对接，通过整合乡土信息资源，发掘乡村价值，丰富特色应用，助推"智慧乡村"系统纳入旅游休闲、创客物流、农田观光、农村电商等新兴功能，在乡村农业生产、交通和居住三大传统发展空间的基础上，打造产业复合、游居完备的乡村功能型融合模式，树立绿色农业、特色产业、生态旅游、地方文化等本土化品牌，甚至还可以把美好的乡村环境"推销"出去。

县级融媒体中心面向政府、行业、用户实现垂直、细分、场景、智能服务，真正实现政务、商务、服务全连接，这种县域服务，因其本地性、区域化、直接性、资源的独占性等优势，而具有不可替代性。

（二）整合企业资源，促进农村产业化升级

2018年《中共中央国务院关于实施乡村振兴战略的意见》提出，鼓励支持各类市场主体创新发展基于互联网的新型农业产业模式，推进农村一二三产业融合，提高农村农业现代化水平，才能真正实现乡村的自我造血，最终达到农民生活富裕的目标。

目前，农村产业存在质量不高、效率低下、精深加工滞后、绿色产业发展动力不足等问题。为改变这一状况，县级融媒体中心应该利用作为综合性平台和县域信息枢纽的地位，整合企业资源，让这些企业发挥资本、技术、人才和品牌等优势，深入参与农村产业优化升级，丰富并延长产业链，提升农业产业化水平。

乡村发展具有外源性、后发性，是经济社会发展进入较高阶段的产物，是城乡之间连通和对流的结果。因此，实现乡村振兴，必须培育和壮大外源动力。县级融媒体中心在这一过程中要发挥重要作用，以城带乡、以工促农，在给定的外部约束条件下，在乡村内部积极创造条件，主动寻求与外部资源的对接，大力发展农业农村服务业与农业关联度较高的产业，使其成为乡村发展的主导产业。

同时，县级融媒体中心也要融入国家战略，将媒体责任与产业发展相结合，利用自身的媒体优势，开拓"互联网＋农业""广电＋农业"的产业新业态，通过"广电＋电商""社交＋电商""直播＋电商""社区＋电商"等多种形式助力乡村振兴，举办房展会、车博会、优品会、家居展等本地化营销活动，将线上与线下对农服务相结合，将农业产品、乡村旅游与电商相挂钩，将"三农"经济元素融入媒体内容、服务、产品等各要素，打造乡村经济新业态。

县级融媒体中心以信息通信技术为支撑，以互联网平台为依靠，积极探索"融媒体＋"的新商业模式，通过升级一主多元产业格局，让广播电视、互联网与农村农业深度融合，可以提升农村农业的创新力和生产力，也可以打造新时代信息消费服务型媒体，服务于自身的产业升级。

（三）利用互联网、大数据，做好精准扶贫

精准扶贫、精准脱贫，贵在精准、重在精准、成败之举在于精准。现阶段，通过明确"六个精准"，坚持"分类施策"，扶贫工作正由原来的"粗放""漫灌"向"精细""精准"逐渐转变，努力实现物质精神双脱贫。

县级融媒体中心是一个以互联网思维为基础，依托大数据和人工智能技术而形成的新型全媒体大数据平台，可以满足融媒体数据全方位应用需求。数据是资产。文稿、图片、视频、原创、采集、音频、历史、行业、素材的数量和质量也是评估媒体价值的衡量指标。"数据平台是灵魂、是核心。"

融媒体中心可以对报社、电台、电视台、网站、微信、微博、客户端的各种资源信息进行统一汇聚、统一分析、统一存储和统一应用，将内部原创数据和历史数据、全网新闻数据、用户数据和本县经济发展数据等全部整合进中央数据中心，把所有数据打通，通过图文、音频、视频、直播、点播等形式在云端推送到目标客户手中，助力传播升级，服务于党政机关和乡村精准扶贫。同时也可以对扶贫政策的实施加强监管，对扶贫政策实施的运作机制予以全面"修补"及完善。

县级媒体是数据运营终端，所有的政府部门、企事业单位都是生态链的组成部分。县级融媒体中心数据可以与中央、省市以及其他区县的数据实现互通共享，进行精准推送和用户画像，更好地服务于乡村经济发展和扶贫攻坚任务的完成。

今年是新中国成立 70 周年，也是县级融媒体中心在全国基本实现全覆盖的一年。县级融媒体中心运用互联网、融媒体、大数据等新兴技术，遵循现代传播的客观规律，加强乡村振兴的舆论引导工作，致力于乡村治理体系的健全和完善，积极助推乡村经济发展，做乡村振兴战略的积极践行者，谱写新时代乡村振兴的新篇章具有重要意义。

注释：

[1]孙颖：《乡村振兴战略背景下乡村传播模式构建路径研究》，《乡村科技》2018 年第 5 期。

[2]阮文彪：《乡村振兴中国模式及政府作为》，《现代经济探讨》2018 年第 6 期。

[3]宋建武：《县级融媒体中心建设要重点在移动端做增量》，人民网 http://media.people.com.cn/n1/2019/0121/c14677-30580106.html.

[4]李逸丹：《新时代背景下如何做好乡村振兴战略报道》，《中国报业》2018 年第 11 期。

[5]方提、尹韵公：《论县级融媒体中心建设的重大意义与实现路径》，《现代传播》2019 年第 4 期。

[6]张诚、朱天、齐向楠:《作为县域治理枢纽的县级融媒体中心建设刍议——基于对 A 市的实地研究》,《新闻界》2018 年第 12 期。

[7]滕朋:《社会治理、传播空间与县级融媒体中心建设路径》,《当代传播》2019 年第 2 期。

[8]方提、尹韵公:《论县级融媒体中心建设的重大意义与实现路径》,《现代传播》2019 年第 4 期。

[9]徐勇:《国家化与地方性背景下的双向型县域治理改革》,《探索与争鸣》2009 年第 11 期。

[10]余福海:《合作治理:乡村振兴的有效模式》,北京日报 2019 年 4 月 1 日。

[11]宋建武、乔羽:《建设县级融媒体中心 打造新时代治国理政新平台》,《新闻战线》2018 年第 12 期。

[12]刘云、秦小玲:《乡村振兴需要培育外源动力》,河南日报 2018 年 5 月 30 日。

[13]王鸣:《大数据＋人工智能＋云服务:技术创新驱动县级融媒体中心建设》,《传媒》2019 年第 1 期(下)。

(作者系浙江财经大学财政税务学院财经新闻系副教授)

媒体嵌入县域社会治理

——县级融媒体中心建设的新思路

王军峰

当前，县级融媒体建设顺应了新时代的政治要求，顺应了新时期人民群众信息需求和服务需求，顺应了新媒体发展趋势。作为引导基层舆论、满足基层群众信息与服务需求、构建现代化传播体系大厦的基石，县级融媒体具有贴近群众、贴近实际、贴近生活的优势，这也是其生命力所在。将县级融媒体中心嵌入到县域社会治理过程中，探讨基于县域社会治理视角下的县级融媒体中心建设思路、具体应用，对当前县级融媒体中心建设、发展和县域社会治理来说，具有双重意义。

一、目标层面：媒体融合、舆论引导与社会治理

习近平总书记指出，县级在党的组织结构和国家政权结构中"处在承上启下的关键环节，是发展经济、保障民生、维护稳定、促进国家长治久安的重要基础"。[1]县域在我国社会治理体系中发挥着基础性作用，是整个社会治理体系大厦的基石。在 2018 年 8 月 21 日的全国宣传思想工作会议上，习近平总书记提出要"扎实抓好县级融媒体中心建设"，把"引导群众、服务群众"作为建设标准。在建设县级融媒体中心的过程中，我国众多县级媒体进行了实践，形成了不同的模式，如有学者提出了以长兴模式为基础的"单兵扩散"模式，通过复制上级媒体的融媒改革举措，将其"微缩"并完成在地化，实现自我整合。还有一种模式为"云端共联"模式，即将区县媒体资源介入到高层级媒体的平台中，形成"高层媒体建云，基层媒体加入"的模式。[2]也有一线从业者总结了自身建设县级融媒体中心的经验，形成了诸如玉门模式、项城模式、邛州模式、延庆模式等不同的融媒体中心建设模式。但大体上都以媒体本位思维进行建设，因而更为注重县级融媒体中心建设中的新闻生产层面的流程再造、管理层面的体制机制创新、人才培养和多元经营

等，而较少从县级融媒体中心与县域社会治理的角度进行分析。这就容易遮蔽县级融媒体中心建设在县域社会治理维度方面的意义，也不利于合理配置县域资源。但"如何把中央的顶层设计落到实处，如何使全面深化改革的任务达到'全面'、'深化'的效果，最终落点在县域、在基层。"而媒体，尤其是县级媒体在其中发挥着重要的枢纽作用。

县级媒体融合发展，为当前县域治理的有效实施和展开提供了新的方式方法和手段，也不断创新县域治理的体制机制。有学者指出，需要在国家治理体系和治理能力现代化建设"最后一公里"的坐标下定位县级融媒体中心的建设[3]，在这种情况下，县级融媒体中心建设，就不仅仅肩负着党中央关于传统媒体与新兴媒体融合发展打通媒体融合"最后一公里"的任务，也肩负着党中央积极打造新型主流媒体，引导基层舆论"最后一公里"的使命，同时也肩负着增强我国社会现代化治理体系中社会治理"最后一公里"的使命。

一方面，县级融媒体中心建设在于打通媒体融合"最后一公里"。自党中央提出传统媒体与新兴媒体融合发展战略后，中央媒体、省市媒体都先后进行了探索，取得了重要成就，以人民日报"中央厨房"为代表的媒体融合模式，为我国的媒体融合转型提供了借鉴。但如何将媒体融合作为一项政治任务、一项媒体转型发展的重大举措，下沉到具有广阔群众基础的县级社会，关系到媒体融合最终效果的实现。在此背景下，媒体融合发展开始从第一阶段发展到第二阶段，即县级融媒体中心建设阶段。由此，我国的现代化传播体系构建和新型主流媒体建设开始更加贴近基层百姓生活，这也意味着媒体的基层传播力、影响力在进一步增强。

另一方面，县级融媒体中心建设在于打通舆论引导"最后一公里"。传统媒体时代的舆论引导更多的是一种自上而下的引导，但新媒体时代，自媒体平台不断崛起，人人都有麦克风使得舆论呈现出自下而上的特征。对于县域来说，一些具有重大影响的舆论热点事件，都发生在县域社会中。我国现有乡镇级建制单位41636个，设有村委会的农村为58.9万个，而县域社会作为城乡之间的"接合点"，本身具有较强的复杂性，其社会矛盾具有多样性、燃点低、管理风险大的特点，成为最容易引发群体性事件的敏感区域，因而舆论引导更为困难。建设县级融媒体中心的一个目标就是"引导群众"。而引导群众首先就是引导群众思想，及时化解舆情热点事件，维护县域社会稳定。我国2000多家的县级广播电视台在引导基层群众方面就具有得天独厚的优势，它既能够贴近群众、贴近实际、贴近生活，还能够深入群众日常、反映群众利益诉求，能够"从群众中来，到群众中去"，真正做到沟通情况、引导基层舆论的目的。因此，县级融媒体中心建设还承担着打通基层舆论引导"最后一公里"历史使命。

此外，县级融媒体中心建设还在于打通基层社会治理"最后一公里"。作为社会信息系统的媒体与社会其他系统如政治系统、经济系统、文化系统等相辅相成，相互依赖。媒体只有存在于社会其他系统中才有其存在的意义，才能发挥其最大价值。从社会治理的角度看，"新闻事业越来越成为影响社会生活和人们思想的重要因素，越来越成为党和政府治国理政的重要资源和手段。"[4]县域社会治理作为国家现代化治理体系中的"神经末端"，与百姓生活最贴近，县域社会治理成效如何，直接关系到基层群众的幸福感、安全感和获得感。因此，县域治理是推进我国治理体系与治理能力现代化的基础与关键。[5]对于县级融媒体中心建设来说，"如何衔接基层社会治理创新，如何承载基层社会治理现代化，是县级融媒体中心建设的关键"，也是"县级融媒体中心建设必须回应和实践的社会现实"。[6]因此，在现阶段，县级融媒体中心建设就肩负着"巩固基层舆论阵地和推进国家治理体系现代化"的历史使命。[7]

无论是打通媒体融合"最后一公里"，还是打通舆论引导"最后一公里"，或者是打通社会治理"最后一公里"，从三者之间的关系来看，媒体融合是手段，舆论引导是关键，社会治理是最终目的。在做好媒体融合的基础上，提升舆论引导能力，最终推动社会治理创新，才是县级融媒体中心建设的应有之义。因此，如何在建构社会治理体系的坐标中理解党中央推进县级融媒体中心建设的决心和战略部署，如何以社会治理的思路建设县级融媒体中心，发挥其服务基层、服务群众、引导群众的优势，创新县域社会治理的体制机制、方式方法，就成为建设县级融媒体中心的另一种思路。它不仅关系到县级融媒体中心"怎么建"的问题，还关系到"怎么用"的问题。在此前提下，笔者认为，基于县域社会治理视角的县级融媒体中心建设，需要在平台化思维、用户服务思维和协同治理思维的指引下，推动新闻业务、政府政务、县域服务的发展。

二、思维层面：平台发展、用户服务与协同治理

从县域社会治理德视角下理解县级融媒体中心建设，需要充分考虑以什么样的思路建设的问题。要想将县级融媒体中心嵌入到县域社会治理的框架内，发挥其基层社会治理的重要作用，就必须为不同主体接入平台提供前提，做好平台建设；必须从"政府管理"转向"政府服务"，做好群众服务工作；必须要以协同治理思维推动多元治理主体有序参与，营造良好媒体生态，推动县域协同治理。

目前，关于县级融媒体中心建设，需要引入平台化思维，打造平台型媒体。所谓平台型媒体，是指既拥有媒体的专业编辑权威性，又拥有面向用户平台所特有开放性的数字内容实体。[8]"平台型媒体"的本质是一个开放性和社会性的服务平台，[9]其精髓"在于打造一个多主体共赢互利的生态圈"，而这与当前县域

治理的多元协作、共同参与，最终实现多主体共赢互利的现代化社会治理理念相一致，因而，具有更好的贴合性。平台型县级融媒体中心建设，能够更好地将县域治理中的不同利益相关者和行动者嵌入到社会治理这个大平台内，形成有效的、高效的资源对接与共享，为推动县域社会治理提供基本的硬件保障。

社会治理本身包含着"服务至上"的理念，对于县级融媒体中心建设来说，要实现对基层舆论的有效引导，关键还在于与用户重建连接。但由于较长一段时间，我国的县级广电媒体处于边缘地位，受众流失严重，基本上丧失了引导基层舆论的社会功能。因此，建设县级融媒体中心的目的就在于重建中心，以新的、更具有基础性、基层性的媒体中心重构，来吸引当前已经流失的受众，以"中心化"思维对抗新媒体时代"去中心化"带来的注意力分散的不足。要实现这一目标，其根本前提在于重建县级媒体与受众之间的连接，重新找回流失的受众资源。只有重新与受众连接，受众重新回归县级媒体，才能进一步谈舆论引导的问题。因此，县级融媒体中心建设绝不仅仅只是政治推动，而是需要不断挖掘其内生动力，而这个内生动力就来源于人民群众的根本需求。群众的需求是推动媒体生存与发展的根本动力。对于县级融媒体中心建设而言，就需要发挥平台自身的服务功能，增强用户服务思维，以人民群众为中心，做好群众服务工作。在新媒体时代，只有具备服务力的传媒，才能抓住受众，有了受众才能实现传播力、影响力，才能打造公信力，才能实现传媒的引导力。[10] 这不仅是县级融媒体中心"服务群众"的根本要求，也是通过服务群众实现"引导群众"的必经之路。

通过县级融媒体中心推动县域社会治理，还需要具有协同治理思维。所谓协同治理，是指最大程度发挥多元治理主体的能动性和积极性，以县级融媒体中心为枢纽，吸引不同社会治理主体积极参与其中，实现信息共享，以减少信息获取成本，进而在协同、协商的过程中达成社会治理共识的思维。因此，对于县级融媒体中心建设来说，不仅需要有平台思维和服务思维，还需要在平台建设、服务提供的基础上，进行多接口的设计，对接县域社会治理的多种主体，实现多主体之间的资源交换与汇聚，形成县域治理过程中的信息枢纽，通过县级融媒体中心将政府、企业、社会组织、个体等纳入政府的现代治理体系中，实现治理主体、治理信息的全面对接。为此，在构建县级融媒体平台的过程中，可以充分利用"物联网、云计算、人工智能等高新技术，重构社会生产与社会组织彼此关联的形态，使社会治理的水平和层次得以提升，让社会治理过程更为科学、智慧和优化"。[11]

三、操作层面：新闻业务、县域政务与群众服务

在社会治理视角下，通过县级融媒体中心建设推动县域社会治理体制机制创新，需要充分发挥媒体信息沟通、政府服务和县域服务这三个主要方面的优势。

为此，既要发挥县级媒体本身作为媒体工具进行信息沟通、事件报道和舆情反应的功能，推动县级融媒体新闻业务层面的提升；也要发挥县级媒体作为政务服务的工具功能，为多元主体积极参与政府决策中，提升政府决策科学性和民主性发挥作用；还需要发挥县级媒体促进县域经济发展、方便群众生活的作用，实现不同主体之间的资源互换与连接，推动县域服务的发展。

服务至上的理念是社会治理的题中应有之义。县级融媒体作为我国最基层的媒体机构和组织，与普通群众生产生活联系更为紧密。对于县级媒体来说，其新闻业务如何展开，如何在当前复杂的媒体环境中，吸引群众注意力，提升自身公信力和影响力，对于进一步实现其服务群众、引导群众的目标来说至关重要。例如，在我国社会的转型期、改革开放进入深水区的关键期，广阔的县域社会也成为矛盾爆发的集中地，一些引爆舆论热点的事件都在县域社会中产生。在这种情况下，县级媒体如何主动掌握信息沟通、事件报道和舆论引导的主动权和首发权，对于县域舆情处置来说就至关重要。因此，县级融媒体中心建设首要在于新闻服务，即为群众提供喜闻乐见的新闻信息，反应报道群众生产生活中的先进经验、满足群众日常生活中的信息需求；同时针对县域社会中发生的涉及群众根本利益的热点事件、舆论事件，还需要及时报道满足群众的知情权和参与权，合理引导群众积极参与理性讨论，为政府的舆情引导工作创造良好的氛围。例如，邳州广电开通的银杏甲天下 APP 打通了电视媒体、广播媒体、报纸媒体等传统纸媒，让传统媒体的内容通过 APP 连接到用户终端，其开通的"本地"频道和"城事"频道，为用户提供了基于本地的新闻资讯服务。在媒体技术不断发展的背景下，县级融媒体中心还需要充分利用人工智能技术，通过智能识别、筛选技术，对可能引发广泛关注的社会问题进行及时响应，预防社会问题的发生，增强社会舆情事件的处理能力，以此减少、避免县域社会的动荡。例如，浙江湖州安吉县开发的融媒体平台 APP 爱安吉，其中就有看安吉板块，该板块按照乡镇、村的方式，倒入了全县各地公共区域的万余个视频监控摄像头，实时查看乡村和各地区大到交通要道，小到村前户门的动态，实时监测区域内的治安情况。

同时，"县域社会治理方面，公众参与是社会治理的重要基础，同时也是激活基层媒体传播的重要驱动。以扩大公众参与推进社会治理体制创新的总体思路来建设县级融媒体中心"，[12]需要对接政府服务，完善现代化治理体系。在当前，县级融媒体中心建设需要为县域政务的展开提供基础资源支持，促进政务系统的扁平化，满足人民群众多样化的需求。

因而利用县级融媒体中心建设，扩大群众有序参与基层政治生活，提升政府决策的科学性和民主性也是县级融媒体推动县域治理的重要维度。在具体的业务实践中，一些县级融媒体因地制宜，发挥自身优势探索出了新闻、政务和服务相结合的模式，为充分利用县级融媒体创新县域社会治理体制机制提供了参考和借鉴。例如，甘肃玉门县级融媒体中心建设形成了"玉门样板"，它以"新闻＋政务＋应用服务"的思路架构了"一中心四系统＋爱玉门 APP"的融合媒体共享平台，推动了基层政务的数字化，方便了群众的有效参与。其爱玉门 APP 在首页上线了"政务在线"功能，用户通过该功能能够实现不同部门业务的在线预约，个人事项如户籍管理、劳动就业、理财纳税、社会保障、社会救助、医疗卫生、法律服务等；企业也可以通过政务在线功能实现年检年审、企业纳税、工商管理、质量检查、变更登记、商务投资等若干功能；同时，政务在线中的乡镇办事功能，将玉门市下属各个乡镇统合起来，实现了用户足不出户就可以查询、预约、申报功能，大大提升了行政效率；APP 还设置了咨询、投诉两大功能，用户能够针对日常生活中存在的各种问题进行留言投诉，这也降低了用户投诉的成本，为基层政府及时发现问题、解决问题提供了便捷通道。在政务服务上，邳州广电形成了"媒体＋政务＋服务"布局，为用户打造了"指尖上的政务服务中心"，开通了"办事大厅"和"监督问政""智慧警务"三个功能，通过"办事大厅"用户不仅能够进行婚姻登记、不动产登记、个体户开户等；还能够通过"监督问政"功能实现手机问政，而咨询求助、投诉举报、建议意见等位用户打造了与政府相互沟通的"民声通"，实现了书记市长网上直通车；在"智慧警务"栏目，用户可以进行违法犯罪举报等，这有效提升了政府服务的有效性，为群众参与政务提供了便捷途径。

此外，社会治理不仅是对社会管理和控制，社会治理也应该是释放社会活力的重要方式。广阔的县域连接着城市与农村，如何通过新的互联网新媒体手段，实现基层群众自身生产、生活的便利与发展关系到广大农村地区的振兴、发展。目前，大多数县级融媒体中心都形成了新闻＋政务＋服务的框架，开通了诸如智慧交通、生活服务、同城交易、招聘、志愿者服务、社区服务、查快递、电视缴费、养老机构等服务，极大地方便了群众生活，为群众打造了更为便捷的服务平台。同时，在新媒体时代，网络作为重构社会的重要力量，其作用之一就是对社会不同主体活力的激活与释放。在当前乡村振兴和电商扶贫的背景下，基于互联网技术建设的县级融媒体中心，已经实现了与更广阔的网络世界互联互通的目标。县级融媒体不再只是局限于县域中的媒体机构，也成为网络世界上不同的节点和组织，成为互联网时代流动空间上具有基层性、基础性的节点。因此，在乡村振兴和电商扶贫的背景下，县级媒体需要利用其本身的节点性特征和贴近性优势，发挥平台媒体优势，不断重构连接，实现不同主体、不同资源的连接与交换，以连接服务群众，以连接促进经济发展，以连接推动县域善治。为农民打造商品交易平台，方便群众生产生活，增强农村、农业产品和资源的流动与交易，能够进一步增强县级融媒体的活力，也能够进一步激发农村、农业和农民活力，拓展县域经济增长空间，促进县域经济发展，提升人民群众的收入水平，为县域社会治理朝向善治方向发展出力。例如，由湖南红网建设的县级融媒体云平台，就开通了电商服务系统，实现对接地方现有电商等增值服务平台，提供精准扶贫电商项目一站式服务，推进信息下乡与服务下乡，助推地方经济发展。郑州报业集团通过媒体融合盘活县区存量、做大县区增量，融合市县两级媒体资源，共同开发县区的智慧城市资源，探索"新闻＋政务＋服务＋电商"的智慧运营模式，提升县级融媒体产业公司的经营效益，用县级融媒体中心的新闻宣传主业引领县级融媒体中心的多元副业，用副业反哺主业，形成良性闭环。

四、总结

从县域社会治理的角度看待县级融媒体中心建设，是当前县级融媒体中心建设的一种新思路。在这一视角下，县级融媒体中心建设就不仅仅是媒体融合的进一步发展和舆论引导的进一步提升，还关系到县域社会的治理和国家现代化社会治理体系的完善。将县级融媒体中心建设纳入社会治理体系的大框架中，需要构建平台、做好服务、发挥协同治理功能，以新闻业务为基础，以县域政务为核心，拓展群众服务，真正做到"引导群众，服务群众"。

注释：

[1] 习近平：《做焦裕禄式的县委书记》，第 2 页，中央文献出版社 2005 年版。

[2][3] 朱春阳、曾培伦：《"单兵扩散"与"云端共联"：县级融媒体中心建设的基本路径比较分析》，《新闻与写作》2018 年第 12 期。

[4] 郑保卫：《习近平总书记新闻舆论思想的丰富内涵》，《前线》2017 年第 8 期。

[5] 杨峰、徐继敏：《"治理体系与治理能力现代化"语境下的县域治理》，《学术论坛》2016 年第 2 期。

[6][12] 滕朋：《社会治理、传播空间与县级融媒体中心建设路径》，《当代传播》2019 年第 2 期。

[7] 李彪：《县级融媒体中心建设：发展模式、关键环节与路径选择》，《编辑之友》2019 年第 3 期。

[8] 李嘉卓：《产消者：融合时代平台型媒体的核心》，《青年记者》2015 年第 7 期。

[9] 喻国明：《互联网是一种"高维"媒介——兼论"平台型媒体"是未来媒介发展的主流模式》，《新闻与写作》2015 年第 2 期。

[10] 徐进军：《传媒服务力：推动传统媒体转型的关键》，《新闻战线》2018年第13期。

[11] 刘俊海：《智能化提供新动能》，《人民日报》2017年11月1日。

（作者系陕西师范大学新闻与传播学院博士研究生）

关于县级融媒体中心建设几个现实问题的思考

茅震宇

县级融媒体中心建设已是当前全行业最热议的话题。关于它的重要意义和作用，中央已作了明确，各地也都在酝酿，动作快的已有行动了。值得关注的倒是建设尚处于起步探索阶段，现在所能见到的介绍，大多为初级的理念或打算，真正实践层面的真知灼见、心得体会、做法经验、成绩效果并不多。

按照全国宣传思想工作会议精神，特别是对县级融媒体中心建设要求的理解，根据多年来县级媒体的实践和观察分析，笔者认为在县级融媒体中心建设中，必须理清以下几个方面的问题，这样才能找准建设和发展路径，才能真正把融媒体中心建设引上正轨。

一、领会实质，弄清特殊意义

虽然大家已不再讨论为什么要建县级融媒体中心这个问题，但其实未必所有的人都对此已有清晰正确的认识。

总体来说，县级融媒体中心建设的初心就是提高县域主流媒体的新闻舆论传播力、引导力、影响力、公信力，从而更好地引导群众、服务群众。具体来说，既有外在原因，也有内在需要。首先，别看只是县级融媒体，但全国两千多个县和县级市（区）加起来，无论人口数量、覆盖面都是巨大的。其次，作为四级办报办台中最基层的媒体，县级媒体在官方舆论矩阵中具有特殊的地位和作用，是让党中央声音传达到基层的"最后一公里"，更是让党和政府的声音"飞入寻常百姓家"的最面广量大、最近距离的媒体。再次，这是一片最前沿最开阔的阵地。但从目前的实际情况来看，这个阵地已出现部分薄弱地带和缺口，所以也是最需要以有效投入去加强和巩固的。

还有一点必须清晰，县级媒体面对的是农村人口，而目前将受众定位于农村农民的媒体并不多。随着农村发展和农民素质提升，引导和服务好这一大片受众将会对中国的未来具有巨大的意义。

同时，这也是时代进步和行业发展的必然要求，县域经济社会和舆论环境现状，也证明融媒体中心是一条必然之路。在大踏步地迈入融媒体新时代的今天，县级当然不应落伍。县级媒体自身在经济、技术、人才、资源等方面，相对央媒省媒市媒来说都要弱不少，所以县级融媒体中心建设需要中央的顶层设计和直接部署，这样才能步调一致，共同跨入融媒体发展的新时代。从全国来看，东西南北中的县级媒体发展也不平衡，条件较好的地方已有了融合的初试，而条件相对差一些的地方则还需要更多的扶持和指导。

二、认清定位，做好加减乘除

融媒体中心的特点是兼收并蓄、新颖简约。所谓兼收并蓄，就是兼具了传统媒体、新兴媒体的多种功能和各方赋予的职责；所谓新颖简约，就是架构、体系的新，管理手法、运行流程的新，而要做到这些，并适合时代特征与竞争需要，又必须层级是简约的，机构是简化的，程序是简明的。

广电在高歌猛进的发展时期，铺摊子现象比实普遍，大楼建起来，模仿大台架构的各类节目办起来，人手不够就敞开大门招进来。到如今就出现了小台小而全的臃肿。东部地区一般的县台都有二三百人，七八个有线数字电视频道，至少一套广播频率，还有广电报刊。现在广告少了（特别是过去那种大时段医疗保健类广告没有了），又不敢再冒风险买无版权节目和影视剧，就没有了节目填充，频道资源成了食之无味、弃之可惜的鸡肋，而广电报刊也都是在贴钱支撑。大型综艺演播厅、电视转播车、媒资系统等设施设备用场不多，还需要不断地花人力财力去维护。一些县报也有自办发行的投递公司、印刷厂等。现在到了必须快刀斩乱麻地做减法的时候了，在消肿的同时真正突出新闻宣传主业。

融合不是简单的加法，不只是物理反应式的"我中有你，你中有我"，而是要做乘法，实现化学反应式的"你就是我，我就是你"。以前有各种各样"为王"的说法，如"内容为王""收视率为王""渠道为王""受众为王""用户为王"，所为"王"就是分母，而所有的节目栏目都是分子。那么在融媒体时代，哪个为王呢？其实，融合就是除法，就是整合各种有利资源。而能称王的，就是融合自身，就是看效果。

现在已经有人在说：作为全额拨款事业单位，只要做好政务宣传就行了。

作为党和政府的喉舌，当然要做好政务宣传，但做好政务宣传不等于只做政务宣传，而且要做好政务宣传也不可能只做政务宣传，不然是难于获得受众的青睐，更不可能让百姓成为你的粉丝，也就难于去占领阵地的。如果认识不到这一点，就会把融媒体中心建设引偏航向。

中央定调融媒体中心，而非"宣传中心"，这应该是有深意的。媒体是党和政府与人民群众联系的桥梁和纽带，政务宣传与经济报道、民生报道从不矛盾，不是二选一的问题，而是融会贯通的问题，讲好中国故事才是最有效的政务宣传。从这个意义上讲，也是一种融合，是要把二者结合起来，哪方面也不可偏废，让宣传没有宣传的说教灌输味，让新闻有导向有灵魂，也有温度有黏度。

三、理顺关系，事关上下左右

目前我们所看到的县级融媒体中心建设，主要有几种样式：一是广播电视报纸和"两微一端"以及新闻网站、移动屏等的融合；二是广电、报社各自搞一摊，各自搞传统媒体与新兴媒体的融合；三是上级媒体参与到县级媒体中来搞的融合。在这几种基本样式下，又派生出山东省高密版、北京市郊区版、河南省郑州市郊县版等几个版本，不相同的主要是在资本主体、经费来源、经营方式等方面。而从成熟度上看，浙江长兴传媒集团应该是较成功和具有推广价值的。

不管怎么"融"，总之融媒体中心是一个崭新的单位，就该有崭新的体系和形象。在内部要打破原单位和部门的边界，让内部运转活起来，形成统一的新格局和融媒文化，塑造一个朝气蓬勃积极向上的融媒形象。

融媒体中心的相关人员是从原来的媒体过来的，岗位可能与原先也相似，但职责要求不同了，对上对下、对内对外的工作都要从融媒体中心的角度去做了。与文广新（文旅）局、广电网络传输公司的关系如何理顺，边际如何切割，都需要有明确的说法，不然在日常工作中会出现摩擦和麻烦的。

对上关系中，宣传部毫无疑问一向是媒体的行政领导部门、业务主管部门，融媒体时代又会有所不同。第一，通道需重新理顺。以前宣传部是分别管着广电报社等几家的，现在只抓融媒体中心一个头了，而这个头下面却又有多个采编和发布平台，这里的上下渠道和管理职权限等如何设定。第二，优势如何发挥。融媒体中心建成后，要求更高、渠道更多、时效更快、覆盖更广、影响更大，与社会上的其他信息传播途径的竞争要占绝对权威地位和优势。第三，监管需要前置。过去是事后审看听评抽查，融媒则需要事前介入策划，提前给出指导性意见，审看听评也该改为即时式、随机式的。第四，作用应该更大。在引导群众、服务群众方面，也可以构筑起更多的工作平台，宣传部可以深度介入，发挥更多的资源优势、协调作用。第五，关系可以更紧。作为上级部门往往是原则要求多、宏观指导多，策划方案、实施办法肯定还得作为具体实施单位的融媒体中心来拿，这其中这需要更多的主动汇报，以紧密联系争取理解支持，同时也获得更多的信息和帮助。

四、激发活力，完善用人机制

任何时候人的因素都是第一的。人才引不来、留不住、养不牢，在目前的县级媒体已十分普遍，情感留人、事业留人、待遇留人等几招也都很难于奏效。

广电系统退休职工多，在职人员中各种性质的人员多，包括行政编制（大多是以前遗留和干部调动形成的）和事业编制的，多年前用工较宽松，大量招用企业人员（挂在广告公司、文化传播公司、广电网络公司等企业），还有劳务派遣以及台聘、部（中心）聘、栏目聘之分。有一些事业人员在台网分离时以外借名义关系留在台里，人在广电网络公司工作。目前来说，在编人员大多出现了年龄老化、知识能力跟不上发展要求的现象，而一线挑大梁的又是企业人员为主，在薪酬福利等方面会产生逆差，挫伤能干活多干活的人积极性。

应该借融媒体中心建设之机，理顺用工关系，优化人员结构，消除长期以来混编混岗的现象。同时要去行政化，把精兵强将配备到主业一线人员，并在薪酬分配、福利待遇方面向一线倾斜。打破僵化的用人和分配制度，用活用好绩效管理和考核体系，消除同工不同酬的客观矛盾。

在严格事业单位管理制度的同时，把媒体的特殊性和公益二类事业单位的基本性质相结合，利用质和量的考核评比，调动采编人员的工作热情和提升传播能力建设的积极性。现在有些地方将质量考核、参赛评奖的奖励都被视为滥发津补贴而停止，这在很大程度上挫伤了业务一线人员的积极性。这既不是改革的方向，也不符合媒体的特质，同样也不是规范政策的真正目的。

五、注重实际，切勿盲目攀比

融媒体中心建设需要在硬件技术上投入，但也不应停留在技术架构上，特别要注重县域现实和实用，防止盲目追求"小而全""高大上"。

现在一些县级广电、报社已各自建设自己的中央厨房、融媒体指挥中心，都是超高清大屏，豪华型办公区，直播车、采访车、无人机、高清摄像机、高清编辑线等，记者统一着装，还都有卫星定位、实时连线设备。

其实外在的东西，花点钱轻而易举就能办到的。一些已宣布进入融媒体运作的单位里，实际上几乎原先怎么做现在还是怎么做，出来的产品也还是老样子，所谓的"中心""厨房"都成了供参观的景点，装备也成了点缀和摆设。

当然建设时要有前瞻性，预留未来发展空间，特别是技术发展日新月异，传播手段也一直在变化更新。随着区块链技术的普及，这个被称为第四次工业革命的关键技术，将会在传媒业也产生重大影响，特别是在信源锁定、知识产权保护等方面有很强的实效，因此在融媒体中心建设中需要早谋划早布局，别再"醒得早，起得迟"了。但关键的还是要因地制宜，适合实际使用才是真的。特别是技术设备更新快，用不了一二年就要升级换代了。

六、自觉心融，带动真融全融

媒体融合从某种意义上说关键还是人的融合，心要相融，思想认识要先融到位。

值得注意的是"叫好"和"叫苦"二种议论。"叫好"者把融媒体中心建设当成利好消息，认为从此可以躺在财政"包养"的温床上，高枕无忧旱涝保收了。"叫苦"者则来自目前的小康型单位，他们大多觉得自己独门独院，小日子过得蛮舒坦，担心进入融媒体中心后，已有的地位、福利受影响。某些地方的广电与报社之间还似乎心存芥蒂，纠结于谁融合谁、以谁为主的问题。

媒体一直在为改革鼓与呼，现在改革轮到自己头上，怎么也成了曾抨击的那样，患得患失、畏畏缩缩、顾虑重重了呢。

融媒中心是一个全新的机构，既不存在谁兼并谁的问题，也不能停留在"合署办公"上。一定要让所有相关人员从"要我融合"转变为"我要融合"。要自觉把自己定位在我是融媒体人上，尽快适应新的状态，特别是采编人员更是时时处处要以融媒体新闻工作者的要求，锤炼自己的脚力、眼力、脑力、笔力。

七、两业分离，双双轻装上阵

传统媒体作为事业单位自进入企业化管理以来，一直奉行"事业引领产业，产业支撑事业"的理念，今后是否还要沿着这条路走呢？

过去无论广电还是报社，都既占到了体制的光，又尝到了市场的甜头。尽管上级三令五申要求新闻采编人员不能涉足广告经营活动，但事实上以前（包括目前）很多县级媒体还是在让采编人员参与经营创收，有些甚至还在全员创收的口号下发文下指标压任务，把采编人员的创收与绩效挂钩。从客观上说，这些确实也是基于县级媒体现状和县域社会特点。县级媒体养不了太多的人，不可能都做到专人专职，而所面对的地方又是熟人社会，商业性广告不多，大多只能靠关系去拉广告，特别是行政事业单位和乡镇机关的一些项目，即联办收费性的专栏专版专刊和专题节目栏目，承办主题晚会、文体娱乐活动，收费的形象广告、冠名赞助之类。能做成这些生意的，跑各个口子的记者最有优势，所以在部分县级媒体出现了新闻中心是创收主力军的不正常现象。

这些做法表面上是推动了经营创收，但是实际上是弊大于利的。这种做法不仅不可持续，而且会把新闻队伍带偏了方向，让新闻工作者客观公正和清廉无私形象大打折扣。而收费性的各类专版专刊专题也大有越做越滥的趋势，严重拉低了媒体的品质，损伤了品牌形象。人员精力和管理方面也大受牵制，顾此失彼，无法聚精会神做好本职工作。

现在融媒体中心建设正好是个清理的契机，把新闻采编与广告经营彻底分开，实现物理上的脱钩。这一点山东高密融媒体中心和江苏金坛广电有了较好的探索，都是由另成立的县直属文化传媒公司来负责经营，解决了事业与产业的矛盾。

八、传统新生，擦亮金字招牌

传统不等于过时。广播、电视、报纸依然有各自的魅力和价值，尤其是在农村更是大有作为的，我们完全应该不放弃任何领域，关键是要借助融合，改进优化报道方式和传播手段。

国内几家标杆性知名新媒体高管说过同样的话：传统媒体没过时，优势还在。这些高管几乎都是从传统媒体跳槽过去的，他们的眼光是犀利的，感受是深刻的，观点也是精准的。确实，广播电视报纸杂志不是媒体不行，而是没有将办台办报办刊理念顺应时代，造成表现形式的机械僵化，传播方式的单一狭窄。

报纸、广播、电视还将长期存在，改变的只是传播形式和手段。如广播可能更多的是通过互联网路径，而不再是无线或有线，电视除了大屏小屏会自由切换外，播出方式也会互联网化，呈现的节目不再是目前从早到晚排列好的线状的，而是与手机网络界面一般的块状的，点击哪个节目都是实时更新实时播出的，而且还能具有由算法根据个人喜好形成主动推送。

以往我们也提过开门办报、开门办台，但这些开放都是单向的、偶尔的，而融媒体与受众的关系是 365 天全天候开放的，要以互联网时代要求重构与受众的关系，受众既是引导对象、服务对象，也是用户，还是媒体的双向互动者、传播参与者、价值体现者。

此外，县融媒体中心还应成为县委县政府的信息中心、舆情监测中心、县域产品互联网推广中心。

结语

自 20 世纪 80 年代，美国马萨诸塞州理工大学教授浦尔提出"媒介融合"概念，到今天我们全面推开媒体融合发展，经验和成功案例却并不多。中国特色的、县域特点的媒体融合之路才刚刚开启。东西南北中的县与县的情况千差万别，媒体自身也各有不同，但更好地引导群众、服务群众的目标是一致的。按照既定的时间表、路线图扎实推进，既不要赶时髦、凑热闹地一哄而上，也不能掉队，甚至拖后腿，只有扎扎实实地推进，才能让融媒之花开遍各地县域。

（作者系江苏太仓市新闻工作者协会副主席、太仓市广播电视学会副会长）

坚持守正创新　推动媒体融合向纵深发展

——河南省项城市融媒体中心建设创新报告

王　艳

按照习近平总书记关于媒体融合的重要讲话要求，项城市率先改革，于 2016 年 10 月挂牌建立项城市融媒体中心，实现转型，催化质变，推动媒体融合向纵深发展，提高了新闻舆论传播力、引导力、影响力、公信力。2018 年 6 月 13 日，中央政治局委员、中央书记处书记、中宣部部长黄坤明在项城调研时，对项城的媒体融合发展给予充分肯定。

一、基本情况

项城主流媒体有广播电视台、内资《项城市讯》《项城瞭望》以及新媒体官方网站、微信、微博和 App。承担着全市重大新闻、重大活动、重点工作的宣传报道任务。但是，随着新媒体的出现和受众阅读习惯的改变，无论是广播电视台，还是内资刊物，受众大量转移，导致广告收入大幅下滑，骨干人才流失，核心竞争力削弱，面临"阵地在、用户已不在；阵地在，广告主已不在；阵地在，骨干已不在"的窘境。

面对这种情况，项城市依托广播电视台，大胆改革，先试先行，于 2016 年 10 月挂牌成立了项城市融媒体中心，融合项城网、"美丽项城"微信公众号、"印象项城"官方微博、"项城云"App、项城电视台、交通广播 93.6 和传习广播 105.9、报纸《项城市讯》、杂志《项城瞭望》等平台。同时融合 70 家网站和 42 家微信公众号，1080 个微信工作群，统一管理，统一运营，实现"新媒体首发、全媒体跟进、融媒体传播"。与文化、教育、交通、公安、环保等部门合作，将各镇办的服务大厅业务办理、问题投诉、热点答疑等业务融入融媒体中心，打造百姓指尖上的"服务窗口"。同时入驻央视新闻+、河南广播电视台等媒体平台，形成上接主流媒体，下接地气的传播矩阵。[1]

二、高度重视，高质量推进融媒体中心建设

项城把融媒体中心建设纳入地方党委中心工作，加强顶层设计，出台指导方案、扶持政策，从牵头负责部门、机构编制、人员配置等各个层面提供有力支撑。

党委重视。加强县级融媒体中心建设是党中央做出的重大决策部署，是巩固拓展基层宣传文化阵地，夯实党的意识形态工作根基的重大举措。项城市以高度的政治自觉，把县级融媒体中心建设作为树牢"四个意识"、坚定"四个自信"、践行"两个维护"的实际行动，因势而谋、应势而动、顺势而为，推动媒体融合向纵深发展。多次召开会议，专题研究部署党委（党组）落实意识形态工作，打造意识形态领域阵地。在推进传统媒体与新兴媒体融合发展上见事早、行动快，落实好，制定下发了《项城市关于加强媒体融合工作的意见》《中共项城市委关于完善项城市融媒体中心发展的实施意见》等文件，明确提出，经过 3 年左右努力，全市传统媒体与新兴媒体在内容、渠道、平台、经营、管理等方面深度融合，打造新型主流媒体。[2]市委宣传部多次组织人员到先进地方考察，出台融合方案，主动协调各职能部门。省委宣传部领导多次调研指导，提出发展的意见和建议，推动项城融媒体中心高质量发展。

政策资金支持。把融媒体中心确定为市委宣传部直管的正科级事业单位。充分放权，给予融媒体中心招聘人才的自主权，每年在大中专院校招聘专业技术人才。对招聘的高端人才，按照一定标准发放安家费和生活津贴。两年多来，市财政先后投入近千万元，建成了"中央厨房"，购买了直播车，建设了 360 度全媒体演播厅，添置了采编播高清设备，为媒体融合夯实了基础。

三、聚焦主业，巩固壮大主流舆论阵地

在融媒体中心建设中，项城始终聚焦主业，把方向和导向放在第一位，巩固壮大主流思想舆论。

一是巩固党的舆论阵地。宣传党的政策主张、反映群众意愿呼声、传播社会主流价值，把服务党委政府、服务百姓群众作为巩固舆论阵地的重点，把党的正确主张变为群众的自觉行动。让党的声音传得更开、更广、更深入。

在 2018 年全国两会宣传中，项城和河南广播电视台上下联动，融合传播，借助河南广播电视台优势，利用项城的八大平台、70 家网站、42 家公众号、1080 个微信工作群进行传播，把总书记的思想和两会的声音，及时准确地传到了千家万户。特别是 3 月 8 日，总书记来到河南代表团，对乡村振兴、三农工作提出了新的要求，在项城引起了强烈反响。我们策划了《请总书记看看俺的村》《听听总书记讲的三农课》《总书记的话儿记心上》《两会大家谈》等栏目，还制作

了一批微视频、短视频、H5、快闪，及时把总书记对河南农民的关爱和关怀，传递到田间地头，农家小院。

二是提升融媒体黏合度和传播力。牢固树立互联网思维，改变过去媒体单向传播、用户被动接受的方式，注重用户的参与互动。运用 App 直播、广播连线、微信互动，通过服务式、互动式、体验式的新闻信息，打动群众、影响群众、引导群众。

项城融媒体中心利用上千个微信群，根据总书记的重要讲话精神精心策划选题。策划了"拍拍项城上空的云"，参与人数 10 万人次，通过微信、微博发送20000 余张图片，1000 多条短视频，300 多条抖音视频，话题阅读量达 25 万。把总书记的重要讲话分解成几百个选题，开展全民参与的融媒体活动，让总书记的话真正融化到老百姓的心里。现在项城的粉丝达 60 多万人，他们既是项城融媒的受众，也是内容的生产者。每一名粉丝都可以为融媒体中心提供素材，融媒体中心成为全市人民的播出平台。实现内容和广大群众的深度融合。

三是扩大主流媒体影响力版图。充分利用新媒体平台与经济发展、社会民生的紧密联系，不断延伸媒体功能，扩大主流媒体影响力版图，让信息无处不在、无所不及、无人不用。在掌握用户数据的基础上，根据用户的行为特征和个性化需求，聚合相关的信息和应用，实现信息的个性化推荐，满足用户的对象化需求。市民缴费、办证等纳入 App 平台，让市民生产生活的所有活动都能通过平台完成。通过新闻＋服务＋政务＋等，打造新闻信息发布平台、社会治理平台、公共服务平台和大数据智慧管理平台。

四、守正创新，推动媒体融合向纵深发展

项城融媒在体制机制、管理、人才、技术、内容、运营的等方面创新，催化融合质变，推动媒体融合向纵深发展。

（一）机制创新

实行事业单位企业化管理，打破身份限制，打通编外人员成长通道。坚持去机关化、去行政化，打破官本位，坚持体制内外一样、员工能上能下、能进能出。重视有朝气、有思想的年轻人，多次公开招聘播音员、主持人、编辑记者，优化人员结构，团队平均年龄在 26 岁。目前，项城融媒的中层领导岗位都是一批富有开拓创新精神的 90 后，他们都是招聘人员，成为项城融媒的中坚力量。

（二）管理创新

按照互联网思维进行自下而上的管理。实行绩效考核制、零工资制、全员竞聘制、数据考核制、末位淘汰制，实现多劳多得，工资从几百到上万元不等，由过去的时间考核到现在的数据考核，根据工作量、浏览量、点赞量进行考核。激发了大家干事创业的积极性。

（三）人才创新

过去的媒体是从上到下的金字塔式管理。现在适应互联网时代的组织架构。多方引进、培训人才，变一人一岗为一人全岗，打造能写、能拍、能说、能剪的"四能"人才。每人既是一个内容生产和传播的全媒体，也是一个绩效考核的主体。从自报选题、拍摄、配音、互联网传播等都是独立完成。

为适应受众的不同需求，中心成立了融媒工作组，根据个人兴趣、业务专长、资源等自由结合成内容主创团队。工作室采取主动申报的形式，每个团队3至5人，由1至2名媒体人牵头，招募其他有兴趣的同事自愿参加，可以跨行业、跨专业，也可以和融媒体中心以外的人合作，如音频制作组和杭州凡音合作，地产组和深圳金牛股份公司合作等。每月对工作室作品数量、质量、传播效果等进行评审，对有创新的作品进行奖励。

项城融媒与郑州大学、浙江传媒学院、今日头条、梨视频、二更等签订战略合作协议，请进来，走出去，提高员工素质。

人才不为我所有，但为我所用。项城融媒聘请全国30多位专家组成智囊团，定期来中心把脉问诊，解决发展问题，研发新的发展模式，适应市场变化，实现了借船出海、借梯登高。

（四）技术创新

坚持移动优先策略，让主流媒体借助移动传播，牢牢占据舆论引导、思想引领、文化传承、服务人民的传播制高点。积极向更多媒体平台拓展，广泛入驻抖音、快手等平台，形成多平台的移动传播矩阵。建立360度全媒体演播厅，实现广播、电视、手机App的同步直播。目前，项城融媒构建涵盖广播、电视、报纸、杂志、网站、两微一端、图文音像，服务覆盖城乡126万受众群体的全媒体传播网络，让党的声音走近群众、深入人心。[3] 项城融媒微信、微博、App的粉丝达60多万人，他们既是项城融媒的受众，也是内容的生产者。

（五）内容创新

充分利用广播电视的优势，大屏推动小屏，小屏产生互动，内容相互倒流。每天生产近百档原创、本土内容节目，几十场直播，实现广播视听化，电视小屏化。直播互动化，大屏内容以微视频的形式导入小屏，小屏的互动在大屏上显示，主持人和嘉宾时时和粉丝们互动。

一是形式碎片化。全面升级融合传播，广播电视内容可直接在新媒体上推送，新媒体内容可在广播电视上播出，在新媒体可以听电视、看广播。做到平台相融，内容相通，互相引流。打造短视频和微视频，目前已开发了《项城头条》《项城热点》《马上就办》《环保在线》《脱贫路上》《改革开放40年看项城》《全民K歌》《你最有才》《金融管家》等近40档节目，在广播、电视和新媒体传播。

二是直播互动化。直播成为引流的重要窗口，互动产生共鸣。中心要求重大活动、重要会议都进行直播，每周策划 3 次以上直播主题。目前，中心可以同时进行多路直播，通过演播厅、广播、电视、手机融合直播，主持人、专家和粉丝互动，进一步黏合群众。直播的关注量、点击量和互动量，就是考核节目质量和记者绩效的依据。通过这些大数据，可以了解老百姓的需求点在哪里，针对不同需求，策划不同选题，做到精准传播、精准服务，实现有效引导。

三是内容本土化。在内容生产上融入地域特色，充分利用本土化资源，服务当地群众。项城936广播以地方方言为主，极具地方特色，黏合周边群众600万人。依托"全项城"App本地圈，融入当地用户、商家，提高群众的参与性、互动性，更好地把党的方针政策、当地党委政府的决策部署及时传达到基层。

（六）运营创新

创新运营方式，增进服务效能，拓展经营渠道，着力打造"新闻＋"模式。

一是"新闻＋政务"模式。建立政务服务平台，设立了市长热线、民生诉求、城市管理、业务查询等功能，在政务服务平台上，让企业和群众"多走网路、少跑马路"。

二是"新闻＋文化"模式。采用"超市"式供应、"菜单"化服务、订单式配送的方法，让百姓根据意愿"选文化""淘文化""点文化"，免费提供优质文化产品和服务。超市里有戏剧演出、电影放映、图书推荐、讲座培训、便民服务等栏目，群众可根据需求，通过手机"一键点击"获取。融媒体中心还把市图书馆、文化馆、豫剧团与镇文化站、村文化大院等公共文化资源纳入网内，打通文化惠民"最后一公里"。[4]

三是"新闻＋服务"模式。围绕服务群众，满足衣食住行，开设了《家居商城》《吃好喝好》《食疗养生》《家装宝典》《热点楼盘》《修车有道》《全民K歌》《我要爆料》等40多个专栏，把生活中好玩的有趣的，用最潮流的和百姓喜闻乐见的方式，创出精彩；成立了"维权哥""帮帮团"、建立了"爆料团"，成为群众离不开的"贴心人"。举办团购节、车房联展、情定七夕、音乐节、观众节、家装节、净水机节等商业活动，每年活动在300场以上。推出"报料"功能，市民在生活中遇到什么困难都可以直接通过融媒体中心"报料"平台反映，第一时间进行处理，搭建了一个移动端媒体监督平台。截至目前，已累计处理报料3万多件，问题解决率95%以上。"报料"平台不仅是一个"民声"窗口，更成了党委政府了解民情的主要渠道之一。

四是"新闻＋产业"模式。"新闻＋房产"模式。分为包销、提点分成、宣传销等模式，成为我们收入的重要来源之一。"新闻＋活动"模式。联合商家举办项城虫草消费节、项城海参消费节、净水机节、空调节等活动，每年活动有

300 多场次。"新闻＋项目"模式承接全市大型活动，承建智慧植物园、智慧教育、智慧农业等，拓宽了营收的渠道。项城融媒收入逐年攀升，2017 年，实现收入 2600 万元，2018 年收入 3200 万元，取得社会效益和经济效益双赢。

五、初步成效

项城经过两年多的探索和实践，媒体融合效果初显，体现在"四个新"：

一是融合出巩固党的舆论阵地的新气象。把服务党委政府、服务百姓群众作为巩固舆论阵地的重点，把党的正确主张变为群众的自觉行动，在新时代"唤起群众千百万、同心干"，为实现中国梦凝聚起强大的精神力量。"学习强国"App 成为人们学习宣传党的方针政策的重要平台。建立了市乡村三级"新时代文明实践场所"，融媒体中心开设了新时代文明实践专栏，开办了《一起来学习》《项城动态》《图解新闻》《学习视频》《学习有声》等栏目，开通了全国首家传习广播，通过线上线下互动，提高学习效果。同时，各实践站所的负责人是融媒体中心的特约记者，及时反映融媒体中心提供基层活动开展情况，确保党的声音第一时间传到基层，确保基层的声音通过融媒体传播出去。

二是融合出媒体"大合唱"的新格局。坚持内容建设为根本，成风化人、凝心聚力。围绕市委提出的"抓好一项政治任务""打好三大攻坚战""抓好五个持续提升"，融媒体中心多平台、全方位宣传，提振全市广大干部群众攻坚克难的信心和决心，有效推动市委各项决策部署全面贯彻落实。在创建全国文明城市活动中，融媒体中心开辟专题栏目，配合执法机关取缔城区非法营运三轮车，一方面对相关政策进行宣传，一方面组织记者到一线、社区和每一位三轮车主家里，开展针对性的采访，不仅让车主意识到驾驶非法营运三轮车的危害，还让乘客意识到乘坐三轮车的危险。通过一个月的全媒体宣传，在随后的取缔过程中，项城创造了"零上访"的项城经验。

三是融合出项城对外宣传的新形象。讲好项城故事，传播正能量，及时准确报道项城经济社会各方面的成绩，挖掘鲜活的正面典型，激发向上向善的力量。以年轻人喜欢的方式，制作短视频、微视频、AR、VR、H5 等新型融媒体产品。中心制作的快闪《我和我的祖国》在"央视新闻＋"平台展播，播放量达 6 万多；《无名英雄沙河救人》播放量达 94 万，点赞量 10.7 万；根据当地故事改编制作的《让人民回答》《守住这个家》《一个不能少》等融视频，播放量都在 30 万以上。积极为学习强国平台供稿，使项城的知名度和美誉度大大提升。

四是融合出经济社会发展的新局面。坚持围绕中心、服务大局，紧扣市委、市政府中心工作做好新闻宣传报道、舆论引导、服务民生等工作，成为经济发展的"助推器"。利用融合力量助力法治项城。项城融媒联合项城法院开展了一系列关于失信被执行人强制执行活动的直播，直击执行现场、法官做客演播厅、解答市民法律问题，吸引 46.9 万市民观看，共有 23 名失信被执行人在看到直播后，主动将 65 万元执行款送往项城法院。利用融合力量倾情服务民生。受台风"温比亚"影响，项城市持续强降雨导致不同程度受灾，项城融媒开启特别直播节目，在 1080 个微信群抛出直播话题，征集现场素材 13560 条，直播观看次数达 63.7 万人次，营造了全市广大干群抗洪强险的氛围，把损失降到了最低。在项城重点工作推进中，舆论先行，全媒体多角度报道，让群众和干部看到市委、市政府的决心信心，同时对慢作为不作为的，加大曝光力度，有力地推动了各项工作的顺利开展。

注释：

[1][2] 韩为卿：《四类型八维度"网"住新闻活鱼》，《中国新闻出版广电报》2019 年 2 月 19 日。

[3][4] 刘杰：《河南项城：三种模式破解县级融媒体中心建设》，《中国记者》2019 年第 2 期。

（作者系河南省项城市副市长，写作此文时任中共项城市委宣传部副部长、市融媒体中心主任）

抓好三大内容建设　办好县级融媒体平台

——结合央视融媒矩阵号流量分析

王国川

　　"2018 年底，国家层面开始规划和部署县级融媒体中心建设，广电领域的媒体融合全面扩散至县级广电。"[1]2019 年 2 月 19 日，中央广播电视总台"全国县级融媒体智慧平台"暨央视网新版全终端正式上线，当天，"百家县级融媒体中心矩阵号入驻平台，预计到年底，入驻的县级融媒体中心将达到 1000 家"。[2]有力地支持全国县级媒体机构办好县级融媒平台。

　　不少县级媒体机构在入驻矩阵号平台发布文章，获得阅读流量（浏览量），突破十万级，甚至百万级，主要为短视频、直播和部分传统优秀视频节目，这些文章自然成为探索研究县级媒体机构如何抓好内容建设、办好县级融媒平台的窗口和范例。

一、把握主题宣传新潮流，传播县域形象新风采

　　1."闪亮"主题宣传

　　以"快闪"为例，原来是通过网络而流行于国际间的一种嬉皮行为，由于在网络有很大的传播力、影响力，逐渐成为各种主题宣传的新潮流。在庆祝新中国成立 70 周年之际，不少县级媒体开展歌唱《我和我的祖国》"快闪"活动，并在矩阵号平台发布"快闪"短视频文章，浏览量突破百万级，成为名副其实的"闪亮"主题宣传的好文章。表1是福建四家县级矩阵号发布歌唱《我和我的祖国》"快闪"活动短视频浏览量一览表，发布的4篇文章，其中3篇浏览量均在百万级以上。

表1　四家县级矩阵号发布《我和我的祖国》"快闪"活动短视频产品浏览量一览表

矩阵号	文章标题	发布时间	时长	浏览量（万+）
尤溪县融媒体中心	尤溪县总医院"快闪"　护士节唱响《我和我的祖国》	5月12日	4′59″	143

矩阵号	文章标题	发布时间	时长	浏览量（万+）
福建永安融媒体中心	风展红旗如画！中国文物安全志愿者在永安唱响《我和我的祖国》	6月15日	5′48″	129
今日南安	福建南安百人"快闪"告白祖国场面燃爆！	5月24日	8′01″	125
晋江电视台	《我和我的祖国》"晋江劳动版"MV来了！响彻晋江城！	4月29日	7′38″	13

2. 传播县域形象新风采

由于选择参加"快闪"活动的群体不同，在"闪亮"主题宣传的同时，也传播了县域各自不同的形象和风采，可谓一举两得。如尤溪选择在医疗单位的护士群体"快闪"，短视频中穿插了医院护士忙碌在一线的画面；永安选择在陈列革命文物的博物馆中，彰显作为曾经的中央苏区县的责任和历史情怀；南安加入闽南语歌曲《爱拼南安人》，打造县域人文形象和品牌；晋江由总工会挑选的劳模领唱，营造本土劳动者爱岗敬业、乐于奉献的创业氛围。

二、把握平台直播热，做足做好家门口直播活动

1. 平台直播

2019年5月22日，入驻的矩阵号"今日南安"发布视频文章《南安率先在全国县级台开展"5G+4K"现场直播，5G来了！你准备好了吗？》，表明县级融媒平台拥有5G信号覆盖和实施4K超高清直播、VR直播等前沿技术。平台直播将以"5G+4K"模式，走进县级融媒平台。

2. 直播常态化

在"5G+4K"模式尚未登场之际，一些县级台早就把握了平台直播热的有利时机，让家门口直播常态化。以入驻矩阵号"晋江电视台"为例，"晋江电视台"从2019年1月2日入驻，至2019年6月15日，发表文章共80篇，直播文章9篇，特别是5月，一个月举办4场次直播，基本实现直播常态化，特别是直播文章的浏览量居高不下，平均浏览量近30万，这与其他71篇非直播文章，其中49篇浏览量少于一千的相比，差距明显。

表2 "晋江电视台"发布直播文章浏览量一览表

日期	直播文章标题	时长	浏览量（万）
6月7日	安海端午"水上捉鸭"竞技活动	1：48′54″	223.6
5月26日	2019年世界沙滩排球巡回赛（晋江站）决赛及颁奖	2：55′54″	5.6
5月24日	2019年晋江市企业创新发展大会	2：21′48″	7.4
5月19日	晋江市2019年文化旅游节	1：9′36″	4.2

日期	直播文章标题	时长	浏览量（万）
5月17日	晋江市青年歌手大赛	3：15′57″	0.41
4月19日	4·19晋江鞋（体）博会盛况	2：11′20″	0.42
2月19日	晋江三地赏花灯　欢喜闹元宵	1：8′16″	18.1
1月17日	晋江2019年三下乡活动走进金井三坑	1：35′48″	0.63
1月16日	晋江2019年文化科技卫生"三下乡"活动	1：26′24″	0.12
总浏览量			260.48

3. 直播差异化

截至2019年2月，已有近500家入驻"央视新闻移动网"，发起移动直播12844场，累计发稿41万条。[3] 不同县域，重点直播哪些活动，需要有所差异。如晋江直播的民俗竞技活动、县域经济发展论坛，尤溪直播的"乡村大舞台"活动，南安直播的比拼才艺类活动等，发布到入驻的矩阵号平台，获得浏览量相对高出不少，表明不同县域的群众，直播品味，各有所好。

表3　"尤溪县融媒体中心""今日南安"发布直播文章浏览量一览表

矩阵号	直播文章标题	发布日期	时长	浏览量（万）
尤溪县融媒体中心	"乡村大舞台"第10站：生态宜居地养生八字桥	5月25日	1：55′49″	154
	尤溪县"风展红旗如画"暨"不忘初心、牢记使命"红色故事宣讲比赛	6月6日	2：8′20″	83
	《我和我的祖国》融媒体宣传服务队走进企业	4月30日	49′40″	0.3
今日南安	庆祝中华人民共和国成立70周年暨走进科学家洪晓瑜家乡南安蓬华大演村文艺演	6月14日	1：33′09″	5.1
	南安市第十七届人大三次会议开幕式	12月27日	1：17′06″	0.71

一方面，把握平台直播热，做足直播；另一方面，找准群众的直播品味，做好直播，两方面有机地结合起来，更能发挥平台直播对驱动提升平台的影响力、传播力的引擎作用。

三、把握阅读嬗变的规律，打造优秀视频文章

1. 阅读嬗变

互联网时代，阅读嬗变体现在两个方面：一是碎片化阅读，随时、随地、即时；二是社交化阅读，分享、互动、传播。发布在入驻的矩阵号平台上，浏览量上万级至百万级的优秀视频文章，也可对应分为两类：一类是直奔核心现场的现场式视频文章；另一类是自带丰富的、满满正能量话题的社交式视频文章。

2. 现场式视频文章

短则十几秒、几十秒，类似互联网"抖音""快手"等平台上的短视频，由于抓拍于事件的核心现场，为了表达方便，不妨称之为现场式视频文章。县级矩阵号发布的现场式视频文章，通常是记者前往突发事件现场采编电视节目时，即时拍摄的核心现场视频，选配合适的背景音乐，辅以画面简明扼要文字说明，即时发布，数量虽然不多，但浏览量十万级，甚至百万级，表现出来的传播力、影响力不可小觑。

表4 "尤溪县融媒体中心""福建永安融媒体中心"发布现场式视频文章浏览量一览表

	发布时间	文章标题	时长	浏览量（万+）
尤溪县融媒体中心	6月11日	抗洪救灾在持续！加油，三明！	1′50″	110
	5月17日	短视频：洪水漫进【尤溪】最美公园	43″	33
	5月17日	短视频：洪水中捕鱼 危险！最后出现……	48″	11
福建永安融媒体中心	5月17日	特大暴雨袭击永安 低洼地带群众全部安全转移 抗洪救灾在行动	55″	10

现场式视频文章，画面经常一镜到底，既没有传统电视新闻画面需要 3～5 秒切换一次镜头的操作，更没有后期"演播室主持人+解说词"的串接，而是通过画面直奔核心现场。这些现场式视频，或记者拍摄，或用户随身拍摄，原汁原味，并带有群众惊呼、救援人员呐喊等现场声，非常符合当下即时阅读、即时分享的阅读嬗变模式。

3. 社交式视频文章

2019 年央视新闻"新春走基层"系列节目《相约在零点 37 分》播出后，"从 10 日至 11 日 17 时，《相约在零点 37 分》从电视'大屏'席卷手机'小屏'，新浪微博阅读量突破 2 亿，全网阅读量突破 3 亿+，截至记者发稿时，该新闻仍是线上线下的热门话题"。[4]《相约在零点 37 分》虽首播于电视大屏，但真正让其刷爆于各大平台的最根本的原因，恰恰是该节目自带丰富的、满满正能量的热门话题，极大地满足了用户的社交需要。

在基层，能够把振兴乡村的主题与社区或村居的就业、教育、社保、医疗、养老等领域的话题，有机结合起来的节目，浏览量就较高，这类节目反映的是发生在百姓经历的各种变迁，是群众每天都能亲身体验到的收获感、幸福感，因而特别能够满足群众阅读后，切入各种话题进行互动的社交需要。节目内容以产业兴、百姓富、生态美和百姓安居乐业等为主，具体包括县域的支柱品牌企业的形象宣传，农产品的创意广告，传统民俗活动等，加上航拍等精致化画面，满足了群众关于获得感、幸福感等热门话题的社交需要，成为群众经常"晒"到朋友圈的主要信息源，自然能够获得较高的浏览量。

表5　福建三家县级矩阵号发布电视节目浏览量一览表

矩阵号	发布时间	文章标题	时长	浏览量万+
尤溪县融媒体中心	6月7日	意犹未尽慕名而来 "尤耳"黑木耳中的自然珍品	60″	121
福清市广播电视台	5月13日	江镜镇：全面激发发展活力 镇村旧貌换新颜	4′7″	28
	6月11日	从代工生产到研发创新 祥兴箱包的"长跑突围"	4′30″	21
	5月23日	我市开建首个装配式建造项目 造房子就像"搭积木"	3′52″	12
	6月4日	新厝镇漆林村：旧校园变幸福院 70岁以上老人免费午餐	3′22″	9
福建永安融媒体中心	4月9日	福建永安：畲乡欢庆"三月三" 民俗盛宴踏歌来	2′02″	10

在矩阵号平台发布的、现场式或社交式的视频文章，都是优秀视频节目。现场式视频文章侧重于第一时间的核心现场画面；社交式视频文章，侧重于如何让鲜明而又相对严肃的主题，有情怀、有温度，进而产生屏内外共鸣同振的社交需求，这些都是对记者脚力、眼力、脑力、笔力的考验。由此可见，选好优秀视频节目，已绝非传统意义上的照搬电视节目了，或在播出过的电视节目中选择了，有时需要直接把记者拍摄的有视觉冲击力的画面素材，经过简单处理后，移动优先发布；有时需要把节目标题转换成为更具社交话题，并适当精编原有节目的视频后二次发布。

四、意义与启示：做两个增量　办好县级融媒平台

1. 做阅读增量

抓好三大内容建设，提高每篇文章的浏览量，归根到底就是做好发布文章的阅读增量。入驻"央视新闻移动网"矩阵号平台的县级融媒体中心，大都由县级台对接，如2018年8月入驻的矩阵号为"某县广播电视台"，就由某县县级台对接，该台作为某县融媒体中心的主体，每天在矩阵号平台发布4～5篇视频文章，迄今为止，已发布文章近千篇。由于照搬本县新闻节目，必然存在发布文章与日俱增，而浏览阅读文章的读者不断递减的问题。这个问题带有一定普遍性，需要引起高度的重视。因此，抓好三大内容建设，做阅读增量，具有一定迫切性。

2. 移动端增量

各县域入驻"央视新闻移动网"矩阵号平台，做"央视新闻移动网"平台的移动端用户，用户用平台来做宣传。当然，先做阅读增量，做不好阅读增量，再好的宣传产品，都是摆设。要想回归县级融媒平台，必须要做移动端增量。

"县级媒体是最接近基层人民群众的通道之一。县域用户是当前移动应用最大的增量群体。""做移动端增量，把各种新的功能在移动端实现。"[5] 其实，"央视新闻移动网"超大矩阵平台，首先做的就是移动端增量，其次才是由入驻矩阵号平台，自主地做阅读增量。这给县级融媒平台一个全新的认识和启示，即县级融媒平台，实际上需要从深耕本土内容向深耕本土平台转型，从单一的内容传播向综合的平台服务转型。如江苏邳州打造"银杏融媒甲天下"融媒平台，就是做移动端增量的典范。这个平台包括"两台一报一网、三微一端多平台"九位一体，形成了类似"央视新闻移动网"超大矩阵的融媒平台。首页面设置《邳州日报》、邳州广播电视台、邳州门户网站、邳州政务服务、社区、银杏直播、积分商城六大版块，总计百余个平台，即百余个移动端用户，"各种新的功能"正是通过这些移动端用户来实现。

移动端增量是阅读增量的基础，阅读增量是移动端增量的提高。以"邳州政务服务"版块为例，从首页的"部门单位、区镇"两项点击进入，分列60余个平台，即60余个移动端用户，这些用户用"银杏融媒甲天下"平台做本单位或本区镇宣传，必然积极配合平台做阅读增量。可见，两个增量，无疑是衡量县级融媒平台办得好与不好的两个量化指标。

注释：

[1] 谢江林：《对广电媒体来讲，改革是一种能力》，腾讯网2019年6月6日。

[2][3]《中央广播电视总台"全国县级融媒体智慧平台"暨央视网新版全终端正式上线》，2019年2月19日。

[4] 唐茹、周博伦：《相约零点37分 相聚1分52秒——央视播发铁路情侣〈相约在零点37分〉新闻感动亿万观众和网友》，人民铁路网2019年2月12日。

[5]《中宣部媒体融合专家组成员宋建武：没有一个主流媒体自主可控的平台，就没有主流媒体的一切！》，广电独家网2019年3月14日。

（作者系福建石狮市广播电视台主任记者）

县级融媒体中心建设的智慧方案探析

——以苏南、苏北部分县区为例

俞 海 万旭琪

习近平总书记在 2018 年全国宣传思想工作会议上指出，要扎实抓好县级融媒体中心建设，更好地引导、服务群众。《关于加强县级融媒体中心建设的意见》也在中央全面深化改革委员会第五次会议上审议通过。2019 年，江苏省出台了《关于加强县级融媒体中心建设的实施意见》，此后，各地县级融媒体中心建设工作按照党中央的部署稳步推进。昆山、邳州、如皋、溧阳等 4 县率先作为试点，吹响了江苏县级融媒体中心建设的号角，成效显著。其中邳州形成了独具特色的邳州模式，打造了"银杏融媒"品牌，全方位展示了"九位一体"传播矩阵，为融媒中心建设工作开拓出崭新的道路，提供邳州智慧。2019 年以来，首批 28 个县级融媒体中心携手江苏省广播电视总台的"荔枝云平台"攻克技术难关、完善平台建设，搭建起信息交流共享的桥梁，初步完成县级融媒体中心建设的"物理融合"，其余各县区亦紧随其后。

目前江苏各县级融媒体中心建设工作开展得如火如荼，部分地区也确实取得了一些令人瞩目的成绩，但仍有的县区融媒体中心停留在表态式建构阶段，空有文件，却无落实，挂牌进展迅猛，后续发展疲软。另外，各县区对融媒体中心建设的参悟本领也参差不齐，一些县区已突破"物理融合"阶段，在"化学融合"中使现有的资源进一步相融，而另一些县区只是对资源的简单相加，建设成效甚微。当务之急，我们应统筹观照各地现有的融媒发展基础，充分整合各地的智慧建设方案，引领县级融媒体中心建设通往未来的创新道路。

一、江苏县级融媒体中心建设的基础现状思考

截止到 2019 年 9 月底，江苏省已有 36 家县级融媒体中心挂牌，其中苏南地区（苏州、无锡、常州、镇江）有 9 家，苏北地区（徐州、连云港、宿迁、淮安、

盐城）有 19 家（苏南、苏北地区融媒体中心挂牌数目根据当地官方发布的新闻进行统计）。[1] 总体而言，苏南、苏北县级融媒体中心推进情况良好，大部分县域融媒体中心挂牌工作已初步完成，其余各项工作也正紧锣密鼓地规划布局。

（一）苏南县级融媒体中心建设的融媒实践和现实基础

目前，苏南地区县级融媒体中心建设工作开展良好，一方面与苏南地区现有的融媒发展成果，良好的报刊、广电发展基础密不可分，另一方面也与苏南县区较大的财政支持力度息息相关。尽管从数据来看，苏南县级融媒体中心挂牌时间不早，但是除了个别县以外，其余各县区基本完成了融媒体中心建设初级阶段的目标。此外在融媒体实践方面，苏南地区遥遥领先，走在江苏乃至全国前列，而融媒体实践成果最直观的体现，就是县级融媒体中心的微信公众平台、App 等产品的影响力和传播力。本文统计了 8 月份已挂牌的县级融媒体微信公众号排名前二十的榜单（表 1），从表中可发现"最江阴""偶俚张家港""智慧昆山"排名前四，WCI（微信传播影响力）指数遥遥领先。在 2019 年 8–11 月的县级融媒体微信公众号榜单中，前十位中有超过 5 个公众号来自苏南县级融媒体中心，"最江阴""偶俚张家港""智慧昆山"长期稳居前三。此外，这三地也开发了自己的 app 平台，部分县域如昆山拥有"智慧昆山""昆山视听"两个 app。由此可见"APP+微信公众号"成为县区融媒发展的标配，影响力不容小觑。

苏南部分县区成绩表现尤为突出，以县级市张家港为例，它的融媒产品"今日张家港"App 在 6 月 20 日公测上线，通过发布一系列融媒体产品，点亮重大主题报道，牢牢占领移动端的宣传制高点。在"迎战台风'利奇马'"突发事件报道中，它开通视频直播流、48 小时滚动推送信息，积累了强大的社会影响和公众期待。在日前国家广播电视总局《电视指南》杂志、《传媒内参》联合发布的2019 年度全国"指尖融媒榜"系列榜单中，张家港市融媒体中心强势斩获"最具影响力县级融媒中心"称号。[2]

表1

排名	公众号	账号名	文章总数	阅读总数	在看总数	wa	总排名
1	最江阴	jytv2013	230	291W+	10861	1025.79	1529
2	偶俚张家港	zjgtvnews	162	139W+	13477	925.66	3235
3	智慧昆山	ks215300	100	73W+	1258	823.6	6445
4	遇见张家港	meetzjg	76	39W+	3360	773.12	8858
5	吴江日报	wujiangribao	146	47W+	3644	759	9669
6	影响靖江	yingxiangjj	187	65W+	2320	754.34	9979
7	智慧泰兴	txzhtx	188	61W+	5225	740.97	10814

（续上表）

排名	公众号	账号名	文章总数	阅读总数	在看总数	wa	总排名
8	靖江日报	jjrb0523	185	62W+	3115	740.45	10858
9	第一昆山	kunshanDaily	53	28W+	1204	726.82	11835
10	启动日报	jsqdrb	166	40W+	1240	707.28	13322
11	幸福东台	jsdtxcb	220	51W+	1999	705.18	13498
12	如东新媒体	dream8086	184	41W+	1938	698.11	14083
13	微江宁	weijiangning2014	186	39W+	1611	685.33	15218
14	无线邳州	wpizhou	107	33W+	711	673.54	16271
15	沭阳新媒体	syxcmtv	88	20W+	1163	672.16	16415
16	微扬中	w_yangzhong	136	33W+	1049	669.51	16665
17	宜兴日报	yixingdaily	88	20W+	1584	643.94	19231
18	如皋广播电视台	rugaotv	131	22W+	1521	640.01	19680
19	东台日报	jsdtrb	131	21W+	1760	636.98	20035
20	盐都人	yandufabu	147	18W+	2433	604.26	24035

（二）苏北县级融媒体中心建设的现实困境及破局之法

与苏南地区截然不同的是，苏北大部分地区受客观条件所限，缺乏足够的资金投入、强有力的技术支持以及全媒体人才团队，再加上其报刊、广电基础较为薄弱，地方广电难以成为县级融媒体中心建设的有力"后援支撑"，因此，苏北大部分地区县级融媒体中心建设起步较晚。然而，起步晚并不代表着发展慢，苏北各个县级媒体在前期结合自身发展情况作了充分的调研和考察。以连云港市赣榆区为例，该区围绕中央、省级融媒体建设的指导思想，拟定了区融媒体中心发展目标，即建设"一报、两台、一网、一端、一微"的全媒体矩阵；同时它在发展前期也制定了一系列改革措施，在机构设置上进行优化，设置两室五个分中心，（党政办公室、总编办公室、全媒体新闻分中心、经济发展分中心等），在采编流程上进行再造，入驻"荔枝云"统一平台。

苏北的大部分县区建设模式与赣榆区大同小异，前期充分考察自身媒体基础与现实情况，制定发展目标；中期赶赴建设成功的县级融媒体中心（如邳州、张家港等）进行考察与经验学习；后期与江苏广电"荔枝云平台"对接，在内容上实现新闻资源共享，技术上实现技术平台交互。这样的建设过程使苏北各县级媒体充分掌握已有的成熟技术经验，合理地规避建设误区，并在"荔枝云平台"的帮助下有效解决技术平台建设运营资金投入大、技术门槛高等难点。因此，苏北县级融媒体中心建设如同按下"加速键"一般，将苏南、苏中的前期探索时间大大缩短，甚至在短短几个月内就完成工作部署规划，如赣榆区、灌云县、东海县、沭阳县、阜宁县等县级融媒体中心于 2019 年 6 月—8 月相继挂牌成立。

二、江苏县级融媒体中心建设面临的困难与挑战

（一）统一平台建设与对接难题

1. 省级统一平台与县域个性化平台的矛盾

苏南和苏北县级融媒体中心挂牌代表着第一阶段的物理融合已经完成，但技术上的融合还面临着诸多问题。传统报业与广电新闻生产流程差异较大，因此无论是苏南还是苏北在建设统一中心时都面临着传统报业与广电合二为一的难题，这就需要与统一的平台进行对接。目前融媒体中心建设实践主要存在三种模式，分别为"省域统筹""县域自主""市域联动"[3]，江苏主要采取的是前两种。

目前，江苏广电总台为各级县区提供了统一的"荔枝云平台"，达到省域范围内的统筹。苏北县区基本采用的是统一的平台，形成统一的发展模式，而苏南县域多拥有自己独立的融合平台，如吴江区依托苏州广电的自建系统、宜兴采用的是索贝系统。对于苏南而言，统一的平台利弊并存，一方面，统一的平台能实现与省台的新闻资源共享，技术交互，但另一方面，苏南县级融媒发展相比苏北较为成熟，全省统一标准建设下的平台无法满足苏南个性化建设需求，也无法解决实际运营中出现的问题，极容易让苏南县级融媒发展陷入套路化僵局。苏北大部分县域县级融媒体中心建设处于物理融合阶段，甚至有些县域建设仍停留在空有文件的"表态式建构"层面，选择与"荔枝云平台"进行对接是目前最优的选择。而未来，当苏北县域融媒体中心建设发展到一定阶段，探索出符合本地发展的个性化模式后，势必也会面临相同的问题，如苏北的邳州市目前采用的是自建的平台，在与"荔枝云"对接时便存在诸多困难需要协调解决。此外，针对统一平台而言，如果针对县域问题反馈对平台进行改进与升级，必然是一项繁重的工程，在改进过程中时间的滞后性、主平台与县域平台的不匹配性都是值得思考的问题。

2. 实际对接中理论与现实的矛盾

目前苏南各县域融媒体中心都拥有自建的"云平台"，但存在的共性问题是，由于报纸业务流程和广电差异较大，将这两个模块深度整合，目前还很难实现，因此苏南县域融媒体中心的报纸系统无法在技术层面对接到自建的平台中。此外，在"荔枝云"平台与县域平台进行对接中，也存在着许多理论上可行但实际操作中无法解决的难题。以洪泽融媒体中心打造、"荔枝云平台"提供技术支撑的本地资讯门户——"蟹都洪泽"APP 为例，省台根据业务、内容、传播的规律和技术布局综合判断，形成多个功能小模块，然后洪泽区根据自己的实际情况和实际需求进行选择，最终形成符合自我预期的 APP。在这一过程中，省台除了对技术进行操作演示以外，更多的是和县市进行理论上的交流与功能架构上的想象。然

而，县市在 APP 功能上提出的定制化需求往往不符合规范性要求，或是在实际操作技术上存在不可行性，导致实际开发出的 APP 在理论与现实中存在落差，对接的技术、数据信息的传递效果无法完全达到预期。

（二）融媒体资源整合利用能力欠缺

创造高质量的原创融媒体作品是县级融媒体中心建设的关键与核心，但目前部分县域的大部分新闻资讯仍然借助于转载及党政、宣传部门的投稿，节目与新闻内容缺乏原创性。此外，在融媒体资源利用上缺乏整合创新能力，只是通过将报刊、广播电视。以苏北盐城市的建湖县级融媒体中心为例，其开发的 APP "掌上建湖"包含新闻资讯、精彩节目、活动视频、直播等几个主要功能板块，然而其发布的新闻多是转载政宣部门的通讯，以及其他地域的新闻，对本地新闻缺乏有效的采集。精彩节目版块也只是通过链接形式对接"建湖新闻"节目，视觉设计感粗糙，用户友好程度较低。此外，尽管 APP 开辟了"建湖圈"这一网络社区平台，但是已然沦为广告发布商的聚集地，内容廉价、毫无营养，对产品的用户友好程度和可持续发展性缺乏足够的重视。创意服务的缺乏、社区黏性的丧失、交互性的降低、传播测量手段的简易化，这些都是融媒体产品在"从无到有，从有到优"发展道路上面临的阻碍，导致新闻信息的生产和传播陷入被动的境地。

（三）融媒体复合型人才匮乏

成立融媒体中心是各县区媒体的必然选择，但融合并不能水到渠成。融媒体关注的不仅仅是物理上的融合、介质上的融合，更是理念思维上的融合，而人才在这一关键的转型环节发挥着至关重要的作用。融媒体人才是媒介融合创意与执行的保证，要求具备新闻采编、图片处理、视频剪辑、可视化数据、人工智能等综合能力。而目前既能够完成新闻信息采编，又能够胜任新媒体平台运营，既能熟练掌握新闻传播规律，又能够在传播中运用创新新媒体技术，同时用多渠道、多端口创造新增流量的融媒体人才少之又少。此外，无论是苏南还是苏北都存在这样一种现状，一方面，所谓的融媒体从业者还保留着传统的媒体运作思维，不少媒体工作者仍存在畏难、等待、观望、拖沓、逃避等心理行为；另一方面，目前从事融媒体工作的人员大多是非专业、编外人员，人员分散性、流动性强，人员跳槽情况频现，主要核心团队人员稳定性差。

三、县级融媒体中心建设的江苏智慧方案

（一）"省域统筹"和"县域自主"的统一布局

如何打破不同媒介间的藩篱，如何解决平台的对接难题，如何使发展能力较弱的县区"跟得上大部队"，这些问题不能仅依靠上级统一部署、县区自我探索学习来解决，上下级间应探索求同存异、嵌套式发展、合作共生的模式。这一经验率先运用于大小平台的嵌套整合上。目前，苏南的一些县域报刊广电发展基础

好、能力强，能够独自闯荡出一片天地，苏北、苏中绝大部分县域无论是地方报刊还是广播电视台，都不再单打独斗，它们在"荔枝云"这一更高级传媒平台的支持下，作为这个庞大集团或体系下的子单元紧密联合、合作发展，形成了一种"省域"上的统筹与整合。各县区嵌入大平台，实现"省域统筹"并形成广泛的社会联结是各县级融媒体中心获得资源、汲取养分的重要战略。

值得注意的是，尽管实现"省域统筹"，让各地接入统一平台是江苏省推进"荔枝云"平台建设的主要目的，并且在苏北部分县区推进情况良好，但是这些地区的成功模式并不能全盘照搬到苏中、苏北的其余地区，我们需充分考虑各地部分县区县级融媒体的发展基础，在统一基础上允许它们自建平台，结合地域特点、环境特点、特殊需求，灵活部署各类业务模块，充分发挥县区自主性和能动性。在一定程度上，县区自主搭建平台，有利于充分组合现有媒体架构，避免二次建设的浪费；同时，也有利于探索自身特色发展模式，实现运营方式与经营创收上的创新升级。

（二）"窄融合"到"宽融合"的理念更新

人们通常将"媒介融合"窄化理解为诸如广电、报刊等媒介与媒介间的融汇整合，它通过媒介与媒介间的信息交互实现内容传播服务的优化，不过可持续发展能力较差。但是，如果融媒体中心建设不再局限于传媒行业的发展，而选择勾连不同专业、领域，实现传统内容的颠覆与发展方向的拓展，努力成为服务于人们日常生活的平台型媒体，那么它就能实现真正意义上的"宽容合"。目前，江苏各地县级融媒体中心已明确发展定位，积极拓展思路，逐步从广电、报刊等媒介与媒介间的"窄融合"转向"宽融合"。"宽融合"包括提供贴合的社会公共服务、便利的政务服务以及创新的产业营销服务等

1. 贴合的社会公共服务

提供公共服务是服务型政府的重要职责，县级融媒体应在原有服务基础上，延伸公共服务功能，拓展服务的平台与窗口，满足人们日常生活中诸如购房买车、电子政务、投诉报警、车辆违章查询等方方面面的需求。以苏南部分县级融媒体中心运营的微信公众号为例，昆山市的"智慧昆山"公众号专门开辟"城市服务""教育服务"两个板块，其中"城市服务"为市民提供"天气预报""水费查询""自行车查询"等服务。在教育服务方面，它时常推送相关的文章，2019 年 8 月的《昆山中小学、幼儿园 2019 年秋季收费标准》一文浏览量高达 4W+，它将学校收费标准用表格形式清晰呈现，这种"信息公开＋贴心呈现"的方式也备受百姓好评。留言区有网民评论："大福利！希望这种信息都能够透明公开，为智慧昆山点赞！"

张家港市的"遇见张家港"公众号则汇聚更细致、多样的便民服务，如"体

检查询""快递查询""微信移车"等。如一篇《面向所有张家港人，免费！》的推文浏览量达 1.1W+，它向百姓推荐了"张家港全民健心云"这项免费心理咨询服务，贴心的关照了百姓日常工作生活的心理状态，服务虽"微小"但"暖心"。

这些推文和应用小程序将"信息传播"与"公共服务"功能紧密结合，走出一条越来越宽的融合道路。而在未来，各县级融媒体中心还可以进一步与当地广电、APP 平台打通，以生活、工作、行政等全方位场景服务，增强用户黏性。

2. 便利的电子政务服务

县级融媒体中心的建设拓宽了政务渠道，也创新了政务服务形式，其中电子政务这一服务功能的整合加入更是删繁去简，缩减了繁杂的办事流程，"数据多跑路，群众少跑路"的政务新形式，不仅大大提高了政府服务效率，也可以真正让政府服务民生的宗旨落到实处。它提供了公民参政议政的融媒体平台，相关政务信息的发布、公民利益诉求的合理表达都可以通过这样一个平台完成，形成政府与公民双方有效的互动与沟通，真正实现政务信息的"上传下达"与民意的"下情上达"，更好的帮助县级融媒体中心实现主流舆论宣传和引导的作用。此外，便利的电子政务服务也推进了县域法制建设，它改变了过去政府与企业、公民之间的信息不对称，实现了公民对政务的有效监督。

3. 创新的产业营销服务

县级融媒体中心汇聚了报纸、广播、微信公众号、微博平台等多个流量端口，联通了县域内各产业的电商资源，因此它可以借助融媒体平台优势以及在县域内的公信力来助力当地各产业领域的营销和推广，带动区域经济发展的同时，也为自身带来良好的经济创收。比如，张家港市融媒体中心 2019 年成立的"车市工作室"，整合了 App 和微信及小程序，为当地汽车行业宣传推广，获得良好的运营效果和经济收益。"最江阴"微信公众号每年的广告收入有数百万，江阴融媒体中心承接的全国滑翔伞比赛（江阴站），签约总费用高达 170 万。

（三）"单一化传媒"到"多业态传媒"的转型升级

目前，江苏县区媒体融合发展模式大致分为"单一化传媒带动整体发展"和"多业态传媒促进全面转型"两类。部分县区由于资金、技术、管理等暂时性难题，选择了以单一化的传媒产品作为引领支撑，以点带面带动县域广电转型。它坚持"移动优先"，依托双微一端、抖音、快手等新媒体，一方面结合本地特色文化资源为原创内容助力，比如洪泽利用微信＋直播形式，用微信公众平台为"蟹都洪泽 APP"引流，以本地"大闸蟹"特色主题直播超过 50 场。另一方面，它们能够讲好"那人、那城、那些事"，用本地小故事联动时代大主题，形成文本互现，细腻的故事"粘着泥土，挂着露水"，为传播增彩。

当然，对这些县区媒体而言，以单一化传媒带动整体发展毕竟只是权宜之计，尽管当前发展状况良好，但是无法打破原有的媒体组织架构，进行更深层的融合，实现可持续发展，县区媒体转型升级依然长路漫漫。目前，很多县级融媒体还面临着组织架构粗放、权责不明、生产流程混乱、内容单一等一系列问题，它们需进行全方位的综合性改革，向多业态传媒转型，其中包括体制机制改革、组织架构调整、生产流程再造、技术应用创新等多重因素。

以苏北的邳州为例，它率先进行了融合顶层设计的体制机制改革，推动"中央厨房"建设及常态化运行，组建了银杏融媒"智慧港"，着力打造产品创新的孵化器、智慧服务的主引擎，构建了具有全程、全息、全员、全效特点的新型智慧融媒，实现了从传统单向传媒向现代全媒体多业态传媒的转型。

四、结语

如今，融媒体中心建设工作正如火如荼地在全国各县区开展，这无疑为县级媒体发展注入崭新的活力因子。但值得思考的是，各县区在赶上政策"红利"的同时，还必须思考如何搭上技术"快车"。县级融媒体中心的建设不再只是依托广电再打造一个传统新闻生产平台，对新闻信息进行简单聚合，而是要借助5G技术、区块链技术、人工智能技术等沿革的媒介技术，拓宽现有的媒介生态格局，变传统的单向度传播为具有"互动基因"和"变革基因"的社会化传播，实现政策扶持、市场赋能、内容主打以及技术助力下的融合聚变。

（作者单位：江苏广播电视台、苏州大学传媒学院）

注释：

[1] 已挂牌的融媒体中心：

苏南地区：苏州市（吴江区、张家港市、昆山市）；无锡市（江阴市、宜兴市）；常州市（溧阳市）；镇江市（扬中市、句容市、丹阳市）

苏北地区：徐州市（邳州市、丰县）；连云港市（赣榆区、东海县、灌云县、灌南县）；宿迁市（沭阳县、泗阳县）；淮安市（淮安区、淮阴区、洪泽区、涟水县、盱眙县、金湖县）；盐城市（东台市、盐都区、射阳县、阜宁县、滨海区）

[2]《2019"指尖融媒榜"重磅发布！》，2019-08-12，http://www.sohu.com/a/332884274_99997521

[3] 杜一娜：《县级融媒体中心建设：各显其能，更需因地制宜》，《中国新闻出版广电报》2019年9月3日。

真融合 重应用 讲实效 可持续

——河南省汝州市打造县域融媒发展新模式

张帅旗 娄亚娜

2018年8月21日至22日，习近平总书记在全国宣传思想工作会议上强调要扎实抓好县域融媒体中心建设；11月14日，习近平总书记在中央全面深化改革委员会第五次会议上关于加强县级融媒体中心建设的意见强调，要深化机构、人事、财政、薪酬等方面改革，调整优化布局，推进融合发展，不断提高县级融媒体传播力、引导力、影响力。

两年多来，汝州市面对媒体格局和舆论生态的深刻变革，不等不靠，先行先试，以强烈的阵地意识和责任感，坚定不移践行移动优先战略，推进媒体融合发展，本着集约节约、实用操作、可复制能推广、可升级能扩容的原则，积极开展县级融媒体中心"试验田"建设，争当县级融媒体建设"排头兵"，按照"真融合、重应用、讲实效、可持续"的原则，探索形成了具有汝州特色的县域融媒发展新模式。

一、提高站位，建强宣传工作主阵地。

汝州市坚持把融媒体中心建设作为加强意识形态领域管理的一项关键举措，切实加强组织领导，健全机构设置，努力打造党媒宣传新阵地。2018年8月22日汝州市融媒体中心挂牌成立，整合了市广电总台、信息中心下属的汝州广播电视台、汝州电台、《今日汝州》报纸、汝州手机台APP等26个优质媒体，打破各媒体资源分散、封闭经营、管理粗放的模式，构建了集报纸、广播、电视、互联网于一体的全媒体矩阵。融媒体中心作为市政府直属的正科级公益二类事业单位，设置融媒体中心书记1名、主任1名、总编辑1名、副职4名，核定财政全供编制91名，配齐配强人员力量。中心下设采集部、编辑部、运营部、技术部、行政管理等部门，规范融媒体运行机制。在此基础上，2019年市财政列支预算资金2760万元，足额保障融媒体中心工作开展。同时，加强人员管理，建立融媒体中心工作运行管理、人才教育培训、热线值班管理等规章制度，提高工作规范化水平。在此基础上，建立岗位薪酬管理制度，实行绩效量化考核，将各项任务量化到岗到人，有效调动了干部职工工作积极性。

二、真融真用，开发指挥调度新平台

汝州市积极学习中央台、省台和优秀地方台的经验和做法，在各级宣传部门的指导下，根据省、市、县三级联合作战的思路，由河南广播电视台旗下的河南大象融媒体技术有限公司作为融媒平台总支撑，整合国家新媒体融合创新实验室山东轻快云平台、新华网、中广云视等全国业内领先团队的顶层设计，按照"集约节约、实用操作、可复制能推广、可升级能扩容"的原则，进行了物理硬件和管理软件的优化匹配，开发建设具备跨媒体、跨网络、跨终端的技术应用平台。该平台各系统模块具有新闻指挥调度、全媒体内容生产、全媒体内容管理、舆情检测反馈、一键式便捷分发、分布式存储等强大实操应用功能。由政府全额拨款296万元建成了占地181平方米的"车间式"新闻采编发指挥中心，建设了新闻加工流水线，实现了新闻热线受理、信息研判分发、指挥调度、采访编辑、播发推广等环节的可视化。

中心通过指挥调度办公室，建立了工作运行管理制度、设备管理制度、值班管理制度等一系列管理制度，对全市公开公布新闻热线电话和接受报料方式，实行双岗双责值班制度，对所有宣传活动实现统一指挥、有序调度、一次采访、多角度报道、多平台呈现、多渠道传播的全媒体宣传。先后在中国汝州杏花节开幕式、汝州市"两会"、汝州市北汝河防汛应急转移演练、汝州市第六届运动会暨首届全民健身大会等上百次重大宣传活动中，检验了汝州融媒体的传播力和影响力，反响强烈，效果良好，擦亮了融媒传播新招牌，先后吸引了全国各地100多家广电同行到汝州参观学习。

三、流程再造，创新生产传播新机制

通过整合优质媒体资源，汝州融媒成为集报、台、网、微、端等为一体化的融合平台，推动新闻内容、技术应用、平台终端、广告运营、人才队伍的全面共享融通。在此基础上，以"全台网""云平台""大数据中心"建设为依托，以频道、频率和中心为主先行组成媒体融合"核心层"，在融媒中心建设的统一指挥调度下，构建新闻报道和生产经营的"台网一体"联动新流程，创新生产传播新机制，形成了"新媒体首发、全媒体跟进、融媒体传播"的高效节奏。为深入宣传习近平新时代中国特色社会主义思想和党的十九大精神，先后开设了11个专题专栏，推出270余篇报道，累计有62万人次点击，推动党的十九大精神宣传报道在汝州全面铺开。围绕市委、市政府中心工作和百姓关注的热点难点，聚焦主题主线，全方位、多角度、多形式开展宣传报道，推出了一批又一批有思想、有深度、接地气、冒热气、有泪点的宣传报道，策划实施了"汝州崛起正当时""惠民公交就是好""创建文明城市曝光台""种树就是种幸福"等一系列大型专题节目，以音频、视频、文字、图片等不同形式多渠道推送传播，实现了电视大屏、手机小屏和网页版的互联互通。有效动员群众积极参与城市建设管理，先后吸引150余万人次关注，营造了共建共享共治的良好氛围。同时，开展全国文明城市创建知识问答、有奖调查、图文征集等活动，引导广大群众积极参与城市建设。

从"你是你、我是我"到"你中有我、我中有你"再到"你就是我、我就是你"，汝州市融媒体中心真正实现了融为一体、合而为一。讲述了汝州好故事、传播了汝州好声音，受到了市委、市政府的高度评价和社会各界的广泛关注，营造了发展氛围，引导了社会舆论，弘扬了社会正能量。

四、为民服务，让群众少跑腿信息多跑路

汝州市融媒体中心坚持以人民为中心的发展理念，积极拓展公共服务领域，更好引导群众、服务群众。一是推行"新闻＋政务"模式。依托"中国汝州"微信公众平台，通过构建微信矩阵，实现与22个市直委局、20个乡镇街道宣传平台互联互通，设置新闻资讯、创业创新、信用服务、文明创建等板块，丰富终端内容，提升社会治理效能。同时，依托政府门户网站，面向社会推行"一网通办"前提下的"最多跑一次"审批服务事项967项，方便企业和群众办事。二是推行"新闻＋服务"模式。依托融媒体中心汝州手机台APP软件，开设便民服务专栏，推出群众曝料、民生诉求、水电费缴纳、求职招聘、快递查询等31项便民服务功能，先后服务群众近50万次，为广大群众生活提供便利。三是积极开展群众活动。坚持线上线下相结合的原则，先后举办春节晚会、戏曲擂台赛、党建知识演讲比赛等群众活动56场，以及2018中国汝州杏花节、古庙会年俗文化节、第六届运动会等直播活动112场，弘扬社会主义核心价值观，丰富群众精神文化生活。

五、双轨运行，探索人才管理新办法

推动县级媒体融合发展，人才是基础，管理是关键。为此，汝州市融媒体中心以汝州市广播电视总台人才体系建设为蓝本，实行"档案封闭运行、岗位薪酬管理"的双规管理新办法。即融媒体中心所有人员，不管什么级别什么身份，统一与编内体制脱钩，档案工资、级别封闭运行。实际工作按岗位进行日常管理，根据职责分工合理设置岗位数量和管理层级，将各项工作任务量化到岗到人，并确定每个岗位的绩效标准，推行以量化考核为主的绩效考核制度。打破原来的以级别资历论薪酬的思维，根据岗位、业绩、贡献实行分配。切实拉开收入差距，

实行多劳多得、上不封顶。努力通过人才管理模式创新，最大限度激发大家的创造力和生产力。

六、拓展领域，打造持续发展新模式

从建设县级融媒体中心开始，汝州市就认为，她不应该单单是一个宣传的平台，更应该是一个应用的平台、服务的平台，是一个资源通融、宣传互融和利益共融的共同体。因此，汝州市融媒体中心坚持以"用户"为中心，积极拓展公共服务领域，从单向传播向多元化传播延伸，利用"平台建设＋运维"模式开展的各单位"智慧政企建设"、利用"商务活动＋直播"模式开展的商业策划宣传、利用"政务活动＋应用"模式开展的"发票摇奖"和"创建文明城市知识问答"，利用"全媒体推广＋线下体验"模式进行的产业开发等活动，都取得了良好的经济效益和社会效益，满足了大家日益增长的物质文化需求。汝州市融媒体中心在建设发展的过程中，始终坚持活动与产业并举，传统与新兴共融，以新闻宣传为龙头，以事业和产业发展为主题，以体制改革为先导，以机制创新为动力，深化改革，加快发展，并借助新媒体的快速传播手段，实现广播、电视、报纸、网络、移动客户端等媒介资源以及人员、技术、内容、平台等生产要素的有效融合，从而探索出了多元化宣传、应用、服务和创收新模式，实现了融媒体中心的良性循环发展。据统计，汝州市融媒体中心 2018 年广告经营创收达 1380 万元，与去年相比，净增 300 万元，整体经营创收形势良好，可持续发展新模式基本形成。

目前，汝州融媒体中心全平台关注量超过 50 万人次，最高单日访问量突破 200 万人次，其中，汝州手机台 APP 注册量近 15 万人，总访问量 1600 多万人次，先后多次被中广联和《时代》杂志评为"全国最具综合实力手机台""全国年度融媒典范台"等荣誉称号。汝州城事微信公众号关注量 24 万余人，关注人数在河南省县级政务微信中排名第二，被河南省委网信办评为全省政务微信新锐力量第一名。

汝州市融媒体中心自成立之日投入使用以来，在全市重大宣传活动中发挥着重要作用。同时通过资源整合优化，融媒体中心影响力持续扩大，平台粉丝整合叠加，手机 APP 注册量近 15 万人，全平台总粉丝量超过 50 万人次，最高单日访问量突破 200 万人次，宣传影响力呈现 1+1>2 倍增效应，达到了良好的融合发展效果。汝州融媒体中心是也被中宣部确定为重点支持的全国 57 个县级融媒体之一。

汝州市融媒体中心的建设和发展，一路走来，有成功也有挫折，总结起来主要有以下几个方面：

1、一定要将县域内广播、电视等传统媒体平台，与县党委政府及新闻单位开办的网站、内部报刊、客户端、微信微博等所有县域公共媒体资源合并在一起，打造县级意识形态舆论管控的阵地，思想文化宣传的阵地，政务服务的阵地，社

会治理的阵地，最大限度地提高这个中心的综合功能性。

2.一定要利用好县广播电视台这一县级唯一新闻单位，扩其充容量，升级提升建立县级融媒体中心。这个中心必须是地方党委、政府的平台，不是广电的二级机构，也不是报纸的二级机构，而且更是一个综合性的服务平台。最最重要的是，在目前建设阶段要把这个中心作为宣传部长和广电台长的"一把手"工程，最大限度地提高这个中心的规范性和权威性。

3.一定要把县级融媒体中心建成一个解放新闻信息生产力的平台，而且一定要有平台意识，这个平台不只是新闻产品的生产平台，更是新闻资讯的汇聚平台、主流思想的覆盖平台。打破原有各媒体平台各自为战的传统模式，实现部门、人员和新闻资源的高度整合，实现所有平台后台生产工具的打通，真正建立一次采集、多元生成、多渠道传播的融媒体策、采、编流程，进一步推动内容、平台、渠道、数据、技术、人才、机制、管理等方面的深度融合，满足现代信息技术条件下资讯平台的社交化、互动化、视频化，满足新闻信息的海量生产、海量传播、海量互动，最大限度地提高这个中心资讯的海量性、平台的汇聚性、阵地的覆盖性。

4.一定要借助县域融媒体中心建设的政策东风，申请地方政府加大财政扶持力度，切实从制度层面确保政府财政为县级融媒体提供基本运行保障，包括基本人员工资的保障和运行经费，解决长期以来县级台主要依靠自筹资金的问题，最大限度地提高工作运行的平稳性。

5.一定要立足在做好新闻宣传主业的基础上，一步一步地拓展新闻 + 政务 + 民生的综合服务建设平台建设，做到先守住阵地，再"攻城夺地"，进而拓展盈利，最大限度地提高这个平台主业和辅业的相辅相成性。

6.一定要形成与地方组织、人才办、人社等部门共同制定的人才建设机制，引入公司化管理体制，实行绩效分配制度，在用人上要打破身份限制，实行编外编内"双轨运行"的灵活绩效工资制度，避开政策约束，革除干多干少一个样、"吃大锅饭"的痼疾，打通编外人才的成长通道，吸引更多的优秀人才加入县级融媒体中心，最大限度地提高这个平台人才工作的灵活性和积极性。

"郡县治，天下安"。县市级处在基层宣传文化思想和意识形态管控的"最后一公里"，作为县级融媒体中心，只有坚持互联网思维和移动优先战略，把握新闻传播规律，坚持内容为王的理念，力争把县级融媒体中心打造成县域基层意识形态管控的阵地、思想文化宣传的阵地、政务服务的阵地、社会治理的阵地，才能真正实现"举旗帜、聚民心、育新人、兴文化、展形象"的光荣历史使命。

（作者单位：河南省汝州市融媒体中心）

引领自媒体倡树社会正气
传递新时代文明实践新声

——山东省齐河县推进融媒体中心建设的有益探索

孙茂同　李晓楠

山东省齐河县融媒体中心于2019年4月2日揭牌成立，为县委直属正科级公益一类事业单位。融媒体中心设立编委会，下设采编中心和新媒体中心。统筹内宣、外宣、网宣，构筑起融传统媒体、社会宣传资源于一体的现代传播体系。齐河县融媒体中心在社会自媒体融合上大力突破，在新时代文明实践活动中强力融合，做出了积极有益的探索。

突破社会自媒体，重"融"更重"引"

融媒体中心怎么建？如何融？齐河县把融媒体中心建设作为县委"一把手"工程，2018年上半年建设初期，县主要领导便和我们探讨这个问题。特别是在"融什么"上，县里的意图非常明显——融"内"不排"外"。意思是不仅融县内的主流新媒体，更要融体制外的自媒体。"融"的过程就是让他们增强社会归属感与社会责任感的过程。在融媒体中心的"大家庭"中，让自媒体与主流新媒体相互协作，同频共振。通过切实有效地加以管控，自媒体同样是传播正能量，宣传党的好声音的一支生力军。

齐河县融媒体中心融合了县电视台、电台、齐河报社3家传统媒体；融入了齐河政府网、大众网齐河工作站、鲁网齐河工作站、智慧齐河手机客户端、齐河广电微信公众号、大义齐河微信公众号、齐河发布微博、齐河发布头条号、美丽齐河抖音号等9个县级主流新媒体；在自媒体方面，齐河县融媒体中心融入了齐河在线、齐河圈、齐河楼市、齐河资讯这4个社会影响力较大的微信公众号，以及百度齐河吧等自媒体资源入驻。将本地自媒体的数量定义为"N"，就是说融合不设限，力争实现应融则融、能融尽融，构筑起"3+9+N"的融媒体传播矩阵。

自媒体有别于我们党的主流媒体，由于体制、目标、定位的不同，"融"是基础，关键是要做好"引"的文章，引领他们倡树社会正气，让网络空间更清明，正能量更响亮。

一是在政治上"引"。县融媒体中心不定期组织召开自媒体从业人员学习交流会，通过学习习近平总书记重要讲话精神，引领提高自媒体人的政治素养。通过系列学习座谈，让自媒体人增强政治意识、大局意识。他们反应，之前做公众号满足于互相抄袭，有时做的内容文不对题，质量不高，融入县融媒体中心之后不仅可以享有线索、新闻的第一手资料，自己的政治责任感、社会责任感也在不断提升。

二是在情感上"引"。自媒体融入后，县融媒体中心真切把他们当作"自家兄弟"，思想上、情感上决不排斥、割舍。为自媒体无偿提供办公设备，统一配备了印有"齐河融媒"标志的采访马甲，统一制作了齐河县融媒体中心工作证。县融媒体中心通过与自媒体从业人员的沟通交流了解到，有些自媒体想做点原创内容，但有时对需要发布的内容拿捏不准，需要帮助审稿的，县融媒体中心编审人员积极提供帮助和指导；另外，自媒体有时需要相关部门的素材，但又采集不到，县融媒体中心会热情帮助他们搜集这方面素材。同时，县融媒体中心尊重自媒体突出各自特色，尊重自媒体的创造性，也支持他们保留群众发声的平台。5月下旬，县城某些街道新上了一批护栏，群众各持己见。自媒体予以报道，并驳斥了一些网友的不恰当观点，最后发表结论说："街道安装护栏确保行人安全，有利于城市管理，绝大多数群众是支持的，为政府的做法点赞！"

三是在工作上"引"。实现新闻互联互通方面，一方面县融媒体中心的新闻信息采集中心网络端口毫不保留向自媒体开放，同时，阶段性向各社会自媒体推送由官方新媒体（大义齐河微信公众号、智慧齐河手机客户端、大众网齐河工作站）采集发布的全县重大活动或重要新闻，由自媒体通过微信公众号等平台发布。比如，今年4月份全县道德模范和劳动模范评选，不仅官方的主流媒体第一时间发布消息，自媒体也同步发布，宣传效果非常明显。另一方面县融媒体中心专门策划采风活动。前不久开展的"壮丽70年 奋斗新时代——融媒记者走基层"，除了主流媒体外，自媒体也被邀请参加，自媒体人和融媒体中心的记者共同采访，信息共同发布，大大提高了自媒体信息的含金量。第三个方面是放大自媒体优势，在信息互联上"你中有我，我中有你"。各自媒体都有一定数量的粉丝和微信群，有很多线索是粉丝爆料给自媒体。比如发生在今年3月下旬，刘桥镇刘桥村（感动中国2007年度人物、舍己救人模范军官孟祥斌出生的村庄）村民李勇跳下4米深河水勇救落水人员的义举，就是"齐河资讯微信公众号"的粉丝爆料给自媒体小编的，自媒体小编第一时间与县融媒体中心联系，县融媒体中心第一时间派出记者采访了这条新闻，山东省内大众网、齐鲁晚报等主流媒体对此事迹进行了重点报道。

四是在制度上"引"。一方面是在新闻监督机制方面，除了网络舆情信息中心的监督外，县融媒体中心一旦发现自媒体发布的有负面、片面、低俗等不符合事实的事件和负能量新闻，也会要求自媒体第一时间撤销推送，从而推动自媒体健康有序发展。另一方面是成立了齐河县自媒体协会，对自媒体实行分级管理和全流程管理。由"齐河圈微信公众号"负责人作为协会负责人，有什么事就要求协会负责人牵头，形成各自媒体向协会负责，协会向县融媒体中心负责的良好机制。

融入两个多月来，县融媒体中心融入的自媒体感慨良多："如今我们发布的信息政治性更强了，信息量更广了。以前为了博眼球、圈粉丝当过标题党，发布过一些不正确、不恰当的信息，现在我们一定要讲原则、树正气，决不给党委政府添乱。"对于地方党委政府来讲，把自媒体融合到县融媒体中心这个大平台，更好管理了，这对于促进自媒体良性健康发展，正确引导社会舆论意义重大。

"两个中心"同步推进，相互融合，唇齿相依

建设新时代文明实践中心是党中央重视和加强基层思想政治工作的战略部署，是深入宣传习近平新时代中国特色社会主义思想的重要载体。新时代文明实践中心是打通宣传群众、教育群众、关心群众、服务群众"最后一公里"的重要举措。县级融媒体中心建设是媒体格局中的"神经末梢"，也是我们党舆论建设的"最后一公里"。"两个中心""两个最后一公里"，它们在形式上、内容上、宗旨上有着唇齿相依的必然联系。齐河县"两个中心"紧紧携起手来，做到功能同建，线上线下活动同步。

一是在县融媒体中心指挥调度大屏及"智慧齐河手机客户端"开设了"新时代文明实践中心"板块。综合运用微信、微博、移动客户端等渠道，及时发布全县开展的各类新时代文明实践活动的内容和信息，交流各级各单位开展的文明实践活动，打造文明实践信息共通共享的工作平台。二是县融媒体中心量身定做新时代文明实践宣传产品。今年4月，县融媒体中心制作完成了两集系列专题片《传承——时传祥精神代代传、永远的祥斌》，专题片回顾了齐河籍全国劳动模范时传祥及感动中国2007年度人物、舍己救人模范军官孟祥斌的英雄事迹，记述了当地人民传承英模精神，锐意奋发进取的精神风貌。片子一经播出，在社会上引起强烈反响，为新时代文明实践活动注入了强大动力。三是开展"融媒红马甲"志愿服务活动。今年5月，齐河县隆重表彰了全县"十佳道德模范"和"十佳劳动模范"。在线上大力宣传"双模"先进事迹的同时，线下便开展"融媒红马甲，鲜花送模范"活动。当志愿服务队把一束束鲜花亲手送到模范手中时，他们感动

不已。媒体带动致敬模范，在社会上聚集起满满的正能量。四是制作公益广告宣传新时代文明实践。公益广告是最直接、最接地气的宣传形式。县融媒体中心先后制作了《父母要做孩子的榜样》《保护环境从我做起》《关爱留守儿童》《献出一份爱，世界将变成美好的明天》等公益广告，通过我们的记者（主播）演身边人，反映身边事，有力地助推了全县新时代文明实践活动的开展。

齐河县融媒体中心还把创精品节目同新时代文明实践活动紧密结合，以优秀的作品擎起举旗帜、聚民心、育新人、兴文化、展形象的使命任务。三集纪录片《额尔古纳的齐河人》2018 年荣获山东新闻奖一等奖；两集纪录片《寻访晏婴》荣获2018 年度山东省优秀广播电视节目评选社教节目二等奖；四集专题片《寻访齐河老兵 传承红色基因》，在今年4月结束的山东新闻奖评选中荣获一等奖，是山东省县级媒体唯一获得一等奖的作品。至此，齐河县融媒体中心精品创作已连续两年荣获山东新闻奖一等奖。

胸中有大道，笔底起风雷。齐河县融媒体中心的责任担当，就是要把崇高的价值、美好的情感融入作品，传递真善美，告诉人们什么是应该肯定和赞扬的，什么是必须反对和否定的，引导人们向往和追求讲道德、尊道德、守道德的生活，这与新时代文明实践中心建设的初衷与希冀高度契合，相互依存，相得益彰。

（作者分别为：山东齐河县委宣传部副部长、县融媒体中心主任；齐河县融媒体中心副总编辑）

建好融媒主阵地　提升舆论传播力

臧东升　郑　勇

合江县按照习近平总书记"扎实抓好县级融媒体中心建设，更好引导群众、服务群众"的总要求，根据中宣部和国家广播电视总局联合发布的《县级融媒体建设规范》，坚持以机构融合为根本，以宣传效益为目标，以技术创新为抓手，在运营生态、体制机制、流程再造、机构改革、薪酬考核、技术应用、管理手段等方面探索并推进共融互通的一体效能。目前已完成县级融媒体中心建设，具备了全媒体融合宣传功能，形成了一定的媒体融合发展经验，提升了主流舆论传播力。

一、资源整合先行，夯实融媒基础

作为乌蒙山连片地区的省级贫困县四川省合江县，根据"建设五个新合江"新闻舆论宣传需要，在2014年便启动了媒体资源整合工作，建立起一个资源共享、口径一致的新闻宣传主阵地，现已基本建成并投入试运行。

（1）整合机构人员。2014年底，合江县将原合江通讯社、合江县广播电视台进行整合，成立合江县新闻中心，保留合江县广播电视台牌子，实行两块牌子一套人马，打破了过去各媒体号令不一、各自为战的传统格局。现根据融媒体建设要求，合江县新闻中心更名为合江县融媒体中心，保留合江县广播电视台牌子，仍实行两块牌子一套人马。

（2）推动场地融合。2017年，调剂解决办公用房1200余平方米，投入建设资金近500万元，建成全媒体指挥调度平台、多功能演播室等基本单元，升级改造完成高清新闻采编播设备设施，并于2018年9月29日完成县新闻中心的整体迁入，结束了以前两地办公的局面，实现集中办公、统一调度。

（3）调整内设机构。为更好地服务于媒体融合发展，2019年初，合江县新闻中心再次对全体职工进行重新调配，形成了以总编室为统领，下设采访中心、编发中心、影像中心和广播应急中心为组合的宣传主线；以办公室为统领，下设技播中心为组合的保障主线；以策划研究中心为主的督导主线，基本形成融媒体中心"宣传—服务—督导"闭环式人员构架。

（4）推动平台融合。2016年初，合江县新闻中心依托山东广电轻快融媒体技术优势，推出"智慧合江·荔枝红"手机台，全面整合合江通讯社、合江电视台、合江广播电台、合江新闻网、合江新闻微信、合江发布微信（微博）等县内主流媒体资源，构建以总编室为中心的"12234"融媒体传播矩阵。2019年，合江县新闻中心建设完成融媒体指挥调度平台，完成了所有媒体资源与融媒体指挥调度平台相互勾连。

二、多元平台搭建，丰富融合功能

习近平指出，推动媒体融合发展，要坚持一体化发展方向，通过流程优化、平台再造，实现各种媒介资源、生产要素有效整合，实现信息内容、技术应用、平台终端、管理手段共融互通，催化融合质变。

（1）打造智慧平台。2019年5月，在原有融媒体指挥调度平台的基础上，合江县新闻中心完成了融媒体指挥调度平台3.0版本的升级，扩展了联动管理、现场直播、报料管理、审核管理、考勤管理和通讯联动供稿系统等融媒功能，形成了"采－编－审－发－考"一体化操作工作模式。

线索汇聚：全网实时热点抓取；公网热搜排行抓取；本地新闻线索抓取；地方舆论监控。

指挥调度：融媒体中心进行智能化选题管理，自定义本地新闻来源，新建选题、派发任务、撤销任务、资料回传。

通联供稿：通过合江融媒体中心实现县、部门、乡镇三级联讯的效果。对于全县的重点工作融媒体中心可随时向下发起联讯约稿，以便能够在较短时间内容形成全县主题宣传的一条线、一张网、一个音。

群众报料：群众可以通过"智慧合江－荔枝红手机台"进行新闻线索提报、监督举报、谏言献策，处理进度实时展示，线索同步入库。

本地监测：通过技术手段对重点网站和自媒体进行监测。尤其对于部分自媒体发布的内容可以实时进行了解，对其影响和舆情进行有效管控。

稿件审核：响应中宣部、总局县级融媒体中心规范要求，在新闻选题报题、稿件发布审核启用逐级审核权限管理，保证新闻生产流程的完善。

智能发布：记者采访过程中本着移动优先的原则，可通过手机端及时进行图、文、短视频的素材回传，轻松应对重大、突发新闻报道；同时可快速实现多平台个性化发布，节省90%运营时间。

智能考核：动态呈现全媒体记者、编辑发稿数据及稿件效果，自定义考核算法权重，进行量化考核实时监督。

考勤管理：从台长主任开始每位员工的信息都开通账号录入系统，通过手机进行打卡上下班，外出、请假都可以进行备注，月底导出记录。

（2）打造智慧新闻。以"智慧合江·荔枝红"手机台为核心，将"播、视、报、网、微"等不同类型新闻信息整合在手机台客户端上，通过大数据分析和后台技术，实现内容智能推荐、信息快捷链通，打造一机化操作、一触式切换、一屏式阅读的智慧新闻移动终端。根据当地受众习惯，打造以"合江新闻""合江新闻微信""合江早豆花"等为主的融媒品牌，提升融媒影响力。

（3）打造智能服务。以"法治合江""合江教育""食药安合江"等融媒子账号为载体，整合基层政务资源、社会资源，创新推进"媒体＋政务服务""媒体＋咨询服务""媒体＋生活服务"等模式，积极构建"新闻＋政务＋应用"（1+N+n）服务矩阵。

三、创新流程再造，突出移动优先

合江县融媒体中心按照"一体策划""一次采集、多元生成""多平台发布"三个要求和移动优先原则，强化"采－编－审－发－考"全流程再造。记者采访过程中，通过手机端及时进行图、文、短视频的素材回传、直播等，编发中心的人员能够第一时间进行汇集编发，并迅速通过融媒体平台将信息推送到移动客户端各平台。

（1）加强选题策划。按照"一体策划"要求，围绕县委县政府中心工作，结合通讯员、用户、记者 UGC 内容、政务、问政等信息，由总编室召集相关人员召开月编委会、周策划会和日碰头会，进行选题策划和申报。并充分利用融媒体资源开展重大主题宣传活动，定期设置用户互动、邀请用户参与话题讨论，丰富新闻选题素材。

（2）创新生产流程。在"一体策划"的基础上，按照总编室统一调度，采访中心完成本土新闻的"一次采集、多元生成"。记者采访现场，充分利用移动端及时进行图、文、短视频的素材回传、直播连线等；采访结束后，完成本土原创新闻适合传统媒体和新媒体发布的单条成品的生产，并提供给采编中心完成移动优先发布。编发中心人员根据媒体分众化传播平台要求，对原创新闻进行集合、包装利用。

（3）审核发布环节。合江融媒的所有选题策划、采访、编辑后都要经过三级审核后才能正式发布，并通过技术的方式对审核流程进行手机端提醒，从而确保新闻报道的时效性。

（4）云端存储管理。通过在云端组建融媒库，构建成为融媒体中心的仓储中心，采集和发布的每一条内容和每一片素材都会进行本地留存，以备随时查阅。

四、完善保障机制，提升队伍战斗力

合江县融媒体中心现有职工51名，其中临聘人员10名。根据融媒体中心建设需要，对全中心职工进行分层轮岗使用。如何壮大融媒队伍，提升战斗力，落实人才培养和激励机制，提高媒体影响力，合江县融媒体中心作了如下探索：

（1）强化财政保障。组建泸州荔枝红文化传媒有限责任公司，负责经营业务，实现宣传经营两分开。县财政全额保障融媒体中心在职职工待遇，县委县政府特批专项经费65万元每年，用于聘用融媒专业人员，确保融媒队伍兵力充足。

（2）强化人才培养。建立人才培养机制，采用"走出去"方式，组织媒体业务骨干到省市级电视台和高校学习；通过"请进来"方式，采用"以创（创优）代训"方式，开展创优节目比赛，通过集体讨论、专家点评，不断提升全县新闻媒体从业人员业务水平。建立"专业拔尖人才培养基金"，与中国传媒大学培训学院合作，利用3—5年时间，重点培养一批35周岁以下的各平台专业"明白人"，增强融媒队伍中坚力量。

（3）人才分层使用。为有梯度做好人才培养，结合融媒队伍人员的专业技能和年龄结构，35岁以下的职工向采访一线倾斜、35-45岁的职工向编发中心倾斜、45岁以上职工向后勤保障倾向。全体职工均配备PC端和移动客户端工号，参与大采访工作，实现全员参与融媒体生产流程再造和运行新格局。

（4）强化激励考核。出台《新闻宣传考核激励制度》，要求县内新闻媒体从业人员定期生产原创作品，实行季度考评，并纳入个人绩效考核。对原创作品稿件按照浏览量实行不同标准稿酬激励，提高媒体队伍创作热情。

（5）激活通讯员队伍。激活乡镇、部门的移动终端，在"智慧合江·荔枝红"手机台开设"县级部门""聚焦乡镇"两个版块，授权信息上载。壮大骨干通讯员队伍，加强通讯员采编技能培训，并为骨干通讯员匹配工号，通过联动通信系统，形成统一派采调度的通讯员队伍矩阵。

作为中宣部2018年首批启动的全国"县级融媒体中心"建设600个县市区之一，合江县融媒体中心立足贫困县县情，在建设中探索，在探索中改进，融媒成效初显。按照移动优先原则，依托融媒体指挥调度工作平台，构建了以"智慧合江·荔枝红"手机台为主阵地，整合广播、电视、报纸、网站、微信、手机报等媒体平台的全新传播矩阵；形成了以"一中心""两报""两网""三台""四微"为主体的"12234"融媒体中心格局；探索出了"采集–编辑–审核–发布–考核"工作流程；完成了采编播发设备升级改造，实现了电视高清播出；制定了人才培养和考核激励机制；基本形成了一体策划、一次采集多元生成、移动优先、多平台发布的可复制可推广的融媒体发展经验。

合江县融媒体中心，按照移动优先原则，依托融媒体指挥调度工作平台，构

建了以"智慧合江·荔枝红"手机台为主阵地，整合广播、电视、报纸、网站、微信、手机报等媒体平台的全新传播矩阵；形成了以"一中心""两报""两网""三台""四微"为主体的"12234"融媒体中心格局；探索出了"采集－编辑－审核－发布－考核"工作流程；完成了采编播发设备升级改造，实现了电视高清播出；健全了人才培养和考核激励机制；基本形成了一体策划、一次采集多元生成、移动优先、多平台发布的可复制可推广的融媒体发展经验。吸引来自青海、云南、贵州、湖南和川内近百家媒体单位考察调研。

自 2016 年"智慧合江·荔枝红"手机台上线以来，注册用户近 10 万，日活率 15% 左右。通过手机台观看电视节目直播数据近 200 万次，有效补充了广电网络无法覆盖的区域用户。合江新闻微信公众号稳居全国县级电视台微信百强榜。《合江早豆花》已经成为合江群众必不可少的一道新闻早餐，"奔流到长江""新时代好少年""劳动者之歌"等讲述各条战线的"合江故事"的系列报道在当地形成热议，荔枝节大型全媒体直播助力"合江荔枝"品牌走向全国，荔枝红商城将合江的丰富的物产通过轻快广电线上分销体系销往各地。

县级融媒体中心建设没有最好只有更好，也无太多经验可借鉴，只有结合自身实际再探索中进行。合江县融媒体中心在建设中，本着"实际、实用、实效"的原则，主要做了四个方面工作。

一是思想意识的转变。在整个融媒体改革建设过程中这是最困难最头疼的也是最核心的一项工作。我们通过组织全体职工媒体融合大讨论、学习习近平总书记《加快推动媒体融合发展 构建全媒体传播格局》原文和《求是》文章《媒体融合：用得好是真本事》、外出考察调研、外派学习换岗体验、融媒体工作平台使用实战培训、内设机构调整方案二十余次的调整讨论修改完善等形式，达成中心融媒共识，做到了心往一处想，劲往一处使。

二是怎么建设的问题。按照中宣部和国家广播电视总局联合发布的《县级融媒体建设规范》要求，围绕"媒体＋政务＋服务"的中心方向，结合合江实际不求"高大上"，突出"小快灵"，强化移动优先，整合媒体资源，完成新闻生产全流程再造。

三是如何用好的问题。用移动互联网的思维全力打造 1–2 个精品栏目和优秀内容产品，完善政务服务功能，特别要注重与群众的交互连接。通过诸如：网络问政、有奖测评、拍客报料等强黏性应用来提高平台的活跃度和用户的参与感，进而提升融媒体中心的影响力、传播力、引导力和公信力。

四是激发内生动力。通过外部引入和内部挖潜的方式逐渐完善融媒人才引进、使用、培养和激励机制。同时，将会成立"融媒学堂"为团队的专业素质提升交流学习培训提供组织载体和综合保障。

注释：

[1]《习近平：推动媒体融合向纵深发展 巩固全党全国人民共同思想基础》，新华网 2019 年 1 月 26 日。

（作者分别为：四川合江县融媒体中心主任；合江县融媒体中心办公室主任）

二等奖

加速融合　创新发展
奏响新时代舆论传播最强音

——河北省任丘市融媒体中心建设发展初探

李文梅

习近平同志在全国宣传思想工作会议上指出，要扎实抓好县级融媒体中心建设，更好引导群众、服务群众。河北省任丘市坚持以习近平新时代中国特色社会主义思想为指引，坚决牢固树立"四个意识"，坚定"四个自信"，做到"两个维护"，围绕聚合一个融媒平台、再造一套工作流程、培养一支人才队伍、探索一套相应机制"四个一"工作目标，不断加快速度、强化力度、挖掘深度、深化融度，实现"一次采集、多种生成、多元传播"融媒体全方位发展，进一步提升新闻舆论传播力、引导力、影响力、公信力，打通服务基层的"最后一公里"。

一、全面加强领导，加快推进步伐

任丘市委、市政府高度重视融媒体中心建设，市委书记多次专题调度融媒体中心建设，明确要求各相关部门提升占位，全力推动融媒体中心建设进度。研究确定《任丘市融媒体中心筹建方案》，成立了以市委副书记为组长、相关市领导为副组长的"任丘市融媒体中心试点建设工作领导小组"，从资金、政策等方面为融媒体中心建设提供支撑。以广电台为主体、宣传部部分同志参与成立五人筹建小组，负责融媒体中心的场地租用、装修改造、设备购置、人员培训、新办公地点和制度建设等工作，全力推进建设进度。经过5个月的紧张工作，2019年4月12日举行揭牌仪式，成为沧州市首个建成运行的县级融媒体中心。

二、整合媒体资源，促进互融互通

（一）机构整合，集聚宣传效应。整合电视、广播、网站、微博、微信公众号、客户端等媒体资源，将市委宣传部新闻科和广电台新闻采编等岗位共46人全部纳入融媒体中心统一管理，实现新闻线索、采编人员、媒体平台、服务信息的统一指挥和管理。任丘市融媒体中心下设采访部、编审部、对上报道部、运维部、办公室"五部一办"，负责任丘电视台、任丘人民广播电台、新媒体平台的新闻采编及上级广播、电视、报纸、网络等平台的对上报道工作，依托项目制"3人小组"采访模式，打出报道组合拳，加快融媒体人才的培养和流程再造；坚持移动优先，新媒体平台求快求广，传统媒体求精求深，实现队伍由技能单一向一专多能转变，运行由"单兵作战"向"兵团作战"转变，传播从一枝独秀向百花齐放转变。

（二）完善设施，强化媒资建设。任丘市融媒体中心选址京南互联网大厦六楼，建筑面积591.3平方米，分设采编办公区、制作区、录制区，现投入启动资金1200余万元，主要用于采购电视转播车、广播直播车、摄录设备及建设融媒体演播室；积极与长城网对接，搭建"指挥调度平台"。

（三）建强队伍，强化人才支撑。通过赴外地考察、自我学习、加强培训等方式，增强团队对融媒体中心建设的理解与认识，先后去辛集、景县等地进行实地考察，与武强等其他兄弟县市台交流经验，参加中广联合会与山东电视台组织的第二届广电融媒发展论坛暨市县融媒体中心建设实战研讨等活动；通过实战演练，增强团队融合意识，提升协作能力。截至目前，共组织政治理论学习、业务学习、座谈会等11次集中学习活动。并通过广播电视远程教育网，融媒体中心全员取得技术类网络学习合格证书，全面提升团队融媒体意识及采编能力。为壮大人才队伍，近期将以劳务派遣形式公开招聘全媒体采编人员。

三、推动制度改革，优化运行模式

（一）建章立制，提供运行保障。目前，初步完成《任丘市融媒体中心制度汇编》草本，含管理办法、工作流程、考核机制等内容。但目前融媒体中心机构、编制等事宜尚未确定，在优化薪酬体系上、人才不足等方面存在困惑，亟待上级部门的进一步的指导，推动完善运行。

（二）打通渠道，实现深度融合。一是打通工作流程，告别单兵作战。通过平台整合，强化选题策划，以中央厨房作为牵引，重构策采编发流程，实现内容聚合，互融共通。二是优化生产方式，实现项目组合。强化一线，中心一线采编人员占比超70%，采访部由文字记者、摄像记者、后期编辑组建三人小组，音频、视频、图文"一次采集、多种生成"。遇重要选题，按项目制由采访部、对上报道部、运维部组建融媒采访小组，根据工作特色开展宣传，打出报道组合拳。此外，项目制的方式也加快了融媒体人才的培养与流程再造。三是坚持移动优先，扩大融合传播。记者第一时间通过微信群反馈图文及视频信息，新媒体平台以快讯概览的形式进行编辑推送，并提示用户及时收听收看广播电视新闻，关注全面报道，既提升了传播速度，又增强了传统端与新媒体端的相互引流。新媒体，电台、电视台注重全面深度报道，内宣外宣各取所需，力求宣传效应最大化。

（三）内外相融，增大宣传格局。任丘市融媒体中心拥有"两台（电台、电视台）、一网（任丘政府门户网站）、一刊（广播电视资讯）、两微（微信、微博）、一端（智慧任丘手机台）"融媒体六类传播平台，实现多平台联动、信息共享、多屏互动、多元传播。同时，积极发挥全市"6＋100+N"融媒体矩阵作用，出台《任丘市融媒体矩阵信息发布办法》，扩展融媒体矩阵平台数量，不断扩大新媒体传播领域，并根据特点赋予相应平台差异化定位，实现舆论引导统一发声，重要信息聚合发布，进一步提升影响力和舆论引导力。

四、建强舆论阵地，逐步提升影响力

（一）主流舆论聚民心。任丘市融媒体中心积极发挥"1个指挥调度中心＋N个传播平台"作用，实现"统一指挥、统一调度、一次采集、多元生成、多端发布"，把地理社区与网络社区结合在一起，突出全方位主流引导，形成网上网下同心圆，构筑生态良好的网络舆论场。先后开展"壮丽70年·奋斗新时代""新时代　新作为　新篇章""筑梦·新任丘""劳动者最美""英雄烈士谱""不忘初心、牢记使命""祖国我想对你说"等系列主题宣传报道。围绕庆祝新中国成立70周年主题，组织"不忘初心、牢记使命"主题教育系列拍摄活动，走进党员干部代表、青年创业者、科技先锋企业、普通群众等各界人群，拍摄他们立足岗位做贡献、展现幸福是奋斗出来的炙热情怀和生动实践，《特别策划：没有共产党就没有新中国》《初心》等多个活动和微视频被央广、央视、新华社、河北日报等众多媒体报道和发布，访问量达500万＋。其中，微视频《初心》《最远的你　最近的爱》被"学习强国"平台采用，《我爱你中国》等被央视新闻移动网加精推荐。举办"任丘大鼓庆华诞""我和我的祖国"歌咏展演、"我和我的祖国"新媒体征集等活动，激发广大人民群众的自信心和自豪感，汇聚奋发向上的精神力量。"任丘大鼓庆华诞"活动被中央电台、中央电视台、新华社、河北电视台、河北日报等媒体报道。

（二）宣传传播更有力。一是移动优先高速强势。记者第一时间通过微信群反馈图文及视频信息，新媒体平台以快讯概览的形式进行编辑推送，极大提升传播速度。在第一时间发布新闻资讯的同时，先后开展"铭记历史　传承诗脉"清明诗会、"同在阳光下　六一儿童节联欢会"等3场直播活动，直播访问量达50万＋。二是宣传覆盖面大幅提升。传播从一枝独秀向百花齐放转变。为进一步拓展宣传平台，任丘市融媒体中心矩阵号5月7日正式入驻央视移动网，该矩阵号成为任丘市"一中心N平台"融媒体矩阵的又一有利补充。三是宣传形式更加丰富。在传统新闻报道的基础上，推出《划重点—张图读懂市委八届六次全会》等图解作品；围绕全市重要点工作及活动，推出《12天180处违建轰然倒地　任丘市打赢整治违法违规用地攻坚战》视频及图文版。围绕文明城市创建，推出 H5 系列作品；在短视频制作上，精心制作《初心》《无奋斗　不青春》《我爱你中国》《快闪：我和我的祖国》等主题短视频。四是相互作用效果叠加。在内部运行上，手机台第一时间报道并提示用户及时收听收看广播电视新闻关注全面报道，传统媒体继续深入发掘，突出内涵型丰富内容，增强了传统端与新媒体端的相互引流。在外部联动上结合任丘地方特色，建立融媒体通联群，建立油地媒体融合通联机制，依托《任丘市融媒体矩阵信息发布办法》，打通全市各级政务新媒体线索联系及分发渠道，聚合效应进一步增强。五是队伍素质明显提升。融媒体实行文字记者、摄像记者、后期编辑组建三人小组工作模式，音频、视频、图文"一次采集、多种生成"，队伍焕发生机活力，由技能单一向一专多能转变。重要选题按项目制组建融媒采访小组，加快了融媒体人才的培养与流程再造，形成了由"单兵作战"向"兵团作战"的转变。

五、强化服务功能，力求精准贴心

为更好地通过融媒体中心引导群众、服务群众，任丘市融媒体中心就强化用户思维，主动探索、拓展"新闻＋政务＋服务"模式，先后开设了阳光政务、直通乡镇、便民服务、党员风采、媒体融合专区等公共频道，开展党建、便民、在线互动等服务。为进一步发挥聚合作用，延伸服务功能，将我市"3+100"政务新媒体矩阵统一汇总在"智慧任丘手机台"平台下，便于受众查询。高考前夕，任丘人民广播电台、智慧任丘手机台并机直播"高考那些事儿"，邀请市教体局招生办负责人和市一中高三教师为家长和考生解读"高考"。在渠道融合传播上，首次实现手机台与广播电台并机直播，在技术、人力、平台资源上联动互补，提升了宣传效果；在手段融合运用上，首次采用音频、视频、图文三种直播模式并行，节目得到受群众广泛欢迎，仅半个小时访问量达 2.5 万人次。近期，围绕卫生城市创建，利用融媒体平台推出"我为创卫提建议""创卫满意度调查""美丽庭院评选"等活动，收集建议 2000 余条，起到了畅达民声民意，为创建卫生城市工作提供数据参考的重要作用。

任丘市融媒体中心自 2019 年 4 月 12 日启动运行以来，电台、电视台《任丘新闻》栏目开辟"在习近平新时代中国特色社会主义思想指引下—新时代新作为新篇章""壮丽 70 年·奋斗新时代""不忘初心　牢记使命""创建全国文明城市""创建国家园林城市""农村人居环境整治"等新闻专栏 8 个，以记者的视角记录新变化、新成果，挖掘报道身边的初心故事。共采制《抢抓京津冀协同发展机遇　项目建设战犹酣》《家国情怀—我的中国心》《王培德：情系百姓干实事　用心谱写致富歌》等新闻稿件 600 余条。在沧州日报推出"春风化雨润心田　情系民生绘新篇""文明花开缤纷处　烂漫枝头香满园""五城六化插双翼筑梦任丘续新篇"等主题专版 6 期,《'炮神'王珩:让炮弹长上眼睛》《京冀两地交警上演'生命接力'》《假日觅书香》《科技进校园》《任丘市辛中驿镇设立'孝善基金'》《任丘大鼓庆华诞》《祖孙三代:扎根乡村 情系教育》等300 余篇稿件被央视、新华社、光明日报、农民日报、河北电视台、河北日报、长城网等媒体采用。两微一端及任丘政务网等网络平台推送各类快讯 1500 余条,同期总量增长 18%。

《任丘新闻》节目获得河北省 2019 年度电视节目质量奖三等奖(标清清晰度电视录制技术质量奖),任丘是唯一获得此类奖项的县级台;《80 后残疾小伙儿的"农场梦"》获河北广播影视节目奖三等奖;《华北石化公司千万吨炼油项目建成中交》获第三十五届河北新闻奖三等奖。

六、思考与启示

融媒体中心的发展顺应大势,势在必行。受众在哪里,宣传报道的触角就要伸向哪里,宣传思想工作的着力点和落脚点就要放在哪里。通过任丘市融媒体中心的建设和运营,我们体会到:

(一)加强党的领导是建好县级融媒体中心的保障。抓好县级融媒体中心建设,需要加强顶层设计和路径规划,整合优势资源、推动集约发展、强化服务功能,以更好引导群众、服务群众。推动融媒体中心健康有序发展,须从机制、人才、服务等方面整合转型,从资金保障、制度建设等方面提供保障,离不开党委政府的高度重视与全力推动。

(二)增强改革魄力是建好县级融媒体中心的前提。破立并举,深入研读融媒体中心建设方案及中央、省、市文件精神,加快推动县级媒体改革,因地制宜设置融媒体中心构架及运行机制,通过双向选择、择优选择,整合融媒体中心人员队伍,以改革推动广电事业健康有序发展。

(三)坚持内容为王是建好县级融媒体中心的核心。要坚持内容为王、技术为王、平台为王,打造全新媒体矩阵,构建新时代大宣传格局。探索"媒体+"运行模式,实现"融媒体+政务""融媒体+服务"的信息服务综合体,实现"一次采集、多元生成、全媒传播"的融媒体传播矩阵,确保党的声音传递全覆盖、无死角,打通服务群众"最后一公里"。

(四)优化人才队伍是建好县级融媒体中心的根本。坚持以人为本,把建强队伍作为核心要素。融媒体中心组建后,功能需求加强,业务范围增大,亟须优化人力资源配置,加大内容生产、技术开发等高端人才引进,换血与输血同步,培养符合融媒体传播的新型人才,增强人才储备,提升团队整体技能,从而更好地发挥引导群众、服务群众的作用。

(五)优化运行模式是建好县级融媒体中心的动力。对部门协作、内容生产、人员建设等方面进行合理规划，使融媒体平台的效能充分发挥出来。通过体制机制、内容生产、媒体资源、技术支撑、人才队伍等方面进行全新调整。下一步，任丘将智慧城市建设中可以开放的数据、信息、服务等优先向融媒体中心开放，各部门便民信息服务平台优先由融媒体中心承建，大型活动策划、户外广告业务、文化产品采购等优先由融媒体中心承办，实现全媒体运作、全终端覆盖、全方位服务，将媒体的传播力无扩大，服务功能充分发挥。

（作者单位：任丘广播电视台）

守正创新 真融实用
打通宣传服务群众最后一公里

房崇华　袁　瑶

近年来，淄博市淄川区认真贯彻落实习近平总书记"读者在哪里，受众在哪里，宣传报道的触角就要伸向哪里，宣传思想工作的着力点和落脚点就要放在哪里"的工作要求，坚持以人民为中心的工作导向，守正创新，真融实用，促进传统媒体和新兴媒体优势互补、一体发展，扎实推进区融媒体中心建设工作，不断解决宣传教育服务群众最后一公里问题。

一、基本做法

1. 聚合资源，建设新型主流媒体。一是组建工作机构。2019 年 1 月 15 日，淄川区出台机构改革方案，将原区广播电视局、《淄川工作》编辑部、"淄川发布"官方微博、般阳文化研究中心、区互联网管理办公室、区政府网站承担的新闻宣传职能等合并，成立区融媒体中心。1 月 18 日，区融媒体中心挂牌正式开始运营。4 月 12 日，区委宣传部、区编办、区财政局、区人社局等八部门联合下发《淄川区融媒体中心建设实施方案》，对区融媒体中心建设作出了具体的时间表和路线图。二是理顺管理体制。整合各媒体单位人员力量，对现有人员进行调整，成立编委会，下设采编中心、运营中心、技术保障中心和后勤服务中心四个业务板块。采编中心下设总编室、新闻采访部、电视新闻编辑部、广播新闻编辑部、新媒体编辑部。改革薪酬制度，实行事业单位企业化管理，将在编人员工资待遇由财政直接发放改为由单位发放，将在编人员和聘用人员放到同一个平台进行考核，确保同岗同酬同待遇。完善考评制度，从新闻报道数量、新闻点击量等方面，建立绩效考核机制，每月汇总公示，无异议后兑现绩效。三是提升采编质量。制定出台《淄川区媒体融合实施意见》，对新闻采访、发布等作出明确要求，坚持资源共享、移动优先，充分发挥总编室策划、调度职能，打破频道、栏目界限，将广播、电视一线记者整合，一支队伍，多个平台，围绕中心，齐力发声，逐步实现"一次采集、多种生成、全媒传播"。加强融媒体人才队伍建设，制定《记者编辑轮岗交流制度》，按照"一专多能"要求，平台编辑和采访部记者定期轮岗交流，让每名记者都成为"摄、拍、采、剪、编、发"的全媒体记者。

2. 守正创新，提升舆论引导能力。一是开发淄川手机台移动新闻客户端。2017年4月，淄川区和省台旗下的"轻快"合作上线"淄川手机台APP"首款融媒体产品，同时具有移动客户端和网页端功能，开设"新闻资讯、直播、论坛、广电动态、生活圈"等功能板块，具备图、文、音频、视频、H5、直播等新媒体融合发布能力。西关大桥通车的报道3小时内点击量超过7万人次，体育公园开园的报道累计点击超过10万人次等，刊播了一批深受群众欢迎的新闻报道。"淄川手机台"点击量持续稳定走在省内外200家地市手机台和县级手机台前列，2017年获得全国"最具成长力手机台"，2018年被评为全国"最具品牌价值手机台"。二是农村有线广播村村响实现全覆盖。淄川区投资485万元，在全区433个村居内主要街道和群众聚集场所，安装调频音响5000只，率先在全省建成了具有国内领先水平的农村有线广播"村村响"系统。尊重当地村民生活作息时间和收听习惯，每天早中晚三个时段播音，及时转播《新闻和报纸摘要》《全国新闻联播》，编排《蒲大妈拉呱》《三个女人一台戏》等内容丰富、涵盖面广的节目，把党的声音传递到千家万户。投资40余万元对有线广播进行改造升级，打造《禁毒之声》广播栏目，建设全省第一家区县级乡村禁毒广播站。三是电视问政等栏目满足公众新需求。今年6月13日，开通"聚焦淄川"栏目，《夜市摊点扰民 居民期盼"安安静静"生活》关于夜市扰民等报道，引发广泛关注。电视、广播、手机台密集播发6篇不同形式和侧重点的稿件，从凌晨三点到夜里十点，暗访、海采、追问、短评、反馈等媒体手法综合运用，在24小时内促使问题圆满解决。开展的发票摇奖活动，参与人数超过20万人，累计录入发票60多万张，形成了浓厚的协税护税社会氛围。开设的"般阳民生"栏目，群众随时随地反映问题，直接推送给区领导和相关单位的主要负责人，使民生问题成为"一把手"工程。

3. 统筹推进，两个中心互通共享。一是建设"百姓之家淄川云"。利用有线电视丰富的视频资源和主流的发布渠道，以"百姓之家，有事来说"为主题，建设"百姓之家淄川云"数字化平台。"淄川云"设"俺要学—学习家园""俺要看—融媒体中心""俺要看—电影红歌健康""俺要行—文明家园""俺要乐—文化家园""俺要展—丰收家园"六个板块，分类呈现习近平新时代中国特色社会主义思想、区内媒体节目内容、经典影视作品、文明实践志愿服务活动、文化体育活动和旅游景点介绍、文明实践活动展播等各种优质学习资源，满足群众线上学习、点单的需求。二是制作喜闻乐见的节目内容。"淄川云"针对群众实际生产生活需要，精心制作"绿水青山就是金山银山""大国治贫""戒烟其实有办法""樱桃大棚栽培"等理论、科技知识，"天南地北淄川人""百姓百事"等身边人身边事，和"四点半课堂""守望相助餐厅""新婚礼""唱红歌"文明实践活动等节目，既有以动漫形式解读习近平新时代中国特色社会主义思想的内容，又有帮助群众脱贫致富的科技知识；既有经典影视作品供群众点播，又有群众自己参与的文明实践活动展播等，贴近群众、贴近生活，深受群众欢迎。三是建立覆盖城乡的终端平台。"淄川云"入口在山东有线首页显示，淄川区所有安装数字机顶盒的用户均能进入。为147个村居新时代文明实践站免费配备50英寸以上的电视，安装机顶盒和有线网络，群众在实践站内均能利用云平台学习、娱乐。为部分室内外LED大屏安装机顶盒，定期播放相关内容。"淄川云"依托家庭安装的高清双向机顶盒平台，所有内容均以视频、图文方式呈现，极大地方便了儿童和中老年群体，把电视这个传统媒介打造成了老百姓的心灵驿站和精神家园。

二、初步成效

1. 党的声音走进了千家万户。淄川区坚持移动优先战略，融合"淄川手机台"新闻客户端、"淄川发布"政务微博等移动新媒体，建设全媒体传播矩阵。截至2019年6月，"淄川手机台"注册用户达10万人，点击量超过1800万人次。在2018年度轻快体系评选中，"淄川手机台"获县级台全国第2名，编辑记者人均点击量贡献率全国第一。电视台节目全部入驻电信、移动、联通网络电视机顶盒，在全市率先实现电视节目入驻网络机顶盒全覆盖，农村有线广播村村响覆盖城乡，使党的声音飞入寻常百姓家。

2. 架起了党群干群沟通桥梁。充分发挥信息服务平台作用，以反映民生诉求为导向建立的"般阳民生"平台，从今年2月10日试运行以来，累计收集社情民意信息11060条，群众满意率达82.4%，建立了群众诉求倒逼工作决策落实的有效机制。"就业创业"栏目及时刊播区内企业招人用人情况，成为公众就业的有益帮手。设立党建专栏，丰富党建工作内容。"党风廉政建设一键举报"栏目，让更多的公众参与到监督中来。融媒体平台成为反映问题、建言献策、智慧城市建设的有效载体。

3. 打通了线上线下两个中心。融媒体中心和新时代文明实践中心统筹策划、统筹建设、统筹运用，用融媒体中心制作具有思想性的群众喜欢的产品，传输到新时代文明实践中心；通过新时代文明实践中心开展丰富多彩的活动，录制成节目后上传至融媒体中心，让群众唱主角。目前，"淄川志愿云"已注册团队272个、志愿者14985人，开展活动1966次，时长25252小时，录制相关活动视频230余个，在电视终端显示。两大中心融合建立了数字化、可视化、互动性文明实践站，实现了传播思想、实践文明、成就梦想的目标。

三、制约发展的突出问题

优秀专业人才匮乏，缺乏核心竞争力。现在人才引进的主要方式，是依托当地统一组织开展的事业编制人员统一招聘，存在名额少、周期长、到位慢的弊端，导致了亟需的新媒体、新闻采编、播音主持、后期包装等专业人员严重缺乏。受困于编制所限，现有在编人员老化严重。想要的进不来，想留的留不住。近几年通过公开招聘的合同制工作人员，专业素质不高。一些优秀的编外人员在业务娴熟后，因不满待遇问题，跳槽转岗，到社会上寻找新的单位，影响正常工作运转。

节目质量不高，收视率、收听率低。受网络机顶盒和新媒体的双重夹击，加上自办节目的容量、节目制作手段和方式创新程度低，导致自办节目受欢迎程度不高，收听、收视率有所下降，加之广告投入不断减少，进而形成了恶性循环。新闻报道形式单一，缺乏创新，失去了一批受众。与群众生活密切相关的、百姓喜闻乐见的鲜活新闻和专题还是太少，深度不够。舆论监督力度不够，一些群众转而寻求上级台的舆论监督和支持。

受新媒体、自媒体的冲击，广告创收大幅下滑。县级广播电视本身存在先天劣势，相比较上级媒体，县级广播电视受众较少，决定了它不可能吸引广告大客户的目光。只能依靠积少成多的策略，一般几千到几万元的广告占了大多数，一年能够投入十几万元的已经算是广告大客户了。同时，近年来各类广告公司纷纷涌现，相对于广播电视的高制作成本，车载电视广告、移动广告、户外屏幕广告、微信、小报等等，以其价格低廉、发布快速或者互动性强等优势，给广播电视广告造成了较大冲击。

职称卡口束缚期长。现行专业人才职称评定政策束缚太紧，评、聘环节均存在较为严重的"一卡就死"情况。由于历史原因，导致大量业务骨干受制于名额限制，专业职称无法按时晋升，且存在较为普遍的"超长时间待机"现象。

薪酬制度激励担当不够。受事业单位薪酬政策制约，岗位工资和全员绩效考核体系无法有效推行，进而影响活力激发、业务提升和人员管理。尤其是在媒体融合发展大潮中，相当一部分具备专业知识和业务能力的年轻新媒体人才，因为岗位工资和薪酬机制问题而辞职。

业务培训存在短板。受先天因素影响，基层广播电视播出机构业务水平大多在低位徘徊。从业人员的技术视野、业务格局和知识储备都存在较为严重的短板，对融媒体新知识、新业务、新应用储备不足，阻碍了广电业务水准提升。

四、意见建议

（一）出台适用于基层广播电视播出机构人才引进、管理、考核和职称晋升的行业管理制度，给予基层广播电视播出机构一定的职称评聘自主权限。

（二）设计面向基层广播电视播出机构工作特点的岗位工资和绩效考核体系。

（三）实施针对基层广播电视播出机构业务培训和实践的长效机制，政府财政给予相应的保障。

（四）解决区级广播、电视"户口"问题。全省95家县级台标准化建设已经复核验收，解决了电视频道和电台频率问题，而区级广播、电视只是在省里备案，广电总局还没有备案。相应的记者、播音主持人的记者证、资格证就无法解决。

下一步，融媒体中心将坚持党管媒体原则，把握好政治导向，充分认识意识形态领域斗争的复杂性和艰巨性，切实担负起党的新闻舆论工作的神圣职责和重大使命，精心组织重大宣传，切实提高节目质量，加快媒体融合发展步伐，加强新闻队伍建设和管理，确保广播电视安全优质播出，更好地强信心、聚民心、暖人心、筑同心。

（作者单位：淄博市淄川区融媒体中心）

推进深度融合　壮大主流舆论
努力探索县级媒体融合发展路径

孟凡军

习近平总书记指出，要坚持传统媒体和新兴媒体优势互补、一体发展，形成立体多样、融合发展的现代传播体系。滕州市认真贯彻中央精神和省委部署，紧密结合自身实际和基础优势，切实发挥顶层设计作用，坚持"四融"建平台、"三化"出效益、"四字"把方向，确立了以市委市政府为主导、以市直新闻单位为基础、以市内各类新兴媒体为补充的融媒体发展模式，不断探索传媒业态融合发展的滕州路径，实现了传统媒体与新兴媒体互融互通、相得益彰，开创了融媒体发展的崭新局面。

一、审时度势顺时应势，确立传媒业态向融媒体发展的改革路径

滕州市位于山东省南部，隶属枣庄市，总面积 1495 平方公里，辖 17 个镇、4 个街道，1250 个村（居），总人口 170 万，是全省人口最多的县级市，各类新闻媒体发展基础良好。一是媒体种类全。市直新闻单位包括滕州日报社、滕州广播影视总台、市信息化服务中心，涵盖了报纸、电台、电视台、网络等各类新闻媒体。其中，《滕州日报》是江北仅有的两家县级报之一，在 2016 年由中国报业协会主办的"2016 中国传媒融合发展年会暨第三届中国报业新媒体大会"上，滕州日报新媒体获得县市级排名第八位；滕州市广播电视台荣获"首届中国广电县级 20 强"等荣誉称号。二是技术手段新。滕州广播影视总台目前拥有 1 部新闻直播车，2012 年自办频道在全省率先完成数字化改造，实现标清播出，建筑面积 2500 平方米、投资 3500 万元的融媒体综合演播中心、新闻调度指挥中心、采编制作中心、播控中心正在建设中。滕州日报社采购了"Sony-F5 电影机、零度双子星八旋翼飞行器、Sony-ex280 摄像机"等一批专业设备。市信息化服务中心投资 8000 余万元建成了核心机房，为中国滕州网网站群、滕州市党政办公网、

滕州市电子政务平台及全市其他 46 家单位 120 余个应用服务提供了硬件基础和技术支持。三是媒体框架大。滕州日报社拥有报纸、网站、数字报、微信、微博、手机报、移动客户端等多个平台。滕州广播影视总台在电台、电视台基础上,打造了手机台移动客户端、微信公众号、滕州广电网 3 个新媒体平台。市信息化服务中心形成了中国滕州网、官方微信、政务微博"三位一体"的网上政府公共服务体系。四是发展效果好。滕州日报社被评为省十佳县市报、省报纸印刷质量精品报。滕州市广播电视台荣获山东广播电视台 2018 年"电视宣传一等奖""广播宣传一等奖""融媒体宣传一等奖"。中国滕州网始终位居全省县级网站绩效评估前列。市内运营网站达到 226 家,已备案的涉滕微信公众号共计 400 余个,网民总体数量超过 100 万,日活跃网民在 10 万人左右。

二、整合资源抓好"四融",推动各类媒体真正从"相加"迈向"相融"

媒体融合发展关键在融为一体、合而为一。我们坚持规范、高效、灵活的原则,科学配置各类优势资源,推进平台、技术、内容、人才深度融合,努力推动采编发网络重构和流程再造。一是抓平台融合,打造新闻采集中心。一方面,按照"一主三分"总体布局,整合现有媒体资源,建立了以全市融媒体新闻采集中心为主平台,以滕州日报社、滕州广播影视总台、市信息化服务中心为分平台的主体架构,推动智慧滕州新闻内容资源共享、滕州日报和广播影视总台新闻生产线互联互通,打通了线上、线下,市内、市外的融合宣传,实现了广播、电视、报纸、微信、新闻客户端、门户网站等多种平台的深度融合。另一方面,融合提升滕州日报社、滕州广播影视总台、市信息化服务中心现有新媒体平台,打造一批覆盖"两微一端"的融媒传播矩阵。目前,"掌上滕州"APP 下载量已突破 20 万;滕州日报官方微博粉丝量达到 76 万;"滕州日报"微信公众号粉丝超过 17 万,影响力在全省媒体公众号中位居前列;"滕州 TV"微信公众号粉丝关注量超过 18 万,日均阅读量达 5000 次;"滕州手机台"用户浏览量达到 138 万人次,在中国广播电影电视社会组织联合会、中国广播影视杂志社、山东广播电视台举办的首届"创力量"广电融媒评选中,荣获"年度优秀手机台"称号。2017 年底,滕州 TV、滕州资讯媒体号入驻山东广播电视台闪电新闻客户端,累计发稿 300 余条,多次上榜一周优质内容榜,获评直播优秀奖。二是抓技术融合,打造数据服务中心。技术是融合发展的重要推动力。我们坚持一手抓硬件、一手抓软件,努力提升采编技术能力,拓宽传播领域。为提高融媒体新闻采集中心服务质量,投资 5 亿元建设滕州大数据产业中心,一期工程预计今年 9 月竣工,建成后将达到国家中型数据中心规模,也是江北地区唯一的县级云计算数据中心,将有效提升我市数据存储挖掘利用能力。依托城市新闻眼,实时掌控全市重要地段的新闻动态,对正在发生的新闻事件实时跟踪采集,并通过"滕州移动采编系统"将文字、图片、视频等信息即时上传，有力提升了新闻采集的时效性。整合滕州日报社、滕州广播影视总台的数字直播编码器、移动视频编码器、飞行器等专业设备优势，形成3D动画制作、虚拟现实制作、宣传片拍摄、影视栏目包装等多项业务共同发展的良好格局。三是抓内容融合，打造信息共享中心。融媒体新闻采集中心根据各媒体内容产品属性，负责以本地为主的文字、图片、音视频的差异化采集和供稿，所有记者采集的内容通过手机端统一上传到采集中心稿库，经各发布平台相关负责人审核后发布。同时，对发布内容传播情况进行实时采集、追踪、统计，通过数据分析，及时掌握传播效果和舆情态势，形成"一次采集、多次生成、多渠道分发、全方位覆盖"的工作格局，实现了信息共享化、管理扁平化、功能集成化、产品全媒化。四是抓人才融合，打造人才聚合中心。人才优势是媒体的核心优势。我们坚持把人才融合摆在突出位置，组建融媒体新闻采集中心采编发队伍；加强了全媒人才培育，先后举办了互联网思维专题讲座、核心网评员业务培训，多次派人员参加了广州电商实战运营培训班、杭州网络与新媒体发展研讨班、重庆短视频+新闻人工智能全国新媒体集训以及济南轻快"5+2"培训班，培养了一批既懂新闻采访、编辑制作，又熟悉新兴媒介传播、图标制作、软文创作的融媒体业务人才。通过深度融合，彻底改变了以往媒体资源"小而全""低而散""内容重"的媒体格局，推动了传统媒体由资源分散向资源集中、由互不相连向彼此叠加、由单一传播向立体传播的发展，大大节约了采编成本，提高了工作效率。

三、做精产品抓好"三化"，让融媒体发出服务经济社会发展的最强音

我们尊重新闻传播规律和新媒体发展规律，立足服务经济社会发展，重点在"政治化、平民化、市场化"上下功夫，利用群众听得懂、愿意听的"网言网语"和可视、可读、可感的表现形式，精心制作适应多样化、个性化用户需求的新闻产品。一是坚持导向政治化。我们始终坚持"政治家办媒体"原则，把融媒体作为抓好意识形态工作的主阵地，多角度、全方位传播党的声音、服务党委政府。去年以来，我们统一开设"奋进新时代""精准扶贫奔小康""加快新旧动能转换、推进滕州发展""创建文明卫生我们在行动"等专题专栏，及时传递党委政府声音，引导干部群众把思想和行动统一到党委政府各项决策部署上来，形成加快发展的强大合力，并被央视《新闻联播》《焦点访谈》栏目以及《光明日报》、山东电视台《山东新闻联播》等媒体报道。二是服务社会平民化。媒体只有接地气，群众才愿听愿看，媒体才有收视收听率，才有生命力和影响力。我们关注群众热点焦点，开设"滕州书展·读书让生活更精彩""欢乐滕州嘉年华2018贺年会"等专题专栏，集中推出了一批重点报道，在更高、更广层面展示了滕州经济社会发展的新面貌新成就。欢乐滕州嘉年华2018贺年会期间，我们借助融媒平台，充分发挥各类媒体优势开展了战役性宣传，按照网络自媒体特点制作短视频，当天点击量超百万次；依托电视媒体制作专题片，及时推送并推荐上级媒体，从大年初一到初三，贺年会活动连续三天被央视《新闻联播》《朝闻天下》、山东卫视《山东新闻联播》《早安山东》报道；滕州日报社依托纸媒特点，以图片和文字报道相结合，深入报道了"好吃不过饺子"迎春作品征集等活动，通过融媒平台扩大宣传互动，迅速形成了贺年会宣传的舆论强势。鲁班文化节、红荷节、滕州书展等活动期间，我们借助融媒平台开展了宣传推介、评选投票、LOGO设计、意见征集等工作，有效提升了群众参与度和社会影响力，各项活动成为百度热词，累计搜索结果达百万余条。我们在融媒平台开通就学就业、医疗保障、公积金查询等便民服务版块，打通为民服务最后一公里。三是增强实力市场化。充分发挥融媒体覆盖面广、影响力大、传播速度快的优势，面向市场找资源，借助外力强实力，积极在活动推广、广告制作、企业宣传方面找路子、建平台，利用市场资源提升了融媒体的影响力和竞争力，拓宽了传统媒体增收渠道。通过"一网多报、多报开花"，充分发挥全媒体优势，改变了以往传播终端出口较多、交叉重叠等问题，实现了产品的多样化、渠道的多元化、平台的规模化，政治效益、社会效益、市场效益都得到了大幅提升。

四、念好"培、引、打、管"四字经，把牢融媒体发展的正确方向

我们坚持"建好用好，可管可控"原则，着力在"培、引、打、管"上下功夫，切实守好用好融媒体格局下的新闻舆论阵地，努力让主旋律更高昂、好声音更响亮、正能量更强大。一是"培"树先进典型。培育一批导向性强、关注度高、影响力大的本地新媒体平台，打造融媒体时代"主旋律"宣传标杆，形成一批既彰显主流媒体品格力量，又符合新兴媒体规律特点的现象级产品，引领全市新媒体发展方向。加强对"滕州快报""滕州快讯""滕州大众网"等政治性强的新媒体的培育扶持，并作为先进典型在全市推广，引领全市各类媒体始终把坚持正确政治方向摆在首位。二是"引"导社会舆论。融媒体是把双刃剑，既是主旋律的发声器，也是舆论潮的策源地，特别是网络媒体，更是舆情反映的重要渠道。我们把坚持正确导向与通达社情民意统一起来，把正面宣传与舆论引导统一起来，建成了2300余人的专家层、核心层、骨干层、基础层"金字塔"式四级网评引导处置平台，形成了"建立引导平台、构建反应机制、畅通传报渠道"三位一体网格化网络舆论管控工作法，提高了舆论引导力和影响力。三是"打"击违法行为。对个别违规发布错误、不实信息的自媒体，通过线上交流、约谈等多种形式督促其整改；对违法违规从事新闻采编发行为的，依法严肃查处，并向社会公开通报处理结果。3月30日，某网民在"滕州生活圈"APP散布工厂爆炸事故造成人员伤亡的虚假信息，扰乱了公共秩序，公安部门依法对其行政拘留，我们及时

通过融媒平台正面发声，并向社会公开处罚结果，起到了很好的警示作用。四是"管"好舆论阵地。坚持把管内容和管平台结合起来，实行新媒体登记备案和动态管理制度，用"一个标准、一把尺子、一条底线"严格管理网站、微博、微信、客户端等各类媒体及其采编发人员，努力做到新媒体阵地扩展到哪里管理就跟进到哪里。去年以来，我们通过举办全市新媒体座谈会搭建沟通平台，与各网络大V、微信公众号主办人员谈心交朋友，组织新媒体参加首届滕州书展、欢乐滕州嘉年华2018贺年会等全市大型活动，与新媒体运营人员建立了广泛友好联系。严格执行"初审、复审、终审"的"三审制度"，把好发布内容采访关、组稿关、审核关、发稿关，对刊播虚假新闻的，严肃追究相关责任人责任。去年以来，向涉滕微信公众号下发通知120余次，约谈自媒体运营人员16次，进一步夯实了网络宣传阵地。通过加强管控，改变了以往网络舆情易发多发的被动局面，党管媒体、党管意识形态的导向更加鲜明，改革发展的正能量更加充沛。

（作者系山东滕州市广播电视台党组书记、台长）

深化媒体融合改革 推进县级融媒体中心建设

周 倞

2018年全国宣传思想工作会议召开以来，邹城市认真贯彻落实习近平总书记关于扎实抓好县级融媒体中心建设的指示要求，按照中央和省市决策部署，大胆改革创新，全力推进融媒体中心建设，积极探索媒体融合的"邹城路径"，不断巩固宣传文化阵地、壮大主流思想舆论。

一、党委政府赋能加油，奋力跑出融媒速度

邹城市专门成立了由市委书记、市长任双组长的融媒体中心建设工作领导小组，从政策、资金和人事等方面提供全方位支持。批准融媒体中心为市委直属二类公益事业单位，核定人员编制155人，班子配备7人（包括主任、总编各1人，副主任4人，总工程师1人）。利用人才编制蓄水池政策，公开招聘了6名融媒体记者和主持人。今年先期投资1260万元高标准建设融媒体调度指挥平台，升级改造演播大厅，新建专业录音棚，购置航拍机、手持云台、全景相机、4k摄像机等专业采编设备，融媒制播能力显著提升。从明年开始，市财政每年再列支700万元设立媒体融合发展专项资金，持续推动媒体融合向纵深发展。财政、国资、公管办等部门对中心指挥平台建设给予大力支持，强化沟通协调，实现"无缝对接"。项目招标公示结束后，当天签订合同，第二天进场施工，短短15天时间，就完成了空间清理、地面平整、墙体改造、大屏安装等工程，提前实现与省技术平台的联通。在党委政府的高位推动下，邹城市融媒体中心建设始终走在济宁地区最前列，率先出台媒体中心建设实施方案，率先获得济宁市委编办关于机构整合的批复，率先报审中心三定"规定"，跑出了媒体融合"邹城速度"，打造了济宁样板。

二、融媒矩阵覆盖全域，全力扩大传播广度

全力推进传播手段创新，不断加快数字化、网络化、移动化转型步伐。6月30日，邹城新闻综合高清频道正式播出，并同步上线IPTV播控平台，实现电视

信号的互联网传输，增加 15 万电视节目用户，基本实现电视节目全域覆盖。在融媒体时代，邹城市实现了无线、有线、地数、互联网、移动互联网的电视节目全覆盖，节目传播力影响力进一步提升。坚持"应融尽融"原则，深度整合区域媒体资源，以技术平台为依托，以"邹鲁融媒"为统一品牌，以广播、电视、报纸、网站 4 个传统传播渠道为基础，以手机客户端、微信公众号、官方微博、官方抖音号等 N 个新媒体平台为重点发展方向，构建"1+4+N"融媒传播矩阵。坚持"移动优先"战略，采取"融媒体统筹、新媒体首发、全媒体跟进"的运行模式，实现大小屏融合互动常态化，打造了信息传播更快、更及时、更有引导力的新闻宣传体系，打通了连接群众的"最后一公里"。8 月 10 日，台风"利奇马"来袭。邹城市融媒体中心启动"迎战'利奇马'，融媒在行动"融媒宣传报道，播发电视新闻 40 余条，与水务、气象等部门广播直播连线近 20 次，手机台连续直播 36 小时，"两微一端"发布正面引导信息 20 余条，累计阅读近 10 万人次，立体化的全媒体宣传为防御台风贡献了融媒力量，一线记者王玉鸿被授予"山东省抗台风救灾抢险先进个人"荣誉称号。

三、服务能力持续提升，倾力传递时代温度

早在 2014 年 10 月，邹城就依托省轻快平台建设了"邹城手机台"APP，为本地市民提供新闻资讯、政务服务和公共服务。今年又逐步增加了网上政务服务大厅、社保查询、出入境服务等 20 多项线上便民服务功能，通过打造"新闻+政务+服务"综合信息服务平台，让数据多跑路、群众少跑腿，进一步擦亮了"一次办好、邹全服务"放管服工作品牌。截至目前，"邹城手机台"总访问量已达 1600 万人次，先后荣获全国"融媒先锋奖""年度政务服务贡献媒体"等荣誉称号。结合新时代文明实践中心建设，邹城市融媒体中心针对贫困家庭、留守儿童、孤寡老人、退役军人等不同群体，策划开展了"微公益·爱心跑""37° 城市益行""把爱贴在墙上"等各类公益行动，组织开展了"邹城春晚""舞动邹城""青少年文化艺术展演"等各类群众性文体活动，联合镇街部门举办了医师节、环卫工人节、模范退役军人颁奖典礼及桃花节、土豆节、核桃节等农事节庆活动，及时传递时代温度。今年围绕高考学生和大学生群体，先后开展了"儒润邹城·爱心送考"绿丝带公益行动、高考志愿填报融媒直播、大学生返乡看变化等系列活动，取得了良好的社会效益，打响了"邹鲁融媒·邹城广电"公益品牌。充分利用新媒体传播社会正能量，倡导核心价值观。"城管队员救助早产孕妇""风雨中的牵手""消防救援被困车辆"等正能量短视频先后在新华社客户端、"央视新闻"微信公众号、中国警察网、山东网络台、海报新闻、闪电新闻客户端等上级媒体播出，各地网友纷纷点赞转发。通过"借船出海"、借力发声，让正能量更加强劲、主旋律更加高昂，牢牢占领舆论制高点、主阵地。

四、运行机制优化升级，大力激发创业热度

按照媒体融合发展需要，重构业务流程、组织结构和运行机制，完善绩效考核体系，强化全媒体人才培养，最大限度激发人员的生产力和创造力，以体制机制创新倒逼媒体深度融合、整体转型。实施同工同酬、能上能下的用人管理机制，打破职务、职称、身份界限，对编制内外人员在职务晋升、绩效考核、收入分配等方面统筹考虑，有 8 名编制外人员担任中层正副职。改革绩效分配制度，通过分级考核和分类考核相结合、月度考核和年度考核相结合、定量考核和定性考核相结合、业务考核和党建考核相结合等"四个结合"，建立全方位的绩效考核评价体系，充分发挥绩效分配的价值导向作用。同时将新媒体发稿纳入新闻采编评价全流程，确保重大新闻新媒体首发，实现内容优势和传播优势有机结合。打破固有层级结构和科室内部横向界限，探索团队制、项目制、工作室制等弹性机制，先后成立短视频制作工作室和《天下邹鲁》摄制项目团队，由项目负责人自由组建团队，相对独立运作，盘活内部资源存量。实施"天降大任"融媒英才学习提升行动，通过开展"邹鲁融媒"大讲堂、挂职锻炼、技术大比武、"三人行 SHOW"全媒主持业务提升计划、"我融我精彩"原创融媒产品大赛等活动，推出融媒产品集群，打造全媒体新闻队伍。

知常明变者赢，守正创新者进。邹城市融媒体中心将顺应全媒体发展这个大趋势，做好媒体融合这篇大文章，在资源整合、媒体融合、队伍联合、产业聚合上下功夫，全面深化媒体改革转型，推进媒体深度融合，全力打造"邹鲁融媒·继往开来"融媒品牌，把融媒体中心建设成主流舆论阵地、综合服务平台、社区信息枢纽，更好引导群众、服务群众。

（作者系山东邹城市广播电视台研究室主任）

北京昌平融媒体中心建设探索

崔承浩　王小溪

习近平总书记在全国宣传思想工作会议上强调，建设具有强大凝聚力和引领力的社会主义意识形态，是全党特别是宣传思想战线必须担负起的一个战略任务。[1]在完成这个战略任务提出的7项要求中，总书记明确要求，要扎实抓好县级融媒体中心建设，更好引导群众、服务群众。

学习总书记重要讲话精神，我们领会，建设好县级融媒体中心是建设具有强大凝聚力和引领力的社会主义意识形态的重要组成部分，是建设社会主义意识形态的前哨和一线阵地，是做好全国宣传思想工作至为关键的"最后一公里"。

各地县级融媒体中心建设已经取得不少进展和成绩，其中北京的改革建设最为声势浩大。当前北京全市16个区县都已挂牌成立融媒体中心，昌平区作为北京市区级融媒体中心改革建设的先行者，在整合原广电中心、新闻中心和网管办的机构和职能基础上，以"突出核心职能、聚焦关键职能、合并重复职能"的思路对机构进行优化，实现了对广播、电视、报纸、"两微一端一屏"等区属媒体的统一指挥，有效盘活区属媒体资源，提升新闻舆论的传播力引导力，同时打造出面向百姓的新媒体综合服务平台，探索形成了具有昌平特色的县级融媒体中心改革建设方案。

一、县级融媒体中心是做好做强习近平新时代中国特色社会主义思想宣传教育工作的前沿哨所和一线阵地

当前，党中央正团结带领全党全国人民深入学习贯彻落实习近平新时代中国特色社会主义思想，为实现党的十九大确定的战略目标，夺取中国特色社会主义新胜利而奋斗。在这个新时代，我们更加需要坚定自信、鼓舞斗志，更加需要同心同德、团结奋斗。宣传思想工作要以政治建设为统领，把政治方向摆在第一位，牢牢坚持党性原则、牢牢坚持马克思主义新闻观、牢牢坚持正确舆论导向、牢牢坚持正面宣传为主，唱响主旋律，壮大正能量，始终把统一思想、凝聚力量作为

宣传思想工作的中心环节。[2]

习近平总书记要求，新闻舆论必须做到精准有力，要在基础性、战略性工作上下功夫，在关键处、要害处下功夫，在工作质量和水平上下功夫，做大做强主流思想舆论，把全党全国人民士气鼓舞起来、精神振奋起来。[3]

县级融媒体中心作为宣传思想工作和新闻舆论战线上的基层单位，必须充分认识进入新时代、面对新形势的使命任务，坚决做到"举旗帜、聚民心、育新人、兴文化、展形象"。要根据本区域的经济、政治、文化、社会和生态建设具体情况，加快构建与中央同心同德、与当地百姓同声同息的舆论引导新格局，巩固壮大主流思想舆论。要把人民对美好生活的向往作为推进工作的奋斗目标，用社会主义核心价值观滋养人心、滋养社会，在构建共建共治共享社会治理格局中发挥独特的引领作用。

县级融媒体中心要做到既解决实际问题同时又能解决思想问题，把着眼点放在最基层，把工作重心放在当地百姓身上，在覆盖范围内尽最大力量起到强信心、聚民心、暖人心、筑同心的作用，汇聚起人民群众的凝聚力和向心力。[4] 要积极围绕当地党和政府的中心工作，做好政策阐释工作，丰富人民文化生活，给人民带来更多的获得感、安全感、幸福感、自豪感。要成为推动公共文化服务标准化、均等化的中坚力量，为建设和完善公共文化服务体系添砖加瓦，为提高基本公共文化服务的覆盖面和适用性积极探索新做法、新途径。

社区是党和政府联系、服务居民群众的"最后一公里"。[5] 融媒体中心是打通和占领这个"最后一公里"的前沿哨所和一线阵地。改革开放之后，农村大量劳动力进入城市成为农民工，随着国企改革，城市里的劳动者也重新择业，人群的流动性大大增强，这为经济发展注入了人才和用工体制活力。但由于党建工作没有及时转变工作思路，也在某种程度上造成了党群关系没有过去紧密的状况，特别是不少农村基层党支部与外出务工人员脱节甚至失联，对加强党的全面领导形成了严峻挑战。昌平融媒体中心在当地党和政府的大力支持下，及时调整工作格局，采取传统媒体与新媒体协同发力的工作方式，强化本区域党的理论宣传、群众引导工作，坚持不懈用习近平新时代中国特色社会主义思想武装干部群众头脑，努力做到新时代新思想进企业、进学校、进机关、进街道、进社区、进乡村、进网络，切实发挥出了引导群众、服务群众的新闻舆论阵地作用。

二、县级融媒体中心是提高新闻舆论传播力、引导力、影响力、公信力，巩固壮大主流思想舆论的前哨和一线阵地

改革开放40年来，我国广播电视行业抓住历史机遇锐意革新，改进生产流程，丰富报道手段，推进技术升级，加强人才储备，推动体制机制创新，在广播电视事业和产业发展上取得了令人瞩目的成绩。但不可否认的是，县级播出机构由于

综合原因，存在传播区域有限、个性化不够、设备和人才资源不足等短板，影响力、传播力不尽如人意，相当多的播出机构陷入勉强支撑的困难局面。[6]进入新时代，中央高度重视基层宣传思想工作，高度重视广播电视和网络视听新媒体建设，为基层广播电视改革发展指明了方向。在党中央坚强领导下，广播电视系统不断加深对媒体融合发展这一重大而深刻变革的认识，坚定自信，抓住机遇，加快融合发展，整合各类资源，共建县级融媒体中心，实现历史性转变，县级广播电视播出机构在创新发展中获得了新生。

习近平总书记指出，宣传思想工作创新，重点要抓好理念创新、手段创新、基层工作创新，努力以思想认识新飞跃打开工作新局面，积极探索有利于破解工作难题的新举措新办法，把创新的重心放在基层一线。

县级融媒体中心不仅拥有广播电视新闻发布平台、地方特色专题节目的制作能力，还有新媒体矩阵，既面向全域广大干部群众，还能在互联网上、移动多媒体终端、社交媒体平台上传播发力，承担着宣传和服务的双重任务。

县级融媒体中心离老百姓最近，同老百姓生活最密切。人民群众最期盼、最关心的问题一线记者最清楚。北京市昌平区融媒体中心扎实抓好全域信息发布资源的连通汇聚，加强理念、传播手段和话语方式创新，有效提升了信息传播的针对性和实效性。重点围绕民意关注点打造公共话语场，通过话题设置、百姓连线、媒体互动等形式，构建媒体科学引导、百姓积极参与的网上社群，在事关大是大非和政治原则问题上，帮助街坊邻居划清是非界限、澄清模糊认识，让党的理论更接地气，让党的创新理论"飞入寻常百姓家"。[7]

对县级融媒体中心来说，内容创新、形式创新、手段创新都重要，但内容创新是根本的。在引导群众方面，要多深入基层、深入一线、深入百姓，要善于观察，在众多基层先进模范中发现好素材，找到反映时代精神、反映时代面貌、能够引起广泛共鸣的时代楷模、最美人物、身边好人和先进典型，通过广泛宣传形成全民参与、接力，使社会主义道德建设向上向善。在服务群众方面，要适应分众化、差异化传播趋势，多关注和反映当地经济商业信息、教育就业信息、气象环保信息等与老百姓生活息息相关的民生热点。在聚合传统媒体优质内容资源的基础上，昌平区融媒体中心依托"北京昌平"手机 App 牵引媒体功能转型升级为集"权威信息发布、舆论监督问政、沟通民生服务"为一体的融媒体服务平台，通过"新闻＋服务"实现民生全方位保障，让融媒体中心成为群众"新时代文明实践中心、家门口、指尖上的服务窗口"，让昌平百姓实现"一端在手、生活无忧"。

在融媒体中心建设中，要审时度势，充分利用新技术新媒介给传播领域带来的革命性变革。应主动适应新媒体的要求，打破旧有的思维模式，科学认识网络传播规律，提高用网水平，做大做强网上正面宣传，培育积极健康的网络文化，使互联网这个最大变量变成事业发展的最大增量。

三、建设县级融媒体中心是检验各级党委阵地意识的试金石，是培养和锻炼新时代基层宣传队伍的好机会

习近平总书记指出，要加强党对宣传思想工作的全面领导，旗帜鲜明坚持党管宣传、党管意识形态。[8]

建设县级融媒体中心，各级党委要自觉承担起政治责任和领导责任，靠前指挥，坚决纠正"四风"，特别是形式主义、官僚主义。要坚持以立为本、立破并举，着力破除不利于提升媒体传播力、引导力、影响力、公信力的机制障碍，加快构建有利于调动新闻工作者积极性，多出人才的工作机制。针对制约媒体融合发展的渠道壁垒、层级指挥、封闭生产等深层次的体制机制问题，昌平区融媒体中心探索出一套改革建设方案，对内建设基层版"中央厨房"，打造高效的融媒体管理体系和运行机制，有效盘活区属媒体资源，提升新闻舆论的传播能力，目前在投入力量较往年压缩近35%的情况下，内容生产量提升近30%，传播效果获得大幅提升；同时，对外依托"北京昌平"移动客户端打造自主可控平台，整合信息、问政、服务等优质资源，提升媒体综合服务保障效能，积极发挥融媒体中心在区域信息传播中强大的聚合优势和信息处理优势，实现从注重信息传播向信息应用的转变。

各级党委政府领导干部要高度重视县级融媒体中心建设，作为意识形态责任制建设的重要一环，切实做好建设规划。建议将县级融媒体中心项目纳入当地社会发展纲要、纳入公共文化服务体系建设规划。各级领导干部都要增强"本领恐慌"意识，加强学习、加强实践，增强同媒体打交道的能力，通过县级融媒体中心，通过广播电视和新媒体矩阵，善于灵活运用传统媒体和新媒体宣讲政策主张。"网上蹲点"了解社情民意、发现矛盾问题，"在线聊聊"引导社会情绪、推动实际工作。昌平区委、区政府与"北京昌平"App的问政留言系统对接，自今年3月1日上线以来，已接收到问政留言600余条，回复率达到100%。同时通过统一协调完善的部门协同联动机制和纠错机制，打通并用好同群众信息交流的新渠道，让昌平百姓动动指尖就能实现和区委区政府的及时沟通，还能理性表达、有序解忧，真正解决生活中遇到的大小难题。昌平区委区政府真正把"北京昌平"App作为联系和服务群众的重要手段，通过App察民情、聚民心，积极摸索新形势下基层走好融媒体群众路线的经验。

县级融媒体中心员工必须不断掌握新知识、熟悉新领域、开拓新视野，不断增强脚力、眼力、脑力、笔力，用鲜活的镜头、乡音，积极主动做好新时代社会主义意识形态工作，努力打造成政治过硬、本领高强、求实创新、能打胜仗的宣传思想工作队伍。[9]在人才方面，县级融媒体中心既要充分发挥事业体制凝聚人

才的重要作用，又要善于运用灵活用人机制激发新闻队伍活力。例如，昌平区融媒体中心在区委区政府支持下，充分借鉴当前行政事业单位体制机制改革经验，针对基层媒体人才匮乏、发展动力不足等关键问题，重点围绕"人事管理、考核评估、收入分配"三个方面推进《档案式人才管理考核办法》，通过"主观评价"向"量化考评"转变，对新形势下吸引使用人才、评价激励人才、培养管理人才的有效措施进行探索，释放人才活力，增强新闻舆论工作队伍事业心、归属感、忠诚度，为新闻事业长远健康发展提供了坚实有力的人才支撑。

昌平区融媒体中心着眼创新社会治理，用"新闻+"理念推动区级融媒体从以往的新闻宣传向公共服务领域拓展，在融媒体建设方面先行先试，为推进县级融媒体中心建设提供了很好的样板，他们的经验、制度、措施具有一定的示范引领作用，可以给基层媒体融合发展、建设县级融媒体中心提供有益的借鉴。

注释：

[1][2][3][4][7][8][9]《习近平在全国宣传思想工作会议上强调：举旗帜　聚民心　育新人　兴文化　展形象，更好完成新形势下宣传思想工作使命任务》，《人民日报》2018 年 8 月 23 日。

[5]《习近平新时代中国特色社会主义思想三十讲》，第 239 页，学习出版社2018 年版。

[6]《习近平新闻思想讲义》，第 106 页，人民出版社、学习出版社 2018 年版。

（作者分别为：国家广播电视总局发展研究中心党委副书记；科研部助理研究员）

县级融媒矩阵助力乡村文化振兴

赵　娜　田龙过

随着国家媒体融合战略的不断深入，县级媒体始终坚持以习近平总书记的指示为方向，不断巩固基层媒体的传播力和影响力，提高引导群众、服务群众的工作能力，为党和国家的发展提供强大的精神支撑和不竭的思想力量。县级融媒体所拥有的强大的媒体服务功能与公共服务功能是助推乡村文化振兴的重要手段，一方面通过利用广播、电视、报刊、新媒体和应急广播多种渠道向用户提供信息服务，宣传国家大政方针、传播县级经济政治文化领域的新变化新发展新理念，促进基层群众对信息的理解和认知。另一方面，积极发挥媒体+的理念，实现民生、文化、教育等公共服务功能，有利于加强农村思想道德建设，传承发展提升农村优秀文化、加强农村公共文化建设，有利于文明乡风，淳朴家风，良好民风的形成。面对新时代传播格局的转变，作为基层主流媒体要守土有责，更要守土尽责，积极打造县级融媒矩阵，突破媒体融合的最后一公里，助力乡村文化振兴格局的最终实现。

一、打通渠道，坚持移动优先战略

习近平总书记曾多次强调要扎实推进县级融媒体中心建设，打响媒体融合最后一公里的攻坚战。其中所谓的"最后一公里"在哪里？有多长？如何实现？目前仍是值得我们深思的问题。行之力则知愈进，知之力则行愈达。自2018年以来，全国已先行启动600个县级融媒体中心建设，多地出现了开展县级融媒体中心建设的高潮，渠道下沉，面对网络、手机等新媒体领域，传统基层媒体必须勇于自我改革，顺势而为，在不断的实践探索中寻求发展，才能在未来的媒体竞争中牢牢把握话语权。

随着5G时代的到来，大数据、云计算、物联网、人工智能等技术的不断创新和发展，移动互联系统将成信息传播的现实生态，任何渠道的信息都有可能成为到互联时代的信息来源，任何终端都有可能成为互联网信息传播的出口，县级融媒体作为基层主流媒体，应切实把握自身定位，担当起"守门人"的职责使命。2019年1月25日，第十九届中央政治局就全媒体时代和媒体融合发展举行第十二次集体学习。会议中强调移动互联网已经成为信息传播主渠道。要坚持移动优先策略，建设好自己的移动传播平台，管好用好商业化、社会化的互联网平台，让主流媒体借助移动传播，牢牢占据舆论引导、思想引领、文化传承、服务人民的传播制高点。这无疑为县级融媒体的发展指明了方向，也为助力乡村文化振兴提供了现实途径。

县级融媒体中心贯彻移动优先的原则，利用移动传播技术，形成渠道丰富、覆盖广泛、传播有效、可管可控的移动传播矩阵。例如浙江长兴传媒集团目前拥有广播、电视、报纸、杂志、网站、新媒体等14个媒体平台，还拥有20多个微博微信平台。其中，掌心长兴公号提供本地新闻、便民服务、政务服务外，还提供视频直播、电视直播、H5、读报、广播等文化服务，为繁荣兴盛乡村文化，焕发乡风文明新气象提供了有利契机。县级融媒体可积极寻求与智能手机、移动网络等机构的合作，让手机终端成为县级融媒体推广文化内容的重要渠道；最后，县级融媒体在加强传播矩阵建设之余，更要加强县级自媒体平台的管理，整合优质自媒体资源，营造风正朗清的网络空间环境促进乡村文化振兴。

乡村兴则国家兴，乡村衰则国家衰。乡村文化振兴贯穿于全局振兴的各个环节，是乡村振兴战略的内在发展动力。农村、农业和农民作为县级融媒体中心的用户群体和场景，也是县级融媒体的信息来源和服务对象，因此，促进乡村文化振兴更是县级融媒体中心建设的应有之义，既要大力整合传统媒体如报纸、广播、电视的优质内容资源，又要不断更新传播技术，利用微信、微博、直播、H5、无人机采集等新兴平台形态传播优质内容，真正让县级融媒体平台成为促进"三农"发展的有力推手和传播信息文化的优先渠道，落实基层媒体文化服务的重要平台。

二、抢夺用户，抵达最后一公里

2019年2月28日，中国互联网络信息中心（CNNIC）发布第43次《中国互联网络发展状况统计报告》。据《报告》指出，截至2018年6月，我国手机网民规模达7.88亿，网民中使用手机上网人群的占比至98.3%，网民手机上网比例继续攀升。这一结果昭示着移动互联时代的大势所趋，也推动着基层媒体的自我改革，用户发展不断下沉，农村网民数量不断增加。如何利用移动互联的网络优势加强基层主流媒体和基层用户之间的联系，把握"在地化"优势，真正走进用户的"掌心"是县级融媒体一直在思考的问题。

精准定位用户。农民既是县级融媒体发展的主要用户，也是乡村文化振兴的重要组成部分，在当今社会城镇化进程不断加快，消费主义思潮席卷而来，越来越多的农民渴望走进城市，摆脱乡村，城乡结构也在不管发生变化。基于这种现实情况，坚定文化自信，振兴乡村文化成为当前一项的紧迫任务。习近平总书记强调："文化自信，是更基础、更广泛、更深厚的自信，是更基本、更深沉、更持久的力量。"乡村文化是中华文明不可或缺的一部分，广大的农民群体更是中国历史文化发展变迁的记录者。城乡结构的变化、农民接触信息方式的变化使传统的县级广电媒体失去了广大受众和广阔的农村市场，失去了赖以生存的基本条件。因此县级融媒体中心的建设在推动乡村文化振兴必须关注到这一客观现实，在对全县域内县级广播、电视台、内部报刊、党委政府的网站、客户端以及微信微博等公共媒体资源进行整合、再造，平台创建之时，更需利用大数据技术、人工智能分析，精准定位农村用户群体，满足日益增长的文化信息消费需求，使县级媒体更加适应互联网革命带来的媒体革命新变化。

调动用户主体。据国家统计局 2019 年 2 月公布的《中华人民共和国 2018 年国民经济和社会发展统计公报》显示，2018 年年末全国大陆总人口 139538 万人，其中农村户籍人口 56401 万人。农民是乡村文化建设的主体，乡村文明是中华民族文明史的主体，县级融媒体建设应该积极调动农村用户主体，不仅要成为国家党政机关的传话筒，更要成为政策的促进者和落实者。乡村振兴战略提出的根本目的是让发展成果惠及更多人，让乡村百姓也能够过上好日子。但从目前上看，农民的物质生活已有很大的提升，但精神文化生活却仍然是短板一块。小康康不康，关键看老乡，习总书记的这句话充分证明了农民主体在三农发展的重要地位。因此在乡村文化振兴之路上，若是没有农民发展的主观发展意愿，乡村文化振兴只能是无源之水，无根之木。县级媒体应切实担负起主流媒体的责任和担当，不断提高文化服务能力，引导农民坚持乡村文化自信，自觉主动地参与乡村文化振兴的大队伍中来，不断丰富乡村文化业态，助力文化振兴。

把握双向发展。作为基层主流媒体，从国家战略层面看，县级融媒体建设既是国家媒体融合战略的关键环节，也是乡村振兴大局中的重要推进力量；从媒体机构职责看，县级融媒体是上传下达的政府机构，更是乡村文化发展的积极引导者和实践者；坚持双向定位，既要坚守基层舆论阵地，牢牢把握国家意识形态领域的话语权，又要坚持物质文明和精神文明一起抓，以提升农民精神风貌，培育文明乡风、良好家风、淳朴家风为己任。把握共同发展，首先要全面了解农村、农业的发展现状、关注农民们的现实需求，深入挖掘农民的用户画像，创作出农民群众喜闻乐见的文艺形式，通过融媒体平台将切实有效的信息和文化服务提供给农民用户，丰富其精神文化生活，推动乡村振兴战略的最终实现。其次要发挥农民群体的主动性，利用新媒体技术、移动互联技术，让农民群众自己走到舞台中央，展示乡村文化的独特魅力，让乡村文化成为促进农村群体追求集体发展，共同富裕的凝心剂。例如有关乡村文化直播便是根植于传统乡村文明，利用现代媒体技术，将直播与文化活动、历史发展、文创产品等众多方面结合，打破了信息的局限，让乡村文化在新的时空中生枝散叶。

三、内容为王，全面助推文化振兴

助推乡村文化振兴是县级融媒体发展过程中的题中之义，因此在其媒体服务功能中要充分利用整合广播、电视、报刊、新媒体和应急广播等媒体资源，制作出文字、图片、音频、视频等丰富多样的产品样态；其次在媒体服务的功能基础上，实现"媒体+"的理念转化，为乡村提供民生、文化、教育等公共服务；最后，县级融媒体要坚持内容为王的原则生产文化产品，促进乡村文化振兴。数字经济的快速发展，人们愈加追求以速度和流量的代表的内容生产形态，许多媒体也在这样的环境中进行着内容与流量的自我博弈，但内容作为信息传播的重要端口，随着融媒体发展形势的变化愈加重要，是机遇也是挑战。因此利用融媒体技术平台助推乡村文化振兴，更要关注内容的运营。

习近平总书记指出，"人在哪儿重点就应该在哪儿。读者在哪里，受众在哪里，宣传报道的触角就要伸向哪里，宣传思想工作的着力点和落脚点就要放在哪里。"因此，打造县级融媒矩阵，助力乡村文化振兴，要坚持优质内容生产，着力从政策宣传、科普知识、在线教育的实用角度去切入，从具体的文艺作品、文明活动、文化建设的精神建设去丰富农民的生活，提升乡村社会文明程度。

第一，巩固扩大主流思想舆论，不断提高县级媒体的传播力、引导力、影响力和公信力是县级融媒体建设的职责和使命。因此在内容创作运营中要坚持以社会主义核心价值观为思想引领，采取符合农村特点的有效宣传方式，让党的理论政策飞入寻常百姓家，将国家惠民政策宣传达到老妪能懂的传播效果，也可以将乡村企业家、创业者、道德模范的优秀事迹进行推广传播，加强农村思想道德建设，大力弘扬民族精神和时代精神，加强爱国主义、集体主义、社会主义教育，加强乡村文化阵地建设，培育公民道德和诚实守信的优良品格；积极利用县级融媒体平台，可通过详细的文字记录、丰富的图片资料、有趣的漫画故事、生动的影视作品、及时的网络直播等多媒体样态建设农业知识科普专栏，促进农业增收，产业兴旺，提高农民科学文化素养；乡村是县级媒体的主要阵地，在乡村文化振兴的战略实施上，不仅要关注线上的文化建设，更要注重线下与乡村的现实联动。县级融媒体须充分发挥县级文化机构的辐射作用，推动基层综合性文化服务中心建设，注重接收村民反馈，提升乡村文化服务效能；少年强，则中国强；乡村兴，则中国兴。教育是国家繁荣昌盛的必要条件，县级融媒体平台应优先发展农村教育事业，可积极寻求、搭建线上优秀课程资源，重视农村基础教育、职业教育和特殊教育，并将线上教育落到实处，组织乡村师生进行线上课程的培训，努力补齐农村教育体系的短板，推动乡村文化教育的发展。

第二，牢牢把握意识形态领域话语权，逐渐加强基层文化建设，形成凝心聚力、团结奋进的强大精神力量。县级融媒体内容建设中要支持"三农"题材的文艺创作，鼓励艺术创作者和农村人民自觉创作反映农村生产生活和乡村振兴中的积极实践，展示新时代下农民积极向上的精神面貌；开展乡村文明创建活动，县级融媒体平台可策划、开展文明村镇、文明家庭和优秀个人道德模范的评选活动，让农民们主动进行投稿分享身边的人或事，而后可通过移动传播矩阵让农民们投票增加参与感，不仅利于培养用户黏度和平台忠诚度，对培育文明乡风、良好家风、淳朴民风也具有积极意义；融媒体平台在内容创作中坚持立足乡村文明，也要吸收来自城市的优秀文化成果，促进城乡之间的文化沟通，面对乡村文化要坚持创造性转化，创新性发展，不断赋予新的时代内涵，丰富表现形式，例如可将乡村文化载体如历史古迹、传统村落、优秀曲艺、民间工艺等具体形式通过短视频、直播、影视作品等多媒体形式创作出喜闻乐见的文艺作品，让乡村文化在保护的基础上发展，在发展的过程中传承，不断坚定乡村文化自信。

结语：积极打造县级融媒矩阵，培育新型主流媒体，是时代赋予县级媒体的新使命，对全力助推乡村振兴战略实现有着重大意义。媒体融合背景下，基层主流媒体在坚持乡村文化振兴之路必须首先转变移动优先的渠道思维，打通政府与农民之间的信息壁垒，促进两者之间实现有效传播；随着城乡化进程的推动，城乡结构的变化，县级融媒体既要精准定位目标用户，又要充分调动用户成为乡村文化建设的参与者；县级融媒体助力乡村振兴既要着力从实用角度提升乡村服务功能，又要从具体的文艺作品、文明活动、文化建设的精神建设去丰富农民的生活，提升乡村社会文明程度。

注释：

[1]《第 43 次 CNNIC 中国互联网报告发布》，《中国广播》2019 年第 4 期。

[2]《县级融媒体中心省级技术平台规范要求》《县级融媒体中心建设规范》发布实施《电视工程》2019 年第 1 期。

[3]《中共中央　国务院关于实施乡村振兴战略的意见》，2018-01-02，https://www.sogou.com/link ？ url=DSOYnZeCC_o8BRvOvoBH7BdfmrSLUz60aqmUHAcZaD9V1qjrBRQu4A1KMOZ8XqmSjxiYAR5mP17cyXugacuyXDL33B2e9XuzBkUn1RBRdDc.

[4]王晓伟：《县级广电媒体的融合之路——以浙江长兴传媒集团为例》，《声屏世界》2017 年第 1 期。

（作者单位：陕西科技大学设计与艺术学院）

县级融媒体中心建设的实践探索与核心路径

张巨才　黄先超

2018 年 8 月 21 日，全国宣传思想工作会议把县级融媒体建设列为重要内容。随后 9 月份中宣部在浙江省长兴县召开县级融媒体中心建设现场推进会，要求 2020 年年底基本实现在全国的全覆盖，凸显县级融媒体中心建设的重要性和紧迫性。11 月 14 日中央审议通过了《关于加强县级融媒体中心建设的意见》，县级融媒体中心建设进入更大范围的实操落地阶段。2019 年 1 月 15 日，中共中央宣传部和国家广播电视总局联合发布《县级融媒体中心建设规范》，从中心技术系统的建设方面设置了具体要求，必将进一步推动县级融媒体中心建设朝着更深入、更全面方向发展。在政策以及县级媒体自发的改革动机的推动下，各地县级融媒体建设遍地开花，掀起建设高潮。但在建设的实践中，"战略初衷清晰、基本原则不变、完整设计模糊"，快速发展的同时，实践误区频现。

一、实践误区

（一）颠倒媒介融合基础逻辑，实质性落地措施不到位

媒介融合的根本目的在于适应新时代受众接受信息的变化，坚守舆论阵地，发挥媒体在思想建设、经济建设和文化建设等方面的作用，促进社会繁荣和人民幸福。中国互联网络信息中心发布的第 42 次《中国互联网络发展状况统计报告》显示，截至 2018 年 6 月，中国网民规模达到 8.02 亿人，手机网民规模达 7.88 亿人，受众接受信息的渠道、场景发生了翻天覆地的变化，媒介融合成为必然和必须。但县级融媒体中心建设，缺乏媒介融合的基础逻辑。

1. 用户思维缺失

媒介融合关键在于树立用户思维，每一次信息呈现都以用户喜闻乐见的形式、语境、调性进行精心设计，每一次信息传播都以用户接触信息的最佳时间、最佳机会、最佳场景，进行渠道安排和组合，把用户接收信息、接受信息、思想触动、行为改变和反馈作为媒体人思考的重点和考量的要点。即站在用户的角度，以用

户为导向重构媒介生态，强化媒体功能，以几何级数扩大媒体影响力。当前部分区县融媒体中心建设倒置了媒介融合的基本逻辑，仍然遵从习以为常的行为逻辑，从媒介、传者的角度出发思考问题，去建设县级融媒体中心。在实践中仅仅简单实现传统媒体与新媒体的相加和堆砌，缺少对用户的科学调研和需求的把握，盲目上马一些大项目，投入重金研发 App 这样的工具和形式，但没有用户基础数据，没有服务用户意识。这些所谓的"融媒体"基本成为摆设，下载量和活跃度都很低。把多路采访和多人编辑的新闻产品当作一次播报任务，只要做完就万事大吉，没有对如何达到传播效果最大化进行深入研究，采取切实措施。在这种守旧的"传者"思维下，区县级融媒体中心建设成为众多技术、资金、陈旧观念的堆砌，预期目标难以实现。

2. 融合思维缺失

媒体融合不仅是传统媒体与新兴媒体的融合，而且是内容和形式的融合，思维和行动的融合，技术和产品的融合，线上信息与线下服务的融合，更是媒体与群众的融合。但是在不少的县级融媒体中心建设的实际过程中，对融合的本质缺乏科学认识，在融合实施过程中简单化操作，满足于形式上把多个单位扭结在一起成立新媒体中心，把原本不同部门的人员合并到一个"融媒体中心"，或对"长兴模式""项城模式"等直接照搬，削足适履，大动干戈却收效甚微。

3. 缺乏对媒介逻辑的遵从

媒介融合，融合的本体是媒介，融合的结果也是媒介，必须遵从媒介的基本逻辑。面对突发情况，当地媒体没有及时到达现场，到达现场之后不能及时发声释疑，给谣言提供可乘之机。正如朱春阳教授指出，媒介融合是否充分的试金石之一就是能否在事件发生的第一时间抵达现场，并在移动端通过多种途径传播真相，挤占谣言和谎言的滋生空间。所以县级融媒体要想真正实现融合，成为新型主流媒体，则需要在舆情发生的第一时间抵达现场，实现信息传播和社会沟通快捷、高效，恰到好处地借势新媒体传播快捷、制作简单、信息呈现高度综合性等独特优势，体现传统媒体的权威，实现新旧媒体从"相加"到"相融"，优势互补，达到聚合共振效应，担当主流舆论引领者的角色。

（二）过于重视形式和渠道创新，忽视内容建设和新闻产品的营销推广

县级融媒体中心建设要"加强传播手段和话语方式创新，让党的创新理论'飞入寻常百姓家'"[1]。既要重视多种形式和传播渠道的打造，更要做好内容提升和树立新闻产品营销推广意识。

从当前的县级融媒体中心建设实践来看，"高大上"地进行设备配置显然已经成为时下的流行。

第一，从硬件上来看，造价不菲的"大屏幕"和"中央办公区"似乎成为标配，

前者用来滚动显示一些所谓的数据或者某些新闻片段，后者主要是通过环绕式办公桌椅的布局，让中心人员能够相对惬意地抬头看屏和低头写稿，然而现实中各种光鲜的硬件更多地沦为花瓶般的装饰物。

第二，从资金投入上，动辄几百万、上千万，大批量购买某些云平台、舆情监测平台、指挥调度中心等一定是大手笔。这样做的后果是，效果没实现，却让原本就捉襟见肘的区县级财政雪上加霜。比如西部某市云计算融媒体平台耗资1200万元，相当于2015年该市各类传统媒体全年广告收入的33倍，而这仅仅是前期硬件投入，后续还有维护和服务支出费用。这不仅让本就处于困境的县级财政难以支撑，也难以实现融媒体中心的真正建成和真正运行，往往成为半拉子工程或表面工程，预期目标难以达成。

第三，从媒介构成上，更倾向于融媒体就是打造传统媒体、新兴媒体和第三方平台联合矩阵。所以融媒体建设就成了集成报纸、网站、电视台、广播台、今日头条、三微一端、抖音等传播渠道的"相加"态，全线出击，但问题在于眉毛胡子一把抓，没有重点或拳头产品，同时整合营销推广力度又有所欠缺，最终造成媒介传播力平淡无奇、舆论引导力没有充分发挥、影响力也没有显著提升、公信力没有得以再造。

第四，从新技术的采用和实践上寄予过高期待。这一点，不论是业界还是学界，都有这样的通病，动辄数字技术、智能媒体、程序化购买，甚至认为，技术成为核心竞争力。在目前技术对生活的改造颠覆达到了一个新的高峰的时代。但无论技术多么重要，其行业本质逻辑仍然没有变。在县级融媒体中心建设实践中，很多地方期望通过新技术的引进和平台搭建，就能一劳永逸地解决长久以来悬而未决的问题，这是对技术作为一种辅助工具的误解，也恰恰能从侧面印证当前很多县级融媒体中心建设花大力气引进高端新技术设备的合理性。问题在于即使硬件的技术设备都到位，但是软件的配套人才引进和培养、部门组织架构等跟不上，造成技术平台维护成本高昂的同时，技术平台的使用率和开发程度仅仅停留在浅层次的后果。

除此之外，当前县级融媒体中心推出的新闻产品缺少营销推广意识，同时相关人才也比较缺乏。集资讯提供和便民服务于一体的客户端、公众号等平台，需要创意性的营销推广，真正到达用户智能设备上才能进一步发挥作用。即使用户安装了客户端，如何提高打开率和使用率，提高用户黏性和忠诚度也是需要重点考虑的环节。目前很多区县融媒体中心认为有了这个平台就算是"交差"了，即使做推广，也往往是手段强硬、创意拙劣，重视程度有限，遑论对信息传播的效果进行检测和分析。即使已经购买了大数据平台和智能数据分析服务，能够有针对性地分析传播效果并提出合理性、可行性的优化方案的也是少之又少。总之就是过分重视媒介信息的无缝、大面积覆盖，而忽视甚至罔顾效果监测、舆情应对和测评优化，仅仅是信号覆盖和到达，而不是内容到达和影响到达，更谈不上信息穿透、思想楔入。

（三）定位模糊、忽视与偏差，核心服务对象信息需求被忽视

定位理论自 20 世纪 70 年代诞生以来，不但成为营销界的核心理论，更演变成为企业经营管理、组织生存发展的基本方略，到如今经久不衰，历久弥新。县级融媒体，作为肩负重要使命、承担多重功能的重要组织，必须有明确、清晰、准确的定位。

1. 对象定位模糊、忽视与偏差

中国农村幅员广阔，人口众多，是中国政权的基础、经济的基础，又是宣传触达、政权治理的薄弱环节，是贫穷、积弊和迷信、诈骗、暴力各种问题集中之地，是包括邪教、传销等各种势力集中之地。正是基于如此境况，县级融媒体中心的构建，使命重大，意义重大，其核心服务对象理应是广大的农村人口，并且经过多年的发展，中国农村的发展现状，使得融媒体的这种服务功能的实现条件已经具备。但在具体实践中，多数县级媒体服务对象的定位，或被无意忽视了，根本没有意识到其运营定位，或是有意无意对服务对象偏离，忽视了广大农村用户信息需求和服务需求。

2. 任务定位模糊、忽视与偏差

全国宣传思想会议明确提出县级融媒体中心建设就是要"引导群众、服务群众"，这是我们进行县级融媒体中心建设的基本任务和根本指南，一切改革都要围绕着这个中心做圆周运动，不可偏离方向。但是在具体的县级融媒体中心建设过程中，偏离这一要旨，引导群众工作不突出，网络谣言回应不及时，迷信、诈骗、传销等信息释疑程度不够，舆情监测不到位，应对突发公共事件陷于被动；服务群众工作漏洞大量存在，信息推送内容千篇一律，推送频次高低不平，新闻内容设置上，官样文章、领导工作依然占据首位，事关百姓切实利益的，比如，惠民政策、车辆违章查询、天气、交通信息、农业信息等服务涉及不足。

3. 业务定位模糊、忽视与偏差

由于县级经济总量以及人口规模等外在因素的制约，以及县级融媒体中心自身的定位，其传播对象主要是本地及周边县市，因此新闻来源空间相对较窄，数量较少，决定了县级融媒体中心的新闻资讯服务不会成为主业，新闻产业也无法再像过去那样在媒体经济收入中占据大头，因此开拓新业务和新市场，成为县级融媒体中心建设的重要工作。河南大象融媒体中心、四川日报报业集团等新闻的产值已经退居二线，其他产业成为支撑集团发展的中流砥柱。如果还像过去那样主要依靠新闻来承担整个融媒体中心的运营经费，那么融媒体中心就会缺乏生机

与活力，运行也难以持久，其生存空间和发展前景不容乐观。但是融媒体中心其本质仍然是媒体，发布新闻、传播信息、引导舆论等的媒体属性和核心功能不会变，其他各项功能、业务和收益，很多都是这项功能业务的衍生和关联业务。

4. 终极定位的模糊、忽视与偏差

县级融媒体中心建设的终极目标是要做新时代治国理政新平台的重要节点和基础，即县级融媒体中心要和国家级、省市级融媒体中心一道，共建新时代治国理政新平台。县级融媒体中心建设是打通基层信息传播"最后一公里"的关键一站，是提高媒体传播力、引导力、影响力和公信力的重要抓手，是全国媒体行业融合与变革的末位节点，是构建新时代治国理政新平台、打造服务型政府的重要步骤。

（四）对外在他者因素依赖度较高，自我造血能力严重不足

受体制、人才、资金、观念等内外因素的影响，县级融媒体中心建设对外在因素的依赖程度过高，缺乏积极主动参与融合创新实践的动力和能力。

1. 对上级政策的依赖度过高

不管是国家层面上对媒介融合的战略部署，还是省市级政府对县级融媒体中心建设的指导，从部分基层推进的力度、速度和工作的方法策略来看，更多的是处于一种被动地接受指示，"指到哪里打到哪里"，且只能打到哪里，处于"不拨不转，不推不动"的状态。对上级指导精神理解不到位、对如何进行建设不明确、对本地如何操作无从下手，也是常见情况。同时又希望通过这次县级融媒体中心建设来多争取经费和政策支持、税收优惠、人才培养等便利条件。这本无可厚非，问题在于不少地方对这种外在的便利性条件有过高的诉求，自身却不积极配合国家做深融媒体中心建设，不主动融入这次媒体改革大潮，缺乏锐意进取、抢抓机遇的魄力，而是坐等优惠、拨款，甚至以此为争取款项的噱头，争取到资金后挪作他用，融媒体中心建设工作却落后于其他地方，甚至只做应付和表面文章。

2. 对"XX模式"和地方样板工程的路径依赖度高

早在2014年习近平总书记在中央全面深化改革领导小组第四次会议上就提出要促进传统媒体和新兴媒体融合发展，部分区县就开始了融媒体中心建设步伐，尤以浙江长兴融媒体中心建设实践最具代表性，因此形成县级融媒体中心建设的"长兴模式"。新近又出现"邳州模式""项城模式""北京模式"等。[2]这些模式经历了前期的探索，并初显成效，具有一定的可参考性和可借鉴性。问题是部分地区在进行县级融媒体中心建设时过度依赖这些模式，甚至把它们当作救命稻草，只要上级政策、资金一到位，就会迅速模仿"××模式"，照搬照抄，生搬硬套，削足适履地进行所谓的融媒体中心建设，缺少结合自身实际的创新性举措，适应性严重不足，自我革新和创造力根本谈不上，生命力当然不足。

二、基础逻辑与核心路径

习近平总书记明确提出，县级融媒体中心建设的两大任务：引导群众、服务群众。这是我们进行县级融媒体中心建设的根本指南、功能定位，出发点和落脚点。在县级融媒体中心建设过程中要科学调研、统筹协调、逐步推进、注重实效。同时要平衡好两个维度：既要保持县级媒体作为"四级办"体系"神经末梢"所具备的天然性受众贴近与结构性资源稀缺，又要最大化地规避换汤不换药的"姿态性的融合"。

（一）媒体逻辑：让县级媒体重新成为媒体，启动县级媒体公信力再造工程

1. 强化新闻事业舆论引导使命，探索媒体经营业务多元化运作新模式

在"新时代国家治理体系和治理能力现代化建设"的大背景下，事业单位企事业改革依然具有别样意义。具体到县级融媒体中心建设，则更需权衡新闻单位事业性质、企业经营的适用性。要明确事业性工作和企业化经营业务的界限，做事业性工作就是要做新闻，保持主流舆论发声，担当引导舆论、服务群众的历史使命；做企业性经营就是要业务市场化，收益成为经营的目标。这样通过事业性工作和经营性业务相互反哺，事业工作为企业性经营业务提供品牌、客群、流量、粉丝和客户黏性、品牌资产、粉丝活跃度、流量转化率，企业经营业务收入为事业工作提供资金支持、经济保障和驱动。新闻和信息传播是融媒体中心运营的关键要件，充分发挥引导群众、引导舆论的作用，非新闻业务可以充当服务群众的角色，与此同时，实现创收的目标。

2. 全方位提升当地媒体公信力，讲好百姓身边的故事

严峻的生存压力等原因导致的县级媒体不断弱化的舆论监督能力、屡禁不止的虚假新闻和有偿新闻、数量过多的广告轰炸等自身问题，以及强势新闻资讯聚合平台（腾讯新闻、今日头条等）的下沉，让原本生存空间逼仄的县级媒体更是公信力一再下跌，生存更加举步维艰。基于县级媒体现状和媒体建设的基本逻辑，县级融媒体中心的建设首要任务是要重建人民群众对当地媒体的信心和信任，提升县级媒体公信力，让县级媒体重新成为媒体，成为用户获取优质资讯、了解本地动态的首选平台。

（1）县级融媒体中心"公信力"建设首先就是要"传"好，即做到第一时间传达权威声音、本地政策。可以通过新搭建的新媒体矩阵或共享的省市级云平台，利用最短的时间编排相关信息，并在不同媒体渠道进行发布，争取信息以最快的速度达到用户眼前耳根，这是做好公信力建设的第一步。

（2）其次是要"说"好，即做好最新权威政策的解释工作。在县级融媒体中心建设过程中，解释政策性工作要时刻注重传播方式的创新，用百姓喜闻乐见、通俗易懂的方式方法讲好故事，通过动画短视频、本地方言语音播报、一张图读

懂等多种多样的传播形式，让政策接地气，让百姓看得明白、听得舒服，让新闻活起来、动起来、传起来。

（3）县级融媒体中心建设还应该"疏"好，即疏通好政府和百姓对话的管道，嫁接起彼此沟通的桥梁。可充分借助新媒体良好的互动优势，在官方网站、公众号甚至是抖音号设置百姓留言板、曝光台、随手拍等对话通道，真诚倾听百姓心声，了解百姓疾苦，切实解决百姓生活工作中的问题，树立良好党政、媒介形象，提高政府公信力和可信度，提高媒体传播力和影响力。

（4）在县级融媒体建设过程中，公信力建设更应该"引"好，即习近平总书记提出的县级融媒体中心建设的"引导群众"的任务。要善于利用当地甚至全国重大活动等热点事件，强化社会主义核心价值观体系传播创新，对社会热点事件科学分析，引导舆论和大众认知的正向发展；对负面舆情做到监测到位、及时回应和细心查证；对百姓呼声做到及时发声、切实解决。

（二）融合逻辑：站在用户角度统筹设计，推动媒介融合走向纵深化

"全国共有县级微信公众平台7019个、县级新闻网站2302个、县级微博账号4587个、县级新闻客户端677个，这些应用虽多却难以实现真正的融合；许多区县媒体融合仍处于传统模式相加阶段。"[3]因此县级融媒体中心建设要真正相融，强化整个过程的"融合"思维，在打造媒体矩阵的基础上，用服务吸引用户、黏住用户。

1. 遵循媒介融合基本逻辑，不断强化用户思维

和君集团合伙人赵大伟在其畅销书《互联网思维"独孤九剑"》中第一章就是专章撰写的用户思维，即在各个环节都要"以用户为中心"，用户需要什么，我们就生产什么，凸显用户思维在整个互联网思维中的首要性。

（1）县级融媒体中心建设的用户思维，首先体现在理念上要心系百姓，为民服务。通过打造老百姓离不开的政府服务体系（违章查询、医院挂号）和对接专业服务平台（外卖、电商），充分发挥舆论监督作用，及时澄清谣言和播报百姓身边的事件，构建用户和媒体的良性对话，增加优质用户沉淀数量和质量，逐渐培养用户对当地媒体的使用频次、信任度、惯性和依赖，提高垂直细分行业经济效益。

（2）县级融媒体中心建设用户思维还体现在信息推送和智能场景打造上。要站在用户角度重构融媒体中心设计和运营，真正做到从用户出发，满足用户信息需求和服务需求。通过大小数据分析、移动智能直播、全景拍摄、VR（虚拟现实）、AR（增强现实）、无人机拍摄、机器人写作、H5传播、云计算等前沿技术和传播、展示方式，通过智能场景的打造，推送用户最需要的各类资讯。正是得益于始终贯穿的用户思维，浙江长兴传媒集团在2018年上半年实现总收入1.2亿元，比去

年增长约 1.5%，其中"两微一端"用户超过 65 万，在全国县级媒体基本处于严重亏算状态背景下，成为县级融媒体中心建设的超级样板。

2.构建"媒体矩阵＋拳头产品"传播体系，打通基层信息传播"最后一公里"

媒介融合并不是要牺牲传统媒体，把传统媒体的内容新媒体化，甚至大规模免费化，而是要有主有次、并行并重、此长彼长，互动互促。

（1）县级融媒体中心建设首先要整合传统媒体和新兴媒体。一方面是要组建媒体矩阵，融扩优势传统媒体和新兴媒体，打造不同传播渠道和传播形式的新闻传播平台；另一方面是要打造拳头产品，把拳头媒介推向市场，实现整合营销传播、精准营销传播和智能营销传播和服务优化升级。比如"智慧武强"App 开通了智慧政务、智慧党建、智慧教育、智慧旅游以及吃住行、生活缴费等服务板块，大大提高了本地媒体的影响力和传播力。

（2）县级融媒体中心建设要实现采编人才与技术人才的融合。首先从意识上要高度重视技术在县级融媒体中心建设过程中的重要性，要真正尊重技术、尊重技术人才；从体制机制上，要把技术人才和传统的采编播人才一视同仁，给予同样的上升和施展空间，同时要分配好技术人员与采编发人员在新闻生产和传播流程的对应关系和匹配方式；在薪酬体系上，要对技术人员给予一定的倾斜，研究制定颇具激励性的薪酬体系，把高端技术人才留住。采编播等业务人员要抓紧学习技术、了解相关技术，技术人员要努力学习采编播等业务，使得采编播人员懂得现代技术，技术人员懂得采编播业务，两者相向运动、融合发展。

（3）重视与省市级"云平台"和"中央厨房"融合，实现速度、质量双提升。在打造本地主流舆论媒体的总目标下，要善于借力头部区域媒体集团既有"中央厨房""×××云"等资源，或选择与其他媒体、高校和专家建立智库联盟，与中央、省、市媒体合作，在中央、省、市媒体的帮助下承建，在建设速度和质量上实现新突破。江西省属区县可以借助"赣鄱云"来为本地媒体提供"中央厨房"、大数据、传播平台等共享服务，来解决县级融媒体中心建设的周期长、资金少、技术薄、人员少等问题，同时还倒逼县级媒体新闻生产采编流程再造。

但要注意的是县级融媒体中心建设绝不能放弃深耕当地多年的传统广电媒体，而是要在充分融合传统媒体的基础上，做好新旧媒体在舆论引导、服务百姓、渠道传播、广告增收、用户转化、市场共享等方面的工作，做好同气连枝的互嵌。

（三）服务逻辑：打造"新闻＋政务＋民生＋党务"服务平台

1.走"农村包围城市"道路，以大数据画像提高信息推送针对性

《2017 年中国农村互联网应用报告》数据显示，农村地区互联网普及率为 62%，93% 的家庭拥有手机，96% 的网民使用微信。[4]因此县级融媒体中心建设要重走"农村包围城市"道路，重视农村生态环境下各类群体的媒介使用行为和

多元信息需求。因此生活在农村中的总量 8 亿的使用各类 App、微信等各种移动互联网媒体的群体是县级融媒体必须辐射到位的关键群体，抓住农村群体用户就初步解决了县级媒体的用户在哪里的问题。然后通过充分的媒介接触和使用调研分析，做好农村用户媒体画像，以大数据画像追踪精准信息推送，实现精准传播，就初步解决了县级媒体用户信息接收的问题。通过牢牢吸引住农村群体，县级融媒体中心建设的城镇用户吸纳也就相对顺畅。在内容呈现上，要以百姓喜闻乐见的方式方法宣传党和国家大政方针，用百姓身边的例子讲述专业知识。比如在抖音发布方言播报的新闻等，还可以设置随手拍曝光平台，让百姓积极献言献策，并注意核实和落实解决。通过宏观大数据爬虫和个人小数据采集，以标签化定位和算法推送，描述用户行为轨迹和独特肖像等多维特征，借助今日头条、微博、抖音等媒体的当地频道、以 LBS 定位、用户浏览记录等数据，定向推送匹配度高的、用户最需要的信息，从而沉淀用户，扩大当地媒介影响力。

2. 构建"政务 + 民生 + 党务"服务闭环，打造指尖上的生活服务端

"万物互联""万物融合"已是大趋势，政务服务、政府数据公开、智慧城市建设和智能传播已经密不可分，单一的媒体资讯服务已经无法建立用户对平台的忠诚度。因此重点打造指尖上的"政、民、党"服务体系，构建当地百姓生活闭环和指尖服务显得尤为重要。

县级融媒体中心建设，要破除大而全的传统思维，精筑小而美的媒介体系。十九大报告明确提出要"转变政府职能，深化简政放权，建设人民满意的服务性政府"。以当地微信公众号或者自有 App 为平台，对外无缝覆盖百姓日常生活各类需求链接和服务终端，对内则充当融合核心引擎与操作平台，着力打造"政府服务 + 民生服务 + 党建服务"三大服务体系，提高区县级融媒体平台的综合服务能力。政府服务要切实让百姓少跑腿，享实惠。打造政府在线服务，不仅有利于转变县级政府角色定位，还能促进用户高频使用，形成口碑传播，扩大县级媒介在当地的影响力。民生服务立足于让百姓不出门就能享受实惠和便捷服务，比如外卖预定、微信小程序、抖音短视频、违章查询、医保社保查询、酒店票务预定、房屋租售、二手交易、失物招领和生活缴费等，促进智慧公共服务、智慧社会管理，助力打造智慧城市建设。党建服务包括党费缴纳、文件学习、考核考评和监督检查等方面。以服务为拳头和重点，打造基于三大服务体系的当地百姓生活闭环，形成良好内部循环生态圈，县级融媒体中心建设一定会取得辉煌的业绩。

注释：

[1] 龙柏林：《让党的创新理论"飞入寻常百姓家"》，http://cpc.people.com. cn/n1/2018/0831/c421138-30264638.html

[2]"长兴模式"主要是整合多个部门，组建全国首家县级融媒体集团，成为中宣部重点推介的样板工程；"邳州模式"主要是以当地影响力较强的广播电台为中心，构建起融媒体中心，实现数百万级人口覆盖；"项城模式"主要是由市委宣传部牵头主导构建的融媒体中心等平台，营收连年增长；"北京模式"主要是借助《人民日报》"中央厨房"等第三方平台和技术，下属16个区县级融媒体中心建设各有特色。

[3]杜一娜：《县级融媒体中心建设 打通媒体融合最后一公里》，http://media.people.com.cn/n1/2018/0828/c40606-30256090.html

[4]《〈2017中国农村互联网应用报告〉发布》，http://news.dayoo.com/finance/201806/28/139999_52220146.html

（作者分别为：河北师范大学新闻传播学院教授；河北师范大学汇华学院传媒学部教师）

从媒介融合到整合融合

——县域广电媒体融合的路径探索

关琼严

20世纪80年代初，我国按照"四级办电视、四级混合覆盖"的方针建立起多级办电视的事业格局。尽管该格局在当时乃至后来很长一段时间里发挥了重要作用，但因产能过剩、结构失衡等矛盾日益突出，县域广电媒体发展变革受到掣肘。再加上县域广电媒体发展与县域经济社会发展休戚相关，大多数县域广电媒体市场化经营受地区经济限制，主要依靠财政供养，缺乏市场活力，发展空间狭小。

当前，以网络和大数据技术为核心的媒体变革正在深刻影响着传统广电媒体的发展，"媒体融合"发展已是大势所趋，传统广电媒体发展面临新的挑战。对县域广电媒体来说，"从区域考量向全局视野转变，从县域理念向全国眼光转变"[1]，抢抓机遇借势拓展生存发展空间是当务之急。县域广电媒体为此进行了不懈的探索与实践，"不同于中央以及省级媒体的'树大根深'，县市媒体的转型更多选择了'接地深耕'"。[2]回首县域广电媒体艰难的转型之路，发现转型成功的县域广电媒体都完成了从媒介融合向整合融合的跨越式发展。

一、县域媒体融合发展的多维路径

（一）媒体融合的层次

从目前媒体融合的实践来看有两个层次的融合，一个层次是媒介融合，主要指将不同类型的媒介结合在一起，从而呈现出多功能一体化的态势，这种融合的结果是形成新的媒介形态，如手机广播、网络电视、"两微一端"等。目前这种融合实践操作容易，成本较低，因而颇为普遍。另一个层次是媒体融合，主要指组织结构、所有权、内容资源、平台等一切与媒体运作相关要素的整合，这种融合的结果是组建新的媒体集团或形成新的运作模式。就媒体融合而言有两种类型：一种是纵向融合，主要是媒体行业内部的融合，如不同级别广电媒体融合成立广电集团；另一种是横向融合，主要是跨媒体融合，如广播电视、新闻网站与新兴媒体融合成立传媒集团。这种融合属于整合融合，涉及不同类型媒体间的内容资源、渠道、经营、平台等方面的全方位整合，融合后媒体活力较强。但由于融合阻力较大，整合融合目前只在县（市）范围内获得了成功，它也成为县域媒体融合发展的有效路径。

（二）媒体融合的步骤

从国家宏观战略角度看，媒体融合的指向非常明确，就是要推动传统媒体与新兴媒体融合发展。在有效推动传统媒体与新兴媒体融合发展的大前提下，对于县域媒体而言还要实现传统媒体之间的融合发展。"国家规定，从2004年1月1日起，县级党报全部停办。"[3]相较于移动互联网时代新兴媒体，网站已经成为与广电媒体并驾齐驱的县域传统主流媒体。由于县域媒体发展规模较小，实力较弱，在单兵状态下发展媒体融合势必会造成重复建设和资源浪费，而且媒体融合容易流于形式，有量的增加，难有质的提高，县域媒体竞争的格局也不会发生根本改变。因此，对县域媒体而言，媒体融合要分两步走，第一步是整合传统媒体，主要目的是消除壁垒，组织重构，整合资源，壮大实力，避免重复建设。第二步是在整合传统媒体的基础上实现与新兴媒体的融合发展，主要目的是在理顺机制，整合资源的基础上，集县域传统媒体之力深入推进与新兴媒体的融合实践，提升媒体融合的层次和质量。

目前，传统媒体都将发力点锁定在与新兴媒体融合发展上，很少关注传统媒体间的融合发展。如果说传统媒体与新兴媒体融合是通过传播手段和渠道拓展来提升传播力，那么，传统媒体间的融合就是通过内容生产力与信息资源的整合来凝聚公信力、增强影响力。传统媒体在媒体融合实践中不仅要注重与新兴媒体的融合，还要注意传统媒体间的融合。这对县域媒体而言尤为重要。

二、媒介融合：县域广电媒体泛化的融合实践

媒介技术是媒体融合发展的原初动力，一种较为普遍的融合共识是将运用新媒介技术，拓展新媒体渠道手段等同于媒介融合。因此许多县域广电媒体融合主要关注新媒介技术或新媒介形态，注重与新媒介形态或传播方式的融合。具体表现是大力推广"两微一端"的标准配置，以期壮大自身的影响力和传播力。由于县域广电媒体以新闻立台，新闻网站以新闻立网，二者定位重合，但县域新闻受众面较窄，新闻网站与广电媒体的辐射力都非常有限。这种认识与实践有其机制原因，即新闻网站与广电媒体存在不同的隶属关系，存在行业壁垒；还有其现实原因："两微一端"投入较低，在没有成熟模式可供借鉴的情况下，更具可操作性。唐绪军认为，在传统媒体大量布局"两微一端"的背后，"应该看到一个隐患，即'两微一端'不是传统媒体自己所拥有的，是建筑在别人的商业平台上的，

这种发展前景到底如何，可靠不可靠，值得研究"。[4]

正是出于对上述理由的考量和对新媒体优势的清醒认识，大多数县域广电媒体都选择了媒介融合的方式，在不伤筋动骨的前提下，对传统传播方式进行新媒体改造和扩充。这种融合实践注重内容的多媒体和多终端转化，但整合的内容资源非常有限，主要以县域广电媒体自身的内容资源为依托。类似的做法也是县域新闻网站的选择，定位与实践路径的重合让县域广电媒体与新闻网站的竞争转移到"两微一端"等新兴媒体领域。实质上，在县域范围内，这种媒介融合实践尽管在短期内完善了县域广电媒体的平台建设，形成了一定的媒体竞争力，但并没有打破原有的媒体产业布局和传播格局，没有达到资源整合共享、融合互通、服务全覆盖的目的，从长远来看，对于彻底摆脱县域媒体发展困局帮助不大。

三、整合融合：县域广电媒体融合发展的成功实践

从目前媒体融合实践来看，中央、省、市级媒体由于体量较大，融合实践仅限于媒体内部，跨媒体融合难度较大。"对于地方媒体而言，地域局限终归难以回避，整合或者联合是必然的选择……随着人们对市县媒体终端价值的认可，越来越多的合纵、联合会将纷纷出现，广大市县媒体也将结束以往单兵作战的局面，组建更大的平台来谋求更大的发展。"[5]由于县域"主流媒体都隶属于县委、县政府，工作人员都属于财政全额拨款，不存在不可调和的矛盾，也具备结构改革的条件"。[6]因此，县域主流媒体的整合融合条件已经具备，时机已经成熟，这也为与新兴媒体的进一步整合融合提供了保障。如浙江长兴传媒集团在县广播电视台、宣传信息中心、县委报道组、政府网新闻板块四个单位基础上整合组建而成；山东昌乐传媒集团是在整合县广播电台、电视台、报社、传媒月刊、传媒网五个综合媒体平台的基础上成立的。这种融合发展模式突破了以往大多数县域广电媒体"媒介融合"的模式，在县域范围内将融合的起点首先放在整合内容资源、整合组织架构以及整合经营上。然后在整合传统主流媒体基础上推进与新兴媒体融合，完成平台整体转型。以长兴传媒集团为例，在整合融合实践中，它通过整合四个单位，打通各媒体平台，成立融媒体中心，建立了中心指挥平台，强化了"一次采集、多种生成、多元传播"模式，促进了管理扁平化、功能集成化、产品全媒化。长兴传媒的整体融合转型，形成了新的集团定位，即从单一的新闻宣传向集团整体同步融合推进，从单一的新闻立台向全方位的内容服务立台迈进。

（一）广电媒体是县域媒体整合融合的突破口

大多数县域媒体的融合实践仅表现为简单的"物理性融合"，未能真正触及颠覆性的"内涵性融合"。究其原因，主要是固化的县域媒体格局束缚了媒体间的优势互补，内容资源与服务资源利用率不高。打破县域媒体的既定格局，形成媒体传播优势互补，内容服务资源高效整合的模式，对于县域媒体融合至关重要。

互联网时代，县域广电媒体的收视率逐年下降，县域受众化整为零，按照各自兴趣需求投向新媒体。尽管如此，从县域广电媒体的相对优势来看，打破县域媒体融合困局，实现县域媒体融合发展的突破口仍在广电媒体。

一是认清县域广电媒体的先天优势。一方面，互联网视频时代已经到来，电视与互联网叠加发展已成趋势。尤其是在移动互联网时代，相较于报纸文字而言，视频内容生产更符合广大受众的审美体验和视觉需求，短视频更是火爆移动端，这是广电媒体内容生产的先天优势，内含与新兴媒体融合发展的先天基因。此外，"由于电视媒体所具有的直播互动效应，所以在二维媒体之间的互动中电视媒体获得了最大的延伸空间，许多电视台开始尝试网络与电视节目组合或融合的实践。"[7] 另一方面，"近年来，很多市县广电非常重视开发本地节目，本地新闻、本地专题以及本地综艺节目，其贴近性、互动性的特点深受当地居民喜爱。"[8]广电媒体理所当然地挑起了统领县域媒体融合发展的重任。

二是县域广电媒体的本土优势。县域广电媒体的"贴近性、灵活性、渗透性以及在本土市场的影响力和对本土市场的熟悉，成为它独具的优势"。[9] 在网络环境下，具有地方特色的本土内容可以突破地域限制，由窄播转向广播，最大限度地凝聚受众。"县市级电视媒体必须从本土出发，做出自己的特色，这既是一种战略选择，也是一条必经之路。"[10] 目前，县域广电媒体对本土内容的开掘主要集中在时政新闻，顺应受众对本土化内容与服务的要求，县域广电媒体的本土优势将进一步凸显，对本土内容的开掘也将进一步深化。浙江省长兴传媒集团作为县域媒体融合的典范，在本土内容开掘方面，立足县域中心工作，每年策划推出30多个主题报道，做足时政新闻；不断拓展新闻信息服务的深度和广度，深耕本土新闻；量身打造特色化、分众化的内容产品，增强高黏度用户服务。江苏省吴江区电视台立足时政新闻、服务生活和社会民生三个关键领域，走出了一条本土内容精耕细作的成功道路。本土化已经成为县域广电媒体融合实践的重要价值取向。

（二）智慧城市建设是县域广电媒体整合融合发展的重要契机

城市化进程的不断加快使环境、资源、服务、教育、管理等城市问题日益凸显，随着信息技术的飞速发展，通过信息化手段解决城市问题，实现城市的可持续健康发展已经成为社会普遍共识。为实现这一目标，人们借助技术手段对城市改造进行了不懈探索，继数字城市、信息城市之后，智慧城市作为城市信息化的高级阶段已成为近年来全球城市建设的目标。"2013年初，住房和城乡建设部划定了首批90个国家智慧城市试点，被视为中国城镇化进程的新纪元和风向标。"[11]目前，我国大多数城市结合自身特色和定位正在开展智慧城市建设，这给县域媒体融合发展带来了重大契机。

　　媒体融合与智慧城市建设在信息资源整合共享方面有叠加发展的基础和可能。"智慧城市建设需要以信息资源为核心,坚持平台化、集成化发展。智慧城市建设所涉及的行业众多、产业链布局复杂,信息资源的充分整合和共享是智慧城市建设的关键环节。目前,很多城市的智慧城市项目普遍存在重复建设现象,形成大量的信息孤岛。因此,在智慧城市建设中,需要以信息资源为核心,协调各方资源,打破电网、水网、交通、医疗等诸多城市公共系统之间的'信息壁垒',实现跨系统应用集成、跨部门信息共享,避免重复建设和信息化孤岛,只有这样才能实现真正意义上的智慧化。"[12]媒体融合旨在通过对信息资源的整合共享以及集成化互动传播平台的搭建,实现由单纯的新闻服务向"新闻＋信息"服务转变。智慧城市建设与媒体融合的叠加发展在一定范围内更具操作性,这一点已经被一些县域媒体的成功实践所证明。

　　浙江长兴传媒集团就是媒体融合与智慧城市叠加发展的成功案例。它通过与国资委联合成立了长兴慧源有限公司,承接政府社会投资类信息化项目,建设运维云数据中心,主动参与智慧城市建设,形成全县"智慧枢纽"。整合数据涵盖多个行业以及业务职能领域,通过数据的互联互通和交易交换,统筹信息资源,与相关单位通过资本纽带或产业配套形式进行合作,构建智慧产业链,打造"媒体＋互联网＋项目"的跨界合作模式,先后推出"媒体＋互联网＋会展""媒体＋互联网＋金融""媒体＋互联网＋车险""媒体＋互联网＋教育"等项目,全面引领区域内智慧城市产业发展。与此同时,通过主动参与智慧城市建设,在整合大数据的基础上提高了新闻生产力,优化新闻制作、拓展新闻来源、丰富新闻内容。信息服务实现了按需优化,以云数据中心承载政府部门基础架构,通过与部门数据的双向对接,实现协同互动、资源共享,提高了政务信息的利用率和共享率。未来,打造现代智慧型区域融媒体集团已经成为长兴传媒集团的发展目标。[13]

四、结语

　　县域媒体在将来的城市发展中借力智慧城市建设实现整合融合,顺应趋势,少走弯路,闯出了县域媒体融合发展的成功模式。县域媒体融合实践作为智慧城市建设的一个重要的组成部分,应该按照"人本化服务、智能化管理、泛在化互联、开放式共享、大众化创新、协同式参与"这一核心理念,主动融入智慧城市建设,提前布局,为今后向智慧型融媒体转型打下坚实的基础。

注释:

[1]许劲峰:《转型　创新　融合——长兴传媒蝶变之路》,《新闻实践》2013年第12期。

[2]赵新乐:《媒体融合时代县市媒体家门口服务要做精》,《中国新闻出版广电报》2016年第12期。

[3]黄雪华:《县(市)级媒体资源整合与竞争初探》,《视听》2008年第2期。

[4]《媒体转型布局"两微一端"四大问题引关注》,www.chinanews.com/gn/2016/06-19/7909480.shtml

[5][8][9]宋红梅:《市县广电媒体终端化趋势研究》,《中国广播电视学刊》2010年第8期。

[6]梁宝琴:《整合资源,做强县级媒体》,《中国地市报人》2014年第7期。

[7]蒋增产:《县(市)级电视台与新媒体的融合》,《视听纵横》2013年第3期。

[10]汪海:《县市级台:走向本土与广域结合的全媒体平台》,《视听界》2011年第2期。

[11][12]《我国智慧城市建设现状分析》,https://sanwen8.cn/p/123wBXm.html.

[13]长兴传媒集团:《媒体融合 我们在路上》,浙江省推进媒体深度融合工作座谈会交流材料。

（作者单位：湖州师范学院文学院。本文系2017年湖州市哲学社会科学规划课题"县域媒体整合融合模式研究——以长兴传媒集团为例"的成果,项目编号：17hzghy045）

融媒体中心建设背景下县级电视台的转型之路

——基于四川省江油市电视台的个案研究

韩 鸿 何胤强

在 2018 年 8 月 21 日 –22 日全国宣传思想工作会议上，习近平总书记指出要把握正确舆论导向，扎实抓好县级融媒体中心建设，更好引导群众、服务群众。自此，我国基层广播电视公共服务工程继乡村有线广播、村村通、户户通之后，进入了一个新的发展阶段和历史起点上。这是在新的传播形势和技术背景下，我国基层媒体发展重心和格局的一次重大调整，也是县级媒体在体制机制、内容生产、队伍协同、传播方式、终端覆盖上的全方位转型。县级融媒体中心建设的背景下，县级电视台并没有裁撤，其宣传阵地、传播队伍、制作力量、传播渠道也并没有弱化，相反，县级融媒体的建设很大程度上需要依托传统县级电视台的力量，其融合传播也需要继续依托县级电视台的传统平台和影响力。县级电视台如何通过县级融媒体的融合优势来加强自身的传播力和影响力可以说是县级融媒体中心建设能否成功的关键之一。

我们也要看到，县级电视台作为最贴近群众的基层媒体，其自身市场意识的培养长期被忽略，其经营相较宣传职能而言更不受重视，导致其在新媒体时代的市场化竞争中一度陷入艰难窘境。当前，县级融媒体建设中心建设正在全国深入推进中，在融媒体中心建设的"新闻 + 政务 + 服务 +N"的基本格局中，引导群众是重心，服务群众是基础。传统县级电视台如何发挥其传统优势，实现在融媒体中心架构下的发展？在县级融媒体中心建设过程中，传统电视平台在保障宣传的同时如何通过服务转型来提升其市场影响力？这是本文着力探讨的问题。鉴于目前国内有关县级融媒体中心建设的相关研究多停留于概念探讨的层面，本文拟在对江油电视台实地调研基础上，从微观操作层面试图对此进行解答。

一、内外交困：县级电视台的生存窘境

县级台目前的生存状况令人担忧，外部面临体制掣肘和市场竞争，内部存在人才、资金、技术、内容、设备等诸多困境。这些问题和困难如果不及时解决，对于未来融媒体中心的建设来说，无疑是一个沉重的包袱。

从外部来看，我国目前正处于广电体制转型改革的重大时期，"三网融合""局台网分离""一省一网"等改制措施虽在多年的探索与实践中取得很大进展，但在改制过程中导致传统的媒体利益格局产生变化，比如省网融合政策的落实改善了广电网络条块分割的局面，却也意味着过去以网养台的现象不复存在。同时，三网融合也带来了网络运营商之间的竞争，电信运营商 IPTV 凭借网络带宽优势和交叉补贴的价格战瓜分走了大量的广电用户（如四川稻城县，广电有线网络的用户已经锐减到不到 10 户），受众的大幅锐减直接影响到收视率和广告量。另外，县级电视台既要市场化运作，又要符合事业单位的属性，要发挥其宣传喉舌的功能。因此在内容生产上存在诸多条框与限制，而网络新媒体相对宽松的政策环境可以使其更加贴近受众，同时新媒体技术逻辑更倾向于精准化、定制化、个人化的信息传播，在对受众心理需求的把握上远超传统媒体，这也导致受众媒介使用习惯的迁移，传统电视媒体的受众大幅流向新媒体。

从内部来看，许多县级台都存在着管理制度僵化、人才流失严重、资金短缺、节目质量不高以及设备和技术匮乏等难题。僵化的管理制度很难留住人才，人才的缺乏又直接导致节目内容的低劣，节目内容的低劣又会使得受众和广告的流失，这些问题环环相扣，形成恶性循环，使得县级台在竞争激烈的媒介市场上难以获得营收。我们在贵州岑巩县调研时发现，该县仅有《岑巩新闻》《岑巩视界》两个自办栏目，采编设备陈旧，演播厅只能满足日常新闻主持人播报的拍摄，其他节目生产如乡镇专题宣传片是采用社会购买服务的方式，由社会上广告传媒公司拍摄、制作，经审核合格后在县电视台播放。岑巩县电视台台长吴实君表示，新闻采编设备上有待县财政拨款维修、更新，人手只能满足目前节目制作的现状，媒体人员不足成为面临的重要问题，该台 2018 年 1 至 9 月广告收入仅 16200 元，很多方面基于现实情况往往有心无力，只能寄望融媒体中心的建立能够开拓新的道路。

但是在对县级台的调研中，我们发现同处西部地区的江油电视台的发展却颇有起色。江油地处四川盆地西北部，在 2015 年四川省 175 个县市区经济综合评价排名中，位列第 22 位。[1]然而，江油电视台的创收总额在 2015 年高达 1000 余万，其广播电台的营收高达 359 万，在全省的县级台中排名第一，甚至令许多地市级电视台都无法企及，2016 年依然保持着创收总额 900 余万，电台营收 300 多万的稳定水平。[2]官方微信公众号"直播江油"最高阅读量达到 20 万以上，平均阅

读量也在 5 万左右。作为内陆地区的县级台，本身不具备像沿海发达城市那样优渥的媒体资源和地域优势，但其社会影响和市场占有反而逆势增长，其成功的背后到底有哪些值得借鉴的经验，这是我们关注的问题。笔者于 2017 年 1 月开始，对江油电视台进行了多次调研，试图从其近年来逆势成长的背后寻找融媒体建设背景下县级电视台转型破局的答案。

二、江油台的媒介运营的实践经验

（1）内部机制调整与前端的整合：资源整合 + 平台型媒体 + 生产流程再造（PGC+UGC）

我们发现，江油台近年快速发展的重要前提就是在县级台中较早进行了全方位的融合转型，2015 年 10 月，江油台即建立了全媒体中心，整合各部门、各平台的资源，以打造中央厨房式的发展格局为目标。并在融合转型中盘活了内部体制机制。江油台下设江油广视传媒有限公司来进行电视台的业务操作，其内部诸多事务都通过企业的流程和通道来完成，不再受制于事业单位体制的桎梏。因此实现了企业化的人员管理，采用竞聘上岗和绩效考核的用人机制，将员工薪酬与业绩挂钩，激活了生产的源动力。

除了构建融媒体格局，同时还进行内部各部门、人员和资源上的整合，整合技术、人才、内容、资金、渠道等各种生产要素，全台上下互通互联，打通部门与部门、业务与业务之间的壁垒，形成一张统一的网络，优化资源配置，以达到最大的效益。在此基础上，着力打造两微一端，构建全媒体矩阵，形成了电视（新闻综合频道、文教频道）、广播（阳光调频 FM97.6）、网站（江油传媒网）、微博（@江油电视台）、微信（直播江油服务号、直播江油订阅号、江油阳光976）、手机客户端（i 江油）六位一体的当地最强大的综合媒体平台。

人才的激活和平台的搭建给其市场化的运作提供了软件和硬件的基础，但仅有平台并不足以应对媒介市场的激烈竞争，还需要顶层设计，即市场定位和布局。

（2）目标市场选择模式：选择性专业化（Selective Specialization）

我们调研发现，江油台的快速发展的基础，在于其改变了过去大众传播和无差异化营销（undifferentiated marketing）的模式。结合现实环境，细分了受众和市场。市场细分是市场营销学中的老概念，早在 1956 年温德尔·史密斯（Wendell Smith）就提出了，是指"依据消费者的需要和欲望、购买行为和购买习惯等方面的差异，把某一产品的市场整体划分为若干消费者群的市场分类过程。每一个消费者群就是一个细分市场，每一个细分市场都是具有类似需求倾向的消费者构成的群体。"[3] 菲利普·科特勒在《营销管理》一书中，根据市场细分的可能水平，划分了细分市场的范围，包括大众市场、个体市场、单一细分市场和多元细分市场。其中的多元细分市场，我们又可以称为"选择性专业化（Selective Specialization）"，它是指"企业有选择的同时进入几个细分市场，为几种不同的消费群提供各种不同的产品，是采用市场细分化原则，选择目标市场的策略之一，可以有效地分散经营风险，即使某个细分市场赢利不佳，企业仍可继续在其他细分市场获取利润。"

目前我国的传统县级电视媒体，在长期发展中积累了各个年龄阶段的受众资源，同时又可以生产包括电视节目、广播节目、新媒体内容、影视作品、活动庆典等多种媒介产品。在选择目标市场时，不能只关注一个细分市场，而要走选择性专业化的路线。即根据每一种媒介产品的特性以及不同受众的需求，选择多个细分市场进行深耕细作地运营，搞差异化营销，以此获得多元化的营收，即使某个市场经营情况欠佳，也有其他市场利润作为支撑，以分散经营的风险。在这一点上，江油台做得较为到位。江油台根据受众人口统计学特征、自身经营需求、受众个性等变量，结合自身媒介产品和当地实际，明确了五大细分市场来进行服务转型。

1. 电视节目市场：服务中老年群体，主打民生新闻和健康教育类节目

电视机开机率下降以及电视受众老龄化已是不争的事实，同时县级台在与电信运营商竞争的过程中也流失掉了大量的受众，广告量和收视率的大规模减少在所难免。基于此，江油台将电视节目的目标受众定位在中老年群体，这一类群体有大量闲散的时间，同时对广电节目忠诚度高，黏度较强，是电视节目的核心用户群。

因此，根据该群体的兴趣和诉求，该台集中资源和精力专注打造民生新闻、问政类、教育类、健康类、法制类和生活类的节目。比如《民生直通车》《阳光问廉》这样的节目，前者致力于以本土化、地域性的新闻资讯来满足本地老百姓对本地信息的需求，后者通过对各部门和单位的工作作风、责任落实问题进行面对面的提问的方式，直面老百姓的切身利益问题，也响应了十八以来的反腐倡廉建设，二者的共同点，都是直接反映了老百姓的诉求，给政府和人民之间的上情下达和下情上传工作建立了一个良好的沟通管道。除此之外还包括《祝您健康》《宝贝来了》《二毛大搜索》《法在身边》等涉及教育、医疗、生活、法制等多个领域的本土化电视节目。这些节目在内容上都牢牢把握住了县级台在本土化信息和文化资源上的垄断优势，同时注重节目与观众的及时互动，让受众参与进节目中来。

针对特定群体进行节目制播的方式，避免了电视台的资源浪费，同时也便于实现精准化的传播和营销，有利于提升用户忠诚度和实现长尾。

2. 广播节目市场：时段差异化的内容编排，搭建即时性信息与价值交换平台

广播作为一种县级台的本土垄断资源，其受众趋于稳定，在本地的媒介市场竞争中处于绝对优势地位，但它需要考虑与其他地区以及各种类型的电台频道的竞争，包括网络电台等。随着电波频率的专业化，广播电台的竞争也日趋激烈。县级广播台需要考虑如何维护稳定受众的同时，争取更多的受众。

广播电台的受众更多的是司机和车主人群。江油总人口数有87.86万，仅车辆就有14.5万，对于县级广播电台来说，这是一个规模庞大的市场。江油广播电台在实践运作中采取了两个运营原则。一是进行分时段差异化的内容编排，根据不同时段听众的现实及心理需求，生产对应的广播节目。在早上8：00到9：00的上班高峰期，推出了《阳光早班车》栏目，内容以新闻资讯、实时路况、天气信息等为主，主播与听众通过热线进行实时沟通，共享交通信息。下午17：00到18：30是用餐高峰期，《食全食美》栏目在此时间段分享美食推荐、商家折扣等信息，并与听众展开美食连线，进行实时互动。晚上20：00到21：00，是受众情感需求旺盛的时间段，因此有《青花开聊》这样的访谈类节目，邀请本地有趣的嘉宾一起聊天，不管是精英还是普通百姓，都可以探讨各类生活话题，风格幽默，定位亲民，还通过热线与听众开展问答、访谈以及游戏等互动活动，满足其情感需求的同时，还调动了参与节目的积极性。第二个运营原则是着力搭建一个信息与价值的交换平台，江油广播电台FM97.6的新闻热线3323111全时段开通，听众在任何时间段、任何节目里都可以打进热线，保证了实时性的用户参与。其广播节目不仅仅只是传递信息内容，而是致力于解决听众的需求，把内容与功能相结合，将电波频率变成一种工具，最大程度上地赋予了受众媒介接近权，通过满足用户在交通路况、地产家居、健康医疗、购物易物、情感交流等方面的功能性的需求，进行信息与价值交换。电台生产内容与功能，听众让渡注意力资源，甚至主动参与节目活动环节或者内容制作，进行UGC。传播者与受众，以实时性的功能性平台链接在一起，增加了用户黏性。

可以说，把握用户心理，进行多元化和差异化的内容编排，链接新闻信息与实用需求，通过参与式、实时互动的传播和营销手段，使得江油广播电台每年的营收都相当可观。

3. 新媒体市场：精做内容，打造线上线下的活动社群

江油电视台于2014年推出了自己的新媒体平台——"直播江油"微信服务号，经过一年多的运营，粉丝数已超过6万，最高阅读量可达20万以上，平均阅读量可达2万，在县级新媒体平台中表现不俗。除了服务号，还包括"直播江油"订阅号、江油电视台微博、江油传媒网、i江油手机客户端等新媒体平台与产品。但是基于对县级台人力物力财力资源有限的考虑，他们只集中资源和精力做好一

个新媒体平台，其他的只佐以辅助，以避免资源浪费。

"直播江油"服务号主要面向本地的青年和中年人群体，该群体拥有一定的媒介素养和消费能力，对本地信息需求旺盛。

在内容定位上，"直播江油"追求深度、权威、价值、趣味，利用自身新闻人才、经验、资源、设备和技术上的优势，做到对本土新闻信息资源的垄断。但是在报道题材选取和内容的加工生产上，强调去官方化。在选材上，侧重于社会民生、法治与犯罪、健康医疗、教育旅游等方面，关注社会热点。在内容加工上，学习互联网话语方式，比如《76岁老妇挥舞的不是镰刀是孤独》《软妹子一张口，李白醉了，长腿帅哥带你看核电产业》《江油也有螃蟹出，何必单恋澄阳湖》等文章，标题幽默风趣，富有画面感，通过网络流行用语和段子氏的表达手法，吸引到更多年轻群体的关注。

在内容资源管理与整合上，直播江油借助电视台内部新闻、视频和广播资源，灵活调用，合理加工，在某些文章中，以多媒体的形态进行内容呈现，拓展和丰富文章内容的同时，也对电视、广播等平台产生了良好的宣传效益。同时，这种资源整合不仅体现在内容呈现上，还包括广告营销。江油台为了吸引广告商，提供了"三位一体"的捆绑销售策略，同一份广告，可以在电视、广播、新媒体三个不同的平台上传播，各个平台利用自身特性与优势，互相配合，以达到叠加性、累积性的传播效果。

直播江油在精做内容的同时，也注重对活动社群的营造。通过线上线下的互动，组织承办各种活动，吸引用户参与，比如江油电视台曾经做过一期关于百合花旅游景区"520买门票送宝马"的活动，通过微信公众号推文和广播电台的直播、电视宣传片等的配合，获得了超过20万的阅读量，净增粉丝1万余人。以实利吸引用户参与活动，在参与活动的过程中渗透和强化品牌价值。又如在微信推文后面的留言板中，会选取部分读者发放礼品，调动了受众参与留言讨论的积极性。线上和线下的活动设计，在提升用户积极性的同时，形成了一种活跃的受众社群，建立了一种良性的互动机制，提升了传播效力。

4.影视作品市场：服务政府、大型企事业单位的需求

广电媒体的主要客户有两类，一类是观众，一类是广告商，通过二次售卖的模式获得盈利。县级广电媒体作为主流媒体，还面临着政府、企事业机关单位等客户，这类市场属于非营利性的市场，不参与商业化运作。但是电视台所具备的很多产品和服务，尤其是电视专题作品，可以满足这类市场的需求。

江油电视台推出的影视作品有专题片、纪录片、宣传片、MV、广播剧、电视剧、广告片等，这一类作品主要的用户群体不是观众，而是政府、大型企事业单位。通过电视台的人才和技术资源，创作专题作品，主要是为了满足城市形象宣传、

市政工程建设、区域文化发展等需求，通过政府、大型企事业单位的财政经费、项目经费获得营利。

在制作这些专题作品时，容易陷入主旋律、假大空的模式里。江油电视台从内容题材的选择上，把握大众的焦点和热点以及本土地域文化特色，在内容策划上，选择较为新颖的角度，把握民生，贴近群众；在内容制作上，汇集人才，打造精良；在营销手段上，通过组织活动，发起群众参与。通过深入人心的作品，不仅满足了政府、大型企事业单位的文化建设需求，而且还真正地吸引到了观众。

比如《黄颜色绿颜色》这部自制电视剧，主要以江油市白玉村的变化发展为主线，以村支书邓怀才的真实故事为原型，展现白玉村由贫穷走向富裕、由传统农业走向现代农业的历程，表现共产党人的人性大爱。这部剧在制作班底上，由江油籍国家一级编剧庞泽云撰写剧本，由拥有数十年电视制作经验的专业电视人雍仕君担任导演，汇聚大量人才。同时通过演员海选等活动，引导观众参与互动，做活动营销。

在这些电视专题作品的制作上，江油电视台发挥了人才、设备优势，选题立意上力求新颖亲民，以小见大，把握本土化地域化的文化特色，采取多媒体整合营销与活动营销的方式，与观众产生互动，并且获得关注度，达到了良好的宣传效果。

5. 活动市场：链接多媒体平台，构建粉丝生态圈

县级电视台既是一个媒介平台，其公信力、影响力、社会资源更是一种重要的隐形资产，具有价值变现的可能。因此在新媒体背景下，仅打造自身的媒介平台是不够的，多元竞争市场中，观众的注意力是稀缺资源，为了争夺这些资源，加强与用户的互动，线下活动是最好的路径。

江油电视台利用电视、广播、新媒体等多个媒体平台，发起和参与了大量活动，比如"房车节""骑游节""辛夷花节""江油心声音""首届婚博会"等等。这些活动的成功都与多媒体的在线参与有关，从线上到线下，全程参与与观众之间的互动。利用新媒体平台，可以简单便捷地实现活动的投票、报名、抽奖、竞猜等等功能，利用广播电台的节目，实时性的播报活动情况，观众可以全程热线参与活动，发挥了观众的主动参与性，利用电视进行广告片、宣传片的展示，辅助造势，这种多媒体互动的形式，可以使活动得到更多的参与和关注，以此创造更大的价值。

这些活动类型多样，主题丰富，有娱乐类、旅游类、竞技类、晚会类、商业类等等，江油电视台在参与这些活动的过程中发挥自身的媒介资源优势，通过多个媒体平台的营销，线下活动与多个媒体平台的联动，也给创造粉丝生态圈奠定

了基础。通过在活动营销的过程中,积累用户,建立粉丝俱乐部,再与商家联合,粉丝经济得到了深入挖掘。

(3)营销手段的多元:节目利益共同体+魅力人格体+参与式体验营销

除了选择性专业化的市场布局,江油台在各个媒介市场的运营上,采取了互联网化的营销思维和策略,通过多元化的营销手段,以求取最大的传播效力、经济效益和社会效益。

1. 挖掘和打造有价值的本土化IP资源,基于地理空间优势的产品开发

IP本意为"知识产权",新媒体背景下特指文化产业中文艺作品的知识产权,尤指对拥有版权的文艺作品进行改编和开发的权利,具有版权的文艺作品则被称为"IP资源"。具有本土文化特色的IP资源是地方电视台的文化资本。江油台立足于本土文化特色,挖掘本地有价值的文化符号资源,通过媒介产品的生产与活动营销,将本土文化商品化、标签化,将媒体自身的品牌价值附着在文化产品的打造上,以此获得注意力资源和盈利。比如每一年都会举办的李白文化节,利用李白这个文化名片,开展文化展览与文娱演出活动,进行李白经典剧目的再现与演员征集,并通过电视台的媒介平台进行遍在式地传播,吸引游客与本地受众,产生盈利。将本土化的文化符号资源通过大众传播和新媒体传播的途径转化为IP资源,把这些IP资源应用于内容生产和整合营销中,这些本土化的IP资源容易唤起本地大众的群体归属感,同时激发其参与和消费的意愿。在经营这些IP资源时,将媒介品牌根植其中,也间接地强化了受众对于县级媒体的认同感。

将这些本土化的文化IP与媒介发展结合起来,传播了本土文化的同时也提高了媒介自身的存在感,如何将这些IP资源进一步开发,形成文化产品的产业链,达到规模效益,是今后的一个方向。

2. 媒介角色的转变,从二次贩售中的内容生产商和广告播出平台,转变为产品分销商,打造电商经济

传统电视媒体的盈利主要依靠广告和收视费,然而在三网融合之后,电信运营商的竞争瓜分了大量的受众,收视费和广告费大幅锐减,形成了对传统电视媒体不小的冲击。江油台在媒介实践中尝试学习互联网式的营销思维,转变了自身的传统角色,把自己从传统的二次售卖理论当中的内容生产供应商和广告播出平台的角色转变成了实体产品的分销商,打造电视化的电商经济。比如,江油台帮助农民将三农产品植入到健康养生类的节目中,不收取广告费用,而是对产品在电视销售的利润中收取一定比例的提成。这种模式拓展了传统的广告盈利渠道,给电视台带来了多元化的营收。

但是这只是初步的探索,如何将这些产品跟媒介内容生产结合得更为自

然、紧密，如何通过县级电视媒体唤起消费者的购买欲，提升利润空间，如何完善电商服务的销售链和服务链，这也是今后县级台需要去进一步研究和实践的话题。

3. 体验式的活动营销与节目社区营造，将观众转变为利益相关者

江油台的节目内容生产有一个重要特点，就是善于将节目内容本身与观众链接起来，最大限度上地激活受众的参与感。而激活这种参与感最重要的方式就是带领观众参与体验式的活动，比如《二毛找美食》会接受观众的线上报名，然后挑选幸运观众跟随主持人一同品尝当地美食，每一期都会抽取不同的幸运观众，观众对节目的直接参与会带来两个积极效应，一是会提高观众参与节目的积极性，二是在节目中提供观众的视角会增强其他受众的代入感。又如《阳光问廉》会鼓励观众报名参加60人的现场考评团，针对被提问嘉宾的回答情况进行满意度投票，《祝您健康》会让观众与医疗专家进行面对面咨询，拍摄方言剧《黄颜色与绿颜色》时会通过草根选秀的方式选拔本土草根演员。通过这些参与式与体验式的互动形式来创造节目与观众之间的利益链接，使之成为与节目内容相关的利益共同体。同时大部分节目会通过节目热线、微信公众号、官网、论坛、广播、微信评论区、微信群、线下活动等多种媒介渠道和方式来营造节目社区，给予受众以最大的参与感，以此种方式巩固和强化用户黏度，实现电视节目的长尾。

4. 塑造魅力人格体和关键意见领袖（Key Opinion Leader），搭建价值交换平台

魅力人格体是罗振宇在自媒体环境下提出的一个概念，它是新媒体时代关键的传播节点，受众基于兴趣分化和重组，会结合成一个个具有高黏度和高聚合力的"社群组织"。魅力人格体可以聚合和引导这些粉丝社群，形成强大的追随效应，产生粉丝经济。[6] 关键意见领袖（Key Opinion Leader）是营销学上的概念，通常被定义为：拥有更多、更准确的产品信息，且为相关群体所接受或信任，并对该群体的购买行为有较大影响力的人。江油广播电台拥有众多主播，每个主播都拥有自己的一批固定粉丝群体，凸显了魅力人格体和关键意见领袖的作用。比如《青花开聊》栏目，主播青花本人风趣幽默，充满喜感与语言天分，对于互联网新事物与新文化的接受和掌握程度较高，由于丰富的媒体经验、资源和条件，熟知本地的政策规定、衣食住行和风土人情，能够给听众带来趣味的同时给予有价值的信息。她的节目收听人群稳定，尤其在司机群体里形成了强大的影响力。商家看中了她的影响力和号召力，甚至对她的节目进行单独的广告投放和赞助，通过她本人的影响力来带动用户的消费。通过魅力人格体和关键意见领袖来进行广告营销的优势在于，不会有明显的植入感和推销感，主播通过把广告商和赞助商提供的产品或礼品资源转化成节目中的吸引要素，通过实时热线开展活动，通过工作

人员线下的礼品派发，将广播媒介与现实连接起来，形成了受众与主播之间的依赖链条。主播通过输出人格魅力、有价值的信息与实利小商品，掌握了受众的心理需求，听众提供了稀缺的注意力资源和忠诚度，二者互相交换了价值。并且通过长期的互动，搭建起来一个稳固的节目社群，产生了社群经济，将传统的媒介转变成为一种价值交换平台。

5. 开发必用性媒介场景，链接生活需求与信息传播

县级融媒体中心建设中，"服务群众"是重中之重，尤其强调搭建"新闻 + 政务 + 服务"便民和服务平台，从技术和平台上打通与群众生产生活息息相关的生活缴费、文化旅游、交通出行、医疗卫生、智慧城市、天气预报等服务通道，为群众提供全方位的生活信息服务。江油台开发了属于自己的客户端产品"i江油"，它的最终目标就是实现用户的信息消费与生活场景的无缝连接，将用户对生活的硬需求与对信息接触的软需求捆绑在一起。人们通过"i江油"手机客户端，不仅可以收看到江油电视台的新闻报道、节目直播、热门栏目和影视作品，还可提供水电费、公交卡等的充值以及某些日常业务的办理服务，将必用性的生活场景与媒介接触链接到一起。以对用户必用性的需求满足为核心，顺带做信息生产与传播，增强了用户黏度。但是由于这块市场尚未完全整合，面临着复杂的利益格局，同时产品开发本身也具有难度，目前江油台仍处于开拓和探索阶段。

三、结论和讨论

在县级融媒体中心建设背景下，县级电视台面临着整体转型。但是近期我们在四川、贵州多县调查中看到，不少县级台存在着不同程度的"等、靠、要"现象，希望通过融媒体中心的建立，通过财政投入、体制机制的调整等外部条件的改善，实现自身发展的脱困和破局。应该清醒地看到，当前县级电视台虽然可以借融媒体建设的东风迎来新的发展机遇，但仅仅架构一个两微一端或者是中央厨房的框架并不能真正实现县级台的发展。县级电视台有必要要在梳理内外部资源的基础上，认清市场，合理布局，以服务为中心，选择细分化的市场战略，优化配置，促进媒介资源融合运用来实现自身的价值提升。在媒介产品的生产和流通的过程中，要具备互联网的营销思维，结合时代的发展，以用户为导向，在服务用户真实需求的基础上，将信息传播与刚性需求相结合，建立媒体与受众之间的依赖链接。

在当前县级融媒体中心的建设过程中，由于县级广播电视台传统的影响力、公信力和内容生产能力，势必将承担核心和基础性作用。县级融媒体中心的建设，不通过核心能力的打造和主体业务的拓展来壮大自身，借希望于外部环境的优化来实现自身的脱胎换骨是不现实的。我们认为，在县级融媒体中心的建设过程中，

本土化的内容服务是核心，融媒体的平台建设是关键，但仅有二者仍然不够。县级电视台一方面要实现自身的增值，另一方面还要实现对融媒体中心用户的引流，这就需要合理的市场布局和审时度势的营销策略，使县级台实现长期的、长尾化的发展。我们认为，县级电视台应在县级融媒体中心的平台架构中，通过"资源整合＋平台型媒体＋生产流程再造（PGC+UGC）"，通过选择性专业化的市场细分方式，区分不同的电视、广播、新媒体、影视、活动营销市场，服务县级不同群体的个性需求：在用户经营上，应链接多媒体平台，打造线上线下的活动社群，构建粉丝生态圈，搭建即时性信息与价值交换平台；在内容生产上，应打破传统的内容和用户的分隔，挖掘和打造有价值的本土化 IP 资源，基于地理空间优势的产品开发，构建节目利益共同体，进行"魅力人格体＋参与式体验营销"；在县域市场的营销中，应从二次贩售中的内容生产商和广告播出平台，转变为产品分销商，打造电商经济，通过体验式的活动营销与节目社区营造，将观众转变为利益相关者；在平台建设中，应塑造魅力人格体和关键意见领袖（Key Opinion Leader），搭建价值交换平台，开发必用性媒介场景，进而链接生活需求与信息传播。当然，我们认为江油台只是一个个案，其具体的发展情况和经验并不一定能适用于所有县级台，并且江油台依然存在县级台共同存在的困境，在许多方面也处于尝试和探索阶段。但是在其相对成功的运作过程中，所体现出来的市场观和营销观，还是对目前县级台的发展具有一定的启示意义。

我们也要看到，在融媒体中心的建设过程中，其服务转型中的选择性专业化与传统意义上的专业化应该有所区别。传统的选择性专业化的定义中，不同的细分市场之间具有较少的联系和协同作用，而融媒体中心各个细分市场之间是存在紧密联系和协同作用，因为不同的细分市场所对应的媒介产品本身具有密切联系。比如在活动营销的过程中，可以借助新媒体、电视节目、广播节目进行联合报道，互动互联，利用每一种媒介的优势将活动的社会效应和经济效应充分发挥。其好处在于如有一方市场获利，其余相关市场便能"搭便车"，同一批消费可以遍及不同的产品市场，以使融媒体中心的社会效益和经济效益最大化。市场细分和媒介营销手段的创新与拓展，其最终目的都是更好地开发县级融媒体"在地化"的优势，以达到更好地服务受众需求，实现长尾化的发展。

注释：

[1] 四川省统计局 . 关于 2016 年四川省县级经济综合评价结果的通报 [EB/OL].
http://www.sc.stats.gov.cn/tztg/201710/t20171020_246831.html，2017-10-20

[2] 陈爱民 . 县级台 "改革·创新·融合＋跨区域媒体合作" 发展模式刍议——以四川省江油广播电视台探索实践为例 [J]. 声屏世界，2017（1）：11-13.

[3] 赵星义，张志文编著. 大学生创业指导教程. 新华出版社，2009.09.

（作者分别为：电子科技大学公共管理学院副院长、教授，四川省广播电视学会副会长；电子科技大学公共管理学院硕士研究生）

基于用户思维的融媒体中心建设

——以湖南省浏阳市"掌上浏阳"APP为例

朱 标

2018 年 8 月 21 日，在全国宣传思想工作会议上，习近平总书记指出："要扎实抓好县级融媒体中心建设，更好引导群众、服务群众。"这次讲话首次将长期处于基层的县级媒体提上了国家的议事日程，打通了媒体融合的"最后一公里"。

浏阳融媒体中心是湖南首个县级融媒体中心示范点，由原浏阳日报社和浏阳广播电视台整合而成，湖南日报社和浏阳市委宣传部共同管理。它以湖南日报社中央厨房的先进技术为支撑，以"掌上浏阳"客户端为主推平台，共享全省政务新媒体平台"新湖南云"的优质资源，业务范围覆盖新闻资讯、政务信息、生活服务、舆情监测等多方面，全方位满足基层群众的各项需求，致力于打造县级融媒体中心建设的"浏阳模式"，其系统流程图如图 1 所示。

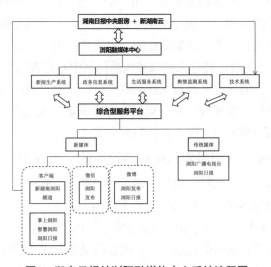

图1 湖南日报社浏阳融媒体中心系统流程图

一、基于用户思维建设县级融媒体中心的内在逻辑

"用户思维"这一概念最早出现在营销学领域，意为"Customer-CentricThinking"。1960年，现代营销学的奠基人之一西奥多·莱维特率先提出："企业不应该专注于销售产品，而应该满足客户的需求。"

用户需求的满足是用户思维的核心要义。1979年，东京理工大学教授狩野纪昭创造性提出"KANO模型理论"，对用户需求进行了分类和优先排序，KANO模型定义了三个层次的顾客需求：基本型需求、期望型需求和魅力型需求。对于传媒业而言，用户需求具体表现为对媒介产品功能的选择性偏好，如图2所示。

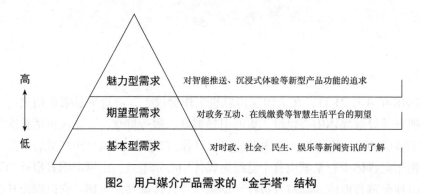

图2　用户媒介产品需求的"金字塔"结构

由图2可知，从基本型需求到魅力型需求，用户对媒介产品的需求是由较低层次向较高层次递进的，呈"金字塔"结构。处于金字塔底端的为用户基本型需求，也是核心需求，是媒介产品必须具备的功能；期望型需求的满足程度与用户满意度成正比，即媒介产品提供的服务超出用户期待越多，用户的满意度越高，反之亦然；若媒介产品能为用户提供完全出乎意料的产品属性或服务行为，用户的魅力型需求即得到满足，这类需求是潜在的，也是增强用户产品黏性的突破口。

当前，我国媒体融合已经进入到以县级融媒体中心建设为主的第二阶段，"引导群众、服务群众"的建设宗旨与互联网时代所倡导的"用户思维"高度契合，

这就要求县级媒体要坚守"用户思维"，在满足县域用户基本型需求的前提下，不断延伸其期望型需求，深入挖掘魅力型需求。

二、用户思维在浏阳融媒体中心建设中的应用探索

（一）深耕本地"小而精"内容，满足用户基本型需求

内容是县级融媒体中心建设的核心要素，内容的生产在很大程度上取决于用户定位。县级融媒体中心的辐射范围主要是本县域内，其内容更适宜朝着"小而精"的方向发展，即内容素材的落脚点要小，内容的呈现方式要精良。

作为浏阳融媒体中心建设发力的主要平台，"掌上浏阳"APP一改传统新闻

资讯客户端"包罗万象"的属性，不再专门开设国际、科技、体育、娱乐新闻专栏，转而把目光投向与浏阳当地群众息息相关的政经和社会新闻，特辟"浏视频""凡人善举""创卫之声"等本土化栏目，均衡把握软硬新闻的报道比例，与用户产生共鸣，这也是县级媒体的核心竞争力。

在内容的呈现方式上，"掌上浏阳"APP集掌上读报、电视直播、广播直播、短视频、数据报告等多种资讯形式于一体，拥有移动互联网时代信息传播的"标配"。2017年11月，"掌上浏阳"直播了第七届国际音乐焰火晚会，聚集世界顶级焰火团队，共同上演了一场"天空芭蕾"的视听盛宴，直播收看人次达到104万。2018年1月，浏阳广电发起成立湘鄂赣手机直播联盟，联盟遵照共商、共建、共享的原则，统一策划包装，对第四届湘鄂赣好声音比赛、崇阳县首届玫瑰文化旅游节进行了联合直播，实现了社会效益和经济效益的"双丰收"。目前，联合直播的传播受众覆盖到湘鄂赣周边市县3000万人口，湘鄂赣市县广电的影响力的提升。自2018年7月1日起至2019年5月，"掌上浏阳"共进行直播172场次，总点击量超过6500万，其中百万级别的直播达到7场。

除开设浏阳直播专栏外，"掌上浏阳"依托浏阳广播电视台大数据中心，采用"大数据+H5"的形式，为用户呈现了"2018年浏阳市医疗数据报告""2018年浏阳市扶贫数据报告""2018年浏阳市第一季度环境数据报告"等可视化材料，量化直观，可读性强。

总而言之，"掌上浏阳"喜闻乐见的新闻内容与呈现方式满足了本地用户的基本需求，实现了他们"不出门尽知浏阳事"的愿望。截止到2019年6月底，"掌上浏阳"用户总访问量已达2.7亿，安卓市场的下载量约为12.3万。

（二）打造多功能服务平台，拓展用户期望型需求

"平台"一词是媒介融合的进程中学者们频繁提及的一个概念，它与"渠道"概念经常被混淆。"渠道是平台的基础设施，成熟的平台可以拥有自己的渠道，一个平台也可拥有多个渠道；平台资源需要通过渠道分发，平台价值需要通过渠道延伸。"换句话说，平台是渠道的升级版，是集多种功能于一体的资源聚合与流动的场所。

如图1所示，浏阳融媒体中心所打造的综合型服务平台，涵盖新闻生产、政务信息、生活服务、舆情监测、技术系统等多个领域，其资源的聚合与分发主要通过"掌上浏阳""智慧浏阳""浏阳发布"等新媒体，它改变了传统渠道以传者为中心的思维逻辑，打通了用户与社会系统资源之间的关系，同时实现了传播模式由"一对多"向"多对多"的转变。

对于县级媒体来说，打造多功能的服务平台是建设县级融媒体中心的关键步骤，也是满足县域用户期望型需求的着力点。"掌上浏阳"APP所打造的多功能

服务平台主要体现在以下几个方面：一是发布县级新闻资讯的功能。县级融媒体中心作为县级党政机关的"传声筒"，肩负着宣传方针政策、引导正确舆论、推广本地形象的使命；二是公开县级政务信息的功能。目前，已有 42 个市直部门入驻"掌上浏阳"客户端，"掌上浏阳"通过与湖南日报社政务新媒体云平台"新湖南云"的资源共享，建立了一个个人办事、法人办事、部门办事、办件查询、建言献策、智能提问、在线咨询多方面覆盖的掌上政务系统；三是开启"智慧城市"的功能。"掌上浏阳"推出智慧环保、智慧党建、智慧教育、智慧旅游、智慧人社、智慧停车等栏目，以智慧教育为例，家长可通过在线绑定孩子的学校证件号进行网上报名缴费，孩子通过在线教育可以巩固课堂知识；四是聚合公众意见的功能。公众的意见反馈是促进县级党政机关科学执政的重要依据，浏阳融媒体中心建立了诸如"互联网＋监督"、百姓呼声、浏阳论坛等反映民声的栏目。

（三）开拓多元化场景应用，深挖用户魅力型需求

"场景"原为电影作品中的场面，指的是构成人物关系的特定情景。罗伯特·斯考伯和谢尔·伊斯雷尔在其《即将到来的场景时代》一书中首次提出"场景"这个概念，并指出大数据、移动设备、社交媒体、传感器、定位系统是支撑场景时代的五种技术合力。随着新传播技术的发展，传统的时空界限被打破，"场景"被赋予了新的时代内涵。移动互联网时代的场景更加细分，身处不同场景的人们会衍生出多元化的需求。正如彭兰教授所言："场景分析的最终目标是要提供特定场景下的适配信息或服务。"场景的作用一方面表现在场景对用户现有需求的满足，另一方面表现在挖掘用户潜在痛点后，构建新的场景予以满足。"掌上浏阳"APP 关于多元场景应用的探索主要可以从场景化精准推送和沉浸式场景体验两方面入手。

在精准推送方面，今日头条"千人千面"的内容分发模式可为浏阳融媒体中心提供范本，今日头条的后台机器人可通过分析用户的浏览记录以及对资讯的点赞、评论、转发、收藏行为，判断用户是否对该类内容感兴趣，从而决定是继续还是终止推送相关资讯；当用户使用微博、微信、QQ 等社交软件进行登陆时，后台也可以根据第三方账号中用户的社交数据与行为记录描绘出较为符合的用户画像，从而进行精准的信息推送。目前"掌上浏阳"APP 的广告推送、新闻推送以及服务推送尚未完全实现智能化，有望进一步突破现状。

沉浸式体验（immersive experience）指的是让读者与受众置身于新闻事件丰富而多元的信息场景中，产生浸入式的感受与思考。2018 年 10 月 24 日，网易新闻出品的 H5 漫画作品《一分钟漫游港珠澳大桥》也刷爆朋友圈，超过 3800 万人在线上体验了一把港珠澳大桥的观光之旅。该策划采用融合表现的形式，通过手绘漫画还原了港珠澳大桥 55 公里的全程面貌，现实场景与虚拟场景叠加，动画

和音频交互呈现，给予用户沉浸式的体验。这种沉浸式体验打破了用户依赖于传统屏幕的观看感，取而代之的是进入事件现场的"在场感"，满足了用户的魅力型需求。由于浏阳融媒体中心在资金、技术、人才等方面的资源限制，"掌上浏阳"APP的沉浸式场景体验主要停留在"H5新闻"阶段，形态发展还不够完善，不过伴随着VR/AR等传播技术的迭代升级以及省级以上媒体的扶持，浏阳融媒体中心终将实现沉浸式场景体验的推广。

结语

县级融媒体中心建设是打通媒体融合"最后一公里"的关键点，是全盘激活我国媒体体系的突破口。浏阳融媒体中心要充分发挥自身优势，因地制宜，通过深耕本地"小而精"的内容、打造多功能服务平台、开拓多元化场景等方式满足本地用户多元化需求，更好地引导群众、服务群众。此外，县级融媒体中心建设只是基层媒体融合的起点，要切实提高基层媒体的传播力、引导力、影响力和公信力，未来还有很长一段路要走，还有很多壁垒需要打破。

注释：

[1]荣翌：《渠道与平台：媒体融合语境下的概念辨析》，《新闻战线》2018年第15期。

[2]彭兰：《场景：移动时代媒体的新要素》，《新闻记者》2015年第3期。

[3] Jackson. N.J. & Campbell. S.（2008）. The nature of immersive experience. Available on-line at：http://immersiveexperience.pbwiki.com.

（作者单位：湖南大学新闻传播与影视艺术学院）

县级媒体融合的邳州探索

徐希之

自媒体的飞速发展，广告政策的收紧，受众阅读习惯的转变等等，主流媒体遭遇前所未有的生存挑战和严峻考验。特别是县级媒体，更是在夹缝中寻求生机，受到巨大冲击。如果说自媒体时代的到来打破了传统媒体的垄断权威，那么，融合将是传统媒体实现自我重建的根本遵循。当前，从上至下，行业内外，言必谈媒体融合，媒体融合的重要性、紧迫性、必要性不言而喻。2018 年 8 月，全国宣传思想工作会议在北京召开，习近平总书记明确提出，要扎实抓好县级融媒体中心建设，更好引导群众、服务群众。作为新形势下宣传思想工作的重大使命任务，县级融媒体中心建设为县级媒体转型发展打开了"机遇之门"，同时也明确了县级媒体深度融合发展的目标和定位，应解放思想、发挥优势、坚定不移、快速推进。

习近平总书记多次对媒体融合发展作出重要指示，并提出要实现"融为一体、合而为一"、"从相加到相融"的发展要求。传统媒体如何与新兴媒体深度融合？如何实现从"相加"到"相融"？作为江苏省县级媒体深度融合试点单位，近年来，邳州把推进媒体深度融合发展，作为一项重要工作来抓，把融合发展提升到战略高度来谋划和布局，在深度融合、整体转型上下苦功夫。众所周知，邳州是银杏的主产区之一，银杏产业更是邳州的重要支柱产业，素有"邳州银杏甲天下"的美誉。为了彰显本土特色，打响地域品牌，实现地方媒体发展与本土经济发展互相促进、互融互通的格局，邳州广电以银杏为融媒标识，以"银杏融媒"为品牌和核心，深化机制体制改革，强"银杏融媒"发展之"根"；推进渠道平台融合，壮"银杏融媒"发展之"干"；着力创新融合产品，繁"银杏融媒"发展之"枝"；持续强化造血功能，茂"银杏融媒"发展之"叶"，全力打造新型主流媒体根强干壮、枝繁叶茂的生态循环系统。

一、改革体制机制，强"银杏融媒"发展之"根"

体制机制不畅，观念滞后，改革内生动力不足等问题，是阻碍县级广电媒体融合发展的关键因素。为破解体制机制上的桎梏，培育适合媒体融合发展的强健"根系"，自2015年始，邳州广电台在苏北地区县级台率先启动机制体制改革，成立了邳州广电传媒集团，将现代企业管理制度引入事业单位，探索实践事企并轨运作模式并取得了较好的效果。

一是创新融媒管理体制。在顶层设计层面，对全台组织架构进行了重新设计和设置，围绕融媒业务成立了四个中心，对所有部门和岗位实行定岗、定责、定目标考核的三定设置，薪酬待遇直接与工作实绩挂钩，各部门和岗位目标考核导向更加明确，责权利融为一体。

二是改革融媒用人制度。打破编内人员和编外人员的身份差别，用一把尺子量人才、评业绩，做到"同岗同责、同工同酬、优劳优酬"；在编人员职务晋升只进档案，与集团内部使用脱钩。集团中层管理人员面向所有员工公开竞聘，择优使用，目前，已有25名企聘优秀员工通过竞聘走上中层管理岗位；集团所有岗位由部室主任和员工进行双向选择，尊重个人意愿，兼顾工作需求。

三是改革融媒分配制度。制定《薪酬管理和绩效考核办法》，按照三定标准严格考核和监管。坚持倾斜融媒业务一线，体现多劳多得，优劳多得，奖优罚劣，奖勤罚懒。解决干多干少一个样，干好干孬一个样的老问题。并且绩效考核作为评先评优、晋级晋职的重要参考，充分调动员工的工作积极性和创造力。对符合融媒传播需求的人才实行"双特机制"：提出特殊要求并给予特殊政策待遇，绩效考核上不封顶下不保底，正向激励。出台《邳州广电传媒集团员工激励办法》等系列文件，通过立体多元的激励措施，提升员工的归属感、荣誉感、获得感。

四是探索融媒人才培养模式。围绕"银杏融媒"建设，施行"一专一特"融媒人才计划。以融媒体记者团队打造为核心，配套双特考核机制建立一支专业高端融媒人才队伍。在此基础上，通过社会公开选拔、专业培训等方式组建起100多人的特约记者团队，一支专业融媒记者团队和一支特约记者团队同步打造、同时发力，壮大融媒采编力量。通过请进来、送出去、轮岗、内部骨干轮流授课、老师带学生等多种培训培养方式，建设人才梯队，储备融媒人才。

通过机制体制改革，"银杏融媒"发展的"根系"逐渐稳固并强大，为"枝繁叶茂"提供了源源不断的养分和动力。

二、融合渠道平台，壮"银杏融媒"发展之"干"

当下，传统媒体的传播力日渐减弱，要夺取网络舆论空间的主导权，就要求主流媒体着力打造载体多样、渠道丰富、覆盖广泛的移动传播矩阵，努力促进渠道平台的深度交融，不断提升媒体融合发展主干的支撑力、生命力，让"银杏融媒"品牌之树顶天立地，不惧风雨。

一是突出移动优先，打造传播矩阵。2016年，邳州广电推出的融媒体产品"邳州银杏甲天下"App 新闻客户端上线运营，总装机量达到 45 万，凭借着其丰富的内容、完善的功能、便捷的体验摘得 2017 年度中国县域最强广电 App 冠军。还精心培育一批具有社会影响力的微博、微信公众号，开通头条号、企鹅号、网易号、大鱼号、百家号等 10 个媒体平台，"两微一端多平台"移动传播矩阵初步形成，总用户量突破 120 万。

二是搭建中央厨房，再造采编流程。面对众多的媒体平台和产品，如何推动不同渠道、平台间的深度融合？近两年来，在邳州市委、市政府拨款支持下，先后投资 2200 多万元，实现全台网技术升级改造、融媒体指挥调度中心建设以及无线直播技术搭建，实现采编制播全高清化、网络化、共享化。探索"中央厨房"运行机制，突出融媒体指挥调度中心的大脑中枢作用，实现宣传任务统筹、重大选题策划、采访力量指挥等统一生产指挥调度，再造策采编发流程，形成新闻"一次采集、多种生成、多元传播"的工作格局。

三是强化多屏联动，创新渠道融合。加强各媒体平台传播渠道之间的互联互通，推动"大屏带小屏、小屏通大屏、多屏联受众"的全方位互动。例如，全新改版的《邳州新闻》栏目，充分体现了"大屏＋小屏"的互动融合，栏目新增了两大板块，其中"有融有度"板块定位话题讨论类节目，聚焦社会热点话题，先在小屏上互动讨论、开展民意调查，让受众发声，让观点碰撞，收集各方观点、投票数据，连接到大屏，丰富节目形式，增强节目互动；"搭把手"板块定位帮忙类节目，以关注民生、服务群众为立足点，帮忙说理、帮忙办事、帮忙维权、帮忙解忧，利用小屏收集网友求助线索，栏目记者帮助解决后，不仅在大屏播出，还要在小屏及时回应，增强节目的服务性。

三、创新融合产品，繁"银杏融媒"发展之"枝"

互联网时代，受众需求越来越多、参与意识越来越强、思想观念越来越多元化，作为县级传统媒体更应当突出自己的特色，精准定位受众，深耕本土资源，以创意抢先机，不断创新内容表达、丰富呈现形式，打造更多与主流媒体品格和气质相一致的新闻精品，让媒体融合的枝头繁花灿烂。

一是放大优势，创新移动产品。重点在准、新、微、快上下功夫，开通融媒体即时报，通过融媒体指挥调度系统，记者将现场新闻在第一时间以短、频、快的方式传至移动端，满足用户对新闻资讯的需求；发挥广电优势，将短视频创作普遍运用到移动端新闻传播中，做到重大活动、突发事件、社会热点等新闻的短视频快速呈现，切合用户获取信息的碎片化要求；组建融媒直播团队，搭建"银杏直播"平台，每周推出不低于两次的新闻移动直播，让新闻传播更具原生态的现场感。2017 年以来，邳州共开展了近 100 场次移动新闻直播，累计在线观看量突破 600 万人次，最高单场直播观看达到 45 万人次。

二是聚力聚智，孵化爆款精品。媒体融合关键在技术创新，邳州广电按照跨体制搭配、兴趣化组合、项目制实施的原则，成立了融媒实验室，60多名有志于融合创新的人才参与其中，瞄准前沿技术，研发适合移动端阅读的产品，融合报道"爆款"不断涌现。2018年5月，融媒实验室创作推出的"@邳州人，书记喊你加入群聊，讨论这件事"H5互动产品，以市委书记的名义发起解放思想大讨论，征求网友对推动邳州高质量发展的意见，吸引了"10万+"用户参与其中，提出有价值的意见、建议两千余条；融媒实验室创作推出的网络视听节目《逗是这个事》，邳州本土方言演绎，以短小精悍的小故事为主要表现形式，以轻松搞笑为主体风格，具有浓厚的地域特色，受到网民追捧。目前已播出30期，全网观看量达到600万人次。

三是扎根基层，放大传播效应。优质内容是媒体的立身之本，无论传播技术和手段如何迭代，无论报道方式和形式如何创新，有思想、有品质、有温度的新闻才更有生命力。邳州广电在新闻融合报道中进行了有益尝试。例如，围绕宣传推进乡村振兴战略，邳州台策划推出"俺村振兴我担当"系列报道专栏，由20多路全媒体记者深入街道村组、田间地头、农户家中，聚焦全市400多个村党支部书记，用老百姓喜闻乐见的方式，记录乡村振兴的"领头雁"们带领村民在乡村振兴道路上的担当作为，报道中利用图文、视频、直播等多种形式在电视、报纸、微信等全媒体平台推送，取得较好的传播效果，该系列报道获评江苏省优秀广播电视新闻作品，并被推荐参加国家广电总局广播电视新闻季度推优评选。

四、强化造血功能，茂"银杏融媒"发展之"叶"

面对近几年县级媒体发展面临的严峻形势，邳州广电深入推进媒体经营管理意识、手段、思维、路径的转型，打破各平台分散经营的方式，按照经营范围、服务内容、客户属性等进行全新的行业划分，先后成立文化传媒公司、商业贸易公司，全面整合媒体资源，全面细分客户市场，全面激发内生动力，通过"融媒+政务+服务+产业"的运作方式，有力促进了市场的深度挖掘，加快推动了经管服深度融合，显著提升了经营创收效益。近3年来，经济创收逆势上扬，创收额每年以超过20%的幅度强势增长，给媒体深度融合工作持续不断地注入澎湃动力，基本建立起自我"造血"和"输血"的良性循环。

一是以"政企云"为抓手，做大做强"融媒+政务"。瞄准政务服务巨大的市场空白，迅速推出融媒新服务"政企云"项目，面向政府、事业单位、国企等客户提供保姆式宣传服务。"政企云"项目以银杏融媒平台为载体，以移动互联网技术为突破，以新媒体执行团队为牵引，为合作单位提供新闻宣传、信息发布、数据共享、平台托管、活动策划、技术研发等一对一精准服务，受到市场的热烈欢迎。目前，该项目已吸引全市50多家政企单位合作，实现直接创收500多万元。

以"银杏融媒"为圆心，从政务服务切入，吸纳、整合各单位、各行业、各领域的平台、数据等资源，达到数据共建共享共融，为银杏融媒的发展提供大数据支撑，努力实现由内向外的融合，从小到大的融合，以点及面的融合。

二是以"大活动"为抓手，做实做细"融媒+服务"。为更好适应市场变化，服务各行业客户，邳州广电及时调整原有的经营定位，从粗放的卖时段向树品牌影响转型，从简单的广告发布平台向专业的媒体宣传服务商转型，做客户的宣传管家和推广咨询专家。在整合电视、广播、报纸、新媒体等各平台资源的基础上，以客户需求为导向，以各种营销活动为切入点，创新提供线上线下的活动策划、创意、推广、执行等专业服务，通过活动宣传间接带动销售或直接参与产品销售分成等方式，助力客户树立品牌形象、拓宽更大市场。年组织营销活动由 2015年的 50 多个迅速增长到近 200 个，创收额度也不断增加，2017 年行业内营销活动收入突破 800 万元。

三是以"项目制"为抓手，做广做深"融媒+产业"。事业要发展，人的创造力、能动性是最根本的动力。为激发调动内生动力，邳州广电大力实施"项目引领"工程，成立项目评审委员会，鼓励员工根据自身能力和市场需求发起各种营销项目创意，通过初审的项目可自行招募组建临时项目团队，在不影响正常工作的情况下执行项目，增加台内创收和员工收入。在项目制的激励下，影视、演艺、策划、咨询、技术等新服务不断派生，品牌代理、电商服务、教育培训等新项目快速拓展，经济创收中硬广营销贡献比日益降低，产业经营的贡献比快速上升，经营收入结构日趋科学，经济创收水平更加稳定。

五、结语

媒体融合发展，是触及转型改革等深层次问题的一次重大变革，是牵一发而动全身的一个系统性创新，是一个涉及媒体方方面面的一篇大文章，还有太多的痛点、难点要破解，有太多的疑问、疑惑要解答。作为县级台，在推进媒体融合工作中，我们不仅存在着普遍的共性问题：改革阻力牵绊、技术创新不够、专业人才缺乏、资金短缺等，还存在很多个性问题，比如，由于发展现状和基础条件千差万别，各台所面临的问题和困难也不尽相同。因此，媒体融合工作不能简单复制或照搬照抄，经验可以借鉴，但成功不可复制，应根据各台自身的实际情况，因地制宜、量体裁衣、科学施策、系统推进，方能实现媒体融合的发展目标。

（作者系江苏邳州广播电视台台长、党委书记）

义乌市广播电视台融媒转型与流程再造

胡　滨

随着县级融媒体中心建设的迅速推进，各地都将进入到实质性的流程再造阶段。在县级融媒体中心建设的深入推进过程中，确立正确的融媒传播理念是最为首要的任务。2019 年，人民日报在新媒体取得巨大影响的基础上，以报道内容更可读、耐读，彩印版面视觉元素更醒目等焕然一新的版面呈现于元旦全新改版。在讨论改版方案时，人民日报编委会统一意见认为："报纸和新媒体不是取代关系，而是迭代关系；不是谁主谁次，而是此长彼长；不是谁强谁弱，而是优势互补。全媒体时代，'内容为王'没有变。改版也是一场新闻生产的供给侧结构性改革，目的是增加优质内容供给，丰富报道呈现，把人民日报办出新水平。"——这一观点，可以说清晰地厘清了融媒体发展中如何处理好传统媒体与新媒体之间关系的问题。县级融媒体中心建设，必须同样立足"内容为王"，实施"新闻生产的供给侧结构性改革"，力争实现传统媒体和新媒体的"优势互补"和"此长彼长"。面向县级融媒体中心的机制变革和流程再造，近两年来，浙江省义乌市广播电视台围绕"团队再造，做强内容"核心，进行了一系列的探索。本文试就立足义乌广电实际，实施好县级融媒体中心建设的流程再造试作论述。

一、团队再造，让团队成为融媒转型的主体

团队是工作开展的基本队伍单位。义乌市广播电视台在全国县级广播电视台中较为特殊的一点，就是拥有两个获批的电视频道。除了新闻综合频道之外，还有一个就是 2006 年获批开播的商贸频道，立足义乌国际小商品市场，开设商贸专业频道。2017 年，义乌广电出台《采编流程再造方案》，遵循统分结合、循序渐进、各平台相对独立的原则，以原电视新闻综合频道为班底，成立全媒体新闻中心，广播节目中心、新媒体中心在全媒体新闻中心设立虚拟工位，并保留电视商贸中心。在此基础上，改进新闻采编流程，实行编委会领导下的编前会制度，广播、电视、新媒体共享新闻采访线索，新闻采访统一调配，形成一次采集、多

维制作、多平台发布的融媒体工作机制。在统分结合、各平台相对独立的原则指导之下，以刊播平台对应各中心团队，全媒体新闻中心领军主流新闻的融媒传播和对外宣传，而其他各中心立足各自平台定位，做强特色内容。为了引领团队再造，台里同时推出制片人、首席记者、工作室等一系列制度，以品牌栏目带动收视提升。在城市电视台收视普遍下滑的情况下，义乌台通过节目调改，收视份额持续保持了逆势回升的趋势。2014年台里刚刚引入收视调查时，义乌台频道组收视份额不足9%。而近两年来，各中心和栏目团队依托收视数据不断调整节目编排、开发新节目，收视份额不断提升，2017年，全年收视份额突破15%，单周收视份额最高达到18%；2018年，收视份额继续攀升，全年频道组平均收视份额达到17.90%，最高当月达到22.83%。2018年，广播收听份额也保持在了47%以上。

近两年来，义乌台开展团队再造，让各团队成为品牌栏目的打造者。比如，《娘舅来了》于2016年9月开办，原是电视商贸频道方言类民生新闻栏目《同年哥讲新闻》的一个子版块，2018年3月实行栏目制片人制以后独立开播，当月收视份额就达到了28%，成为义乌台又一现象级的栏目。《娘舅来了》作为独立栏目实现日播之后，在表现手法上更加多样化，扣人心弦的导视、精准到位的点评让人耳目一新，主持人"老娘舅"用最质朴、最亲切的语言为老百姓调解纠纷、化解矛盾，通过一个个真实的调解案例，宣传法律知识，传递正确的价值观，起到了媒体引导社会风气的良好作用。每期节目播出后，都会在观众中引起讨论，成为"爱义乌"APP等新媒体平台上的大众热议话题，许多观众打热线电话或者微信留言，发表他们的观点或者见解。

影响力的获得，同时也让各团队成为积极投入融媒转型的主体。比如在短视频成为移动互联网新风口的背景下，广播节目中心团队就抓住2018中秋节等时节，从牙牙学语的儿童、年轻情侣到中老年人，从市场经营户、打工者到街头艺人、留学生，通过大范围的街采，进行"义乌街头扎心告白2018年中秋节我在义乌"短视频采制尝试，通过FM955交通广播微信公众号等平台进行推送，引起了较好的反响。

二、理念转变，在贴近中增加优质内容供给

《义乌新闻》是义乌广播电视台主打的时政类新闻栏目，代表广电传媒的新闻权威发布，在媒体融合不断推进，新闻平台竞争不断加剧的情况下，如何增强《义乌新闻》的时政新闻权威性，提升时政新闻的可看性，成为全媒体新闻中心的工作重点。2018年6月1日，《义乌新闻》实施了"中心工作民生化，时政新闻资讯化"的改革措施，对新闻节目进行改版，突出大民生的导向，增强节目的亲和力，取得了一定的成效。

根据义乌市委贯彻中央"八项规定"的工作要求，《义乌新闻》大幅度改革

了会议新闻和领导活动的报道方式，除非全市性的重要会议，不再以专门的会议报道形式播出新闻，而是以活动中的某个新闻点为内容，从群众关心的角度来采写新闻，找到市委市政府中心工作与具体民生事务的关联性，既减少了以前程序式的会议新闻，也让时政新闻更有民生情怀，更贴近群众生活。在节目形态形式上，《义乌新闻》改变以往按照领导顺序排列的新闻编排方式，把重要事件、民生新闻和现场报道放在前面，推出头条稿策划，增加现场报道和记者出镜、记者手记、本台短评等内容，强化舆论监督；分设了"今日头条""时政要闻""主题报道""监督报道""快讯"等新闻版块，以"中心工作推动民生工程"为主线，把各板块各有特色的内容进行串联，使时政新闻资讯化，增加了新闻数量。改版以来，《义乌新闻》头条先后播出了《乡村振兴的义乌实践》《改革开放40年看义乌》变迁篇、地标篇、见证篇，《蹲点"最多跑一次"改革》《半年回眸》等策划性专栏报道，从平民百姓的视角对重大事件、重点工作和重要工程进行解读，使新闻更接地气更近民生。在推出创建全国文明城、"最多跑一次"改革的监督报道时，更多的是从平民百姓的视角来审视城市建设、公共环境、群众利益等方面存在的问题，使用记者手记、本台短评等精短评论，明确表达媒体观点，真正发挥新闻媒体的舆论监督作用，履行了下情上达的职能。如2018年3月份播出的连续报道《蹲点"最多跑一次"改革》，派出记者以蹲点市行政服务中心为起点，观察发现企业和百姓办事"堵点"，先后播出了《办税大厅 等待时间有点长》《社保窗口 期待跑得再快一点儿》《措施到位有成效》等，发现办事"堵点"及时追踪到相关部门探讨"通堵"举措，实实在在为企业、百姓呼声与办事部门搭建起了沟通渠道。又如2018年10月，《义乌新闻》从百姓幸福感、获得感入手，推出了《建精品提颜值 惠民生》和《办好民生实事 为群众幸福"加码"》《小厕所 大民生"厕所革命"助推乡村振兴》等系列报道，通过小角度的切入，百姓看得见的变化，对政府以民生优先，多谋民生之利，多办民生之事做了接地气的表达，激发观众共鸣。与此同时，《义乌新闻》在包装上进行了更具可看性的调改，加强节目中动图特效字幕的制作，强化字幕、数字的可视化，提升了新闻的可看性。

在理念转变的指导下，其他各栏目也都纷纷将眼光向下，"走基层"挖掘新闻线索，展现人文关怀。比如电视商贸频道《同年哥讲新闻》栏目记者，在2018年8月"同年哥文化礼堂送清凉"活动的一次走访当中，了解到上溪镇仙溪村李孝良、陈和凤夫妻俩唯一的儿子早逝，平时以种地为生，但不久前夫妻俩又遭遇车祸，生活陷入困境，地里的生姜没人管，当即联合本台基层党支部开展帮困并策划连续报道。8月22日至24日，《同年哥讲新闻》栏目连续3天从两位老人因为车祸遭遇困境、广电台党员伸出援手、社会爱心人士收购老人种植的全部生姜等方面进行持续的助困帮扶报道，一个看似很小的新闻点，通过策划，带动了社会爱心人士的行动，为老夫妻实实在在地解决了困难。

三、团队出击，以活动扩大主流媒体影响

交互性是互联网新媒体最本质的特性，对于以组织性、单向性、受众对象模糊为特点的广播电视大众传媒来说，具有很强的互补作用。义乌市广播电视台在团队再造、融媒推进的过程中，各团队就充分开发新媒体的交互性优势，以送服务和招募参与等方式，举办各种活动提升社会影响力。2018年全台共策划开展"同年哥送清凉""鲜花送雷锋""时尚之星电视大赛""社区厨神大赛"等各项活动50余场，承办"浙江省2018军地联合抢险救援演练""第34个教师节庆祝大会""请你来协商——创建文明城市大家谈"等活动共计70余场，取得了良好的社会效益和一定的经济效益。

其中"5·12军地联合抢险救灾"实兵演练，在活动筹备的两个月时间里，台里先后抽调70多人组成专门团队负责活动的策划、执行、舞台搭建和直播录制等工作，其间修改演练脚本30多稿，彩排、演练5次，得到军地双方高度肯定和一致好评，金华军分区也专程为集团送来锦旗和感谢信，肯定义乌台工作人员强烈的政治意识、大局意识和责任意识。2018年7月到9月，结合全国文明城市创建主题，以《同年哥讲新闻》栏目为主体的"同年哥文化礼堂送清凉"活动连续3年举行，共计组织晚会14场，为义乌全市14个镇街的52个农村文化礼堂送去节目。每次活动从下午三点开始，融入医疗服务、保险咨询、现场调解、数字电视业务办理等公益服务，比如邀请了浙医四院医疗专家为村民提供义诊服务，银行、保险等专业团队为村民提供授信业务、保险咨询等。栏目团队也在活动现场设摊接受百姓求助，收到的12个纠纷问题，通过《娘舅来了》栏目调解员的现场调解，既化解了家庭和邻里矛盾，又扩大了栏目的影响力。从下午的公益服务到晚上的纳凉晚会，每场活动所在村文化礼堂都人气爆棚，村民如过节一般，大大提升了广电媒体和栏目的社会影响力。把电视活动送进农村文化礼堂，不仅提升了电视影响力，也为繁荣农村文化礼堂、丰富农村群众精神文化生活发挥了积极作用。"同年哥文化礼堂送清凉"晚会每一场时长两小时左右，快板、小锣书、小品等，平时难得上电视的村民，与主持人同台演出，参与劲头更足，所在镇街也在全镇精心挑选参演节目，农民自编自演的腰鼓、广场舞、旗袍秀等具有地方特色的节目轮番上阵，演出了农村的新变化，也演出了村民的精气神。2019年，"同年哥送清凉"活动扩展为"同年哥送春风""同年哥送清凉""同年哥送丰收""同年哥送温暖"等，成为贯穿全年四季的系列活动。

四、多点突破，循序渐进推进媒体融合

除了各中心和栏目不同层次团队的融媒演进，义乌市广播电视台还在对外协

作新闻宣传专门团队和镇街道融媒体中心建设上下"两头"谋求突破，循序渐进推进全台的媒体融合传播格局建设。

媒体融合传播，其实质就是面向全网传播。互联网新媒体平台上，并不存在严格区隔的"内宣"和"外宣"。传统媒体区域性特点明显，而新媒体直接面向互联网全网，其传播的触角由产品新闻价值的大小决定其传播覆盖的远近。因此，在融媒传播的理念指导下，县级台对外协作宣传上，不应再是传统的"以内宣带动外宣"，而应该是"以外宣驱动内宣"，以外宣带动内宣产品品质的提升。正是秉持这样的全新理念，义乌市广播电视台建立了专门的对外协作宣传团队，全媒体中心设分管外宣的副主任，统筹电视、广播、新媒体的外宣工作。改进技术平台支撑，稿件系统进行升级，设立线索库和稿件库。正是在"以外宣驱动内宣"理念指导和专门的对外协作宣传团队支撑下，义乌市广播电视台实现了主动对接中央广播电视总台央广、央视和浙江省广电集团浙江之声、浙江卫视的采访报道任务，与金华市广播电视台形成紧密协作，并积极应稿中央、省、市三级广播电视媒体的新闻宣传任务，连年实现了对外宣传的大丰收。2017、2018 年，义乌台上送央视分别播出新闻 149 条和 123 条，其中央视《新闻联播》分别播出 16 条和 13 条，成功跻身浙江省广播电视新闻协作全省上送中央电视台十强单位；上送浙江卫视播出新闻 372 条和 358 条；浙江之声播出稿件 292 篇和 265 篇。两年分别荣获浙江省广播电视新闻协作县级电视特等奖和一等奖、县级广播一等奖，荣获浙江卫视新闻"重大项目协作奖""浙江卫视 2017 年度新闻年度协作进步奖"等奖项。在全力开拓义乌广电对外宣传影响力的基础上，"爱义乌"APP、义乌城市网等互联网平台专门集纳推出外宣内容专栏，向全国、全省唱响义乌好声音，树立了世界"小商品之都"的良好形象，也一定程度让义乌市民和在义乌的世界各国经商者都了解了义乌的名气和名声，实现了对"内宣"的驱动。

如果说做好对中央广播电视总台央视、央广和省市广播电视媒体的外宣协作是向"上"突破的话，那么镇街道融媒体中心的建设则是一种立足基层、宣传下沉的探索实践。2018 年 12 月 1 日，义乌市广播电视台与苏溪镇党委政府联合建立了苏溪融媒体中心并开播《今日苏溪》栏目。苏溪融媒体中心依托义乌台宣传、网络等综合资源优势，以创新的手段为苏溪镇党委政府打造一个多功能的服务平台，除宣传展示之外，还有党建、文化建设等众多服务功能。到 2019 年 3 月，义乌市广播电视台已经与两个镇街联建融媒体中心。

在团队再造的基础上，义乌市广播电视台各团队在融媒传播的实践中也正在快速成长。在全力打造团队融媒传播能力软实力的同时，技术设备等融媒传播的硬件建设也在紧锣密鼓地推进中，以统一生产指挥调度为核心功能的指挥系统，具备将多渠道线索汇聚、节目选题总览、生产力统计等数据集中展示，以及选题派发、记者实时调度、业务流程控制等全业务流程调度功能。同时实现稿件审核之后，多渠道分发至广播、电视、新媒体（微博、微信、网络电视台、新闻客户端）平台，为新媒体端话题快速预热、传统电视端进行重大主题新闻报道和深度报道的业务流程再造提供技术支撑。拥有 6 个标准高清讯道和 4 路以上外来高清信号的融媒体直播车已于 2019 年 1 月交车，可通过矩阵灵活调度接入无线、航拍、4G 等信号，具备字幕功能，满足大多数现场节目录制、直播的需要。通过光纤传输，可与台内实现双向视频互传和融媒体平台直联。团队的再造和转型，硬件的提升和平台的建设，都为县级融媒体中心流程的再造打下了坚实的基础。

立足世界"小商品之都"，兼容对外对内两大宣传任务，面向互联网新媒体和广播电视多种传播平台，义乌市广播电视台的县级融媒体中心流程再造正在日渐成型，并发挥作用。

（作者系浙江义乌市广播电视台台长）

区县媒体融合应遵循三个导向

何　锋

如今，中央到地方各级媒体决策者都把媒体融合作为转型发展，拓展媒体影响力、提升竞争力、凝聚公信力的重要手段。2018年3月21日中央广播电视总台成立，决策者以"创新为要、以变应变"的改革思路加快广播电视融合发展进程，先行一步的区县台积极探索转型之路，通过整合采编队伍，打造中央厨房等新型运行机制，拓展以移动端传播为平台的新型信息产品，赢得更多话语权和竞争力，起到了排头兵、先行者的引领示范作用。在媒体融合发展中，决策者需要始终坚持问题导向、需求导向、效果导向，在融合中进一步增强舆论影响力、创新力、引导力、公信力，进一步提升媒体从业人员的凝聚力和向心力是媒体融合中决策者制定方案、推动媒体融合进程的出发点和落脚点。

一、坚持问题导向，融合中需解决的问题

1.解决采编人员不足、分散的问题

在现行媒体格局中，区县报纸、广播、电视、新媒体因为发展的历史原因，有各自独立的采编播流程，人员独立，办公场所独立，运行设备及工作空间独立，影响公众的传播渠道单一、封闭，无法为地方经济发展提供更加有效的信息传播平台。加上报纸与广播电视往往分别隶属于不同财政管理单位，由于人员经费和运行成本支付方式差异，人员、设备及产品无法共享，小而全的运行机制已成为制约媒体良性发展的瓶颈。区县媒体普遍存在从业人员待遇不均，对未来预期与现实严重脱节等问题，更多媒体陷入专业人员缺乏、骨干人员不断流失的恶性循环中。

2.解决运行平台单一、封闭的问题

区县报纸、广播电视采取封闭运作模式，拥有独立于其他媒体的运作流程，高度相似的采访力量被过度细化、分割。如对采访部门的功能定位，报社以条线划分采访区域及对象，而电视强调摄像与文字记者高度协同，采访区域及对象媒

体分类差异明显。对于同一信息源来说，文字信息有同一性，工作中出现不同平台因为采访者、采访方式、编稿流程差异，形成风格迥异的不同产品。对于采访力量普遍薄弱的区县媒体来说，是一种浪费的采访模式，需要媒体进一步融合，合并采访环节力量，达到"少投入多办事"的提升工作效能的需求。

3. 解决影响力、感召力薄弱的问题

区县媒体以地域为中心，不谋求更大范围影响力的思维制约了信息对外流动。而一张报，一个频道、一个频率的传统传播方式被以互联网为平台的新媒体传播打破了区域界限，任何影响民生的重大事件都能够传播到更远、更广的范围，形成更大影响力。当技术传播信息的方式发生变化时，单靠传统思维中依靠上级媒体扩大影响力的模式已无法适应城乡统筹发展中地区对引进技术、人力资源、提供金融保障等方面的吸引力要求，区县新闻从业人员的重新定位与重组已成为顺应新时代条件下提升媒体竞争力的必要措施。

二、坚持效果导向，融合中始终追求的目标

1. 形成地区信息集成中心

区县媒体是党和政府喉舌，是党和政府联系群众的桥梁和纽带，发布好党和政府的路线、方针、政策是区县媒体的责任与担当。融合后的媒体要继续坚持开门办台、办报原则，坚持三贴近原则，反映民生需求，更好展示地区经济社会发展。统一平台发布、统一信息发布标准，在坚持内容严谨统一基础上，坚持表现形式的不拘一格、百花齐放是媒体发展的有效途径。融合后的媒体除信息发布外，建成地区信息汇聚中心，坚持"不为所有，为我所用"原则，广泛依靠央媒、市媒及新媒体发布的信息，把各地形成的对本地区发展的有益经验及做法吸纳、集成到信息系统中，形成强有力的二次发布内容，积极拓展信息渠道，拓宽信息来源。

2. 形成舆论引导控制中心

对于计划、组织、协调、控制信息流程来说，信息发布者要明确评估发布信息后的效果。对于舆论导向来说，做到选题有计划，报道有重点，主题有深化是专业采编队伍应该发挥的重要职能。传播能够激发人们对美好生活向往的小故事、大情怀、正能量信息是各媒体的重要使命，也是人民群众对舆论传播最直接、最根本利益的要求。组织策划中心是区县媒体的指挥中枢，对于采访组织有重要影响力和控制力。信息发布后的反映情况通过大数据、云计算实时呈现，通过信息点击量、传播图表呈现的信息影响力，扬善抑恶，通过平台推介功能疏导信息流的传播态势，是以"中央厨房"为核心的技术平台的又一重要职能。

3. 形成服务信息的供应中心

信息最终服务于大众。对于影响民生的重要信息，比如交通、天气、突发自然灾害等信息，融合媒体比任何一家单一媒体更有优势，中央厨房可集成来自电

力、煤气、水务、公安、气象、地震灾害、交通等多部门实时信息，对外发布权威消息，在错综复杂的信息传播环境中，力挽狂澜、以正视听、引导舆论作用不容小觑，是媒体获得更佳影响力、公信力的重要契机。另外，发挥信息集成中心作用，在教育、娱乐等信息传播中发挥地区信息中心功能，提升受众黏性，进一步服务群众，提升区县媒体影响力。

三、坚持需求导向，融合中运用好加减乘除法则

1.融合过程是简政放权、市场化经营产品的过程

因为人员编制隶属于不同管理部门，媒体事业单位的行政化管理色彩浓厚，工业化体制下形成的信息制作流程重视各部门高度协同，重视产品的统一标准，在时效性、感染力表现中无法与信息网络化传播需求同步。在网络化条件下，区县媒体融合要建立产品导向、受众的需求导向为问题导向，大力培养采访、编辑、推送功能一体的全媒体人才，化整为零，进一步提升产品效能，保持第一时间向受众推出产品，并在新闻背景资料整合中保持先发优势，使权威信息更加权威，专业知识更加专业，生活信息更加便捷，制造出爆款级产品。保持人才在资源供应链条中始终处于先发、主动、活跃优势，以科学有效的评价机制激发人才的创造力和竞争力。

2.融合过程是打破媒体边界、推动产品精细化布局的过程

在网络化传播环境中，内容生产权力已从专业人士转化到自媒体人，内容分发权力也从专业人士转化到社交媒体，再到算法（人工智能）。产品分众化、目标化特性越加明显，多样化、碎片化信息服务能够赢得受众第一时间的关注、点击和互动，起到事半功倍效果。目前，报纸的大容量信息传播，广播电视的长时段播报已不适合快速传播信息需要，需要开发出方式更加灵活、表现主题更加生动的节目形态，辅助、替代现有的以线性流程为设计的节目形态布局，重新赢得受众认可。在未来信息传播布局中，报刊号、频道、频率呼号将渐行渐远，以内容信息为标志的传播需求越加旺盛，"内容为王"不仅体现在形态各异的产品布局中，影响力、竞争力、生产力也将体现在产品内容互动度、情感感染力中，最终表现在用户对产品购买力的增长上。

3.融合过程是统一采访力量、重塑编辑主导地位的过程

融合过程是发挥各方所长，补短板、塑强项的过程。重塑采编流程，"中央厨房"作用显著，产品是受众最直接的感受对象，塑造产品的制作人员能力将是产品质量最直接的保证。产品由后台编辑人员管控，这是节目审核制的需要，也是媒体传播好故事、正能量的保证。融合后的媒体编辑岗位需要复合型编辑人才，需要了解算法、自媒体、短音频、短视频的传播规律，一位编辑对应一个产品平台及一人多产品平台的工作模式必将大量涌现，如何协调编辑人员对采访人员的

支持、指导、协调功能将是检验媒体融合水平的量化标准。网络化管理模式的触角延伸到采访记者的动态布局，在动态中协调各方采访制作力量将是新闻调度指挥中心的优势，产品最终需要编辑人员修饰、把关、推送，编辑人员对产品整合、素材的综合运用能力是决定产品对观众感染力的重要环节。

四、融合中需警惕的现象

1. 人虽融机制不融

融合过程是重塑队伍、重建机制、重推产品的过程，不是轻轻松松可实现的机构调整。报纸杂志擅长深度报道，广播电视呈现形象直观，新媒体展现灵活快捷，不同媒体拥有各自传输优势。在各地媒体融合过程中，决策者需警惕形式整合在一起，实现共同办公，成立了一套新的组织机构，但产品制作流程依旧，从业人员待遇依旧的"节目依旧，我心依旧"现象，警惕"你还是你，我还是我"换汤不换药的形式主义。

2. 人虽融流程不融

因为财力所限，缺乏从技术上以中央指挥平台统一协调功能、采编流程并未以网络传播条件下的再造，无法展现融合后的新产品、新气象、新作为，无法做到"你中有我，我中有你""你就是我，我就是你"的最佳融合状态。无法在各类媒体结合处创造出新型叠加产品，无法实现效能大幅增长，简单重复加减法，如此表面相融实则重伤元气，贻误发展最佳时机。

3. 人虽融产品不融

融合后，还是原有产品组合。在人员恒定的基础上，产品无增长，影响力无变化，反而因为流程再造阻碍了原有优势产品质量保证。"金杯银杯不如百姓口碑。"百姓没有从中获益，地方政府没有从中获得更大的传播力、影响力，决策者需要警惕媒体融合演变成"圈内人"游戏，折腾到外行看不懂，自己有苦说不出的境地，防止出现"受众不叫座，记者不叫好、同行看不懂"的尴尬境地。

（作者系上海市松江区广播电视台台长）

江西分宜：县级媒体建设与运行机制重构

李建艳

从 2014 年中央下发《关于推动传统媒体和新兴媒体融合发展的意见》提出，"要遵循新闻传播规律和新兴媒体发展规律，强化互联网思维，坚持传统媒体和新兴媒体优势互补、一体发展"，到 2016 年党的新闻舆论工作座谈会上提出"融合发展关键在融为一体、合而为一"，再到 2018 年全国宣传思想工作会议上习近平总书记讲话明确"要扎实做好县级融媒体中心建设，更好引导群众、服务群众"，我国媒体融合从中央、省级主流媒体的融合已经延伸到基层县（市、台），并且将县级融媒体中心建设上升为党和国家宣传思想工作的战略任务。各级党委、政府、宣传部门要把抓好县级融媒体中心建设作为深入学习贯彻全国宣传思想工作会精神和新一轮广电改革的重点工作。

"四级办台"曾经是中国特色广电体制的重要一环，县级广播电视台是自上而下广电事业的基础支柱和神经末梢。我国 2300 多家县级广播电视台是县域最主要的媒体之一，拥有相对独立的机构、稳定的人员队伍和固定的办公场所，是县级实施媒体融合的主阵地和主战场。当前，县级广播电视台与其他媒体平台之间的融合不仅成为其生存发展、谋求未来的必由之路，而且是其巩固发展壮大的必然选择。2016 年以来，江西省分宜县积极探索符合县域实际的融媒道路，先行先试，以县广播电视台为主体，率先推进县属媒体改革创新，坚持机构融合先行、平台融合立本、延伸保障到位，成立正科级融媒体中心，重构县级媒体建设与运行机制，探索出一条县级传统媒体与新兴媒体融合发展的新路子，实现"一体策划、一次采集、多种生成、多元发布"，改革经验被新华社《国内动态清样》报道，得到中央领导批示，并在今年的全国文化体制改革经验交流会上做典型介绍，得到中央高度肯定。目前，已接待陕西、内蒙古、山东、四川、江苏等省内外 200多个县（市、区）同行考察交流。

一、机构全面融合，建"新阵地"

媒体融合发展作为当前互联网形势下的一次传媒革命，最关键的是传媒机构的改革和传媒资源的整合，所以，我们把机构融合放到首位来抓。媒体融合，并不是新兴媒体代替传统媒体，也不是传统媒体加上新兴媒体，而是传统媒体与新兴媒体相互激发、相互碰撞，产生化学反应。

1. 列为改革重点。新余市委将分宜县融媒体改革作为全市争创全省改革创新先行先试示范区的主要内容，出台《分宜县县属新闻媒体融合发展改革工作方案》，明确成员单位职责，作出详细安排；建立联席会议制度，强化工作调度，确保改革顺利稳步推进。

2. 整合媒体机构。将内部刊物、微信、微博、手机报四个媒体平台从县委宣传部剥离出来，将县广播电视台、网络传输中心从县文广新局分离出来，将县政府网新闻频道从县政府办分离出来，整合为一，成立分宜县融媒体中心，升格为县委直属正科级全额拨款公益类事业单位，归口县委宣传部管理。市编委会专题研究编制情况，在级别和编制数量上都做了加法，配强配齐融媒体中心领导班子，融媒体中心领导班子由原来的一个副科，升格为"两正三副"，其中主任、总编各 1 名，副主任 1 名、副总编 2 名。下设"两室三部"，即总编室、办公室和新闻采访部、编辑制作部、技术部。

3. 实现企事分开。成立一家独立核算、自主经营、自收自支的文化传媒公司，负责中心七个媒体平台的经营创收，"专业人做专业事"。中心和公司机构分开、人员岗位分开、业务流程分开、财务安排分开、考核评价分开，既保持采编业务的相对独立性，始终坚持正确导向、弘扬正能量，又保持经营创业和产业发展的生机与活力，做到了"两分开两促进"。

4. 保障延伸到位。增加配足编制，使融媒体中心编制数达到 40 个，允许人员不足部分以聘用方式解决，在岗人数短期内翻了一番。县财政以逐年增加预算和全额返还预算外收入等方式，保障融媒体中心基本运行、宣传报道、公共服务等核心主业的财政经费，同时将融媒软硬件建设及技术改造工程列为政府投资重点项目，安排 900 万元资金予以支持。在政府的支持下，分宜融媒体中心 2017年先后完成了统一的融媒平台建设和薪酬分配制度改革，从软硬件保障、内部管理、队伍建设等方面加以推进，激发了整体的内生活力。

二、功能深度融合，建"大平台"

统一融媒平台，是打通媒体间固有壁垒、推动媒体深度融合的根本所在，也是各媒体实现资源共享、提升新闻生产效能的必然要求。2017 年 4 月，分宜县融媒体中心新闻采编与运营管理的指挥中枢和中控平台建成并正式上线运行，包括一个200平方米的物理空间、一个智慧云平台软件、一个独立客户端以及一个移动采编系统，可调控中心所属媒体，高效、协作实现新闻产品的采集、制作与发布。

1. 移动采编，信息一次采集。改革后的融媒体记者更加精练，以前一个活动需要2~3个记者，现在由采访中心调度，一个记者就可以完成。开放的移动采编系统，不仅将记者现场采集的文字、图片、音频、视频同步到云稿库，还能更大限度发动群众采集信息，建立丰富的信息资源云库。

2. 云上编辑，新闻多样生成。新的采编系统打破了原有的平台界限，以"大编辑部＋垂直采编团队"模式，记者采写的文图、音视频等各种"食材"，经过"中央厨房"精心调制做成文字报道、图文报道、音频、视频、H5等各种新闻"料理"，端送到报纸、广播、电视、互联网、移动客户端等各大"餐厅"，挑动读者的味蕾。

3. 省市县联动，实现多元传播。为扩大传播力和影响力，分宜县融媒体中心与省、市媒体加强联动，记者将写好的稿子上传到"中央厨房"。中国江西网、江西手机报、新余发布、画屏分宜的编辑，马上进入"中央厨房"，按需加工编辑，然后在各自的微博、网站、客户端和手机网等平台进行分发，实现了省、市、县由下而上的三级联动。今年端午节期间，我县洋江镇举办龙舟竞渡和端午民俗活动，通过省、市、县三级互动直播，取得了很好的宣传效果。在线观看人数突破400万，仅分宜融媒体客户端直播点击观看人数就达到235万人次，是分宜县总人口的7倍，影响力和传播辐射力均超历史。中央电视台新闻直播间也积极参与进来，进行了连续直播。

三、聚焦新闻主业，产"优内容"

没有优质内容就没有竞争力。县级融媒体中心是宣传主阵地，应主动适应媒体格局新变化、新挑战，瞄准"新闻生产要快、新闻传播要广、新闻形式要活"的目标，担负新闻宣传和舆论引导的功能，拿好手中的麦克风，把传统媒体的稳与准和新媒体的快与活结合起来，主动亮剑、自信表达，明辨是非、扶正祛邪，在多元中立主导，抢占舆论高地，掌握话语权，巩固壮大主流思想舆论。

1. 坚持正确舆论导向。党性原则是党的新闻舆论工作的根本原则。党和政府主办的媒体是党和政府的宣传阵地，无论时代如何发展、媒体格局如何变化，党管媒体原则不能变。[1]在日常工作中，分宜融媒体中心坚持靠前指挥，强化政策保障，切实管好导向、管好队伍，当好党的声音的放大器，把宣传习近平新时代中国特色社会主义思想作为头等大事，加强选题策划，对中心工作、重大选题、好新闻进行采访前的策划，做到心中有数、忙而不乱。紧紧围绕县委、县政府提出的"四县"战略，发展"五大"产业，打造"两个基地"，建设"分外宜人地天工开物城"思路和目标，在项目建设、脱贫攻坚、农村七项重点工作、服务民生、扩大对外影响上下功夫。尤其是加大了经济的广度、深度报道，做到思想性、指导性、可视性有机结合，努力使新闻报道更好地体现时代性、把握规律性、富有创造性。

2. 提升新闻时效。利用融媒体指挥调度中心统一管理和移动采编快速编发功能，注重发挥多媒体的协作配合，让新闻快起来、活起来。规定时政新闻不过夜，当天的新闻当天及时播发；热点报道采取第一时间采访报道、新媒体发布、多平台滚动等方式，先以消息、简讯的方式在移动端首发，先入为主、先声夺人，再以画面、文字、通讯、新闻专题等传统媒体深度报道方式使观众和读者在最短的时间内获得详尽的信息，使报道更加立体、更有深度。

3. 做实新闻＋政务。打造的独立客户端"画屏分宜"集成所有媒体平台，向下打通乡镇村传播通道，构建起"分宜政务微矩阵"，共有 100 多个活跃账号入驻。开设了政务服务功能，为市民提供政务服务 23 项，涵盖教育、医疗、就业、旅游、食品安全等各个领域。开设问政栏目，回复并落实问政信息 32 件，回复率 100%。围绕解决百姓的"衣、食、住、行、玩、乐、购"等民生问题来打造开发相应功能，最终实现群众掌上办事"不排队、不跑腿、不找人"，增加便民缴费、文化旅游、交通出行、教育培训、健康养生等服务内容，使客户端融入受众，服务生产生活。

四、人员转型融合，建"主力军"

媒体的核心优势是人才优势。分宜县注重人员转型融合，着力打造一支政治过硬、本领高强、求实创新、能打胜仗的融媒体人才队伍。

1. 实行薪酬改革。制定出台全媒体考核评价和薪酬分配制度，建立以岗位责任与业绩为依据的薪酬分配制度，实行"基础工资＋绩效工资＋绩效奖励"的分配模式，实现了由员工身份管理向岗位管理的转变。统一采取"采编发数量＋优稿数＋网上供稿数量＋阅读点击量"为主的考核指标核算绩效，打破编内人员和编外人员的身份差别，用一把尺子量人才、评业绩，做到"同岗同责、同工同酬、优劳优酬"，极大调动人员的工作积极性和创造性，原创稿件增加一倍以上，原创优质稿件增加三倍以上。在 2017 年度第二十五届江西新闻奖评选中，两件广播作品和两件电视作品分获江西新闻奖三等奖，成为江西省获奖最多的县级媒体。

2. 提升人员素质。坚持每周召开一次新闻阅评和业务研讨会，邀请省、市资深专家每月开展一次全员专题培训，利用上级媒体记者来县采访机会派人跟班学习，利用每年承办百姓春晚、分宜最美人物颁奖晚会等大型文化活动进行直播实战，先后派出 30 余人次到外地学习考察，开阔视野，更新观念。

3. 推动转型升级。为打通宣传思想文化工作"最后一公里"问题，新余市委宣传部今年全面启动了市、县（区）融媒体中心记者下到最基层担任乡村宣传员的工作。按照市委宣传部统一部署，分宜县融媒体中心也派出 16 名记者编辑深入到 12 个乡镇（园区、办）的 157 个行政村（社区），担任乡村宣传员，每个人负责一个乡镇所有行政村的新闻宣传、社会宣传、理论宣讲、信息收集及融媒体的运营发展等工作，真正实现了县、乡、村三级全面融合，让党委政府与最基层实现了互通互联，一定程度上解决了基层群众人在下头、人在外头与干部机构在上头的矛盾。

五、拓展媒体平台，做"大产业"

县级媒体是党领导的基层媒体，主业是宣传，主业做好了才能实现发展。在融合发展中，分宜县七个媒体平台互为补充，互为支持，各有优势，传播能量在融合中集聚，赢得市场的认可。

1. 提升服务意识。面对新的舆论生态，分宜县坚持移动优先，鲜活的新闻素材第一时间通过移动端发送出去。同时，利用媒体融合后的各大平台的公信力和影响力，融合广告、大型活动策划、栏目合作、图文服务、信息发布等业务，打造信息最集中的新闻传播平台。与地方党政部门单位合作联办节目，与县卫计局联办了《健康分宜》栏目，与县就业局联办《职通分宜》栏目，与县城市管理局联办《城市之窗》栏目，与县交管大队联办《畅通分宜》栏目，报纸《分宜报》与各乡镇联办《改革开放四十周年》专刊，微信公众号《分宜发布》与县移民和扶贫局联办《脱贫攻坚》系列报道。与党政部门单位的合作不仅服务了当地干群，还树立了单位的形象，展示了合作单位的工作成效，赢得了群众的情感支持。

2. 承办活动增收。通过大型活动提升媒体形象和影响力，拓展经营创收渠道，是传统电视台应对竞争的主要方式。分宜融媒体中心依托原广播电视台品牌资源，下放活动资源给公司，每年策划、设计大型综艺活动，先后主办"声动分宜歌手大赛""少儿才艺大赛""形象大使"三个大型综艺活动，并接连开展第二季、第三季延续活动。抓住县委、县政府实施"文化活县"战略契机，组织策划大型节庆文化活动和群众文艺晚会。同时，配合并参与职能部门的大型庆典、晚会、大型展览、展销会，各职能协会的专业活动、会展，本地知名企业的庆典、年会、晚会等，将相关活动贯穿全年，如主办的警营文化成果展示汇演，卫计系统"最美护士"颁奖晚会，"红色家书"主题演讲比赛、重阳节晚会、少儿艺术节晚会等，目标明确，资金有保障，易操作、带动效益明显。

3. 拓展多种经营。除广告之外，还涉足文化产业，设计施工一些文化院墙改造、设施改造等工程，并计划参与投资发展潜力好的项目，比如文化教育培训，景观设计施工等，走多元化经营、综合性开发的产业发展之路。年经营收入较之前单纯的广播电视收入翻了 4 倍，实现了社会效益和经济效益的双赢，为媒体融合向纵深发展提供了有力的资金保障。

媒体融合发展只有进行时，没有完成时。目前，媒体融合发展还存在一些问题，比如，融媒平台技术还不成熟，传统媒体生产过程完全融合尚待时日；传播力度并没有达到很好的效果；渠道间同质竞争，内容与经营脱节，真正的融媒体作品不多等问题突出。发展中的问题，唯有在发展中才能迎刃而解。[2] 要以习近平新时代中国特色社会主义思想为指导，从党和国家的战略和全局高度充分认识县级融媒体中心建设的意义和作用，积极作为，抓住这一难得的历史机遇重大的政策利好，乘势而上，以主动有为赢得主体地位，把党和政府的声音传递到千家万户。

注释：

[1] 陈力丹：《坚持党性，尊重规律，以人民为中心——习近平新闻舆论观的两个要点和一个落脚点》，《新闻记者》2018 年第 7 期。

[2] 张雯鑫：《中国媒体融合未来发展呈现四大新趋势》，https://www.pishu.cn/psgd/517115.shtml.2018 年 3 月 1 日。

（作者系江西分宜县融媒体中心总编辑）

县级融媒体中心建设的"辩证观"

王锐锋

"有上则有下，有此则有彼。"唯物辩证法要求全面、客观、系统地来看待事物内部以及事物之间矛盾双方的对立与统一，从内在联系去把控统一性、掌握普遍性、认识特殊性。

县级融媒体中心建设也不例外。

麻雀虽小，五脏俱全。县级融媒体中心建设在规模上虽然不及省、市级主流媒体，但在作用发挥上，却承担着全国县域治理、夯实基层社会管理职能的重要"抓手"角色，在贯彻落实党中央重大决策部署、巩固壮大主流思想舆论阵地的融合实践中，发挥着重要的作用。因此，要在坚持创新、协调、绿色、开放、共享的发展理念下，借助辩证思维，客观、系统、全面地看待传统媒体与新媒体的优劣势，全面地看待媒介生态环境，着力探索县域媒体转型发展的新路径，用互联网思维，努力构建传媒新格局。

用辩证法来统领县级融媒体中心建设全过程，就是要协调好局部和全局的关系，统筹好当前和长远的关系，处理好重点和非重点的关系，要紧跟时代风口、关注新技术、学习新模式，做到不摆不摇、不等不靠、不立不破，研究把握新特点和新规律，自觉按辩证法办事，统筹好媒体"新四大关系"，牢牢掌握意识形态工作的领导权、管理权、话语权、主动权，让融合真正成为传媒事业和产业发展的强大引擎和不竭动力。

第一，坚持"守正"与"创新"相统一。

"守正创新"充分体现了新形势下宣传思想工作变与不变的辩证规律[1]。在推进县级融媒体中心建设过程中，加快"主力军"挺进"主阵地"步伐，"守正"是基础、是前提，坚持"守正"，"创新"才有明确的方向，才有坚定的立场。"创新"既是世界观、又是方法论。持续"创新"，"守正"才能获得源源动力，才能行稳致远。

要创新内容，增加"有效供给"，要创新表达，提升"内容魅力"，要创新技术，促进智能传播，要创新平台，进军"主阵地"，要创新机制，保障"融合聚力"。

坚持守正创新，重在人才。以"四向四做"为目标和要求，强化人员队伍政治能力提升、专业本领提升、优良作风提升，实现人才引进与现有队伍转型相结合，实现引才与留才、用才相结合，守"初心"、担"使命"、强"四力"，打造一支守底线不逾矩、敢创新勇开拓的新时代人才队伍，激发内生张力，激活发展氛围。

第二，坚持"供给侧"改革与"关停并转"相统一。

媒体行业的供给侧结构性改革，要围绕"去产能"入手，整合媒体人财物资源，在源头处真正把握传播的价值，节约资源和成本；围绕"去库存"入手，优化媒体产品结构，提升传播效率的同时，解决受众连接失效、市场蛋糕流失的问题；围绕"去杠杆"入手，坚守价值传播，始终认清出发点是"事实"，保证线是"导向"，创新路是"形式"，摒弃那些舍本逐末的发展理念；围绕"降成本"入手，改善传媒行业的经营状况，确保产品及服务物有所值，重塑媒体移动端品牌影响力；围绕"补短板"入手，利用技术优势提升传播本领，利用市场竞争激活内生张力，最终实现提质增效。

媒体供给侧改革的切入点，是必须去产能，提高有效供给 [2]，提高产品质量，以推动深度融合为契机，实现有序关停并转，对媒体种类、布局、结构进行优化调整，逐步解决功能重复、内容同质、力量分散的问题，坚决淘汰落后产能，推动媒体集约化、差异化、高效率发展。

第三，坚持"新闻+"与"媒体+"相统一。

新传播环境下，部分传统媒体眼光仅囿于新闻生产，多元化产业发展和市场经营能力严重下滑，入不敷出；而部分新媒体为追求多样化市场生存，在融合的过程中逐渐迷失了自我，忘记了主流媒体的职责使命，忘记了"初心"。

其实，"主流"的要义宗旨，就在于媒体新闻宣传主业功能的发挥，在融合转型的过程中，必须坚定不移地做好内容生产，在做好"新闻+"这个核心业务的基础上 [3]，运用互联网思维，通过"媒体+"带动多元化产业发展，坚持新闻宣传主业与多元化产业发展"两手抓""两手硬"。

坚持以市场和客户需求为方向，创新内容生产、创新传媒语态、创新传播方式，构建起种类丰富、吸引力强的"新闻+"内容生态。在坚持做好新闻宣传主业的同时，着眼于自身品牌影响力、公信力和资源优势的发挥，突破传统经营发展模式，积极拓展跨行业、跨地区、跨领域市场业务，构建起合作潜力巨大、发展前景光明的"传媒+"生态体系。

第四，坚持"一体化"发展与保障"个体利益"相统一。

"一体化"发展，就是要以县级融媒体中心平台建设为核心，通过统一的新闻指挥调度系统，打通云端、夯实终端，创新传媒语态、拓展传播渠道，实现平台阵地、人员队伍、组织管理、技术创新等"融为一体、合而为一"。

同时，通过共建共享，协调好省、市、县三级力量，利用好各种资源，发挥好各方优势，树立"大宣传"工作理念，通过"一盘棋"统筹、"一张网"思维、"一块屏"战略，讲述"好故事"，奏响"交响乐"，唱响"大合唱"，真正实现资源共享、制度共融、发展共赢。

但同时也要尊重好、发挥好、保障好单一媒体的功能和作用发挥。以"四全媒体"为目标，发挥好单一媒体的介质属性功能，发挥好图文、音视频等移动采编播技术特长，实现融产品打造取长补短、优势互补，创新传媒语态，满足受众多样化需求。发挥好单一媒体的市场功能，在分众传播领域、在垂直领域凝聚受众、抓住市场。发挥好单一媒体品牌影响力功能，充分利用党媒、主流媒体公信力背书，通过线下活动获得事业产业大发展。坚持"一体化"发展与保障"个体利益"相统一，真正实现"大河有水小河满，小河无水大河干"。

第五，坚持"扁平化"管理与精简"层级结构"相统一。

在传统体制下，媒体内部层级结构复杂，高层决策者、中层管理者、基层执行者、一线操作者之间形成了一个"金字塔状"的管理链条[5]，这是PGC（媒体专业内容生产）模式运行的基础，但随着UGC（用户内容生产）规模地不断扩大，这种层级结构也逐渐与新的传播环境不相适应。

组织结构扁平化，是指通过减少管理层级、扩大管理赋权、裁减冗员等建立起一种紧凑的横向组织，它强调系统的灵活性、管理层级的简化、管理权限的增加与分权，其最显著的特点在于快捷高效。

坚持"扁平化管理"与"精简层级结构"相统一，就是媒体内部要树立围绕受众进行新闻生产服务的思想，强化服务意识；要推行业务和管理流程简明化，形成简约、高效的运转和管理流程；要制定快速应急反应机制，应对各种突发事件及舆情，随时提供优质高效的后勤和管理保障；要适应跨界发展、分工合作等趋势，增强借势发展理念，通过多种路径拓展与外部空间对接，实现更快更好地发展。

第六，坚持"内生张力"激活与"严格管理"相统一。

"口无遮拦、心不设防"曾经被一些媒体视为座右铭悬挂于宣传墙上，从企业文化塑造方面来讲，敢说真说、简简单单做一名编辑记者，这样的氛围无可厚非。但对于主流媒体而言，对于追求党性人民性相统一的党媒而言，讲政治、懂规矩，又要求对媒体内部必须进行严格管理，严格发声。

通过媒体文化塑造、管理制度的完善以及适当的激励措施，媒体内生张力的激活与实行严格的管理并不相悖。

媒体文化向心力的营造，需要围绕员工的生存和发展需求出发，从精神层面以"柔"的理念，培育共同的行为准则和理想信念，并且能够从制度层面对软实力加以巩固、强化和完善。制度的"刚"性原则，要使员工的利益得到体现、发展得到保障，环节体现公平，程序彰显规范，执行落实严格，真正实现管理的"刚柔并济"。二者相辅相成，媒体文化需要制度的约束与保障，而制度化管理又会成为激活内生动力源泉的内核，从而真正实现"人有多自律，就会多自由"。反之则不然。

第七，坚持"借力发展"与"自主创新"相统一。

媒体融合是借力发展与自主创新相统一的矛盾体，例如，借力技术公司，进行新型生产平台打造，借力渠道运营商，扩大传播范围，借力社交平台，扩大品牌影响力，借力电商平台，探索多元盈利模式，借力社会资本，为发展注入新鲜的"血液"等，这些借力都属于融合的"外因"，对于"内因"而言，更多的是依靠媒体自身的"自主创新"。

从长远看，作为市场竞争主体，县域等主流媒体必须加强自主建设和自主研发，提升创新能力。通过与省级平台等合作，搭建平台、拓展应用、探索转型、提升实力，增强竞争能力，提升话语权。

媒体融合是全要素融合，既要重视外因，借助他人之力，更重要的是通过自主创新，充分运用好外因、内因双重因素，发挥好借力与自力更生两种途径、两种手段，统筹协调，形成合力，才能为深度融合提供不竭的动力。

第八，坚持"社会效益"与"经济效益"相统一。

县域媒体转型发展，除了必要的财政兜底之外，大部分还必须依靠自身的市场化运营和产业化发展来进行"造血"，在这个过程当中，不可避免地会出现盲目追求经济效益而忽视社会效益的行为和举动，出现打"擦边球"等一系列问题。

"双效合一"是很多媒体在实践中所追求的目标，要坚持社会效益优先，巩固社会效益的核心地位，同时采用多种手段、探索多种路径，不断实现经济效益的新突破，进而扩大社会效益影响，通过良性互动，增强抗风险能力。

正确处理二者之间的关系，首先是要服从，当二者产生冲突、矛盾时，经济效益要服从社会效益[6]，持久关注点是结合，大多数情况下，要促进并实现社会效益与经济效益的统一。要进一步强化服务发展的大局意识，不能打着技术中立、算法没有价值观等幌子放弃社会责任，决不能让媒体融合发展失去灵魂而屈服于资本和利润。

第九，坚持"优质内容生产"与"先进技术驱动"相统一。

我国新媒体领域"强技术、弱内容"的产业格局经过几年的深度融合发展仍然未能得以有效突破，这是不争的事实。

党中央高瞻远瞩，提出技术与内容一体两翼、双轮驱动战略。技术是发展的原动力，但内容才是媒体生存立足的根本，在实践操作中，应该坚持优质的内容生产与先进的技术应用相结合。无论将来媒介形态如何变化，受众对于内容信息服务的需求不会变，内容对于技术的内化需求也不会一成不变，二者要不断实现最佳地结合，才能保证旺盛的生命力。

内容创业的关键，是要给内容插上"技术翅膀"[7]，通过产品的技术赋能，让媒体专注于内容生产、运营，让技术公司提供技术支撑，只有技术和内容并重，强强联合，融合发展才能取得根本性突破。县域主流媒体在融合实践中，一定要坚持内容、技术两手都要"抓"，两手都要"硬"。

第十，坚持以"用户"为中心与"反三俗"相统一。

媒体以用户为中心，就是在议题设置、栏目设置、产品生产、渠道传播等方面，要根据用户的需求来进行适销对路的生产与传播。尊重用户并不是一味地满足，一些互联网技术平台和一些自媒体平台，根据素质参差不齐的网民受众的接受习惯，通过所谓的"算法"进行千人千面地产品推送，把关角色逐渐丧失，评价标准丧失，道德标准丧失，这就给"三俗"内容泛滥提供了空间。

服务不等于盲从，主流媒体在服务的过程中一定要有自己的"主心骨"，要在服务网民受众的过程中实现引导，用主流价值纾解"流量焦虑"与"算法焦虑"[8]，强化把关角色和把关职能作用的发挥，通过算法"人工赋能"净化产品推送流程，在坚持社会主义核心价值观的前提下，融"众人之力"、聚"众人之智"，用社会责任规范"内容创新"。

第十一，坚持"线上"思想宣传与"线下"传习实践相统一。

要实现县级融媒体中心、新时代文明实践中心、志愿服务中心一体化发展，要以线上抓思想宣传为引领，线下传习实践为补充，共同夯实县域传播阵地。

做好线上思想宣传，就是要做好相关传习内容产品的生产与制作，做好相关传习计划的制定与实施，加强对传习队伍的培养，做好相关督导落实工作，建立健全相应的考核机制、效果评估机制等。

目前县级融媒体中心开展的线下传习活动，都要根据自身的特点和当地的实际情况展开，要在扩大覆盖范围的同时，丰富内容形式，围绕"六传六习"编写传习教材，创新教学设计，组建传习队伍，抓好具体落实。把握"传"这个基础，抓住"习"这个关键，坚持线上思想宣传与线下传习实践相结合，要持续探索更具特色的传习方式，打造多功能传习平台，探索多样化传习渠道，多创作一些有思想、有深度、有温度的作品，努力开创"互联网＋宣传＋传习"的工作新格局。

第十二，坚持"公有云"建设与"私有云"作用发挥相统一。

县级融媒体中心构建，坚持"公有云"共建共享与"私有云"功能发挥相结合。

"私有云"具有安全、可预测成本、定制化、独立性、提升灵活性和扩展性等优势，但同时也具有总体成本高、管理复杂性、灵活性、扩展性和实用性有限等劣势[9]。在与省、市级主流媒体进行融合时，在建设成本、安全性能、版权维护、保密性能、功能维护、升级运维等方面，应当充分发挥"私有云"的优势特点。同样道理，对于省、市级主流媒体而言，在"公有云"平台打造上，可以为县市区媒体提供一个安全性、性价比、便捷性等方面更高的平台，实现"公有云"与"私有云"的优势互补，对于二者来说，都是大有裨益的。"公有云"全力打造全局性、生态级、智能化的融合平台，"私有云"依托"公有云"实现百花齐放，功能模块和内容模块可以实现任意搭配，共同构建县域"新闻＋政务＋应用"产业发展模式，打造全新跨区域融合服务平台。

【结语】

在县级融媒体中心建设过程中，有许多矛盾体都是相互依存、相辅相成、相克相生的。围绕着谁主导、怎样建、怎样管、怎样用、怎样连、怎样转等核心问题，要坚持用系统的思维、辩证的观点，抓主要矛盾、抓矛盾的主要方面，同时也要抓好次要矛盾、抓好矛盾次要方面问题的解决，在对立统一中敏锐地发现问题，从全局角度提出问题，系统地分析问题，全程地研究问题，综合地解决问题，协调解决好"正能量、建得全、管得住、用得好、连得牢、转得稳"等重点环节，用心下好"一盘棋"，真正将县域媒体融合改革推向深蓝。

注释：

[1]慎海雄：《以守正促创新　以创新强守正》，《求是》2018 年第 19 期。

[2]杜一娜：《媒体供给侧改革如何找准"症结"》，《中国新闻出版广电报》2017 年 3 月 21 日。

[3]孔德明：《从习近平新闻工作重要论述中汲取力量》，《新闻战线》2018 年第 12 期。

[4]徐树青：《关于构建大宣传格局的几点思考》，《求知》2009 年第 6 期。

[5]毛世平：《金字塔控制结构的影响因素及其经济后果》，第 12—15 页，经济科学出版社 2008 年版。

[6]黄力之：《文化的经济效益应服从社会效益、市场价值应服从社会价值》，《理

论导报》2015 年第 9 期。

[7] 杨骁、张雪娇：《为融合发展插上"技术翅膀"》，《中国新闻出版广电报》2016 年 4 月 12 日。

[8] 高菲：《传统媒体新闻客户端的现状及其发展建议》，《新闻战线》2018 年第 13 期。

[9] 杨红波：《公有云 VS 私有云》，《中国教育网络》2016 年第 10 期。

（作者系河南广播电视台编辑）

"融"字当头谋发展　走出困境天地宽

——县级融媒体中心建设的"项城模式"

许忆桐

作为河南省的一个县级市，周口项城市把宣传思想文化工作当作"书记工程"和"民心工程"来抓，深入推进县级融媒体中心建设，"融"字当头谋发展，主动作为促创新，在全国县级广播电视台普遍不景气的大背景下，巩固强化基层思想舆论阵地，抢占价值洼地，获得大量基层用户，媒体融合不仅融出了政治效益、社会效益，还融出了经济效益的逆势上扬，2018 年收入突破 3000 万元，比 2010 年的 280 万增长了十多倍。2017 年项城广播电视台荣获全国县级十佳电视台称号，并连续两届荣获中国市县广电媒体 20 强。2018 年 6 月 13 日，中共中央政治局委员、中宣部部长黄坤明莅临考察调研，对项城融媒体中心发展给予高度评价，称赞树立了标杆，创造了"项城模式"。2018 年 8 月 25 日项城市融媒体中心建设情况荣登央视新闻联播，受到全国关注。2018 年以来，先后有来自全国 26 个省（区、市）300 多个县市的 3200 多人到项城参观学习融媒体中心建设的经验。

融媒体，打造新型媒体平台

项城市位于河南省东南部，总面积 1086 平方公里，人口 126 万，辖 21 个镇。项城广播电视台改革之前观念陈旧，设备老化，两套硬盘播出设备，每天至少两次死机；4 条非编机，5 年没有得到更新，节目质量低下，广告急剧下滑，最困难的时候，全台月收入不到一万元，到了靠贷款发工资的地步。

2016 年 10 月，为创新建强基层主流媒体，项城市先行先试，大胆改革，在项城广播电视台的基础上成立了项城市融媒体中心。项城市委印发了《关于完善融媒体中心发展的实施意见》和《项城市融媒体指挥中心管理暂行办法》，为融媒体中心的规范管理、健康发展提供了政策支持和制度保障。

项城市融媒体中心的发展首先是从融媒体开始的。为适应全程媒体、全息媒体、全员媒体、全效媒体发展趋势，先后投资3000万元，高标准打造新型媒体平台。融合市电台、电视台、《项城市讯》和《项城瞭望》传统媒体的新闻资源，成立融媒体中心。建成项城网、瞭望项城官方微信、微博、"印象项城"微信公众号、手机APP客户端等新媒体，整合全市70家网站、42家微信公众号，形成了功能完备、覆盖全面的"一中心八平台"多元传播矩阵，实现了传统媒体与新兴媒体在内容、渠道、平台、经营、管理等方面的深度融合。

2018年，与中科大洋合作，启动了"项城市融媒体中心中央厨房项目"建设，购买直播车，建设了360度的演播厅，添置了采编播高清设备，建立了统一调度的融媒体指挥中心，打造了一个集新闻选题策划、指挥调度、全媒体稿件、全渠道发布以及传播效果分析等多功能系统于一体的全媒体平台，建成了"一体策划、一次性采集、多种生成、多元传播、全面覆盖"的现代化媒体传播体系，并且统一管理、统一运营、统一发声，形成了新媒体首发、全媒体跟进、融媒体传播、资源共享、上下贯通的全方位立体传播格局。

为营造积极健康、昂扬向上的主流舆论氛围，在重点工作推进中，坚持舆论先行，多角度宣传，让群众和干部看到市委市政府的决心信心，同时对乱作为和不作为的，加大曝光力度，融媒体凝心聚力的作用日益增强。聚焦服务民生，推出"脱贫攻坚""乡村振兴""环境整治"等系列专题，访问量达百万以上。开设新时代文明传习专栏，开办"项城动态""图解新闻""学习视频""学习有声"等栏目，把党的声音精准传递到千家万户。在重大舆情面前，融媒体中心积极介入，响亮发声。在项城市"三违"整治中，利用融媒体中心舆情监控平台，及时发布拆迁相关政策，加大舆情引导力度，积极为群众解疑释惑，营造了风清气正的舆论氛围，维护了全市社会大局的和谐稳定。

积极引入航拍、H5、动漫、游戏、三维动画等多种技术，丰富报道手段，提升新闻采编效率；引入抖音、快手等平台，使新闻传播效果最大化。融媒体中心建设带来的显著效应就是帮助基层媒体重新塑造了主流地位，让正能量更强劲，主旋律更高昂，传播力、引导力、影响力、公信力得到大幅提升。

融资源，拓展多项服务功能

一个县域的政治经济文化资源是当地媒体生存和发展的源泉和动力。融资源就是要把一切政府资源和百姓刚需资源，所有与服务相关、与生活相关的资源，都通过融媒体手段整合起来，充分发挥融媒体硬件软件"互联网+"升级带来的巨大动能，通过各项垂直应用的渗透和各类便民惠民服务的聚合，把服务拓展到政务民生的方方面面，深度渗透本地社会、政治、经济、文化和人民日常生活，为当地党委政府和人民群众提供丰富多彩的服务，让广大基层群众在共享互联网发展成果上有更多获得感。

作为基层主流媒体，只有发挥党和政府的执政优势，把体制内从上到下各个方面的资源聚合起来，才能在新媒体环境下形成竞争力。项城融媒体中心延伸服务触角，做到应加尽加、应融尽融，打造"媒体+"模式，建设多渠道综合信息服务平台，为融媒体发展提供强大可持续的原动力，走出了一条"主业突出、多元并举、跨越发展"的媒体融合转型升级之路，成为项城经济发展的"助推器"和服务民生的"连心网"。

首先是"新闻+政务"模式。项城融媒体中心不但打通了与县域党和政府各级组织和各个部门的联系，也打通了与本土各类企事业单位的联系，全市的文化教育、公安消防、城管执法、交通安全、环境保护、安全生产等职能部门及各个镇办服务中心全部并入融媒体综合服务平台，为群众打造"指尖上的服务窗口"，实现政务服务线上线下融合发展，政府运行更加高效、群众办事更加便捷。项城法院创新工作方法，通过融媒体中心电视平台曝光失信被执行人356人次，通过交通广播"936"以"以案说法"发布典型案例131件，通过"项城云"APP平台直播集中执行5场次，关注网友130多万人次。法院执行工作成了项城群众茶余饭后谈论最多的话题，给失信被执行人造成强大的思想压力，115名失信被执行人迫于执行的压力主动还款。

其次是"新闻+服务"模式。群众在哪里，宣传报道的触角就伸向哪里，宣传思想工作的着力点和落脚点就放在哪里。项城融媒体中心设立市长信箱、市长热线、群众爆料、民生诉求、业务查询等功能，融媒体平台一头连着群众，一头接着党委政府，群众可以通过网络解决所需所盼。融媒体中心成立有"帮忙团""维权哥"，只要用户有需求，融媒体中心第一时间反应并解决。比如突发信访事件，融媒体记者及时赶到现场，把老百姓声音传回，各职能部门做客演播厅，对信访群众一一解答问题，给出处理措施，当即解决问题，很多突发事件迅速及时得到化解。再如融媒体中心的智慧城管，在推进文明城市创建工作中发挥了出人意料的效果。对辖区内的井盖、路灯、垃圾桶等城市管理功能实行网格化监管、数字化监控，市政设施一旦损坏，融媒体指挥中心受理后，立即督促相关部门更换处理。项城市文化站、图书馆、豫剧团与镇文化站、村文化大院等公共文化资源深度融合，打通了文化惠民的"最后一公里"。走进项城城乡，戏剧演出、电影放映、图书推荐、讲座培训等文化活动随处可见，想听想看想娱乐，手机点击一键就能获取。

此外，"新闻+电商""新闻+健康养老""新闻+精准扶贫"等模式层出不穷。甚至连公交站牌、户外广告、旅游景点等资源，都成了融媒体中心拓展服务的新增量。2018年项城融媒体营收3000万，通过资源整合所产生的服务带来的价值超过80%。拓展服务功能打破了县级电视台靠广告活命的惯性，资源融合让沉寂多年的广电媒体走出低谷，浴火重生。

融机制，激发媒体内在活力

随着媒体融合发展纵深推进，建立与新型传播体系相适应的运行机制、用人机制和激励机制势在必行。经过三年的实践，项城市融媒体中心蹚出了一条成功的路子。

长期以来，项城市广播电视台资金来源包括财政拨付、广告创收和项目专款等，收入不稳定。人员组成身份各异，相互混杂，有公务员、事业编和编外人员等，分配机制也不尽合理。融媒体中心的建立和运转，给机制融合创新提供了契机，由此也打开了融媒体中心走向美好生活的新通道。融媒体中心坚持自我发展和政府扶持"两条腿"走路的方针，充分调动人的积极性，激发内部活力，培养自我"造血"功能，为长远可持续发展打下坚实的基础。

一是机制创新。适应新媒体时代发展的需求，首先是去行政化，去事业化，实行企业化管理，推行全员竞聘制。项城融媒体中心被定位为正科级事业单位，中心主任由宣传部副部长兼任，推行频道总监负责制和中层领导竞聘制。从2016年起，打破身份限制，自主招聘人员，优化人才结构。融媒体中心内设的几个分中心，全部实行竞聘上岗，每个岗位公开演讲，进行考核打分。选出的将再选兵，并建立淘汰制，被淘汰员工有一周时间自己选择岗位，如果没有岗位留用，自动下岗。

二是管理创新。员工一视同仁，能上能下，能进能出。实行绩效考核制、零基本工资制、数据考核制，实行同岗同责，同岗同薪，员工多劳多得。打破论资排辈的传统，杜绝混日子的现象，先清理出零出勤员工，留下来的员工，全部进行绩效考核。项城融媒体中心建立了一套科学规范的考核机制，每天对每个员工所做的工作量化打分，每个月公开张贴绩效得分和工资，连续三个月在所属部门倒数第一位，自动淘汰。第一轮绩效考核，每人拿出工资的60%做绩效。根据个人工作量、新闻信息点击量核发工资，收入从几百元、几千元到上万元不等。项城融媒体中心一线员工平均年龄只有26岁，实行一人全岗，没有星期天和节假日，有时甚至通宵达旦。在这个豫东小城，只要有能力，年轻人可以当领导，工资可超万元。

三是人才培养创新。项城市融媒体中心与郑州大学、浙江传媒学院进行战略合作，并聘请全国30多位专家组成智囊团，为融媒体中心建设把脉问诊，并解决发展中存在的问题，提供强有力的技术支撑。中心每年从高校招聘专业技术人才，对招聘的高端人才按照规定标准发放安家费和生活津贴。在开展人才引进的同时，项城市融媒体中心更注重自身人才队伍的建设和培养，要求每个人成为"四能"人才，即能写、能拍、能说、能制。中心采取请进来和走出去的办法，提高全员整体素质，打造融媒体中心成为"全员皆骨干"之队伍。

融受众，建立自己的用户群落

媒体融合是传播手段、传播技术、传播内容的融合，更是媒体与受众的融合，这是融合的核心和第一要务，也是基层媒体能否闯出一条生路的关键所在。在初步完成资源整合并平稳过渡到流量导入后，项城融媒体中心坚持一切从用户需求出发的运营理念，在扩大自身影响力的同时，积极获得用户情感上的归属与认同，加强用户开发和数据管理，建立自己的用户群体，逐步实现自身长远利益和价值。

作为最接近群众的基层媒体，项城融媒体中心把地理社区与网络社区结合起来，适应分众化传播趋势，突出本土化和接近性原则，提高信息供给质量，营造了风清气正的舆论环境，与人民群众建立了广泛而深厚的联系。

内容创新是增强融媒体中心用户黏性的主要手段。项城融媒体中心根据市委、市政府工作分成不同的主题，对标设计不同的选题，让全民参与互动，话题喜闻乐见，在互动中把党委政府的工作传递到基层，凝聚全市人民的共识。高度关注百姓的柴米油盐和衣食住行，接到群众热线电话，第一时间跟踪报道，直至问题解决。融媒体客户端每天就热点新闻发表看法，并根据受众反馈的微博线索进行追踪互动，让受众在互动中传播，成为新闻事件的参与者和见证人。

在新时代文明实践活动中，利用融媒体主阵地开设线上实践栏目，让文明实践"广播天天讲、电视天天播、网络天天发"，凝心聚力作用日益增强。市镇村三级实践场所都成立了融媒体中心记者站，在线上及时传送线下的鲜活新闻素材，充分利用广电优势，借助大屏推动小屏，小屏产生互动，内容相互倒流，每天生产近百档本土节目，实现了广播视听化、电视小屏化、直播互动化。在宣传群众、教育群众、关心群众、服务群众方面精彩展现，亮点纷呈。

项城融媒体中心坚持移动优先原则，与杭州凡音融媒合作，引进先进技术，双方联手高标准打造"中国融媒一号"APP，主打"新闻资讯＋直播＋社交＋互动＋营销"业务，借船出海、借梯登高。"项城云"APP安装用户达到35万，成为兼具政治思想引领、培育文明新风、传承优秀文化、提供便民服务等多种功能的综合性宣传服务平台。项城融媒体中心同时维护着1000多个微信工作群，有粉丝60多万人，直接联系全市126万群众，他们既是项城融媒的受众，也是媒体信息的提供者、新闻内容的生产者。融媒体中心APP已经走进寻常百姓家，成了男女老少每天必刷的客户端。

APP每天可同时进行26路直播，每周策划三次以上联动直播，每次直播点击量达到30万＋，互动话题上万条。积极挖掘优质内容，借助微视频打造爆款产品，产品融入动漫、H5等元素，使内容生动有趣，每个微视频都能达到10万＋或20万＋的点击量。实现了广播视听化、电视小屏化、直播互动化、内容碎片化。

融媒体中心在手机APP抛出一个话题，可以搅动整个项城市的神经，推出一个直播，点击量达十几万，引起各职能部门和老百姓的普遍关注。每天手机 APP 都会推出不同的选题，吸引全项城市人民参与互动。项城融媒体中心曾利用省级 APP 发起"晒晒天空的云"随手拍征集活动，绿水青山的生态理念和热爱家乡的情感共鸣，引发 10 万人参与，话题浏览量达 25 万。与老百姓日常生活的高度融合展现出了项城融媒体发展的光明前景和无限生机。

（作者单位：河南周口市广播电视台）

借梯上楼　借船出海　抱团发展

——甘肃省庆城县广电全媒体改革融合创新实践

王立平　刘　阳　姚宏伟　张海鹏

广播电视作为传统媒体，长期以来扮演着传播主渠道的重要角色。但是，随着新媒体的诞生发展，人们接收信息的碎片化、个性化、随意化、多样化，使传统的广播电视遇到了前所未有的严峻挑战，同时也带来了前所未有的发展机遇。县级广播电视台作为基层党委、政府的舆论主阵地，在挑战和机遇面前，如何迎接挑战、抢抓机遇、走出一条适合县级台发展的新路？庆城县广播电视台对此进行了尝试和探索。

庆城台始终坚持正确的舆论导向，围绕县委、县政府的中心工作开展宣传，以地方特色为优势，以创新创优为品牌，以多项改革为动力，以全媒体打造为目标，采取"借梯上楼，借船出海，抱团发展"的创新之路，在媒体融合、体制机制改革创新、内容生产为王、学术理论研究、全媒体人才培养五个方面，走出了一条融合发展的新路，在营造全县改革开放氛围，扩大庆城对外影响，塑造庆城形象，加快全县经济社会全面快速发展中担当了主流媒体的角色，形成了"节目创优、人才培养、理论研究、媒体融合、改革创新"五位一体的独家办台风格，取得了显著的成绩。

庆城台除开办广播电视节目外，还与新华网、今日头条、牛肉面、掌中庆阳、看清等新媒体融合，自主研发打造了新媒体客户端"庆城TV"和庆城台官方微信平台及微博，实现了"两微一端"和五个新媒体客户端的融合。经过改革，庆城台现下设全媒体行政管理中心（党政管理室、财务管理室、总务管理室）、全媒体新闻策划采集中心（新闻策划部、新闻采集部、栏目采集部、数据处理部、播音主持部、对外联络部）、全媒体新闻刊播中心（新闻直播部、媒体发布部、技术运维部、安全播出部）、学术理论研究室、西北师大传媒学院大学生实践实训基地等五个职能部门。

一、把握传媒规律，创新媒体传播新格局

面对变化的信息传播规律，传统的广电媒体特别是县级广电媒体何去何从，是摆在面前的大课题。庆城台经过半年的学习探索和实践，2010 年 3 月，在甘肃还没有一家新媒体的情况下，在省内首家开通了庆城县广播电视网站，网站的点击量一直在同行业中排名前列，不仅国内受众通过网站关注着庆城县的发展变化，就连美、英、德、加、日、新加坡等国以及港、澳、台地区的受众，也通过这个网站关注着庆城，据国内数据统计机构 CNZZ 在线实时统计，5 年累计点击量 420 万次，年平均点击量 84 万次，日平均点击量 2308 次。这是庆城台探索县级媒体实现新媒体融合发展的大胆尝试。

虽然通过互联网延伸了县级台的覆盖面，赢得了网民的关注，但在媒体融合上还只是"相加"，而非真正意义上的"相融"。仅是把传统广电媒体上的新闻、专题通过网站发布了出去，还没有按照新媒体特点创办适合大众诉求的新闻信息传播和服务平台。

1. "借梯上楼"让宣传工具变成宣传平台

县级台由于受覆盖面和规模、质量等因素的制约，影响力一直处于弱势，2015 年 10 月，在甘肃省广电总台飞视新传媒公司的支持下，庆城台作为省内第一家基层媒体在甘肃台手机客户端"牛肉面"上，率先开通了"庆城在线"新媒体平台，每天将八个电视栏目实时播出的新闻、专题上传到客户端，初步实现了文字、图片、声音、视频的全方位融合传播。"庆城在线"在省级新媒体平台开通后，首先在本县通过广播电视、手机、传单、微信、QQ、各种会议、下乡采访等多种形式，进行全方位宣传。新媒体上听广播、看电视、浏览文字、图片一应俱全，同时也实现了双向交流沟通的新渠道。每条新闻在"牛肉面"上发布，受众便可通过微信、微博第一时间转载评论，使新闻传播者与受众之间实现了及时沟通交流。据不完全统计，全县 23 万多手机用户中，有近 10 万手机用户安装了"牛肉面"客户端。

同时，借助在全国各地工作的庆城籍人士，给他们手机上发宣传单，宣传"牛肉面"客户端，让他们在外地也加入宣传"牛肉面"的行列。据统计，目前在外地工作的 1300 多庆城籍人士中，有 1100 多人下载了这个客户端。2015 年年底和 2016 年年初，县主要领导在沿海省市招商引资中，庆城台的随行记者抓住机会，使领导们的招商活动在"牛肉面"上第一时间用图片新闻发布出来，很快就被搜狐、腾讯、网易、"今日头条"等新媒体客户端以及网站转载，平均每条新闻点击人数多达 12 万人以上，赢得了党委、政府领导的赞许，外地客商也通过"牛肉面"客户端全方位、立体地了解了庆城，增加了他们投资庆城的信心。

2016 年 2 月，"牛肉面"上看庆城获得了"庆阳市宣传思想文化工作创新奖"。

2016年3月和2017年5月，庆城台分别在甘肃电视年会上向全省电视媒体介绍了创办新媒体的经验和体会。"牛肉面"上看庆城也成为省内外、国内外受众了解庆城、触摸庆城的首选平台。

2．"借船出海"打破传统县级媒体传播格局

一个封闭贫困的落后县如何向世界开放，让世界关注，加快发展，媒体宣传和形象打造至关重要。但是，县级媒体仅与省市新媒体融合是远远不够的，要实现上述目标，必须借助国内外影响力大的新媒体"大船"出海。

在和省、市级新媒体融合后，庆城台于2016年6月在国内每天浏览人数达6亿以上的最大新媒体客户端"今日头条"上开通了"庆城县广播电视台头条号"，每天实时采集的新闻、专题、图片、文字第一时间发布，引起了国内外受众的高度关注、点击、评论、交流，每条新闻日平均点击数在3万以上。

2017年3月，与新华社合作，在"新华社"新闻客户端"现场云"上开始新闻直播报道，借助国家最大的新媒体平台以直播的形式让新闻宣传"出海"，也是省内第一家在国家级新媒体平台上直播新闻的广电新媒体。

在"借船出海"的同时，庆城台充分发挥自身新媒体尖端人才的优势，在全省率先独家研发打造了具有自主知识产权的新媒体客户端"庆城TV"，采用最新移动互联网技术和设备，与新华社新闻客户端同步推流直播新闻，实现了新媒体平台融合共享，使新闻客户端"庆城TV"成为速度快、容量大、覆盖面广的县级新媒体平台。目前，"庆城TV"手机客户端县内外用户有12万户，成为庆阳人浏览的主流客户端，成为全方位、立体式传播新闻资讯，为政府、企业和全民服务，全民互动的多功能网络平台，使庆城台真正进入到全媒体传播新时代，实现了"借船出海"的目标，也使庆城县的知名度和影响力大幅度提升。

2016年9月，第六届"中国中医药发展大会"在庆城县召开，来自全国各地的中医药界知名人士会聚庆城。我们抓住这次国家级大会召开的机遇，通过甘肃台的"牛肉面"、庆阳台的手机客户端"看清"，第一时间直播了长达2小时的大会开幕式，当天12小时内国内外受众点击数达54万，其中境外点击数达到8万人，评论数达6万人。庆城这个从未被世界关注的岐黄中医药文化发祥地不胫而走，成为世界瞩目的热土。

2016年9月20日，庆城县招商引资引进的项目北欧风情园开幕，庆城台充分运用"今日头条""牛肉面"等第一时间发布新闻，24小时内国内外点击数达56万，从开园到10月底，短短的40天时间，其门票收入高达660万元，刷新了省内旅游景点门票收入的新纪录。

新媒体的强大宣传，使国内外的企业家把投资的眼光投向了庆城。2015年以来，庆城县招商引进国内外500强企业重大项目66个，到位资金325亿元，为

打造工业强县和旅游文化名县奠定了雄厚的基础。

3. "抱团发展"初步凸显社会和经济效益

在全媒体传播时代,抱团发展,能激活出强大的内生动力。"借梯上楼"使县级媒体由宣传工具变为宣传平台,"老树"重新焕发活力,涅槃重生;"借船出海"使县级媒体的传播力、影响力、知名度大幅提升,社会效益凸显。

特别是与新华社新媒体合作,实现了与国家级新媒体的抱团发展。利用新华社这个平台,采用新媒体推流直播的方式,一场直播多平台推流共享,不但传播力、影响力、公信力是传统的县级台无法比拟的。在抱团发展中,新闻资源共享,服务职能共担,经济效益分成的合作发展模式吸引了一些到庆阳乃至甘肃投资的大型企业集团,很多主动上门要与庆城台合作开办栏目,宣传企业及产品。

图1　庆城广播电视台新媒体合作机构示意

在社会效益凸显的情况下,庆城台充分发挥专业团队的优势,把经营创收作为媒体发展的又一重要内容,先后与多个政府部门合作,创办了《法治新时空》《精准扶贫》《走街串乡看环保》《健康我做主》等栏目。这些栏目通过广播电视频道、频率和新媒体平台传播和发布,收到了有史以来最好的宣传效果,使行业宣传得到了媒体的全力支持,也使媒体在宣传中实现了很好的经营收入。

改革传统媒体的广告经营方式,与各大型企业合作,把广告宣传变为给企业创办固定栏目,专题为他们服务,从企业利润中分成。2017年,县里招商安徽宣城百汇物流园集团在庆城投资创办庆城百汇物流园,庆城台及时与其合作,达成了创办《百汇大市场》栏目的协议,从他们的利润中分成1%。这些栏目通过移动互联网和频道,注重企业形象打造、市场开发、品牌创立、网上服务、企业文化等全方位宣传,既为企业减少了宣传成本,又让受众得到了方便快捷的服务,使受众不愿接受的传统广告形式,变成了既为企业服务又为受众服务的新兴项目。

目前，正与招商引资的陕西黄山宫集团、华为庆阳大数据处理中心、甘肃众行新能源科技有限公司等企业洽谈宣传合作项目，有望达成协议。

庆城台作为西北师大传媒学院授予的"大学生实践实训基地"，充分发挥专业人才多，涉及专业领域广的优势，实施摄影摄像、播音主持、音乐舞蹈、艺考培训等项目，并从中获得收益。

二、创新机制一步跃入全媒体传播时代

在21年的办台历史中，庆城台取得了全省基层媒体比较好的成绩，但面对新媒体融合的大趋势，县级台向何处去，怎么融合，怎么发展，怎么走出独家的办台新路？庆城台在体制机制改革、新媒体融合上做了一些改革和尝试，初步探索出新媒体时代全媒体运作的新路。

1．体制改革激发活力

长期以来，县级台都是依赖全额事业单位的体制机制运作，使从业人员靠吃财政"大锅饭"不思进取，媒体的生产力得不到解放，给管理、运作、创新、发展都带来了严重的阻碍，在面临新媒体挑战的今天陷于十分被动的境地。

从2016年开始，庆城台根据2014年7月1日国务院颁布的《事业单位人事管理条例》的要求和市、县人事局关于《庆城县其他事业单位绩效工资实施意见》，对运行体制做了初步的改革，研究制定了《庆城县广播电视台全媒体绩效量化考核实施办法》，按照从业人员的技能水平，对所有岗位进行了比较科学合理的定位，将个人的能力、业绩、贡献、成果与绩效工资挂钩，初步调动了全体人员的积极性。

2．全媒改革一步到位

大部制运行使人力资源优化配置。为顺应新闻传播规律，加快传统媒体向新媒体融合的步伐，2017年2月，庆城台对内部岗位重新进行了科学的架构，实行大部制运行，有效整合人力、信息、渠道等方面资源，使广播电视台从过去"人多没事干、事多无人干、众人站着看"，转变为"事事抢着干、紧跟节奏干、盯着效益干"。

图2　庆城县广播电视台立体传播格局示意图

融合后，庆城台由过去单一通过频道、频率传播新闻资讯的方式转变为主要以新媒体客户端、微信、微博、网站、频道、频率全方位、立体式传播的新格局，进入到"网站＋客户端＋微信微博＋频道频率＋网络直播＋经营创收"的全媒体传播时代。

全媒体运营使各类资源深度融合。通过各类资源的整合和全媒体运作，庆城台在新华社、"今日头条""牛肉面""掌中庆阳""看清""庆城TV"6个固定的新媒体客户端，拥有国内外用户10.8亿。同时，庆城台发布的新闻信息还与人民网、央视网、凤凰网、优酷土豆、乐视TV等50多个新闻客户端实现了新闻资源共享，新闻一经发布，第一时间得到国内外受众的关注，实现了雪片式发布新闻、无缝隙覆盖受众的新格局。在与新媒体融合中，不仅使体制机制、人员身份、思想观念、传播理念等实现了深度融合，而且使新闻、文化、技术等诸多资源深度融合。

三、用创优作品推动内容生产为"王"

"内容为王"是办好媒体的根本所在。一个媒体在传播手段现代化后，内容生产就是生存的根本。

一是在新闻品质上追求专业性、权威性。经过近20年的创优，庆城台积累了办好地方特色媒体的经验，新闻信息和创办的栏目接地气、有活力，既从当地历史文化和受众获取新闻资讯的习惯出发，又不盲目跟进其他媒体。办栏目、做新闻突出的是媒体特色和个性，追求与众不同，很好地解决了县级媒体内容传播同质化的问题。

二是学习新媒体新闻内容传播快捷精简、"微"字突出的特点。记者采制的新闻、专题和各类资讯都体现出精准短小、鲜活快捷、吸引力强的微内容、微信息特色，使各类新闻资讯在跨平台传播中抢得先机；微视频、微故事内容丰富，直观形象地见诸各类新媒体平台。

三是以准确的分析解读做好深度报道。庆城台的几档深度报道栏目，每个作品都在深挖事实的基础上，给受众提供深度报道而非肤浅的信息，提供全方位的事实而非观点，让受众在获取中能够自己判断而非被灌输地接收结论，让受众在获取新闻事实后留下深深的思考。

较高质量的内容生产使庆城台在各类新媒体平台上发布的新闻资讯点击量居高不下，平均每条新闻每天的点击次数都在3万以上，使"内容为王"在融合中占领先机。

四、理论研究支撑媒体融合和内容创新

庆城台的理论研究有两个创新：首先是理论创新。庆城台的理论创新立足于

多年新闻采写实践，从新闻传播规律出发，时刻不忘人文情怀，把新闻学、电视学、历史学、社会学、心理学等诸多学科的知识运用于创新，多层面、多视角地揭示了新闻创新、媒体融合、全媒运作之理念。在探索中创新，在创新中发扬光大，为基层媒体的发展探索了一条创优出精品和媒体融合的新路。其次是实践创新。在媒体融合的大潮中，新闻要不要创新，如何创新，创新有哪些技巧，都进行了坚定的持之以恒的理性思考，"悟"出了成功而富有创新的实践之路，揭示了新闻创新与媒体融合的深刻内涵，探索出基层媒体如何创新、如何融合的方法和途径，达到了触类旁通的境界。

理论研究的推进，为媒体融合和"内容为王"探索了诸多新思考，这是庆城台在媒媒体融合中一步跃入全媒体运作的原因所在。同时，理论研究也为每个从事专业的同志评定职称创造了硬性条件，为培养后续人才和媒体的融合发展指明了方向。

五、全媒体运作培养出新型全能人才

媒体的融合发展人才是根本。庆城台始终把人才引进、培养、造就作为长足发展的第一要务，实施了中长期培养计划，使人才培养一直在新老交替中良性循环。

一是采取送出去请进来的办法重点培养有发展潜力的人员。送出去就是参加国家、省级、市级各类专业培训班和研讨会，回来通过岗位历练，让他们尽快成为专业领军人才，带动其他人员提升专业能力和水平。二是建立激励机制。连续8年来推行的《量化考核实施办法》中给专业人员定发展目标，压担子，建发展平台，让人才脱颖而出。三是发现和引进人才。近5年来，从各类大专院校中引进大学生22人进入采编播岗位。目前，这些人通过重点培训后，已经成为初显才华的后续人才，为培养蓄积人才探索了新路。

（作者分别为：甘肃庆城县广播电视台台长；庆城县广播电视台副台长；庆城广播电视台台长助理；庆城县广播电视台全媒体行政管理中心主任）

县级传统媒体转型发展路径研究

叶薇薇

2018 年以来，全国县级融媒体建设有条不紊推进，一个个县级融媒体中心挂牌成立，融合发展进入关键期。县级传统媒体是融媒体中心建设的主体，抓住县级融媒体中心建设这个重大机遇，主动适应变革，大力推进县级传统媒体向新型主流媒体转型发展，是县级融媒体中心建设成败的关键。

一、推动县级传统媒体转型发展的重要意义

2018 年 8 月 21 日，习近平总书记在全国宣传思想工作会议上发表重要讲话，强调"要扎实抓好县级融媒体中心建设，更好引导群众、服务群众"[1]。作为主流声音和基层与群众接触最密切的纽带，推动县级传统媒体向新型主流媒体转型发展意义重大。

一是巩固基层宣传思想文化阵地的重要举措。随着信息技术不断变革，互联网已成为信息集散地和思想舆论宣传主阵地。据统计，截至 2018 年 12 月，我国网民规模达 8.29 亿，手机网民规模达 8.17 亿，网民通过手机接入互联网的比例高达 98.6%[2]。县级传统媒体是连接基层党委、政府和人民群众的"最后一公里"，适应时代特点，主动融入互联网，牢牢掌握网络舆论阵地主动权，让主流的声音传得更广、更响亮、更深入，是新时代巩固基层舆论阵地的要求。

二是传统媒体自我变革的必然要求。一方面，当前，互联网尤其是移动互联正不断改变人们的生活习惯，群众获取信息的渠道越来越宽。与电视、广播、报纸等传统渠道相比，人们越来越多从两微一端等移动互联获取到更为快速、更为广泛、更为便捷、更有自主性的信息。传统媒体原有传播渠道难以将主流舆论声音传播到群众手中，主流价值的影响力日渐式微。同时，县级传统媒体的自身缺陷，比如技术、人员、资金、平台、内容生产等问题日渐凸显，不少县级传统媒体已陷入经营不善境地。另一方面，移动互联的传播优势也给传统媒体行业带来了巨大冲击，县级媒体面临着受众不断流失、阵地逐渐失守、内容生产不足的边

缘化困境。面对网络传播便捷化、碎片化、移动化的新趋势，积极探索融合发展，是其自身寻求突破、寻求发展的内生需求。

三是扎根基层、服务群众的迫切需要。群众对信息和文化的需求越来越多样化，社会公众不仅关注与自己切身利益相关的本地信息，也关注范围更加宽泛的各类社会热点信息。随着移动互联的崛起，互联网为不同受众提供海量的自适应内容，人们获取信息的时间和注意力大部分被各种新媒体终端占有。县级传统媒体只有适应用户需求变革，主动进入新媒体空间，构建面向不同用户、满足多样化需求的服务内容体系，才能更好地引导和服务群众，满足群众不断增长的信息需求。

二、县级传统媒体转型发展现状和矛盾困难

当前县级传统媒体正积极投身媒体融合发展，做强做大主流媒体成为共识，但由于各地媒体发展现状和经济社会发展水平差异较大，传统媒体和新兴媒体融合的深度和广度也各不相同，县级传统媒体转型发展面临一些矛盾问题。

（一）内容建设着力不足

调研发现，当前县级传统媒体，普遍存在把媒体平台建设作为媒体融合的第一落脚点，内容建设重视不够的现象。一是内容吸引力差。县级传统媒体兼具新闻和政治属性，大多具有比较严格的文稿审核制度和比较行政化的媒体定位，镜头语言往往是向上的，报道的主体大多关注领导活动、政务宣传、政府动态等。时政新闻比重大，走进社群、走进工厂、走进乡村，报道每个街区、每个个体动态的内容相对较少。二是大小屏同质化。大部分县级传统媒体内容生产环节仍处于传统模式上的"相加"阶段，经常是在传统媒体内容基础上简单加工或复制后，将大屏的内容生搬硬套、直接推送小屏使用，大小屏内容雷同，同频共振的效果大打折扣，导致不少县级传统媒体注册的新媒体平台账号存在"僵尸号"现象。三是面向新媒体内容少。当前，媒体受众对信息传播的要求越来越高，受众之间也存在着个体喜好不同、服务内容多样化等要求日益增强，面向新媒体、全媒体、自媒体定制节目已经成为新闻生产的新趋势。但部分县级传统媒体，思想还停留在传统惯性思维，仍是以自我为中心制作节目，未充分考虑到受众需求，新闻单向推送，不能做到内容与渠道有机结合，导致内容传播的有效性和感染力不足。

（二）用户需求关注不够

当前县级传统媒体以用户为中心，准确分析、精确匹配用户需求还有差距。一是缺少互动渠道。部分县级传统媒体依然是固守自己的一亩三分地，单向的推送传播，缺少了解群众媒体内容需求和民众对新闻事件参与反馈的互动渠道，民众对县级传统媒体的关注度相对不高。同时，县级传统媒体基本缺乏对新闻宣传效果及社会舆情进行评估分析的支撑条件，对民众需求无法做到及时回应、主动

调整。二是与用户依存关系弱化。县级传统媒体的核心任务是引导和服务好本地群众，如何获得用户情感上的归属与认同，是传统媒体实现转型发展和差异化竞争面临的一个重要问题。随着互联网进入社区后，本地群众主要通过互联网了解身边信息、进行社会联系，县级传统媒体与区域内目标用户受众的依存关系逐渐减弱。三是用户体验感较差。县级传统媒体长期作为县域空间大众传播资源的垄断者，市场化程度相对较低，竞争和创新意识不足，以制作和传播为中心，较少考虑受众需求，不重视改善用户体验，有的甚至积累了一些带着惯性的居高临下的姿态，影响了自身对用户需求变动的把握和用户对传统媒体的热情。

（三）人才建设矛盾较多

人才是传媒业竞争的核心。当前县级传统媒体在人才竞争中，陷入了发展困境，成为其转型发展的重要制约因素。一是难以吸引留住人才。县级传统媒体，由于平台小、机制不灵活、薪酬不高、竞争力不足等问题，对媒体专业人才、技术人才的吸引力远远低于大型主流媒体。特别是面对具有强大市场拓展能力的商业媒体竞争时，更是无力招架。二是难以适应新媒体环境。随着新媒体技术快速兴起，部分县级传统媒体跟不上新媒体变革步伐，缺乏创新的互联网思维，生产出的内容无法适应新媒体环境。同时，长久以来，县级传统媒体还普遍存在运营、数据分析、专技人员等方面人才严重缺乏问题，转型发展缺少人才支撑。三是创新发展内动力不足。目前县级传统媒体普遍存"事业单位"属性意识性强，部分人员缺乏"本领恐慌"意识，不能让自己的工作能力和综合素质与观众的需求一同进步，个别甚至存在"干好干坏一个样"的思想。同时，人才管理在编制体制、薪酬体系、人才评价等方面缺乏灵活性，导致基层媒体的团队积极性调动不起来、创新动力明显不足。

（四）传播竞争不够有力

当前，县级传统媒体还难以适应受众精准化、互动化的传播需求。一是传播渠道失灵。随着时代发展，移动终端已成为群众获取信息最多的方式，但县级传统媒体大多沿袭传统的传播网络和运营模式，开放性明显不足，受众接近传统媒体的时间和空间局限性较大，导致受众流失严重。近年来，县级传统媒体虽然都在进行"两微一端一号"建设，但因体制机制、运营模式等原因，发展水平参差不齐，实际传播效果有限。二是传播时效不够。县级传统媒体虽在地域上具有接近性，但因技术条件落后、信息获取和共享效率低等原因，无法短时间处理制作新闻内容。同时，县级传统媒体讲究从制作到播出的流程规范，基本上是按照"黄金 24 小时"的节奏运转，难以跟上及时互动的互联网信息传播节奏。三是传播资源有限。县级传统媒体受技术水平、资金、平台环境、人才等方面条件限制，其传播网络覆盖面有限，很难全方位覆盖受众网络社区空间，在移动端构建自己的优势传播渠道；也很难借鉴大传媒集团"中央厨房"模式，建设强大的媒体"中台"，实现信息精准传播、服务精准触达。

三、推进县级传统媒体转型发展的几点思考

抓住县级融媒体中心建设历史机遇，建立媒体融合新平台，发挥内容优势、满足用户需求、聚力人才支撑、推动融合发展，是县级传统媒体向新型主流媒体转型发展的重要途径。

（一）坚持以内容为根本，发挥原创优势

有内容才有竞争力，内容优势是传统媒体的核心优势。一要适应新媒体特点。在移动互联背景下，当前，新媒体发展瞬息万变，新媒体受众指数级增长，传统媒体必须面向新媒体生产内容。加强互联网传播特点研究，运用互联网思维来生产媒体内容，提高内容传播时度效，提高对传播受众的感染力；转变新闻话语体系，摒除传统式说教，提高润物细无声的舆论引导力；通过故事加工、漫画演绎等方式，丰富表达手段，让传统媒体更贴近群众的生活，更接地气。二要立足本地用户。县级传统媒体要打造区域品牌、提升差异化竞争力，必须面向本地用户、深耕本土资源、形成富有本地特色的品牌栏目。要立足本土文化特点，挖掘传统文化特色，把县级传统媒体平台打造成世界了解本地文化的窗口。充分挖掘地方特色内容与当地群众的共鸣点，推出群众喜欢的、更接地气的本土化特色内容，把县级传统媒体办成当地群众喜闻乐见的贴心媒体。三要注重个性化创新。在碎片化阅读语境下，注重个性化生产，媒体才能更好地抓住受众眼球。比如央视新闻公众号推出的《早啊！新闻来了》，通过精编新闻，图文并茂，嵌入微视频，让群众每天一早就能知晓国内外大事，该栏目的点击率常常突破十万。县级传统媒体可通过将每一个有意思的现场以短平快的微视频剪辑手法，进行可视化的呈现，创作出更多生动鲜活、更具个性化的微视频、短视频，让更多充满正能量的优秀作品传播更远。

（二）坚持以用户为中心，匹配群众需求

县级传统媒体实现向新型主流媒体转型发展成功与否，能否守住用户这个阵地是一个重要衡量标准。一要改善用户体验。用户体验是县级传统媒体增强用户黏性和区域品牌影响力的重要因素。要注重研究不同用户群体的阅读心理和个性特征，体察当地群众的语言和风俗习惯，从用户需求出发生产内容，精准地传播给用户，满足不同阅读和收视人群需求。要通过运用关键词搜索、自动匹配、导入直播等技术，提供优质的信息服务。二要注重人文关怀。县级传统媒体受众群体主要是本辖区的居民群众，节目生产应贴近群众实际，贴近乡土乡情，关注群众需求，强化人文关怀，才能更好亲近用户、聚拢人心。通过挖掘身边鲜活的事例，创作更多有情感的优秀作品，以赢得传播受众情感的归属与认同。三要加强

互动交流。把单向传播升级为双向交互，是提升县级传统媒体关注度的重要举措。通过即时互动、多屏传播、移动直播等方式，多方位、多角度吸引受众积极参与，全面反映受众的声音，让受众在互动中参与，在参与中分享。要通过借力大数据平台，对传播进行追踪和评估，以数据反馈为依据，不断创新互动模式、拓展沟通渠道、增强传播效果。

（三）坚持以人才建设为支撑，激发创新动力

媒体竞争关键是人才竞争，媒体优势核心是人才优势[3]。打造全媒体人才队伍、掌握移动互联舆论宣传阵地是关键。一要创新思维观念。思想的高度决定了转型发展的高度。要强化党建引领和政治理论学习，确保县级传统媒体转型发展的正确政治方向。要注重强化互联网思维观念，学习运用新媒体工具，创新视觉创意和交互体验，生产出更多符合互联网时代的优秀作品。二要加强人才培养。通过"走出去"到先进典型媒体参观见学，拓宽视野，利用各种新媒体业务技能培训机会，提高业务技能；通过"请进来"邀请专家上门指导，加强自主实践锻炼，培养"提笔能写、对筒能说、举机能拍"的全媒体复合型人才，为县级传统媒体转型发展提供人才支撑和智力支持。三要建立激励机制。用改革的思想、发展的思维、创新的管理、参考企业化的运作，提升团队自动自发的创业动力。完善激励机制，激发工作热情，全面释放县级传统媒体生产力，为传统媒体转型发展提供坚强动力。

（四）以融媒体中心为平台，提升传播时效

传播力决定影响力。县级传统媒体要借力融媒体中心平台，构建内容生产高质、平台传播高效、技术服务高端的新型传播体系，激活县级传统媒体生命力。一要坚持移动优先策略。融媒体中心为县级传统媒体实现移动传播优先提供了技术支撑。要坚持移动传播优先策略，运用移动交互网络，打破时空藩篱，提升传播时效；要加强传播手段建设和创新，发展"两微一端"、移动直播、短视频等各类新媒体，形成跨终端、跨渠道传播格局，最大限度提高发展优势，牢牢占据传播制高点。二要加快传播节奏。依托县级融媒体中心强大的资源汇聚、集中调度、协同采编、融合发布等平台功能，加强平台之间的沟通和信息共享，缩短信息发布周期，形成传播合力，提升信息传播时效。通过一体化的采编流程，形成即采即拍即传、即收即审即发的高效生产模式。建立新媒体首发制，在编辑中心及时将传统新闻用新媒体语言再次创作，将不同形式的作品，区分不同受众特点精准推送，提升新闻传播效率。三要嵌入大型平台。新媒体本质是互联网媒体，它决定着媒体融合发展的趋势，必然是大平台嵌套小平台的模式。以笔者所在的厦门市同安区广播电视台为例，同安台制作的节目通过外连厦门电视台厦视二套同安《今日视区》栏目、厦门移动电视台《富美同安》栏目播出，广播 FM89.8 上线

喜马拉雅、蜻蜓等客户端，积极向学习强国 APP 推送优质作品等形式，极大提高了节目收视率。尤其是作为首批 100 家入驻央视移动网的县级媒体，依托央视大平台，大大提高新闻的宣传效果。比如本台推送的微视频《同安城管：新蓝聚力筑梦银城》视频点击量更是突破 200 万 +，这在以前县级媒体是做梦也不敢想的，所以县级传统媒体要主动融入大平台，形成广泛的社会联结，扩大融合发展的影响力。

四、结语

推进县级传统媒体向新型主流媒体转型发展，是当前基层宣传思想文化领域深化改革的重要任务。县级传统媒体要树立新思维、面向新媒体，将内容优势转变成发展优势，将单向传播升级为双向交互，真正肩负起新时代党和国家赋予的引导群众、服务群众的重任。

注释：

[1] 谢新洲：《扎实抓好县级融媒体中心建设》，《人民日报》2018 年 11 月 8 日。

[2] 谢新洲、黄杨：《我国县级融媒体建设的现状与问题》，《中国记者》2018年第 10 期。

[3]《习近平谈治国理政》第二卷，外文出版社 2017 年版，第 333 页。

（作者系福建省厦门市同安区广播电视台新闻部副主任）

县级融媒体中心建设与地方主流媒体融合发展

唐彩红

去年以来，县级融媒体中心建设如火如荼，成为全国新闻宣传战线新闻改革和媒体融合的重点议题。在 2018 年 8 月召开的全国宣传工作会议上，习近平总书记指出，要扎实抓好县级融媒体中心建设，更好引导群众、服务群众。同年 11 月 14 日，中央全面深化改革委员会第五次会议通过《关于加强县级融媒体中心建设的意见》，提出要"调整优化媒体布局，推进融合发展，不断提高县级媒体传播力、引导力、影响力"。按照中宣部提出的 2020 年底基本实现全国全覆盖的目标要求，各地正在积极推进县级融媒体中心的落地，各省级、地市级主流媒体也积极投身参与其中。

县级融媒体中心的建设是党中央巩固扩大基层舆论阵地、打通媒体融合"最后一公里"、提升基层综合治理水平的部署，不仅推动县域媒体全面改革，为县级媒体带来了"新生"的希望，而且拓宽了省级、地市级等地方主流媒体的，为地方主流媒体融合发展开辟了"新蓝海"。

一、地方主流媒体参与县级融媒体中心建设的现状分析

纵观全国，县级融媒体中心建设主要采用三种模式：一是全部委托报业、广电媒体的技术力量在本地部署建设；二是依托报业、广电媒体已建成的公有云平台，为县级媒体提供资源共享、内容输出、技术输出等服务，实现云端部署。三是由县级宣传部门（或媒体）投入资金、以当地县级电视台为主体构建，由当地广电网络公司或其他科技公司负责承建。分析来看，地方主流媒体参与县级融媒体中心建设呈现如下几个特点：

（一）参与行动快、数量多

习近平总书记提出"要扎实推进县级融媒体中心建设"的要求后，各地迅速行动起来，地方主流媒体也积极应势而动、顺势而谋，主动对接辖区内各个县区，为县级融媒体中心出谋划策、提供支持。如湖南红网云开发了首个县市区融媒体

平台——"雨花云"，为辖区内县级融媒体中心提供服务；郑州报业集团与郑州市16个县级行政单位集中签署协议，以郑报融媒"中央厨房·新闻超市"大平台为基础，推进县级融媒体中心建设；吉林电视台利用本身的融媒体中心平台资源，援助20多个县级融媒体分中心以低成本上线等等[1]，全国34个省、区、直辖市的地方主流媒体均参与了当地县级融媒体建设。

在2019年1月15日《县级融媒体中心省级技术平台规范要求》和《县级融媒体中心建设规范》发布实施后，地方主流媒体尤其是省级媒体有了技术规范的政策支持，更是加快了参与建设的步伐，推动县级融媒体中心从方案转为落实，在县级融媒体中心建设、运行中担当了主要推力。

（二）参与形式单一、程度不深

地方主流媒体参与县级融媒体中心建设比较普遍的做法是，帮助其搭建演播室、指挥调度中心和融媒体采编区等，整合县域内报纸、电视、广播、网站、微博、微信公众号等媒体资源，形成"统筹策划、一次采集、多种生成、多元传播"的采编模式。不管是委托代建还是云端共享的模式，在参与形式上，地方主流媒体扮演的主要是技术支撑和系统集成的角色，偏向于单一的技术服务合作模式；在参与程度上，地方主流媒体在自有新媒体平台上开设了县级分频道，但仅限于内容复制和照搬照抄，并未融入县级融媒体中心的生产流程、属于较浅层次的合作。

（三）对地方主流媒体业务的渗透不高

当前，地方主流媒体参与县级融媒体中心建设，合作内容多为"输出式"。一是技术输出，代建代管县级融媒体中心的软硬件建设；二是平台输出，在地方主流媒体的新媒体平台开设县级频道，供县级融媒体中心发稿；三是人才输出，为县级融媒体中心提供人才驻点指导和人员培训。总体分析来看，合作方式是单向的、无循环的，即从地方主流媒体指向县级融媒体中心，而从县级融媒体中心"流"回地方主流媒体的有效资源较少、价值较低。尽管也获得了建设费用，聚集了一部分来自县级融媒体中心的新闻报道，但建设经费多为一次性给付，新闻报道的信息量、时效性也不高，对地方主流媒体的主体业务渗透不高，对可持续发展和媒体融合意义不大。

二、地方主流媒体参与县级融媒体中心建设的必然性

建设县级融媒体中心，不仅是整合县级媒体资源、推动县级媒体转型升级的重大改革，更是壮大主流思想舆论、提升治国理政水平的战略工程。不仅为县级媒体带来了凤凰涅槃的重生机遇，也为地方主流媒体主动融入国家战略、服务国家意识形态工作，提升自身传播力、引导力、影响力、公信力提供了契机。

（一）是基层舆论引导的必然要求。

"民乃邦之本，县乃国之基"。在党和国家工作全局中，县级政权是国家政权的基础，是社会稳定的基石。[2] 县级融媒体中心是党领导的基层媒体，对巩固扩大基层宣传思想文化阵地意义重大，是国家舆论战略的重要落子，是"建设具有强大凝聚力和引领力的社会会注意仪式形态这一战略任务中的重要一环"。[3] 巩固壮大基层主流舆论，扩大主流价值影响力版图，凝聚起基层群众实现中华民族伟大复兴的强大精神力量，是县级融媒体中心建设的主要职责和核心业务。

提升基层舆论引导水平，就必须切实提高新闻舆论传播力、引导力、影响力、公信力，形成强大主流舆论场。当前，县级媒体囿于覆盖范围、资讯总量、受众规模、人财物力等各方面条件制约，大多在新闻舆论传播力和影响力上明显较弱。而地方主流媒体权威发声、公信力强，受众群体少则以几十万计，爆款、10 万 + 屡见不鲜，覆盖面、渗透力和影响力有目共睹，具有舆论引导所必备的公信力前提和用户基数。基层舆论声音要放大、做强、落实，提高基层舆论引导的广度、深度、效度，就要紧紧依靠地方主流媒体，利用好地方主流媒体的平台资源、技术实力、融合创新等方面优势，在内容和形式上实现创新传播，使基层党和政府的声音"飞入寻常百姓家"，在"润物细无声"中实现基层舆论引导。

（二）是地方主流媒体融合纵深发展的客观需求。

《媒体融合蓝皮书：中国媒体融合发展报告（2019）》认为，2017—2018 年堪称我国媒体融合由"相加"迈向"相融"的转折点，由单体融合、各自融合迈向区域融合、整体融合的关键点。当前，"媒体融合已由形式融合、内容融合升级至以体制机制融合为主要特征的融合 3.0 时代"，3.0 时代的媒体融合需要媒体从被动融合转向主动作为，积极拓展智能化布局和生态布局，在媒体 +、互联网 + 中获得新的发展机遇。

根据第 43 次中国互联网络发展状况统计报告显示的数据，截至 2018 年 12 月，我国城镇地区互联网普及率为 74.6%，农村地区互联网普及率为 38.4%。可以说，城市互联网化的人口红利期已不多，而农村县域用户将成为互联网化和移动应用最大的增量群体。农村县级及以下区域快速增长的互联网使用人口，是地方主流媒体扩大影响力版图、提升媒体融合效果的重要目标群体。地方主流媒体在城市尤其是一二线城市面临着互联网企业的严峻竞争，第三方商业平台在"万物皆媒"的理念指引和风投融资的资金支持下，不断蚕食媒体的生存和发展空间，垄断性占领了垂直化服务领域，地方主流媒体在城市的融合发展空间被不断挤压。而在广大的农村，互联网企业的渗透程度尚不高，地方主流媒体如能借助县级融媒体中心的建设，积累数量庞大的用户基数，可以预见将来在活动营销、电商扶贫、社区服务等融合发展中获得先发优势。通过县级融媒体中心建设，实现渠道下沉和资源整合，聚集起海量用户并建立用户黏性，构建起新型媒体平台，形成现代传播体系，具有较强的可行性。[4]

三、地方主流媒体在县级融媒体中心建设中的优势

媒体融合是一个全新的生态系统再造的过程，除了内容、渠道、平台、经营、管理需要一体化后的新格局，更需要在互联网思维下重新建构一个融合媒体产业的生态系统。不仅仅是技术支撑平台，也是宣传融合平台，还是利益共享平台。

（一）资源优势

地方主流媒体是党和人民的喉舌，是当地党委、政府宣传思想工作的主阵地，是人民获取资讯、获得服务的主渠道。经过多年的建设和发展，积累了丰富而独特的资源优势。一是作为主流媒体的新闻资源。地方主流媒体的主要职责是新闻宣传，在重大新闻、突发事件、体育赛事、娱乐活动等方面有采访优先权，在新闻资讯的权威性、全面性、时效性上有天然优势，可以弥补县级融媒体中心新闻资源匮乏、时效性差的缺陷；二是多年积累的人才资源。地方主流媒体在长期的新闻宣传工作中，积累了记者、编辑、策划、直播、主持人、美编等新闻宣传和策划运营等全方位人才，近年来不少主流媒体还积极储备大数据、云计算、人工智能等互联网人才，这些都是县级融媒体中心建设过程中急需的人才。三是长期合作形成的渠道资源。地方主流媒体不仅拥有自有的传播渠道，还在合作中建立了政府部门、企业的传播与运营渠道，可以为县级融媒体中心的舆论宣传提供更宽阔的渠道。

（二）平台优势

地方主流媒体的平台起点高、受众多、覆盖广，包括自建传播矩阵和"借船"第三方商业平台的自媒体矩阵。自建传播矩阵是地方主流媒体依托自身力量完全自建的平台，如广播电视、报纸、网站、新媒体等省级、市级传播平台，在长期的新闻宣传中积累了平台公信力和传播力。同时，随着近年来第三方商业平台的自媒体风生水起，作为传统媒体的地方主流媒体也积极顺势而为，纷纷在头条号、大鱼号、百家号、企鹅号等自媒体平台及抖音等短视频平台开设账号，这种放下身段、适应新传播格局的做法并得到了网友的认可，如抖音号"央视新闻"的粉丝数达 1500 万以上，发布的短视频收获了 2 亿多点赞。

地方主流媒体强大的矩阵式平台为县级融媒体中心做好基层舆论，延展基层声音的传播维度，创新基层宣传的传播形式，提供了突破一县一区局限性的可能。而且，由于地方主流媒体的受众地域性很强，在新媒体转化后这一特征继续保留，相对其他自媒体账号来说，在受众定向传播上具有天然优势。通过新闻舆论内容合作，地方主流媒体能为县级融媒体中心做强做大基层舆论，更好引导基层舆论提供更优质的平台支撑。

（三）技术优势

在政策支持和发展倒逼下，依托强大的财力基础，地方主流媒体在媒体融合

的道路上比县级融媒体中心先行一步，多数已建成了集合线索汇聚、选题策划、协同采编、媒资管理、渠道分发、评估评价等功能的融媒体采编指挥调度平台，有的还结合自身业务需求，同步建设互联网热点聚合系统、宣传效果监测与评价系统、新媒体运营分析系统等大数据分析平台，在融媒体指挥调度、新闻生产、聚合发布等方面积累了扎实的技术经验。

这样的技术平台和硬件规模，在资金投入上少则几百万，多则几千万甚至上亿元，包含了服务器集群、海量存储空间、软件系统、网络安全设备和策略、网络带宽（含 CDN 加速分发）等，覆盖县级融媒体中心建设的软硬件及安全等基础性工程，可以为县级融媒体中心提供技术支撑和共享机制，帮助县级融媒体中心在高起点建设的同时节约投入成本。

四、借力县级融媒体中心建设　推进地方主流媒体融合发展

从外部客观需求看，县级融媒体中心需要借助地方主流媒体更好实现引导群众、服务群众的建设目标，地方主流媒体也具有参与县级融媒体中心建设的实力和优势；从内生发展动力看，地方主流媒体的媒体融合不仅需要传播功能的融合，也需要服务功能的融合，在建设县级融媒体中心的进程中实现县域媒体生态的布局。

（一）以树品牌为目标，布局更广融媒传播阵地。

全媒体时代，媒体的影响力评价指标从收视率、发行量转为更加综合的品牌影响力。这就要求地方主流媒体不仅要建设载体多样、渠道丰富、覆盖广泛的多维传播矩阵，也要在新闻产品、融媒活动、渠道推广等方面进行融合创新，拓宽传播阵地，树牢媒体品牌。

一方面，要扎根基层，使地方主流媒体声音在基层唱响、放大。一直以来，地方主流媒体一直紧盯城市读者、观众，忽略农村受众的开发和聚集。瞄准基层群众资讯需求和关注重点，开发适合在基层农村传播的新闻产品，策划聚焦"三农"的线上线下专栏、活动和电商行动等，有助于地方主流媒体本土化品牌的树立。如邳州广播电视台融媒体实验室推出的《逗是这个事》，用本土方言演绎，具有浓厚的地域特色，30 期全网观看量达到 600 万人次，策划的"俺村振兴我担当"系列专栏取得良好的传播效果，获得新闻宣传管理部门的高度认可。[5] 另一方面，要整合资源，用基层内容丰富地方主流媒体的传播生态，要通过整合县级融媒体的信息资源尤其是 UGC（用户生产内容）资源，为用户提供更多样化的信息服务。纵观近一两年来火速蹿红的抖音、火山、快手等短视频平台，来自农村的题材占据了半壁江山，农村人的日常生活、喜怒哀乐、娱乐休闲等内容，为城市用户打开了一扇了解农村的有趣窗口，也为平台带来了可观的流量。地方主流媒体要充分重视这一传播现象，借鉴第三方商业平台的有益做法，推进信息资源"农村反

哺城市",巩固和扩大传播阵地。

（二）以大数据为基础,打造县级智慧融媒平台。

县级融媒体中心的目标不仅是引导基层舆论,还要服务好当地群众,不仅要建成新闻舆论旗舰部队,更要实现对基层社会综合治理的信息化迭代升级,这就需要整合多方大数据资源。当前,多数县级融媒体中心的建设思路是以当地县委宣传部门为建设主体,以新闻宣传为主要功能,以媒体业务为技术诉求,未能实现县域综合治理、智慧县区的谋划与布局,对提供底层支撑的大数据中心无暇顾及,也无力联动周边同辖区县域打造联动平台。

地方主流媒体要跳出一县一区的限制,以跨区域整合为长效运营思路,结合新时代文明实践中心、电商扶贫、乡村振兴等重点工作,牵头打造区域县级智慧融媒平台。以大数据中心为基础,建设全县大数据运营管理中心,集资讯汇聚、信息处理、分析决策、研判预警、综合指挥等为一体,为县域内城市信息化管理提供统一的数据支撑平台。同时,联动辖区内各县级融媒体中心,形成更广领域的"联盟"平台,在精准分发、数据分享、政务管理、舆情研判、民生服务等方面实现平台的综合效应。

（三）以政企云为依托,实现项目服务持续运营。

建设县级融媒体中心,要"做好路径选择,做到依托平台、移动优先、综合服务为本。"[6]当前,"互联网+"正在从城市向基层农村延展,县级政府、事业单位、企业等急需融媒体宣传和互联网技术相融合的综合服务,在融媒体宣传、信息化服务、云平台支撑等方面有较大需求空间。而地方主流媒体在媒体融合的进程中,与本级政企部门多有这方面的合作,拥有成功运营的经验,比如网站微信代运维、客户端开发及运维、信息系统集成开发、融媒体传播运营等。如成都广播电视台通过将技术实力转化为服务能力,构建起了自身的综合性新媒体运营能力及服务体系,为当地多个部委办局提供新媒体和信息化技术服务。

如果地方主流媒体将这样的技术能力和合作经验加以整合,迅速推出面向县级及以下基层的"政企云"服务,推动技术服务的下沉,为当地提供新闻宣传、信息发布、数据共享、平台托管、活动策划、技术研发等一对一精准服务。可采用地方主流媒体与县级融媒体中心共同实施项目开发的方式,由地方主流媒体提供策略和技术支持,由县级融媒体中心提供落地服务和实时沟通,不仅为地方主流媒体带来发展机遇,也为县级融媒体中心打开"造血"之门,形成多元化经营格局。

结语

习近平总书记指出:"建设具有强大凝聚力和引领力的社会主义意识形态,是全党特别是宣传思想战线必须担负起的一个战略任务。"县级融媒体中心建设面临着机制、资金、技术、人才、模式等各种挑战，地方主流媒体应主动担负时代使命，切实把握历史机遇，助力县级融媒体中心引导舆论、鼓舞士气、凝聚共识，凝聚基层群众向心力，为实现"两个一百年"奋斗目标、实现中华民族伟大复兴的中国梦提供强大精神力量和舆论支持，在引导群众、服务群众中实现自身媒体融合的跨越式发展。

注释：

[1]黄楚欣：《县级媒体融合的意义和路径》，《传媒》2019年第1期（下）。

[2]张丽萍：《加快推进县级融媒体中心建设》，百度百家号光明网，https://baijiahao.baidu.com/s？id=1625837032504091427&wfr=spider&for=pc

[3]杨明品：《县级融媒体中心建设要抓紧三个关键》，《中国广播电视学刊》2018年第11期。

[4]宋建武：《县级融媒体中心建设要重点在移动端做增量》，人民网，http://media.people.com.cn/n1/2019/0121/c14677-30580106.html

[5]徐希之：《县级媒体融合的邠州探索》，《中国广播电视学刊》2018年第11期。

[6]李彪：《县级融媒体中心建设：发展模式、关键环节与路径选择》，《编辑之友》2019年第3期。

（作者系南宁广播电视台融媒体中心副主任、主任记者。本文为2016年国家社会科学基金项目"微博语境下西南边疆地区党报舆论正向引导机制研究"编号16BXW073一般课题立项阶段性研究成果）

加强县级融媒体中心建设
做大做强西藏主流思想舆论阵地

王清江

2018年8月21至22日，习近平总书记在全国宣传思想工作会议上发表重要讲话，指出"要扎实抓好县级融媒体中心建设，更好引导群众、服务群众"，从国家战略层面提出了县级融媒体建设的发展方向。2019年2月25日，西藏自治区宣传部长会议在拉萨召开，会议要求要"深刻领会习近平总书记关于媒体融合发展的一系列重要指示精神，做大做强主流舆论，全面开展市地级、县级融媒体中心试点建设，加快媒体融合发展"。这为西藏全面开展县级融媒体中心建设进一步指明了方向，对进一步做大做强西藏主流思想舆论阵地具有不可估量作用，对做好新形势下的西藏宣传思想工作具有重大意义。

一、以县级融媒体中心建设为主做大做强西藏主流思想舆论阵地意义重大

县级融媒体中心是整合县级广播电视、报刊、新媒体等资源，开展媒体服务、党建服务、政务服务、公共服务、增值服务等业务的融合媒体平台。扎实抓好县级融媒体中心建设是习近平同志为核心的党中央从新时代坚持和发展中国特色社会主义全局和战略高度作出的《关于加强县级融媒体中心建设的意见》重大决策，对于决胜全面建成小康社会、开启全面建设社会主义现代化国家新征程、实现中华民族伟大复兴的中国梦，推进国家治理体系和治理能力现代化、提高党长期执政能力，具有重大现实意义和深远历史意义。立足治国理政、治边稳藏的新变化、新要求，我们要充分认识扎实抓好县级融媒体中心建设对做大做强西藏主流思想舆论阵地的重大意义。

1. 时代大势所趋：扎实抓好县级融媒体中心建设做大做强西藏主流思想舆论阵地是时代发展的必然要求。2018年11月14日下午习近平总书记在中央全面深化改革委员会第五次会议上指出"组建县级融媒体中心，有利于整合县级媒体资

源、巩固壮大主流思想舆论"，会议审议通过了《关于加强县级融媒体中心建设的意见》。习近平总书记在 2018 年全国宣传思想工作会议上指出"要扎实抓好县级融媒体中心建设"。随着网络和信息技术裂变式发展，媒体融合发展是时代大势所趋。因此，我们要从党和国家工作大局出发，把握好媒体和舆论发展变化的大势。

2. 事业发展所需：扎实抓好县级融媒体中心建设做大做强西藏主流思想舆论阵地是事业发展的必然选择。目前，媒体融合已进入快速发展阶段，新兴媒体成为人们特别是年轻人获取信息的主要渠道，互联网成为舆论斗争的主战场，也是争夺人心的主阵地。中央级媒体、省级媒体融合发展取得了显著成效，为县级融媒体建设展示了美好前景。可见，县级融媒体中心将成为资源集约、结构合理、差异发展、协同高效的全媒体传播体系。2017 年，西藏 68 个县级广播电视台获得"准生证"，西藏县级广播电视台建设目前尚处于筹建期。因此，扎实抓好县级融媒体中心建设做大做强西藏主流思想舆论阵地是县级媒体融合发展的重要机遇期。

3. 平安西藏所需：扎实抓好县级融媒体中心建设做大做强西藏主流思想舆论阵地是建设平安西藏的迫切要求。西藏媒体与内地兄弟省（市、区）媒体不一样，西藏媒体处于意识形态斗争的风口浪尖，分裂与反分裂、渗透与反渗透的斗争是长期的、复杂的、尖锐的。特别是近年来，西藏日益成为国内国际舆论的热点，从而使扎实抓好西藏县级融媒体中心建设更具针对性和挑战性。党的新闻舆论工作是我们党治国理政、定国安邦的大事，事关旗帜和道路，事关贯彻落实党的理论和路线方针政策，事关顺利推进党和国家各项事业，事关全党全国各族人民凝聚力和向心力，事关党和国家前途命运。县级融媒体中心建设将不断提高县级媒体传播力、引导力、影响力、公信力，有利于巩固壮大主流思想舆论。因此，从国际、大局、全局的高度来充分认识扎实抓好县级融媒体中心建设做大做强西藏主流思想舆论阵地对于维护社会稳定的重大战略意义，使县级融媒体中心能担负起反分裂斗争的重任。扎实抓好县级融媒体中心建设做大做强西藏主流思想舆论阵地是适应国内外形势发展变化的必然要求，是进一步深入开展意识形态领域反分裂斗争的迫切要求。

4. 人民群众所需：扎实抓好县级融媒体中心建设做大做强西藏主流思想舆论阵地是人民群众美好生活的迫切需要。西藏地广人稀，山高谷深，由于受交通条件制约，目前仍有一些人民群众不能及时看到党报党刊；由于广播电视有线网络建设滞后、供电系统建设滞后等原因，目前仍有个别人民群众不能较好地收听收看广播电视节目。县级融媒体中心建设整合县级广播电视、新媒体等资源，负责全县所有信息发布服务，负责转载和转播中央媒体和自治区主流媒体的重要资讯，让党的声音传得更开、传得更广、传得更深入的同时更好地满足人民群众的信息需求。

二、牢牢把握以县级融媒体中心建设为主做大做强西藏主流思想舆论阵地的总体要求

1.坚持党性原则，把坚持正确政治方向摆在首位。习近平总书记的"职责使命论"要求党的新闻舆论工作必须把政治方向摆在第一位，牢牢坚持党性原则。今天，我们媒体融合发展进入县级融媒体中心建设时期。无论时代如何发展、媒体格局如何变化，党管媒体的原则和制度不能变。政治方向是指南针，是根本保证。建设县级融媒体中心必须坚持正确政治方向，牢记"职责使命"。建设起来的县级融媒体中心仍然姓党，必须增强"四个意识"，坚定"四个自信"，坚决做到"两个维护"，体现党的意志、反映党的主张，做到爱党、护党、为党，坚持党性和人民性的统一，使县级融媒体中心成为党和人民的喉舌。

2.坚守社会责任，把社会效益放在首位。社会责任是一个组织对社会应负的责任。县级融媒体中心是对县级广播电视台等媒体的人力、内容、宣传等方面进行整合，实现资源通融、内容兼融、宣传互融、利益共融的县级新型媒体平台。因此，县级融媒体中心与广播电视台一样具有公共服务属性、意识形态属性和文化产业属性。扎实推进县级融媒体中心建设，始终将党和人民的利益摆在第一位，勇担社会责任，必须始终坚持把社会效益放在首位、实现社会效益和经济效益相统一。在西藏，不把社会效益放在首位，县级融媒体中心就很难在风云变幻的历史进程中保持政治定力；就无法做到讲品位、讲格调、讲责任，唱响主旋律，传播正能量，传播中国梦西藏篇章就会打折扣。

3.树立互联网思维，把融媒体理念贯穿始终。所谓互联网思维，即运用互联网的范式、方法、工具来提出问题、分析问题、解决问题的思维方式。习近平总书记用八个字阐述互联网思维的精髓：互联互通共享共治。长期以来，西藏的广播、电视和报纸等传统媒体自成体系。建设县级融媒体中心需解决上述问题，树立互联网思维，把融媒体理念贯穿始终，充分运用"互联网+"思维盘活区域内广播、电视、报纸等传统媒体和微信公众号等新兴媒体的社会资源，创新新闻传播业态，建设新型新闻采编流程，拓宽新闻传播渠道，激发媒体发展活力。

三、贯彻落实以县级融媒体中心建设为主做大做强西藏主流思想舆论阵地的主要任务

1.有效整合资源。认真贯彻落实2019年2月西藏自治区宣传部长会议精神，把县级融媒体中心建设作为意识形态责任制的重要内容来落实，鼓励有条件的县先行先试，打通广播、电视、报纸、网络和"两微一端"传播资源壁垒，有效整合媒体资源。一是将广播电视与网站合并，整合人力资源，构建"融媒体采编中

心"，建设新型采编流程。记者外出采访时，将录音笔、数码相机、摄像机等采访设备同时携带，为广播电视和网络同时供稿，既保证了双方新闻稿源，降低了成本，又提升了网站新闻稿件的权威性和原创能力。二是充分发挥各自优势，优势互补，扬优去劣，建设县级新型媒体。县级融媒体中心要把广播的迅疾、便捷，电视的直观、立体，互联网的海量信息等作为其中心的有机组成部分，使其成为新时代新型媒体。

2. 加强内容建设。县级融媒体中心的主业是宣传，属性仍然是主流媒体。媒体产生以来，内容生产永远处于在整个传媒产业链和价值链中上游位置，掌握了内容优势地位的媒体，往往能够凭借优质内容在媒体竞争中立于不败之地。融媒体时代，"内容为王"仍然是媒体的核心竞争力。中共中央政治局委员、中宣部部长黄坤明曾强调，创新建设县级融媒体中心，要"完善信息供给结构，提高信息供给质量，切实提升主流舆论吸引力影响力。"因此，加强内容建设是县级融媒体中心建设的关键问题之一。县级融媒体中心要积极践行"走转改"，深入火热生活，扑下身子，贴近群众，深入基层，紧跟新时代步伐，让新闻报道"沾泥土、带露珠、冒热气"；要结合重大主题、重大工作决策部署和关键节点设置好议题，强化主题宣传、典型宣传，讲好中国故事西藏篇章；要改进新闻报道，注意围绕保障人民的知情权，注意围绕人民群众关心的民生热点问题，做到言之有物，言之有理，言之有情，"讲好百姓故事"。

3. 加强平台建设。县级融媒体中心建设由中央有关部门负责顶层设计和统一协调推动，是一种在国家体制和统一改革格局下建立的县级新型传媒单位。为此，中共中央宣传部、国家广电总局联合发布了《县级融媒体中心建设规范》，对县级融媒体中心总体架构、功能要求、基础设施配套要求、关键技术指标及验收要求等技术系统建设做出了明确要求。各县要高度重视县级融媒体中心平台建设，落实县级融媒体中心建设资金，本着"统一、实用、高效、节俭"的原则，严格按照《县级融媒体中心建设规范》，把整体谋划与分类指导结合起来，把发挥自身优势与用好新技术结合起来，规范县级融媒体中心平台建设，力争"2020年底基本实现在全国的全覆盖"。

4. 培育复合人才。2017年，西藏68个县广播电视台才获得国家主管部门批准建设，各县编辑记者、播音员主持人、广播电视专业技术人员等人才紧缺，融媒体复合人才更是匮乏。针对县级融媒体中心建设复合人才严重不足，各地要高度重视复合型人才培育，拓宽培育渠道，增加培育手段，激发复合人才积极性，建设一支高素质专业化的融媒体人才队伍。

（作者单位：西藏自治区广播电视收听收看中心）

三等奖

融出活力　讲好故事　全媒发力　助力发展

——河北省盐山县广电全力打造县级融媒体中心

刘凯华

近几年，媒体格局和舆论生态发生了深刻变化，在新的传播环境下，盐山广电坚持打造本土新闻贴近性优势，在保证内容品质、品位、品相的基础上，深入贯彻落实习近平总书记关于媒体融合发展和县级融媒体中心建设的重要讲话精神，探索融媒体传播方法，切实加快媒体融合发展，进一步壮大主流舆论阵地，真正打通宣传思想工作的"最后一公里"，在社会效益和经济效益方面都形成了不俗的表现。

2018年以来，盐山广电紧紧围绕广大群众对县域核心媒体的新需求、新期盼，找准定位，创新发展，按照"融合、跨越、创新"的思路，整合县级媒体资源，扎实推进传统媒体和新兴媒体融合发展，打造融媒体"中央厨房"运行机制，搭建起了"全媒体"传播正能量的舆论宣传平台，以新体制、新业态、新方式加大新闻报道和思想文化传播力度，全力推进媒体融合发展，不断提高县级媒体传播力、引导力、影响力，通过整合电视、广播、网站、微博、微信、客户端、户外屏和IPTV等平台资源，为新形势下巩固和发展党的舆论阵地进行了有益的探索和尝试，构建起了基层舆论宣传大格局。

推进融合＋模式，本土节目全媒体呈现

新媒体时代，电视开机率下降成为一个客观事实。面对挑战，盐山广电顺势而为，积极主动拥抱新媒体，将新媒体冲击变为媒体转型创新的机遇，推动媒体向纵深融合转型。

2018年，盐山广电在沧州市率先搭建起了第一个融媒体中心"中央厨房"。通过部门重构、资源整合、流程再造、迭代升级等改造建设，使全台40多名外采记者全部转型为"移动优先"的全媒体记者，为盐山融媒体平台提供了强有力

的新闻资讯支持。

2019 年以来，盐山广电按照中央、省、市有关要求，充分结合自身实际，突出政治效益和社会效益，着力整合"四大终端"，真正做到"一竿子插到底，打通宣传思想工作最后一公里"。

一是建立了智能广播体系。整合全县 12 个乡镇 450 个村的广播大喇叭，全部纳入融媒体终端，做到统一监管、统一发布，使党的声音第一时间传遍全县每一个角落。

二是建立应急广播体系。在全县所有主要道路卡口、居民小区、人员聚集区设置户外显示屏，将中央的政策精神，省、市、县委的决策部署、全县的重点工作、各条战线的亮点工作，以及公益宣传和各种自然灾害、突发事件的应急发布等，第一时间及时有效地传递到每一名市民。

三是统筹县域内具有影响力的各类党建、政务网站和"两微 N 端"等新媒体网络终端，接入融媒体中心"中央厨房"，统一监管，一键发布，既可做到信息发布全覆盖，又能做到可管可控。

四是建立覆盖县域的视听平台体系。盐山广电积极与"三大电信运营商"进行接洽、开展合作，利用技术手段，使盐山电视台综合频道在"三大电信运营商"IPTV 上线传播，让盐山 10 多万 IPTV 用户及时了解到县委、县政府决策部署以及社会各界的工作动态，真正形成了全县新闻宣传"一张网"。

突出"移动优先"，精耕细作本土融媒体产品

媒体融合关键是强化用户思维，盐山广电将"分享互动"作为引领舆论的切入点，让原本单纯的广播、电视播出转变为全媒体呈现，从而突破地区界限，实现更强大、更广阔的传播力。

2019 年 7 月 30 日，盐山县融媒体中心正式挂牌运行。面对媒体格局和舆论生态发生的深刻变化，盐山融媒体超前谋划，利用半年的时间，成功引领全台 40 多名广电记者全部转型为"移动优先"的全媒体记者，为盐山县融媒体中心的新媒体平台提供了强有力的新闻资讯支持。同时，坚持打造本土新闻贴近性优势，在保证内容品质、品位、品相的基础上，探索融媒体传播方法。在内容上紧紧抓住"贴近"这个最基本的优质资源，紧贴本土新闻为核心资源精耕细作，围绕百姓关注的民生话题进行新闻策划，让"接地气、通人情"成为基本语态，把真实的新闻事件及现场更多地呈现给观众，增强了新闻的可视性和现场感。

独具地方特色的系列电视访谈栏目《家风好故事》，在全面贯彻习近平总书记关于家庭、家教和家风论述的同时，让盐山人民身边的好家风、好故事得到完美呈现，该栏目一直领跑"精彩盐山轻快 APP"的点击量，是当地叫座率最高的电视栏目。历经三个月，自主创作的网络音视频作品《平凡的幸福》从不同人群的不同视角对社会主义核心价值观进行了全面阐释，一经网络发布，带来点赞一片。

另外，盐山融媒体还充分发挥广电音视频创作的优势，潜心研究融媒体环境下的音视频作品传播规律，积极组织策划了一大批优秀的、便于新媒体传播的音视频作品。策划摄制的视频新闻报道《沧州盐山：拆除废旧宅基入股绿化苗木变身美丽乡村》上传"央视新闻移动网"后点击量突破了4万；今年国庆前夕，自主策划创作的快闪作品《我和我的祖国》上线"央视新闻移动网"仅两天时间点击量就突破了100万。另外，还组织策划了一大批重大主题活动和典型报道，把盐山更多的重大新闻、成功经验推向全市、全省、全国，更好地宣传了盐山，提高了盐山的知名度。仅2019年1月至今，盐山融媒体中心就在新华社、央视、央广、河北新闻联播等媒体栏目刊播音视频新闻38条，其中、新华社、央视用稿达22条。主导策划的短视频《脱贫既要看数量　更要看质量》在新华社"习近平时间"播出后，被"学习强国"转载。为推动习近平新时代中国特色社会主义思想在盐山落地生根，贡献盐山广电的责任和担当。推出的《河北非遗：盐山武术扇》《我为我的家乡助力》《警花的故事》等一大批网络作品和H5作品和微电影作品《妈妈抱抱我》《盐山武术扇传奇》等得到了广泛传播和好评。展现了本土化融媒体产品的优势和品牌影响力。

（作者系河北盐山县融媒体中心总编辑）

轻快云平台发布全国百台"融媒图鉴"

黄冠卿　申玉红　滕永坤

　　"强化互联网思维，坚持传统媒体和新兴媒体优势互补、一体发展""着力打造一批形态多样、手段先进、具有竞争力的新型主流媒体"……五年前，习近平总书记在中央全面深化改革领导小组第四次会议上，对主流媒体提出了新要求，也开启了中国"媒体融合元年"。过去五年，从中央到地方甚至是地（市）县级广电媒体，都紧锣密鼓的推动媒体融合建设，集中发力，积极探索，形成合纵连横、各具特色的勃发态势。全国上下涌现出一批因地制宜、先试先闯、积极发力新媒体领域，推动广电媒体与新兴媒体一体化发展的实践案例。

　　2019年3月，山东海看网络科技有限公司旗下的轻快云平台，作为媒体融合先行先试的典范代表，受邀参加由国家广播电视总局指导的第27届中国国际广播电视信息网络展览会（CCBN2019）。《轻快云平台2018年度运营报告》一经发布，就吸引了全国媒体从业者的关注，纷纷到展区咨询。

中共中央政治局委员、书记处书记、中宣部部长黄坤明在视察山东海看网络科技有限公司 CCBN 展区时，对《轻快云平台 2018 年度运营报告》颇感兴趣，并带走一本。黄坤明部长询问了轻快云平台在推进全国基层媒体融合方面的工作进展，山东海看网络科技有限公司副总经理、轻快事业部总经理申玉红就快云平台发展布局，结合《轻快云平台 2018 年度运营报告》实践案例，向黄坤明部长做详细介绍。

《轻快云平台 2018 年度运营报告》发布，以此为标志，轻快云平台形成了"技术＋运营"综合服务平台。活水源源，积湖成海，自 2014 年至今，轻快云平台已服务全国 26 个省份，200 余家地方广电，1000 多家政企单位，覆盖全国 2.6 亿用户，以技术创新为引领，打造"好用"的市县媒体融合服务平台；以运营服务为驱动，赋能基层广电"用好"媒体融合平台。不难看出，在地方机构改革进入倒计时的当下，部分基层媒体已经拉开了新一轮融媒序幕，步入媒体融合深水区。通过报告显示，较过去几年，基层媒体融合发展有着这样三个改变：

一是基层媒体采编流程正在改变。随着网络媒体与电视媒体的内部资源整合，"台网融合"成为地方广电快速落实媒体融合的第一步，新技术新应用的快速演进，打造全媒体生态不再是简单照搬电视内容，而是立足移动互联网传播，整合各类新闻内容，重塑融合状态下的采编机制。地方台由单纯供稿，转变为面向移动互联网用户，实时提供权威、独家的新闻事实和观点意见，形成"内容＋平台＋应用＋终端"的全媒体生态。

2018 年，四川合江县新闻中心根据实际运行情况，进一步健全管理制度，修订目标管理考核细则，要求每位职工都是全媒体记者、融媒体尖兵，做身边新闻的发现者、采访者、发布者、传播者。领导带头，全员参与，要求新闻生产部门每人每天不低于1条原创内容，其余人员每周不少于1条原创内容；全中心每人每天转发不少于3条新媒体信息；并纳入绩效考核。通过一系列资源创新整合，县级融媒体中心建设的落实，合江县已形成全媒体传播矩阵，占领区域媒体制高点，打造成为媒体融合四川典范。

浙江江山广电迅速再造编辑流程，要求电视记者在采访现场做好采访摄像的同时，第一时间传送图片文字给手机台，编辑拿到素材后立即进行编辑处理，实现消息的快速发布。经过一段时间的磨合，目前江山广电80%的新闻资讯通过手机台首发，电视、电台、网站相继跟进报道，全方位、立体式的报道方式和宣传效应逐渐显现。大量看似严肃刻板的时政内容如重点工程开工、行政区划调整等采用新媒体的表现方式加以呈现，如《高颜值！大手笔！总投资22.4亿元，一起来展望"百里须江美丽长廊"究竟有多美？》、《重磅！我市最新行政区划调整方案出台，来看看你家被合并了吗？》等等。新闻内容更丰富、更接地气、更符合受众需求，在移动互联网上得到大量传播。

二是用户间的连接模式正在改变。传统媒体与用户之间单向、间接、延迟的连接正在发生改变，转变为融合媒体与用户之间的多元、直接、及时、有效的连接。UGC内容是互联网平台内容的重要组成部分，对手机台亦是如此。吸引用户主动发布内容，将促进手机台内容生态的繁荣。轻快的生活圈功能支持用户自主发布话题、上传图文信息、留言互动评论，让用户从"围观者"成为"参与者"为手机台内容做贡献的同时，也提升了手机台活跃度。宿迁手机台利用生活圈功能，台内三个电台频率FM101.9、FM105.5和FM92.1均开设专门话题圈，作为官方互动入口。同时电台节目均发布互动话题，由主持人维护，在节目中与手机台用户进行互动，同时发起盖楼送红包、送礼品的相关活动，形成了良好互动。2018年还特别开设了萌宠圈，吸引喜欢宠物的年轻群体参与互动，寻找有共同爱好的朋友。

三是单纯传播内容的模式正在改变。从传统媒体到全媒体形态下的产品，基层广电走出了广播电视机构单纯做信息传播及新闻传播的领域，业务范围涉及政务、民生、便民、资讯，远远超出广播电视只做传播媒体的范畴，扩展服务边界，助力地方党委政府提升社会管理能力；地方广电的运营模式正在向既提供优质内容、又提供特色服务的方向转变。增值服务成为地方媒体聚拢用户、扩大价值、延伸边际的增长点。

轻快云平台充分顺应党中央国务院"互联网＋政务服务"精神，依托【技术＋服务】综合体系，研发发票摇奖、本地服务、在线考评、信息查询、权限浏览、监督举报、政务信箱等多项功能，满足精准扶贫、智慧党建、美丽校园等多行业综合信息服务，让"移动互联网"的能量融入为民服务的全过程，有效助推智慧建设，打造基层政务信息枢纽。

2018 年，山东庆云县广播电视台凭借发票摇奖活动的成功开展，争取了县财政专项资金 120 万元，同时借助活动影响力，成功吸引 36 万元广告赞助。庆云县发票摇奖项目以庆云手机台为依托，2017 年 7 月正式启动，每月一期。截至2018 年底，已举办 17 期，累计录入发票数量 734713 张，合计参与人数近 20 万，发票摇奖录入页面访问人次超过 100 万。活动的成功举办吸引了商家主动洽谈，获得近 40 万赞助费。同时在客户的权益回馈方面，庆云手机台创新性地将发票摇奖开奖领奖地点动态化，最大程度上为商家客户进行线下引流。

轻快云平台经过 5 年的实战探索，构建起跨屏、跨域，政企民"三云"融合的平台生态，已助推全国 200 余家基层广电快速实现转型融合，在内容联推、活动联办、节目联播、产业联销等方向建立起抱团协作的创新模式。《轻快云平台2018 年度运营报告》的发布，"技术＋运营"的成功模式，更加体现在内容、平台、推广三个方面。

一、内容充分考虑，满足用户需求

无论是传统媒体还是新媒体，内容是发展的基石，是决定生存与发展的关键所在。各地广电不仅是基层舆论宣传文化的阵地，还要通过内容运营，满足用户需求。通过大量的调研发现，地方广电做内容运营最根本的要求还是发挥自身特色，特别是在移动互联网时代，要考虑到用户的使用场景。基于这些思考，轻快云平台推出十大运营产品，开设 5+2 培训，五年时间里先后免费培训全国市县广电学员超过 5000 人，涵盖内容生产、商业运营和技术支持等多专业，以智力输出助推县级融媒体中心建设发展，从而实现多方合力助推各台运营建设。

秉承可信、突出原创，打造好看、好用、好玩的办台理念，在《轻快云平台2018 年度运营报告》中显示，各台内容运营优化的方向不断明确，手机台发展也正在步入快车道。逐步形成了几个方向：

（一）有速度。相对传统广电的新闻信息发布而言，手机台具有实时发布、快速传播的优势。尤其对于突发事件的报道，第一时间、第一现场，移动端快传播的优势大大凸显，实现短时间内快速覆盖。

四川通江县迎来大范围强降雨天气，多地积水情况严重。通江手机台第一时间解灾情，收集视频、图片，跟踪报道各路段抢修、疏通情况，提醒市民注意出行安全，访问量短时间内突破 20 万。

（二）有热度。浙江江山手机台在 2018 年 5 月首发新闻《徐大荣、姜群妹、徐卫华、赵世明……他们用 86 秒挽救了年轻的生命！》，一时间成为舆论热点，获网友纷纷转发、点赞，一天时间收获 10 万＋点击量。随后，新闻热度持续升温，得到央视各大媒体、官微纷纷转载报道，传递江山正能量！

（三）有温度。做"有温度"的新闻，就是媒体从社会关照的角度审视和理解新闻现象，找到与基层百姓需求相契合的传播亮点。2018 年 7 月，沪昆高速雪峰山隧道发生两辆半挂车刮擦后起火燃烧的事故，造成交通中断。掌上新洪江手机台第一时间发布记者现场采访情况，并对事件进行持续追踪，根据最新路况及数据，实时发布道路疏通情况，广受市民关注，点击量两小时内 13 万多。

（四）有态度。山东淄川手机台全程直播淄川区人民法院"执行利剑"行动，现场直播失信老赖被执行全程，既创新了政府部门的执法模式，也通过媒体的力量让执法更公开透明。此次直播共有 1.3 万人在线观看。决胜基本解决执行难，手机台在路上。

二、平台解决问题，运营服务用户

移动互联网的热潮已经延续了几年，各类应用浩如烟海。在国外一项调研显示，每位用户手机上平均会安装 26 个左右的 APP，对于用户来说，手机台不仅要是信息获取平台，更要成为一个应用平台，要具备帮助用户解决问题的能力。这就要求中心化的平台也要担负便民服务的能力，让每一个中心平台都兼备智慧城市的关键功能，轻快云平台针对每一家手机台都赋予主流舆宣＋政务服务＋公共便民＋产业协作的逻辑结构，已然成为当地群众"能用、好用、常用"的便民工具。

轻快手机台是实现"移动优先"战略的重要载体，为全国 1000 多家政企单位搭建移动客户端，抓住"本土""服务""互动"等关键词，打造发票摇奖、在线测评、智慧党建、周边服务、话费充值、天气预报、休闲游戏、百度地图、在线缴费、亲子育儿、快递查询、网络购票等多重功能，为地方百姓提供专业资讯、政务服务、公共便民、文化服务等综合信息服务，整合优质资源，提升了新媒体平台综合服务效能，推进与用户的深度互动，以贴心服务把观众变成用户，以高质量的文化供给和优质服务增强人民群众的获得感、幸福感，履行县级融媒体中心建设更好服务群众的重要使命。

三、推广运营强化，用户人群分析

移动互联网时代，"酒香也怕巷子深"的理念早已广为认同，对于手机台来说没有影响力就是无水之鱼，如果不能汇聚海量用户，影响力就无从谈起。据此，轻快云平台对全国合作台运营现状进行了梳理，围绕手机台用户增长、UGC（用户贡献）内容、用户激励和留存进行分析总结，解读手机台的用户运营之道。对于地方广电来说，手机台的用户实际上是由三部分构成的。

（一）基础用户群。大多是从传统媒体平移而来。需要做的工作是让他们知道手机台，通过传统媒体进行引流。湖南桃源手机台访问量突破100万之际，在电视屏《桃源新闻》播发报道介绍手机台发展情况，这也是手机台的再次宣传，有助于引起电视屏用户的再次关注。

（二）新增用户。这部分用户有的来自内容转发、栏目策划等方式。河南汝州手机台依托《千店联盟》栏目，借"锦鲤"热度，特别策划"寻找汝州锦鲤"活动。手机台在活动开始前首先面向全市100家商户进行招商，免费为加盟商提供全方位服务，最大程度为商家进行宣传与引流导客。由于幸运"锦鲤"用户的奖品涉及汝州各个行业，活动一开启就得到63家赞助商的大力支持，提供包含代金券、充值卡、实物礼品等总价值12万元的礼品，丰厚的奖品吸引线上十万粉丝关注，4000多名用户参与其中。

（三）变量用户。这是在日常运营之外，通过手机台多样化功能，组织策划线上线下宣传活动。冬雪来临之际，当地旗袍协会受洪江市雪峰山国家森林公园邀请进行雪地旗袍秀，湖南洪江手机台利用手机推流进行视频直播，直播时长不足20分钟，浏览人数却突破327万+，尤其是直播回放生成后持续有大量用户浏览，评论区用户甚至有不少来自东北地区的用户，点赞7.4万。

习近平总书记在中共中央政治局就全媒体时代和媒体融合发展举行第十二次集体学习中指出"要坚持移动优先策略，让主流媒体借助移动传播，牢牢占据舆论引导、思想引领、文化传承、服务人民的传播制高点。"伴随着信息生产和传播格局的调整向纵深推进，媒体融合发展这艘大船也驶入了深水区和攻坚区。从报告分析来看，各地借助移动互联网优化内容运营、加强市场合作、线上线下宣传、策划主题活动等方式，使媒体用户都得到了巩固与拓展，且保持了较高的活跃度。对于传统媒体来说，打造"好用、用好"的融媒体平台，才能构筑起党和人民群众信息沟通的"最后一公里"。未来，轻快云平台将持续服务地方广电，在主管单位的领导下，积极承担运营指导、辅助审核、分享经验、共享资源、培训人才、客户咨询等服务职能，运用新技术，推动媒体融合新变革！

（作者单位：山东海看网络科技有限公司）

县级融媒体中心新媒体直播摸索

邵明新

新媒体的蓬勃发展，新技术的不断更新，主流媒体的传播手段、传播方式发生了巨大变化，县级融媒体中心普遍形成了"两微一端一屏"的全媒体传播矩阵。随着音视频技术及移动互联网的发展，视频直播已经从过去电视、电台特有的传播方式，演变成更具贴近性、互动性与及时性的"移动直播"。县级融媒体中心作为和人民群众最具接近性的基层媒体，无论是在内容的选题策划、主持人的现场把控、还是在设备配置、技术支撑等方面，都具有快速发展的先天优势。凭借目前急剧增长的移动端用户群，县级融媒体中心可以基于移动直播云平台，做到传统电视直播和移动直播的优势互补，打造区域范围内的直播内容创作、分发中心。

一、济宁市任城区融媒体中心建设情况

习近平总书记在全国宣传思想工作会议中明确要求：扎实抓好县级融媒体中心建设，更好引导群众、服务群众。济宁市任城区融媒体中心抓住机遇，着力构建"媒体＋政务＋服务"传播格局，本着"移动优先"原则，打造"两微一端多媒体号"平台，从平台、渠道、内容、技术、人才、管理等方面进行深度融合，初步实现"一次采集、多种生成、多元传播"。依托山东省县级融媒体中心技术平台，在短短的两周时间内完成空间装修装饰、大屏安装调试、服务器机房建设，搭建完成融媒体指挥调度中心（中央厨房），在济宁市县级媒体中，率先入驻央视频、人民视频、今日头条等全国性新媒体平台，打造移动优先、视频优先的全媒体传播矩阵。

二、任城区融媒体中心新媒体在直播方面的摸索

互联网视频直播相比传统电视现场直播，更具有时效性、现场感，同时，还具有电视直播不可比拟的互动性、参与性。任城区融媒体中心以目前不断增长的移动端用户群的收视心理为基础，积极与国内技术领先的移动直播云平台（轻快

云等）开展合作，实现了传统电视直播和现代的移动直播技术结合，建设完成了具有县级融媒体中心特色的云直播内容生产平台和视频分发矩阵。

1、新闻演播室的直播化改造

新媒体直播实际上是针对手机移动端打造的。为了增强加强媒体与观众之间的互动和交流，新闻演播室必须要在技术上进行改进和完善。利用电话耦合器和"两微一端"的评论功能，实现主持人、出境记者与手机用户的互动和交流，让观众和节目零距离接触，不仅丰富了节目的内容，也让观众在心理上获得了满足。

2、移动直播对新闻现场的快速再现

传统的电视直播，受限与信号传授手段与音视频采集工具，很难实现对突发事件的快速反映。现在就可以通过新媒体以及新技术手段实现真正的"现场播报"，达到新闻的时效性这一特点和标准。

今年8月10日超强台风"利奇马"来袭，任城区融媒体中心启动"迎战利奇马"融媒报道方案，利用电视滚动字幕、任城手机台、微信公众号等多种媒介进行台风预警，派出多路报道小组，冒雨赶到交通要道、桥梁涵洞等现场，通过直播、短视频、图文等形式，第一时间发布汛情消息和防汛知识，提供权威的雨情信息和防汛报道。同时，联动山东电视台闪电新闻、中国天气网等新媒体直播平台，当天仅任城融媒头条号就获得了117万观看量。

3、出镜记者标签化，打造"网红"主播

目前来看，县级融媒体中心想得到更多群众的关注，不仅要丰富和完善新闻的内容，还需要对记者、主持人队伍进行调整，让出境记者、主持人也成为拥有海量粉丝的主播，是移动直播吸引公众视线的关键。出镜记者和主持人要善于和观众形成良好的互动。打造"网红"主播，首先就是要实现直播的常态化，要通过长期的积累，黏住粉丝，实现观众对节目的期待和习惯。同时观众的深度参与，极大地丰富了新闻报道的内容和形式，让新闻报道更有影响力和传播力。

4、利用全媒体矩阵做到海量分发

以"任城手机台"轻快APP为核心，任城区融媒体中心打造了"任城云"APP、运河传媒网、新浪微博、腾讯微博、微信公众号、央视新闻矩阵号、今日头条号、闪电新闻号、触电新闻号等全媒体矩阵。今年9月12日，"我的祖国"乔羽作品任城演唱会举行，任城区融媒体中心通过自身全媒体矩阵及10家新媒体直播平台分发，当晚收获70万观看量，让任城好声音在全国唱响。

5、做好新闻直播选题

在直播选题上，任城区融媒体中心注重对本地重大事件、突发事件的现场报道。从2015年建设"任城手机台"轻快APP以来，就立足任城独特的运河文化特色，充分挖掘在民俗文化、主题活动等方面的直播题材，有效增加了直播报道的现场感与时效性。

6、强化直播平台的互动性

县级融媒体中心建，目的之一就是打造和群众沟通互动的移动工具。新媒体直播拥有传统媒体所缺乏的强互动性。任城区融媒体中心在每一场直播报道中，都通过线上互动、线下联动等形式，实现出镜记者、嘉宾与观众之间的充分交流，利用有奖转发、评论互动、抢红包、集赞等形式，提升直播的参与体验，延长活跃周期，让直播的效果成倍放大。

三、任城区融媒体中心直播平台面临的难点

1、投入巨大，财力难以保障

新媒体直播技术更新迭代太快，H5、VR、AR……新技术、新平台纷至沓来，县级融媒体中心受制于当地政府财政状况、同时受传统广电思维的影响，无法及时对新媒体直播平台进行软硬件升级改造。

2、题材难选取

最受观众关注的报道，是突发事件的直播，县级融媒体中心对此类题材突发事件的报道往往非常谨慎。为了避免风险，许多时候只能选择不进行报道。

3、人才难引进

移动直播报道需要新型的全能型人才。县级融媒体中心缺乏科班出身的新闻采编、播音主持人才，一定程度上削弱了直播的影响力。另外县级融媒体中心往往是一个人同时做几种工作的情况，有潜力的员工在经营创收和工作绩效的双重压力下，基本没有时间和精力去接受专门培训。

四、结语

当前，直播已经深入到大众的日常生活之中，成为人们发布、获取信息的主要方式之一。县级融媒体中心作为社会发展的必然产物，要想真正实现"媒体＋政务＋服务"传播格局，就要在技术上和形式上进行创新，不仅要用好直播这种新型方式，还需要学习先进的传播算法，建好全媒体分发矩阵，发挥融媒环境下，新闻直播报道的特点和优势，满足人民群众日益增长的交流、互动需求。

（作者单位：山东济宁市任城区融媒体中心）

区县级融媒体中心建设的理论困境和实践路径

王 莹

新闻媒体发展至今，已走过了几十年的风雨历程。几十年来，张店区融媒体中心紧跟时代步伐，不断发展壮大。形成了电视传播、网络传播、融媒体传播有机结合，相互互补的立体化的宣传效应，充分发挥了主流媒体的主阵地作用；为传播党的声音，关注百姓生活，宣传张店区经济社会发展成果作出了积极贡献。从前以办报纸、电视为主，如今逐渐转变为以网络、微信、微博、移动平台为主，新闻中心实现了与时俱进，不断发展。面对融媒体迅猛发展的今天，回顾新闻中心几十年来的发展之路，有以下经验值得总结。

一、县级融媒体中心建设的理论困境

随着全球化信息的发展，传统的新闻编辑已经无法适应现代化的需求，在全新的媒体传播环境当中，网络等全新媒体逐渐成为时代的潮流，针对新闻编辑的发展而言，产生了巨大的冲击。电视收视率下降，观众的流失率上升，等等因素的影响，让传统新闻编辑遭受了严重的影响。对于现阶段而言，运用移动以及网络等平台为前提的融媒体，已经成了大众所倾向的信息传播形式。与此同时，融媒体语境下，由于媒体具备了门槛较低等特点，导致了现阶段融媒体与传统媒体之间的竞争加剧。因此，也造成了大量新闻编辑为了寻求新的发展，主动的融入了融媒体语境当中。但是在这种融入过程中，很容易让新闻编辑出现困局，然而如何寻求破局之道成了现阶段新闻编辑实现稳定发展的主要问题。

（一）形式单一，无创新性

时效性是新闻价值的保证，因此融媒体时代对于策划时效性要求高，融媒体时代要将时间空间加以突破，为受众提供简洁明快的新闻报道，受众能够迅速获知关注的内容；新闻策划工作者并非简单地传播新闻，还需要增强策划内容的深刻性，发挥新闻舆论引导功能，融媒体时代的新闻信息庞杂，新闻策划的任务在于梳理海量信息，保证新闻内容质量和深刻性；融媒体环境的新闻信息传播速率快，传播内容海量，受众难以集中关注特定的新闻内容。新闻策划需要将新闻信息加以贯通串联，构建新闻专题，将新闻信息构建为系统框架，从而使新闻能够引导受众，优化策划内容。

目前县级新闻采编策划形式内容单一，很多采编人员仅仅通过采访记录的方式来获取新闻素材，而融媒体时代网络不断发展，传统采编形式难以跟上时代发展步伐，当前要突破区、县级新闻采编传统形式，但是目前仍然以传统的文字新闻和图片新闻为主，忽视了融媒体环境的网络软件的运用，音频、视频等新闻素材没有得到有效运用。目前新闻信息传播的新闻排版形式不够创新，单调的排版难以吸引读者关注。同时，区、县级新闻采编内容缺乏深度，融媒体时代的传统媒体难以满足新闻信息需求，新闻传播载体更加复杂，新闻传播速率更快，由于新闻信息更加多元，这就增加了县级新闻采编难度。采编人员难以在海量信息中选取报道重点，导致新闻质量堪忧。区、县级新闻采编能力欠缺，导致社会舆论引导功能没有充分发挥，新闻采编工作任务并非简单地为受众原封不动提供新闻报道，关键还需要提出独到的见解，使受众产生共鸣，使新闻信息更加富有价值。

（二）传播能力薄弱，话题单一

新闻编辑经过了长时间的发展，在过去很长一段时间范围内，新闻编辑掌握着所有新闻的传播，并且用户也只可以阅读新闻编辑所呈现出的信息，从而造成了融媒体时代，新闻编辑在传播方面存在一定的局限性，因此导致新闻数据信息成了非常独特的资源。在新闻传播的过程中，新闻编辑拥有非常庞大控制权与传播权，并且传统的新闻编辑主要是利用广播、报纸以及媒体等媒介。在过去，这些属于主要的传播工具，属于传播社会正能量，营造和谐社会氛围的基本条件。然而自融媒体时代来临之后，新闻编辑逐渐呈现出没落的状态。尤其是现阶段，各种信息交流平台的出现，大量信息数据的传递，不断地冲击着用户的视觉，传统的新闻编辑传播逐渐被淘汰，若是新闻编辑还是运用过去的传播方法，则会导致其在融媒体时代寸步难行。

融媒体时代，社会各界不再像过去那样对新闻编辑的信息过于关注。而在传统媒体时代，人们通常只能看到新闻编辑经过筛选之后的社会民生话题，无法关注其他话题，如娱乐新闻、历史、科技军事信息等。当下，融媒体时代的来临，人们更加倾向于多样化信息的浏览。新闻媒体也逐渐转向市场化，以营利为基础的市场化运营模式，在进行新闻编辑的过程中，就会插入非常多的广告，致使人们对于新闻编辑的满意度越来越差，从而让融媒体有机可乘，融媒体让受众了解到了大量的信息，拥有丰富的选择权，受众则是能够根据自身的要求选择想要的信息。现在的媒体人还只是停留在低层次的融合，究其原因，主要是在发展思路上没有跟上互联网思维模式，没有真正实现体制、技术、内容、人才、管理的融合，"立体化"

的传播格局还没有完全形成。今后区融媒体中心将以"专业化、品牌化"运营理念，为受众搭建全新传播平台，提高广告的吸附能力和全媒体运营的拓展能力。

二、区县级融媒体中心建设的实践路径

（一）始终坚持正确的政治方向，围绕区委、区政府中心工作，坚定不移地讲好张店的故事、淄博的故事。

区县级融媒体中心始终坚持以"传播党的声音，关注百姓生活"为己任，坚持正确的舆论导向，全面宣传党的路线、方针、政策，围绕区委、区政府中心工作开展新闻宣传报道，营造浓厚舆论氛围，为鼓舞士气、凝聚人心、维护稳定发挥重要作用。"报、网、微、屏"几个平台既是宣传党的路线、方针、政策和区委、政府中心工作的主要阵地，又是反映群众呼声的重要平台；既是沟通党和人民血肉联系的桥梁和纽带，又是"县级走向世界，世界了解县级"的重要桥梁。

张店区是淄博市政治经济文化中心，作为中心城市的媒体，张店区融媒体中心承担的工作任务相对繁重，始终坚持正确的舆论导向，围绕中心，服务大局，唱响主旋律，传播正能量。2019 年初张店区融媒体中心揭牌成立，张店区融媒体中心在改革上大胆设想，消除制度障碍打破体制融合，进行"顶层设计"的重组，通过整合新闻信息、人力资源，建立起统一指挥调度的新闻采编部，统一报道部署、策划主题、组织采访、编发稿件，实现内容集约化生产、新闻信息产品多层次开发新局面。张店区委、区政府领导对中心的工作都给予了肯定和支持，期间多位领导来中心调研，帮助中心解决实际困难，同时，对新闻宣传思想工作提出指导意见。

（二）融媒体县级新闻采编创新

融媒体采编人员需要增强自身的信息价值判断力，能够专业分析判断海量信息，保证采编与报道价值。融媒体时代需要采编人员结合整体性思维来科学统分有关融媒体信息资料，梳理纷繁复杂的海量信息，结合媒介途径来将有关信息加以整合，增强融媒体传播的价值、公信力和舆论引导作用。同时，日常需要采编人员能够有效把握信息资源，总结采编实例，能够快速准确攫取有价值资源。采编人员要保持融媒体的敏感度，融媒体时代网络发达，受众审美呈现多元趋势，采编人员需要秉持高度责任心，提高融媒体敏感度，主观能动地获取有关融媒体资源。网络平台的信息传播速率快，采编人员要建立与受众的联系，结合数据挖掘技术，深挖有价值的新闻，并实现信息的梳理与整合，同时要保证信息的准确性与全面性。

采编创新首先是报道视角方面，传统媒体采编没有创造性，传播内容过于局限，基于这种传播形式下，逐渐致使受众关注度降低。融媒体时代受众信息获取途径多元，传统媒体的关注度下降。所以，为了实现融媒体采编的突破与创新，还需要挖掘报道角度，提升融媒体报道价值，根据受众获取习惯与信息需求来采编新闻，对于相关融媒体事件进行不同角度地深入剖析，从而立体展示有关融媒体内容热点，使受众能够全方位正确了解有关新闻，引导社会舆论朝着健康积极的方向发展，促进社会和谐进步。融媒体区县级新闻采编创新还体现在报道形式方面，它的采编制作形式单一，内容仅强调客观性，却忽视报道形式的灵活性，这种融媒体新闻报道形式不符合年轻一代群体的接受习惯，融媒体县级新闻采编创新需要顺应形势而加以改善，如受众主要通过移动端获取融媒体，那么就需要基于融媒体优势而延展趣味性的新闻标题，为青少年群体提供针对性的报道形式，激发其自主阅读兴趣。

（三）融媒体新闻策划创新

在融媒体时代，对于县级新闻采编人员的新闻策划编辑能力提出较高要求，需要采编人员明确新闻报道的目的和方向，在表现形式与表现方法加以突破，内容上要保证真实性，秉持高度的职业道德，公正客观报道新闻，不能策划虚假且违背事实的新闻。依托"传闻""噱头"的区县级新闻采编，虽然能够短暂引起受众关注，但无法长久获得受众认可。采编者综合分析判断所采集的视频、图片等资料，要明确侧重点，观察信息资料，明确新闻可能造成的影响，整合文字、图片、视频。当前新闻热点的采编，不能基于大众传播角度来选取新闻内容，还需要充分挖掘新闻背后的内容，提高新闻事件报道的权威性与可信度。策划创新具体表现为新闻深度的挖掘，增强新闻主导作用，通过策划创新来实现独家报道。

新闻策划需要体现出个性化特征，使受众享有更好的新闻获知体验，新闻策划人员需要使受众全面了解事件整个发展过程，从不同角度加以剖析，深挖其中蕴含的深意与引导价值。要突出新闻主题并整合新闻工作，基于不同角度分析整理，制作有意义的新闻主题，使新闻报道内容更加具体形象。同时要优化新闻编排流程，创新新闻编排的内容，实现内容的优化组合，有效吸引受众关注。创新新闻策划工作，需要创新新闻传播形式，策划有价值的新闻内容，运用多元化的呈现形式，增强受众获知新闻的立体观感。如可以通过 APP 客户端、微博、微信公众号、网站新闻平台来系统传播有关新闻内容，在网络上定时传播新闻事件进展情况，整合图片、文字、视频、音频要素，丰富受众获取新闻的感官体验。也可以设置专门的公众号，以腾讯新闻公众号为例，使新闻报道包含多元化的视听元素。新闻主体结合融媒体渠道来将新闻加以多样化展示，实现立体与直观的新闻报道模式。

（四）始终注重队伍培育，始终坚持"三贴近"原则，深入基层实地采访。

中心要去注重队伍建设，聘请大学的教授、领导、编辑、记者到新闻中心授课；组织编辑、记者参加各种业务培训；举办"县级论坛"，组织编辑、记者轮流讲课，交流采访、写作、编辑的心得体会，自我提高；通过多种途径，去培养一大批政治素质高，业务能力强，爱岗敬业的新闻队伍。报纸、电视都是大众媒体，要产生效应，首先要有读者、有观众，没有读者、观众，就无任何宣传效果可言。中心需要坚持贴近实际、贴近生活、贴近群众，采编人员深入生活、深入到群众、深入到脱贫攻坚、全面建设小康社会的第一线进行采访，大量宣传报道他们勤劳致富求发展的鲜活实事，反映他们的要求和呼声；记者还深入城市大街小巷，报道中心城市建设取得的成绩，得到了社会的承认。特别是在今年"利奇马"台风登陆淄博后，面对这样的重大灾情面前，区融媒体中心的记者始终冲在一线，深入灾区采访，及时报道了灾害情况、救灾情况和灾后重建的后续报道，救灾过程中涌现出的典型人物、典型事例，通过张店融媒体中心的宣传报道，鼓舞了士气，振奋了思想，营造了各级干部群众团结一心、众志成城抗击台风救灾，帮扶群众建设家园的良好氛围。

三、结束语

全媒体时代的到来，急需传统媒体和新兴媒体的融合发展，融媒体环境下，融媒体技术运用于各行各业，要创新县级新闻采编策划工作，广播、报刊、电视等传统媒体也要顺应潮流，不断掌握新知识、熟悉新领域，不断增强脚力、眼力、脑力、笔力，更要保证新闻内容的质量、价值与真实性，利用移动优先的优势第一时间将张店的好声音传播出去，让老百姓爱听爱看、产生共鸣，充分发挥正面宣传鼓舞人、激励人的作用。融媒体受众才会重回主阵地，作为区县级的新闻媒体，要始终紧跟时代步伐，站在时代前沿，不断与时俱进，用新闻作品来获得地方党委政府和广大人民群众的认可，方能得到不断发展壮大。

（作者单位：山东淄博市张店区融媒体中心、新媒体中心）

深化改革阶段县级融媒体建设的困境和出路

李一凡

2018年8月22日，习近平总书记在全国宣传思想工作会议上发表重要讲话，指出"要扎实抓好县级融媒体中心建设，更好引导群众、服务群众。"这宣告了县级融媒体中心作为基层重要舆论阵地的战略地位，也指明了媒体融合纵深推进的方向。围绕中央关于县级融媒体中心建设工作的决策部署，目前，部分地区已顺利完成县级融媒体平台搭建，逐渐跨入"相融"阶段。

改革行至关键处，我国县级融媒体中心建设因各地区的经济环境、政策环境、媒体环境等存在较大差距，正呈现出了发展不平衡的现象，即媒体市场化程度高、基础较好的县区，媒体融合程度相对较高；媒体市场化程度较低、基础较差的县区，媒体融合程度较低，多停留在技术平台搭建和机构合署办公的"物理融合"阶段。在国家自上而下推进、媒体自下而上探索的过程中，一些阶段性难题正在各县级融媒体中心集中显现，成为下一阶段深化改革的重点。

一、深化改革阶段县级融媒体建设的困境

县级媒体发展严重滞后，转型速度缓。我国县级媒体由于长期固守传统的生产经营理念，普遍面临受众流失、收入下降、专业人才流失、设施设备老化、融合发展无力、话语权丧失的窘境，甚至出现了严重的生存危机。随着传播技术的升级和传播格局的变化，县级媒体正逐渐走向边缘化，地方最有传播力的"媒体"反而是一些商业运作的微信公众号、头条、抖音，它们以煽情吸引眼球为能事，导致虚假新闻造谣满天飞，严重影响了基层的舆论生态与媒体传播环境。如今，国家以行政手段助推县级融媒体建设，一定程度上为县级媒体的转型扫除了制度阻碍，有利于县级媒体重回地方主流媒体地位，但由于县级媒体长期受传统理念和积贫积弱现状的制约，重组后的新平台要想释放出能量，还需要一段时间。

地方媒体决策权弱，改革落地难。在县级融媒体中心建设工作中，体制机制改革始终是转型的根基。目前，不少地区体制机制改革推进困难，主要原因在于：

一方面，全国县级融媒体成功模版颇多，但由于各地区差异较大且媒体发展程度不一，在学习模仿成功经验的过程中，各地政府和媒体如何将经验进行本地化正成为一大挑战；另一方面，县级媒体的体制机制改革均由县委县政府或上级职能部门授权进行，改革能否依照媒体的需求实施以及实施的力度、进度等均受地方政策主导。此过程中，县级媒体在管理决策、用人、分配等核心问题方面均无决策权，只能照例执行，这也增加了体制机制改革的难度。

内容建设滞后于平台建设，用户黏性难建立。创新型内容的匹配是县级融媒体建设的关键。在一些县级融媒体中心的实践中，虽在信息覆盖面、信息体量方面有明显提升，但内容生产依旧缺乏用户思维，难以获得当地受众的情感认同，缺乏用户黏性。内容建设明显落后于平台建设的现状，导致融合型平台缺少融合型内容的支撑，大屏不实用、小屏无点击。究其原因，内容生产理念的制约、人才的制约都是导致融媒体平台与内容两张皮的核心因素。

现有人员转型难，融合型人才紧缺。目前，融合型人才短缺的问题正在成为县级融媒体中心建设中一大难题。各县级融媒体中心现有的内容生产人员均来自于县域内不同的媒体平台，各有所长且各不相通，相互之间融合程度较低。与此同时，自1983年我国实施"四级办广播电视"政策至今已有30多年，早期的县级台从业者已步入退休年龄，老龄化的问题在县级台中十分普遍。而县级台作为县级融媒体中心的核心组成部分，人员老龄化的现状也给新成立的县级融媒体中心带来人员培训难的新问题。此外，县级媒体激励机制的不健全也造成了用人难、招人难、人员积极性不高等现实难题。

"造血"能力差，难以实现可持续发展。县级融媒体的建设和后期运营需大量的财力支撑，从各地的实践来看，各地仅在平台搭建阶段就花费了300万到上千万元不等。县级广播电视台、报社等作为融媒体建设的主要承担和推动者，普遍面临运营能力差、造血能力不足的现状，难以承担起为融媒体中心持续"输血"的重担。作为事业单位的县级融媒体中心，在建设初期可享受地方财政的支持，但单纯依赖财政并非长久之计，如何拓展经营渠道增加收入来源，保证融媒体中心后期的正常运行以及传播效能的最大化发挥才是关键。

二、县级融媒体深化改革的"五个维度"

通过对部分县级融媒体中心试点单位的实证研究，针对县级融媒体中心建设过程中的阶段性难题，笔者认为应从以下五个维度进行逐一突破：

（一）筑牢阵地：落实体制改革，巩固宣传阵地

巩固和发展党的宣传思想阵地是县级融媒体建设的前提和根本目标。各地应因地制宜地深化体制改革，巩固融媒体中心的公益属性，同时加强顶层设计，实现媒体管理模式的全面升级和生产流程的重构。

1. 争取政策保障，巩固公益地位

作为县级融媒体顶层设计的决策者，地方县委县政府应当从经费保障、人员岗位、分配机制、业务等方面给予县级融媒体中心更加宽松的政策保障，为县级媒体继续深化体制改革提供有利的外部环境。2019 年 2 月，山东省就将全省 95 家县级台全部确定为公益二类以上事业单位，且各项纳入县财政预算的资金已达 11 亿元，使县级媒体的公益地位和财政保障问题得以解决，为融媒体中心建设打下了坚实基础。

2. 创新顶层设计，重构管理模式

从县级融媒体中心试点单位的经验来看，通过去行政化的手段，在保障新闻宣传的公益属性基础上，推动新闻宣传与经营两分离是当下县级融媒体改革的可行路径。在管理上，可引入现代企业制度，将媒体的经营资源从事业主体中剥离，进行企业化运营，以此提高融媒体中心的造血能力，促进新闻事业和传媒产业的协调发展。同时，在内部实施扁平化管理，改变县级媒体部门臃肿、资源流通不畅的现状，提高沟通效率和运行效率。

3. 因地制宜改革，渐进式发展

县级融媒体中心要综合评估自身的资金实力、人才能力、发展潜能，同时参考其他地区的成功经验，因地制宜地设计出适合自身发展的生产和经营系统。在改革道路上，要做一名"长跑型选手"，渐进式地推进改革，以生存谋发展，以稳定促转型。

（二）团队升级：创新人才管理机制，升级团队协作模式

媒体竞争关键是人才竞争，媒体优势核心是人才优势。当前阶段，县级融媒体中心应从机制创新入手，打破"招人难、用人难、留人难"的困局，实现人才的全面转型。

1. 创新用人制度，打通晋升渠道

首先，在人才引进方面，打破原有的事业单位选聘办法，不拘一格降人才。多年来，长兴传媒集团在人才招聘方面始终奉行不限专业、不论出身的原则，面试通过即可录用，吸收了大批拥有不同背景、不同特长的人才。

其次，打破身份束缚，打通人才晋升通道。在用人方面，邳州广电传媒集团深入推行公开竞聘、择优使用的用人机制，集团所有岗位由部室主任和员工双向选择，这样的制度下，25 名体制外优秀员工通过竞聘走上中层管理岗位。

在引进优秀人才的同时，可根据实际情况适当建立退出机制，对工作态度不端正、业绩差的员工予以处罚或辞退处理，增强现有人员的紧迫感和责任心。

2. 完善分配制度，增强内部活力

县级融媒体中心应着力完善分配制度，以岗定责，强化岗位、责任、能力与

薪酬之间的关系，同时，荣誉制度与激励制度并行，最大程度调动人员的工作积极性。这方面，河南汝州市融媒体中心针对所有采编人员，推行"档案封闭运行、岗位薪酬管理"的双规管理，最大限度地激发了媒体人的创造力和生产力。

3. 创新人才培育模式，挖掘本地人才资源

在全媒体复合型人才的培育上，县级融媒体中心需加强对现有人员的思想教育和业务培训，从政治素养、专业素养、职业技能等方面入手，促进人才由单一型向全媒体型、专家型转变；同时，要更加注重管理人员及领导干部的理念创新，培养一批懂媒体、懂管理、懂融合、懂市场的管理人才。如长兴传媒集团在2018年投入百万资金启动"万物生长"学习提升计划，制定了自学、专题学、回校学、办班学、上挂学、开小灶学、互联网学"七个学"，鼓励员工自由成长；同时，举办创新大赛，选拔工作室，通过创新团队带动的模式，实现了一批人的转型。

此外，在融媒体团队打造中要切忌矫枉过正。打造融合型人才队伍并不意味着要培养一批"万金油"式的人才，而应该让不同特长的人才各归其位、各尽其才，进一步升级团队的协作模式，最大化地创造价值。邓州广电传媒集团在人才培育模式上大胆创新，一方面从各镇、区、街道、机关单位公开选拔，组建170多人的融媒特约记者团队，实现本土化人才供给；另一方面，在集团内部组建融媒实验室，工作室的60多名创新型人才专门研发融媒"爆款"产品。如此一来，不同团队各司其职，真正实现了人才的高效利用和团队协作模式的融合升级。

（三）视野下沉：挖掘"下沉市场"，推动内容贴地化、精品化

近两年，以拼多多、快手为代表的互联网平台凭借"用户下沉"的策略，对"下沉市场"进行了新一轮的用户和流量收割，也使市县媒体的受众再次面临被互联网分流的窘境。然而，单就县域信息和本地化内容的供给来说，大型互联网企业依然存在较大的进入壁垒，相比之下，位于基层的县级融媒体中心则具备天然优势。针对现阶段县级融媒体平台内容建设滞后、缺乏用户黏性的现状，县级融媒体中心应把握三种思维，将视野下沉到百姓身边，与当地用户建立深度的情感连接。

下沉思维。受众在哪里，媒体融合就要推进到哪里。作为基层的主流舆论阵地，县级融媒体中心在内容生产中应运用下沉思维，促进内容与受众的无限贴近，增加内容的"泥土气息"。

用户思维。以用户思维为导向，从满足用户全方位需求的角度出发，进行内容的选题策划、制作生产和传播发布。浙江长兴传媒集团的大型融媒体舆论监督栏目《直击问政》联合当地各政府部分，直面社会治理难题，替老百姓问政，创建了全民舆论监督的良好氛围，获得当地民众的一致好评。

精品思维。对于县级媒体而言，精品化的创作思维要始终贯穿在融媒体内容

生产中。在主流舆论宣传上，以精品内容作支撑，彰显党性和阵地意识；在融合报道上，以精品思维做指导，创新表达方式；在常态化内容的生产上，以精品意识创作品牌内容，提高受众的忠诚度。

（四）拓展工具性：打造"亲民型"信息治理平台

引导群众、服务群众是习近平总书记对县级融媒体中心工作的总体要求。从引导群众的目标出发，县级融媒体中心应在壮大主流舆论阵地的基础上，加强县域信息综合平台建设，为当地老百姓、政府、企事业单位、当地企业提供全方位的信息服务；同时，打通省市县全域信息资源，全方位提高区域信息流通的效率，以信息化建设推动社会综合治理，消除城乡、代际间的信息鸿沟。例如，安吉新闻集团通过"媒体＋互联网＋"的形式，打造社会治理体系的综合信息平台，板块涵盖消费维权、平安安吉、警务、交通等多个领域。如遇突发情况，大数据中心和应急指挥中心可以直接供地方领导现场指挥调度，真正实现了以信息化推动基层社会治理的目标。

从服务群众的角度出发，县级融媒体平台要想深度建立用户黏性，获得用户的情感认同，最重要的是增加用户入口，扩展移动应用的使用场景，从而提高用户的使用频率并延长使用时间和停留时间。因此，县级融媒体中心应在信息资源整合的基础上，主打"亲民型"服务，拓展政务服务、社区服务、生活服务等多元形式实现与用户建立"强关系"，强化媒体的工具属性。这方面，邳州融媒体中心打造的"银杏融媒"颇具典型性。"银杏融媒"探索"融媒＋政务＋服务＋产业"的运作方式，在"融媒＋服务"方面，"政企云"服务吸引全市近200家政企单位以及相关办事窗口入驻，拓展线上政务服务；在"融媒＋服务"方面，开通便民查询、便民支付、医疗服务、健康养老、智慧社区等功能，为百姓提供一站式便捷服务；在"融媒＋产业"方面，进军品牌代理、电商服务、教育培训等新领域，创收连续三年增幅超20%以上。

（五）创新"媒体＋"：形成"造血"＋"供血"的良性循环

作为地方单位，县级融媒体中心享受地方财政支持，作为基本的资金保障。然而从浙江长兴、江苏邳州、河南项城、湖南浏阳等试点的经验来看，县级融媒体中心在壮大基层舆论阵地的同时，通过合理经营提高造血功能才是可持续发展之道。

在方向上，县级融媒体中心可依托媒体自身的公信力、专业能力及资源优势，拓展经营渠道，探索"媒体＋政务""媒体＋服务""媒体＋产业"等多元经营模式，将"＋"无限延伸下去，通过自身信息资源整合的优势拓展"媒体＋"的可能性。具体操作上，部分地区尝试通过对客户市场的细分，按经营范围、服务内容、客户属性等进行行业划分，针对性地成立文化传媒公司、商业贸易公司等企业，全面整合媒体资源发展经营性业务，建立起自我"造血"和"输血"的良性循环，类似做法亦可作为借鉴。安吉新闻集团自主研发融媒体移动端，创新移动端的经营创收模式，仅在拓展应用市场方面，已获得全国 30 个多个县市的落地资金总计超过 1000 万元，且每年都会有维护、新增板块研发收入。

结语

县级融媒体中心建设关系着我国基层舆论阵地的巩固和壮大，也决定着基层社会治理的成效。随着媒体融合的纵深推进，县级融媒体建设工作挑战与机遇并存，具体的实操策略仍需持续关注和探讨。对此，各县级融媒体中心也应积极探索，因地制宜地推进融合转型，同时边改革边调整，以创新促改革，以实践促发展。

（作者单位：中国传媒大学）

组织再造：县级融媒体中心
"最后一公里"建设路径

张　寅

一、问题的提出：县级融媒体中心建设的"最后一公里"

2018 年 9 月 20 日，中宣部作出部署，要求 2020 年底基本实现县级融媒体中心在全国的全覆盖，努力把县级融媒体中心建成主流舆论阵地、综合服务平台和社区信息枢纽。县级融媒体中心建设成为我国推进媒体融合深度发展工作中的"重中之重"。

郡县制，天下安。长期以来，县级报纸与广播电视的规模与实力远不如省级媒体、市级媒体。党的新闻舆论工作是党的一项重要工作，是治国理政、定国安邦的大事。由此可见，加强县域媒体建设，是一件刻不容缓之事。

在田野中进行深度访谈是一种重要的研究方法。笔者选取了浙江 5 家县级融媒体中心作为研究样本，于 2019 年 1 月到 2 月深入这些县级融媒中心，进行深度的田野调查。笔者通过调查发现，乡村传播内容议题建构能力的不足是县级融媒体中心建设的一大"短板"。但是，要想补齐这块"短板"，应先将县级融媒体中的组织架构建设"理顺"，唯有如此，才能让"乡村传播"建设等重要功能发挥出应有的效果。

所谓组织再造，指的是"组织功能的演变、重塑及组织本身的转型与变迁。"需要指出的是，在县级融媒体中心建设的过程中，会遇到诸多的困难与挑战，其中，"组织再造"是一件"棘手"的事情。但遇到问题是不可避免之事，唯有直面问题，应对问题，提出对策，才可以提高县级融媒体中心的"站位高度"，使其成为服务当地建设的重要意识形态工具、信息服务中心。

二、"移动优先"的渠道建设：县级融媒体中心组织再造的突破点

从现实发展的历程来看，各地县域媒体的实力不尽相同，组织架构、队伍建

设、设备设施、机制理念等都存有较大的差异。换言之，建设县级融媒体中心没有一个成型固定的样本，即没有可套用的"模板"，各县域建设自己的县级融媒体中心势必要"因地制宜"，照搬或套用他者的模式，会引起诸多弊端。

（一）县级融媒体中心"移动优先"式传播平台的革新

县级融媒体中心的渠道建设是硬件技术层面所应保障的。渠道的建设要以传播的核心要旨为依据。也就说是，县级融媒体中心之于县域，其传播渠道建设要满足县域内受众的各种需求。在融合传播迈向智能传播的媒介发展阶段，"移动优先"的理念应渗入县级融媒体中心建设的各个方面。

笔者在调研中发现，绝大多数的县级融媒体中心的"传播阵地"的渠道建设亟待提升。例如，[甲]的客户端的本地新闻更新是不及时的。笔者在使用这款客户端时发现，其"新闻"版块中的"推荐"栏目的信息，都是一周前的信息，只有在其"读报""电视""广播"等区域里能找到当日的信息；首页的"政务资讯"里最近的内容更是停留在 2018 年 9 月。员工[甲]–09 透露，他们从 2018 年开始一直在建设这款 APP，不断地在完善各类功能，何时能将所有功能完善到位还是个"未知数"。

一般来说，县级融媒体中心所建设的"移动优先"属性的传播平台就是客户端（APP）和微信小程序。从"站位高度"与"组织再造"的角度而言，县级融媒体中心的客户端和微信小程序不能停留在传播信息的 Web1.0 门户网站功能建设，它可以成为一个"上传下达""联通民意"的政务服务平台，满足县域内百姓的日常生活。

此外，客户端的建设还可以发挥其旅游传播的功能，即县域外的人来该县域内，可以直接通过这个客户端或微信小程序，满足他们对所到县域的各类信息需求。

（二）县级融媒体中心信息生产模式的改变

县级融媒体中心的渠道建设是硬件技术层面所应保障的。完成后"移动优先"式的渠道建设后，就要保障县级融媒体中心的传播内容生产是符合"数字传播"规律的。

"数字传播"不同于报刊印刷传播的版面传播模式，也不同于广播电视的线性时间流传播模式，它是一种可以将文字、声音、图像等各类传播符号集合在一个数字互联平台上的模式，传播者可以根据需要随意组合传播符号。也就是说，"数字传播"并非是"报纸"+"广播"+"电视"的集合体在互联网上进行传播，也不是把原有的采编内容放到互联网上进行发布。

因此，县级融媒体中的信息生产模式要与"数字传播"的融合式信息生产流程相适应。理解"数字传播"不能再机械地套用传统的传播学理论。在"移动优先"

的大要求下，县级融媒体中心的信息采编力量应向移动端倾斜，在满足此项内容后，再考虑其他的原有的播出渠道。这其实是一种对传统传播模式的"逆向思维"考量。

三、"乡村传播"的融合生产：县级融媒体中心组织再造的发力点

有研究者认为，"县级融媒体中心建设，是互联网时代基层宣传文化的重要阵地，也是党和政府治国理政的新平台。"议题设置是引导舆论这一重要工作中的核心内容。设置乡村传播的议题，更能考验县级融媒体中心管理者与一线采编人员的政治素养和业务素养。

学者李红艳曾指出，"乡村受众在大众媒介报道中是处于边缘化地位的，是被动型的受众，媒介资源掌握在城市主流群体手中，乡村社会在拥有媒介资源的领域中是处于边缘地位的。"也就说是，县级融媒体中心之于县域，其传播渠道建设要满足县域内受众的各种需求，而这些需求的出发点正是上述研究中皆未关注到的一个极为重要的话题——"乡村传播"。对此，她给"乡村传播"下过定义："乡村传播是指对发生在乡村社会内部、乡村社会与外部社会之间的传播现象的总称，包括对传播关系的建构和传播过程的发生的描述；是对以地理区划为标准的乡村社会内部与城市社会之间所发生的传播行为、传播机制、传播生态环境、传播模式、传播系统等诸多传播现象的统称。"

县级融媒体中心的建设组织再造的发力点需从"乡村传播"入手，特别是在传播内容的建设上要以乡村传播的内容与议题为核心。2018年8月，广东省的县级市——清远市在全国范围内首创"乡村新闻官"制度，受到各界人士的关注。学者张志华指出，县级融媒体中心建设亟须上行乡村故事，乡村故事等乡村传播的内容可以借助增强县级台内容上行的能力，通过省级的公共频道网络扩大其观众面，"借助县级融媒体中心建设之东风，通过村集体、合作社等基层组织充分发挥农民的参与性，将农村多样、生动的故事上行，平衡城乡之间单向交流的'赤字'……"

需要指出的是，上行乡村故事，首先要建设好县级融媒体中心的乡村传播能力，而其自采写能力相对于省级媒体、市级媒体一直是较弱的。在田野调查中，一些采编一线的被访者直言，他们到省级或市级媒体培训、学习时，时常能发现一些业务上的差距，县域媒体的业务水平、业务氛围与省级、市级媒体存在"距离"。

以[甲]的电视传播为例，[甲]的电视频道只有一档专门的乡村传播节目，而时长只有10分钟，所占的播出比例算不上高。它的其他节目主要有以播出县委县政府中心工作的时政新闻节目，民生新闻节目，少儿节目，房地产节目等。从非乡村传播节目播出的实际情况来看，即便是新闻性的对农题材传播内容也是"少之又少"的。

因此，唯有先提高县级融媒体中心在县域内采制乡村故事等乡村传播范畴下的内容的能力，才能将乡村故事上行给省级抑或国家级的新闻传播平台，进而反哺县级融媒体中心的可持续化良性建设。

四、"良性机制"式的人员保障：县级融媒体中心组织再造的完善点

不少研究者指出，在建设县级融媒体中心的过程中，体制机制的问题尤为关键。如吕岩梅指出，"广电原有的机制体制、人事制度已经严重阻碍融合发展深度推进，生产关系严重束缚生产力释放进发应有活力。"

从笔者的田野调查情况来看，这5家县级融媒体中心的员工考核激励机制有待完善。

依据媒介经营管理学的有关理论观点，必要的考核是促进员工（特别是采编一线员工）高质高量完成任务的一大抓手。[甲]在早些年前就将报纸、广播、电视、网络整合为一家传媒集团，较早地制定了人员考核方案，在行业内具有一定示范效应。[乙]、[丙]、[丁]、[戊]四家县级融媒体中心的被访者普遍表示，[甲]的员工考核机制改革得早，卓有一定成效，他们更期盼的是有实质性的组织建制层面上的整合，在统一标准的新的考核机制下，员工的动力才会被更好地被激发出来。

此外，员工"本领恐慌"的情况较为普遍。为解决"本领恐慌"，[甲]出台了员工培养计划，每月定期邀请各界人士进行业务技能的传授或由本集团员工分享业务实战经验。这一模式，在全国范围内，受到了好评。县级融媒体中心的传播平台集合了文字、图片、音频、视频等各种传播符号，对传统新闻采编一线人员的业务能力着实形成了一定的挑战，"采""写""编""评""播""摄""拍"等"十八般武艺"都需要从业者有所掌握或了解，抑或掌握各有关技能的员工能较好地组成团队，"协同作战"。

结语

"加强县级融媒体中心建设"是新时代改革开放继续推向前进的一项重要工作。对县级融媒体中心进行"组织再造"是打通其"最后一公里"建设的关键之处。

立足县域、服务县域，县级融媒体中心应提升其"站位高度"，发挥乡村治理的能力，在"移动优先"式的渠道建设的基础上，聚焦乡村传播，服务乡村建设。

（作者系中国传媒大学新闻学院博士研究生、

浙江广播电视集团浙江之声记者）

媒介融合环境下县级广播电视改革发展实践

——以安徽省肥东县融媒体改革为例

许海潮　王诗文

媒介融合是由美国麻省理工学院教授伊契尔·索勒·普尔（Ithiel De Sola Pool）提出的概念。在其 1983 年所著的《自由的技术》一书中，普尔将"媒介融合"定义为"各种媒介呈现出多功能一体化的趋势"。自蔡雯教授 2005 年将"媒介融合"一词引入中国后，国内学界、业界迅速展开了对媒介融合的研究及实践。广播电视作为我国媒体的有机组成部分，近年来开展了大量媒介融合实践，本文即通过对安徽肥东县融媒体改革为例来论述深化传统媒体和新媒体融合的改革举措与建设成效，对于这些实践进行梳理和总结，对其他县级广电行业从业者进行下一步的媒介融合改革能够有所启发。

（一）深化传统媒体和新媒体融合的改革举措

为了贯彻党中央"要整合新闻媒体资源，推动传统媒体和新兴媒体融合发展"的重要部署，2016 年 6 月，肥东县委、县政府审时度势、抢抓机遇，推动传统媒体和新媒体融合发展的改革举措。

一是实行党委负责制，党建引领媒体融合。党委负责，为改革提供保障。2016 年 7 月，肥东县广播电视台与肥东县文化广电新闻出版局正式分离。2016 年 11 月，中共肥东县委批准成立县新闻中心党委，统一领导县广播电视台、县新闻中心、东城传媒公司和政务新媒体，实行党委领导下的法人代表负责制，党委书记负总责，宣传、人事、财务等重大事项一律由党委会决定。新闻中心党委在推进各项改革中，认真落实"三察三单"，察安排，对改革任务推进情况及完成情况进行考察和考核；察主体，坚持谁牵头、谁督察，谁负责、谁落实，落实主体责任；察内容，坚持察认识、察责任、察作风相结合。同时认真梳理整改问题清单，形成整改措施清单和责任清单，为各项改革的有序推进提供保障，做到了"工作不断，心思不乱"。党建领航，引领新闻宣传。新闻中心党委在推进改革过程中，始终以党建领航，加强党委下的 6 个基层支部建设，各支部书记、委员全部由新闻工作一线的骨干担任，各支部强化"三会一课"制度建设，积极申报基层标准化支部建设。先后出台（完善）县新闻中心党委会制度、《广播电视节目三级审查制度》、《新媒体采编推送管理办法》、《播音员主持人管理办法》、《岗位责任绩效管理办法》和效能问责的相关规章制度 20 多项，媒体运营的各项工作都能突出党建的领航作用。

二是党委委员分工负责，中层干部交叉任职。党委委员打破单位限制，分工负责。党委书记负总责，各党委委员分管组织、纪检、宣传、统战、群团等工作，打破广播电视台和新闻中心两个单位间的界限，分工协作，保证党委的核心决策力和战斗力。共青团、工会、妇联等群团组织为媒体融合这个中心服务。积极组织开展志愿者服务、职工运动会、三八红旗手爱岗敬业活动等一系列活动，起到了鼓舞士气，凝聚人心，服务中心的作用。业务部门负责人交叉任职，任用机制灵活，保证不出现扯皮、推诿现象。重要部门负责人交叉任职，便于互通信息，及时疏通融合障碍。比如：成立肥东县新闻报道总编辑委员会，负责全县新闻报道的策划、协调、审批、业务研讨、评先创优等工作；广播电视台融媒体中心副主任兼《肥东晨刊》采访部副主任、《肥东晨刊》采访部主任兼广播电视台融媒体中心副主任，《肥东晨刊》广告部主任兼广播电视台广告经营中心的副主任。

三是机构建制、人事编制、财政供给渠道不变。在县委和县政府的高度重视下，县广播电视台、县新闻中心（负责《合肥晚报.肥东晨刊》编辑出版，全国公开发行），均是独立法人单位，实行"三个不变"，即机构建制不变、人事编制不变、财政供给不变。保留县广播电视台、县新闻中心的正科级建制，前者是县委、县政府直属事业单位，后者是县委工作部门，人事编制不变，财政供给渠道不变，突出了党委的领导作用，从而免除了职工的后顾之忧，为媒体融合发展提供了保障。

四是成立国有东城传媒有限公司，为融媒体拓展发展空间服务。县广播电视台、县新闻中心是事业单位，其人才聘用、资金运作等都受各种制度约束。经县国资委批准，县政府注册资金 500 万元成立肥东县东城传媒有限公司，统一承接大型主题活动、全县户外广告等业务，所获年收入 200 多万元用于媒体融合发展，同时县广播电视台所缺采编、播音等人才由该公司聘用，新闻单位使用。公司运营后，陆续聘用专业技术人员 10 多人。东城传媒有限公司依托于媒体融合平台运营，服务能力和水平大幅提升，社会公信力大幅提升。

五是成立融媒体中心，组成新闻采编"中央厨房"。经县编办批准，成立融媒体中心，统一各媒体的采访安排，采集新闻素材，广播、电视、报纸、新媒体根据自身特点各自结合自身媒体特色选用编辑制作，一次采访、多次生成、多元传播。融媒体中心现有采访、编辑、播音、制作人员 30 多人，摄像机 20 台，建立肥东传媒采编群，新闻采访信息共享，新闻素材统一上传公共邮箱，融媒体平台所有成员单位有权使用。传媒采编群畅通采访信息，明确采访重点和采访手段；公共邮箱成为各类素材的汇聚平台。

六是发展新媒体，搭建融媒体平台。搭建融媒体平台，将"幸福肥东"政务微信（县委宣传部主办）、"肥东发布"政务微博（县委宣传部主办）、"肥东门户网"（县政府办公室主办）、"大美肥东"APP 客户端（县广播电视台主办）等统一归属广播电视台的新媒体中心运营，充分利用广播电视报纸的采编力量、信息资源等优势，实现融合发展、立体传播。

（二）传统媒体和新媒体融合的改革成效

肥东县作为安徽省县级首家全媒体平台，运营以来，成效显著，受到省、市委宣传部和受众的褒奖。

一是新媒体发展突飞猛进。"幸福肥东"微信公众号、"肥东发布"政务微博、肥东门户网站、"大美肥东"APP 在媒体融合发展的引领下，各显神通，优势互补，呈现出欣欣向荣的景象："幸福肥东"微信公众号，现有粉丝达 26 万人，月阅读量 80 万次左右，稳居合肥市县级政务微信榜首，安徽省县级政务微信前列，"2017 年安徽省县区政务微信十强"，全国广电系统政务微信 30 强；"肥东发布"政务微博现有粉丝 13 万多人，稳居安徽省县区政务微博榜首，获"安徽 2017 年度最具突破力政务新媒体"称号；新媒体中心荣获"2017 年度合肥市十大新闻人物"；肥东门户网站获得安徽省优秀网站称号。

大美肥东（含 APP、PC 端、公众号、小程序等）由肥东县委宣传部主管，肥东县广播电视台出品，肥东广电新媒体有限公司运营的综合型资讯、生活、服务类平台。大美肥东内容生产，紧紧围绕党政中心、服务发展大局、聚焦社会民生、引导舆论热点、传承历史文化。"大美肥东"自 2018 年 2 月 14 日正式上线至今 200 天以来，合计更新迭代 12 次，上线了 Feed 信息流、新媒体矩阵、探店、同城、小程序、直播、房产、婚嫁、拼车、商圈、原创、交友、人才、游戏、微心愿等系列功能插件。根据 2017 年 6 月 1 日，国家网信办颁布的《互联网新闻信息服务管理规定》，大美肥东所有用户轨迹均可后台记录，以保障官方媒体的信息安全。大美肥东 APP 累积用户超 19000 人；累积直播活动 5 场，播放量达 22 万；在同步更新电视台《肥东新闻》及其他九档栏目的同时，实现了肥东广电新闻综合、经济生活频道的实时直播，新闻信息实时发布，累积发布三千余条有效信息。

二是传统媒体焕发青春。内设机构更加合理。肥东广播电视台、肥东县新闻中心借助新媒体强劲发展的势头，扬长避短，焕发青春。广播节目尝试实行有限的制播分离，肥东人民广播电台 101.3 城市之声推出后，听众反应情况较好。

三是提高新闻宣传政治站位，新闻资源得到充分利用。县域范围内重复采访情况大大减少，有限的新闻资源得以充分利用。我们充分发挥"肥东传媒"QQ群和公共邮箱的作用，一方面互通采访信息，整合采访资源，或委托采访，或组队采访，人员、车辆灵活调度，采访效率和采访水平有了保证。另一方面，公共邮箱的信息、素材汇总功能逐步强大，"中央厨房"也就名副其实了。

四是媒体融合优势凸显。大型主题活动精彩纷呈。全媒体融合平台的建立，为组织、策划、举办大型主题活动提供了广阔的空间。2018年元月，一场狂风暴雪席卷肥东大地，积雪冰冻灾害严重影响交通和广大城乡居民的生产和生活。根据肥东县委、县政府的统一部署，我们第一时间实行广播、电视、报纸、微信、微博、手机报、网站等全媒体联动，多侧面、多视角集中展示了肥东百万干群积极迎战暴风雪的动人图景。类似关注民生的全媒体发布信息不胜枚举，"关注民生热点，回应社会关切"已经成为肥东媒体融合发展后一道亮丽的风景。

（三）传统媒体和新媒体融合的经验总结

一是加强党对融媒体改革的领导。理顺党组织隶属关系，成立新闻中心党委，加强对改革内容、形式、方法、体制、机制等各环节各领域全面领导，强化党对新闻舆论工作的领导，把党管宣传、党管意识形态、党管媒体落到实处，始终树牢"四个意识"，坚持以人民为中心的工作导向，把实现好、维护好、发展好最广大人民的根本利益作为出发点和落脚点，在融合发展过程中坚持走群众路线，善待善用善管新媒体，利用新媒体反映群众心声、收集社情民意，顺畅地实现海量信息共享，更科学地关注和引导社会热点问题。

二是突出广电系统在融媒体改革中的关键作用。肥东县广播和电视作为我国最基层的传统主流媒体，在融媒体改革中始终起到主导作用，发挥广电在整套系统的节目制作方法、大量的节目资源、公信力强、独特的原创内容等诸多优势。因此我们通过强化传统媒体和新兴媒体资源、要素的有机整合，强化内容、渠道、平台、经营、管理等方面的深度融合，形成一体化的组织结构、传播体系和管理运行体制，创新内容产品、创新业务模式，推出了一批有效益有影响力的融合型产品业务和服务。

三是新旧媒体的全面融合。完善体制机制，重组"肥东宣传网""肥东政府门户网"为"肥东新闻网"，成立信息采集策划、融媒体采访、融媒体编辑、报刊编辑、电视编辑等五大中心。实行融媒体产业化发展，下属电台、电视台、报刊、微信、微博等多个媒体平台，资源共享、制播分离、一次采集、多元传播。拓展新业态，研发客户端新产品，推动优秀文化上网，开展"网络媒体肥东行""两微达人看肥东"等活动，做强"幸福肥东"微信公众号，促进网络直播常态化。提升便民服务。打造"时政新闻＋实用资讯＋便民服务"的微信融媒体产品，搭建政府与居民、网民之间互联互通的信息桥梁。

为了推动融媒体更好更快发展，接下来将在以下方面进行拓展：

一是构建更大、更高的外宣平台。正在积极准备与合肥广播电视台合作，创新新闻宣传模式，借助上级台的影响力，在合肥广播电视台新闻频道开设《幸福肥东》电视新闻栏目，《走遍肥东》电视专题栏目，在更大平台、更高层次上，讲好"肥东故事"，传递"肥东声音"。

二是媒体融合向纵深拓展。组建合肥东城文旅传媒有限公司。深化文旅传媒体制改革，充分整合文化、旅游、传统媒体、新媒体、户外广告、节庆活动等资源，做大做强文化产业，合并肥东东城传媒有限公司、合肥东城文旅有限公司，组建合肥东城文旅传媒有限公司。以广播电视为主导，实行文化、旅游与传媒的强强联手。东城文传公司为国资委监管国有独资企业，由县国资委委托县委宣传部管理。实行县新闻中心党委领导下的董事长负责制。

三是加大技术改造力度，力求广播电视功能最大化。加快步伐、加大力度进行广播电视的技术升级改造，电视两个频道实现高清化播出；购置电视转播车，全媒体直播活动再升级，水平再提高，追求广播电视功能最大化。

综上所述，经过几年探索，我国县级广播电视媒体的媒介融合实践已经初见成效，然而相比于一些省级、市级媒体的媒介融合的深入开展，仍多有不足。只有不断总结归纳实践过程中遭遇的困难，才有可能深入开展我国媒体的媒介融合，提升我国广播电视媒体在国内的影响力和公信力。

全国各级广电系统正在积极探索融媒体时代的发展之道，不断朝着全方位构建"新媒体首发、全媒体跟进、融媒体传播"的传播格局迈进。经过多年摸索与实践，媒体融合已经从形式上的"合"转入全方位的"融"。推动媒体融合发展，是党中央根据当前媒体格局和舆论生态所发生的深刻变化做出的重大战略部署，也是传统主流媒体谋求自身长远发展、提升新时代舆论引导力的必由之路。

注释：

[1] 2017 年度国家新闻出版广电总局广播影视部级社科研究项目《广播影视供给侧结构性改革的创新研究》（课题编号 GD201727）的课题研究成果。

[2] 陈力丹、董晨宇：《"融合"背景下的媒介传播趋　势与手段》，《新闻传播》2010 年第 8 期。

（作者分别为：安徽广播影视职业技术学院副教授；安徽广播影视职业技术学院原党委书记，安徽省广播电影电视联合会副主席、教授）

县级融媒体中心建设的模式与路径创新

林　欣　张燕南

2018 年 8 月 21 日至 22 日，全国宣传思想工作会议召开，习近平总书记做出"要扎实抓好县级融媒体中心建设，更好引导群众、服务群众"的重要指示。会后，全国关于媒介融合的关注焦点从之前的央媒和省媒拓展至服务和贴近基层百姓的县级媒体。9 月 20 日，中宣部在浙江长兴县召开了县级融媒体中心建设现场推进会上，提出 2018 年先行启动 600 个县级融媒体中心，到 2020 年底基本实现在全国的全覆盖。11 月 14 日，中央全面深化改革委员会第五次会议审议通过了《关于加强县级融媒体中心建设的意见》，并提出组建县级融媒体中心有利于整合县级媒体资源，巩固壮大主流思想舆论。中央的一系列的部署和政策引导加速了全国县级融媒体中心的建设步伐。截至 2018 年底，全国已经有至少 14 个省份开展了县级融媒体中心建设工作。在未来的两年里，县级融媒体中心建设势必将会以更大范围和更广深度全面铺开。

一、不同县级融媒体中心模式的创新发展

县级融媒体中心建设尚处于改革创新的阶段，很多县市展开了试点运行，但并没有形成适合现阶段大部分县域的统一发展模式。但是，在县级融媒体中心建设的相关标准出台之前，县级融媒体中心建设首先应当遵循顶层设计，其次因地制宜开展基层创新，制订更科学、更有效率、符合新媒体和媒体融合发展规律的实施方案。

实际上，我国不少县域媒体已经开展了融媒体中心的建设，它们立足自身地域环境和媒介特点进行了有针对性的模式创新，不少县市取得了显著成果。这也为之后更多县市进行融媒体中心的建设提供了启示和借鉴，并可在这些模式基础上根据当地特点因地制宜地创造出更多的模式标本加以复制和推广，更好地实现县级融媒体中心建设的总任务。目前，我国县级融媒体中心建设基本形成了"两个方向，多种模式"的局面。

1.依托自身力量，自力更生建设融媒体中心

（1）邳州模式

该模式注重整合当地各类媒体资源，重塑内容生产分发。通过整合广播、电视、报纸等优势资源，筹建融媒体中心，并以"中央厨房"建设及常态化运行为牵引，以移动传播矩阵建设和拓展作为突破口，对体制机制进行创新，完善顶层设计并进行深度融合。

（2）长兴模式

该模式以多个部门单位整合组建，形成集团式的规模效应为主导。2011年4月，浙江省长兴县通过将原来的广播电视台、宣传信息中心、县委报道组、政府网新闻版块四个部门进行整合组建，率先开启了全国县级传媒集团的建设道路。它从建设之初就开始对融媒体中心建设进行积极探索，在融合策略方面始终以"移动互联网"为导向，推出多种类的融媒体产品。在科技创新方面，利用当下时代新颖的直播和无人机技术来增强传播力度，自主研发了融眼智慧系统。此外，还推出了"长兴帮"APP，结合了当下"电视看货＋手机下单"的电商模式，将城市资讯和公共生活服务的功能较好地结合起来。

2.依托上级力量，自上而下建设融媒体中心

（1）安徽模式

2018年10月，安徽省广播电视台的海豚云融媒体中心支撑平台正式上线，它为60多家安徽广电（县域）融媒体联盟成员实现业务内容的共享融合、传播技术的交互融合、应用服务的产业融合提供了平台。通过这样的架构，县级融媒体中心可以共享来自省融媒体中心各种资源，这些资源置于省级公有云平台，真正实现了以较小的代价获得共享，将公有云平台与本地非编制作媒资云进行融合交叉，从而实现"相融"。

（2）延庆模式

2018年6月，北京延庆区融媒体中心正式挂牌成立，成了国内首家"广电＋报业"的融媒体模式，将打造集报纸、电视、广播和新媒体于一身的全媒体发展平台。该中心结合人民日报媒体技术公司提供的技术支持，开创性地实施了对内和对外两个层面的策略：对内整合了延庆报、延庆电视台、延庆广播中心以及当下主流的微博、微信和抖音短视频等新兴媒体传播资源；对外与人民网、光明网等中央媒体深度合作，推动自身在人才、资源、技术等各方面的改进。因此，延庆模式在借助成熟平台技术支撑的基础上，实现媒介融合从"相加"到"相融"的转变。

3.模式创新

目前，虽然我国县级融媒体中心建设总体上呈现"两个方向"的特点，但是

具体的模式建设路径并不是唯一的，部分县区的融媒体中心建设既依靠自身改革发力，扫除融媒体中心建设的体制障碍，又充分利用政策支持对接上级媒体机构，并借助外在平台资源和力量完成融媒体中心的技术改造和内容数据升级。实际上，县级融媒体中心是整合了县委报道组、县广播电视台、网络新闻宣传中心、等部门并将其进行组建，旨在打通媒体融合"最后一公里"进行融合转型，引导和服务基层群众。在这两大方向下可以列出多个模式，但不管模式如何变化和创新，如何将社会效益和经济效益处理好，如何将新闻和服务处理好应该是县级融媒体中心发展需要思考的重要问题。

相比模式创新，县级融媒体中心的建设路径更值得研究，因为它决定了未来发展方向。县级融媒体中心的建设路径至少应该包含四个方面：充分整合资源、深度融合内容、引导服务群众、政策分类扶持，这四方面分别对应供给、需求、目的和发展。因此，县级融媒体建设的模式和道路并不唯一，只有结合自身特点，广泛吸纳各类模式中适宜当地县（市、区）发展环境要求才是正确的路径。

二、县级融媒体中心的建设路径

1.体制机制创新是关键

县级融媒体中心建设的重点在于认清此轮改革的根本原因所在，即顶层设计提出县级融媒体建设的原因。县级媒体在很长一段时间并不被重视，特别是随着移动互联网和自媒体的发展，加之因地域导致的媒体资源匮乏，中央和省级媒体的激烈竞争等，很多县级媒体的生存和发展面临越来越多的困难，可以说举步维艰。过去县级媒体机构大都是传统的事业单位或者参公单位，体制内的环境造就了机构庞杂、员工年龄老化且缺乏创新性和积极性。不仅如此，改革前的政府网站归口县政府办管理、手机报、微博和微信等归党委宣传部管理，广播站和电视台又归口当地广电局管理，这样的多头管理体制给县级媒体的新闻发布带来了很多不便，造成宣传口径不统一和内容信息难以追根溯源。因此，实现县域内的新闻机构和媒体资源重新整合分配成为县级融媒体中心建设的当务之急。例如，长兴县和武平县都是在融媒体中心的建设之初就将区域内与媒体有关的部分单位部门进行整合，从而在源头上解决了新闻内容生产的资源浪费，使得各部门眼往一处看，劲往一处使，从而推动融媒体中心的迅速建成，成为全国可借鉴的试点。

2.渠道创新是基础

对于县级融媒体中心而言，渠道创新是建设的基础。如何创新采编流程，实现资源共享成为融媒体建设不可回避的话题。我国县级融媒体中心建设可以遵照大型传媒集团融媒体中心建设的思路，完善和构建好融媒体平台，如人民日报社的"中央厨房"模式。但是，目前国内县级融媒体中心并不具备复制人民日报"中央厨房"模式的资金和技术能力。一个可行的办法是采取技术合作共享机制，尝试以省市为单位，建设覆盖本省市的融媒体云，如安徽"海豚云"平台。该平台的上线完成了立体化传播格局的布置，不仅促使了各联盟的县级成员降低了融媒体中心的建设成本，还可以达到建设标准统一化和新闻资源共享的目的。无论是依靠上级媒体建设的省级融媒体中心还是县级依靠自身力量建设的县级融媒体中心，它们都可以运用"中央厨房"在文字、图片、音视频等内容采编发布方面的整合功能。根据"两微一端"等新媒体快捷和互动的特点，电视内容现场感和画面感的特点，报纸信息深度报道和背景挖掘的特点，实现新闻信息的"一次采集、多种生成、多元传播、全面覆盖"的效果，使得新闻要素得以深度融合、报道资源得以全面共享，不同媒介种类得以互联互通。

3. 经营创新是要务

县级融媒体的内容生产要以服务用户为中心，在进行建设之初就应当全面以用户需求为宗旨，充分考虑到用户在媒介使用和信息获取过程中的真实需求。首先，县级融媒体中心要做到定位准确，应当清楚提高用户体验价值，这就要求县级融媒体摆脱好高骛远的心态，将目标锁定本级行政区域内，以本地视角观察社会现象，提供贴近本区域内用户生活实际相关的地方资讯。其次，充分发挥移动互联网的快速便捷性，为本地用户提供一站化的公共服务，创新内容和表现形式，建立用户基础，提高受众黏度，最终成为外界了解本地的首选窗口。最后，运用技术创新，特别是提高数据应用能力，如快速测试获得反馈，培养用户的习惯，与受众保持互动等。例如，玉门市融媒体建设中心以"新闻＋政务＋应用服务"为思路，实施了"一中心四系统＋爱玉门 APP"的融合媒体共享平台项目，通过延伸 APP 的服务功能，增加其他板块，为用户提供 200 多项的便民服务，已经成为当地居民生活的便捷窗口。

4. 人才支撑是支点

县级区域由于经济社会发展等原因，对较高端的技术和经营人才的吸引力不足，县级媒体发展也因此受限，在一些经济欠发达地区更是如此。短期内，县级融媒体中心的人才队伍建设可以考虑通过外部引进而加速运营进程。但问题在于，这样的引进需要不少资金，也不能排除专门为资金而来的一些人才，无法解决留得住问题。因此，加强自身造血功能显得至关重要，需要创建自身培养机制，在建设和经营过程中不断提升机构各部门人才的素养，建立人才培养计划，主动交流学习，保障建设队伍与时俱进的视野和技能。在政策制定上，可以考虑建立行之有效的人才激励机制，不仅要做好人才的引进和培养计划，同时做好使用人才和留住人才的运行方案。另外，除了需要专业技术人才，还要有高屋建瓴的经营管理人才，懂得以所在县级区域自身特点为基础，创建适合中心可持续发展的经营模式，将县级媒体由原先的行业边缘重新拉回新媒体发展的轨道。例如，江苏邳州广电启动了两轮的体制改革，积极探索事企并轨模式，利用"企业化"的运作方式招聘人才，对符合融媒体建设需求的人才提出特殊要求并给予专门的用人政策，消除编内和编外的身份差异，对全媒体新闻采访记者给予高薪待遇。在分配制度上，按照考核办法进行严格考核和监管。在业务工作上，倾斜融媒体业务一线，倡导和实施效率工资制度，较好地解决了激励相容问题。这些政策和措施有效地充实了人才队伍，吸纳了一批有能力的高学历青年人，并且激励了在职人员的工作热情。因此，只有灵活的人才选聘和培养机制才能为县级融媒体中心建设和发展提供了长效动力。

三、结语

县级融媒体中心建设是顺应时代发展潮流，特别是全球信息生产和信息传播方式已经发生极大转变的背景下，由中央进行顶层设计做出的重要决定。县级融媒体中心建设对于提升干群的吸引力和感染力，凝聚社会共识，巩固舆论阵地，更好地服务群众，满足群众美好生活需要等都具有重要意义。当前，全国的县级融媒体中心建设已经全面展开，相关建设的时间节点已经发布，可以说是时间紧、任务重。2019年1月15日，国家广电总局编制的《县级融媒体中心省级技术平台规范要求》和《县级融媒体中心建设规范》开始在全国发布并实施，这一行业技术标准对县级融媒体中心建设起到极大推动作用。但是，由于全国区域经济社会发展的不平衡和不充分，各地经济社会发展水平和地区文化的差异，县级融媒体中心建设应该遵循因地制宜的特点。从中宣部在长兴召开的推进会上介绍经验的县（市）来看，有来自经济发达地区，也有来自中西部欠发达地区的，这些典型样本所尝试的模式和路径取得了一定的成功。所以，县级融媒体中心建设应该与区域经济社会发展匹配，虽然模式不同，但路径应该是相似的，最终的目的应当是一致的。在县级融媒体中心建设过程中，需要把握几点：（1）社会效益和经济效益的统一。短时间内可能存在经济效益不够理想，但只要有较大的社会效益，应该从经营管理方面入手改进模式，可以考虑在一定时间内由财政扶持，但长期可以考虑以延长内容产业链的方式获得收入，增强自身造血功能。（2）新媒体运营理念与传统新闻资源获取的融合。要充分利用新技术和新媒体运营理念，将新闻资源获取充分融入新媒体传播优势中。（3）新媒体人才引进和培养相结合。新媒体技术和经营人才对于县级融媒体中心建设至关重要，可以考虑参考相关高校的做法，以特聘岗位的方式解决传统的编制和薪酬问题，加大与高校和研究机构合作，加大在职培训的力度。

（作者分别为：广东技术师范大学财经学院副院长，副教授；广东技术师范大学文学与传媒学院硕士研究生）

县级融媒体建设"融"之路径探析

曹嘉丽

科技水平日益发展的今天，传统媒体与新媒体之间的融合成了一项势在必行的工作。习近平总书记在 2018 年全国宣传思想工作会议中就曾指出："要扎实抓好县级融媒体中心建设，更好引导群众、服务群众。"随后在 2019 年 1 月 25 日，中共中央政治局在人民日报社就全媒体时代和媒体融合发展举行第十二次集体学习，习近平总书记作了《加快推动媒体融合发展构建全媒体传播格局》的重要讲话。如今，全面开展县级融媒体建设是新时代基层宣传文化思想发展的重要战略布局，也是主流传统媒体摆脱生存困境、最大限度发挥自身作用的路径。县级融媒体建设工作中，其重心就在于"融"，而关于如何做好"融"工作，对于其路径分析也是必不可少的。

一、做好"融"之高度重视工作

做好"融"之高度重视工作，换言之就是要对县级融媒体建设工作的重要性做出分析。这就要求对当前县级媒体状况有一个清楚的分析，能感知其目前存在的问题。从而感受到开展县级融媒体建设工作的必要性。

首先，县级媒体作为基层宣传工作的重要途径，其自身带有重要的存在必要性，它作为基层宣传工作的最后一公里，最大化发挥其功效是必不可少的。其次县级媒体的数量众多，有数据表明：截至 2017 年年底，全国县级广播电视播出机构有 2106 个，占比 80.72%；全国县级报纸 1000 种（包括各种没有正式刊号的内刊），占比 34.9%；县级媒体总体占比约为 57%。[1] 由此可见县级媒体在基层宣传工作中发挥着至关重要的作用，而且基层媒体数量多、种类多，所以开展县级融媒体建设工作是十分重要的。

随着科技水平的日新月异，人们生活方式的改变，新型媒体开始渐渐崛起，这使传统媒体的生存状况面临严峻的考验。从而导致各项问题开始显现了出来：一，由于传统媒体的受众大幅度减少，而新媒体的发展还不够十分成熟，这就导致传播覆盖面变窄；二，传统媒体如报纸、广播作为宣传工作的主流阵地，对其质量的把控工作已十分成熟，但是新媒体绝大部分利用互联网渠道进行传播工作，而互联网具有传播门槛低和传播快速的特点，对其把控工作难于传统媒体，这就会导致传播内容质量参差不齐甚至低效的状况；三，如今，传统媒体和新媒体的共存，再加上县级媒体数量之多，在采编过程中不可避免地造成媒体资源的浪费，付出于最终成效不成正比。

这就表明融媒体建设的工作的重要性以及势在必行。清楚意识到当下基层宣传工作上面对的问题，深刻领悟习近平总书记的讲话，思想上的高度重视才是后期县级融媒体建设工作开展的基础，也是后期工作开展的方法论基础。

二、做好"融"之清晰认识工作

做好"融"之清晰认识工作，则要求我们能真正了解，到底什么是"融"，"融"什么。融媒体工作是我们党面对基层宣传工作新形势做出的正确战略部署，而这项工作重在"融"字，这个字也是我们党为基层宣传工作指明的重要工作方向。正所谓磨刀不误砍柴工，搞清楚到底何为"融""融"什么是后期实际工作开展的基石，也为后期工作开展避免"雷区""误区"做好了方向上的指南针。

首先，何为"融"？根据字典，"融"有融化、融合之意。也就说"融"意味着物体的消失、增加，最终与其他事物结合产生出成为一类新事物的状态。融媒体字面意思上来看，就是指传统媒体和新媒体之间的融合。而其本质上，媒体融合就是新闻信息领域发生的一波组织形态、事业样态、行业生态的重组、重构、再造。[2] 这也就表明了，在做县级融媒体建设工作之时，不光要使新老媒体之间发生简单的物理融合，更要使二者产生化学反应，实现化学融合，使二者的内部结构能真正的交融。

在搞清楚何为"融"之后，"融"什么是需要搞清楚的另外一个问题。只有在搞清楚这两个问题之后，才能把握住日后工作的大方向。那到底"融"什么：第一，"融"媒体责任。传统媒体如报纸，期刊长时间以来作为基层宣传工作的主流阵地，其身上肩负的社会责任自不用过多强调。而新兴的媒体，如手机客户端、微信公众号这些媒体，则需要加强对其的责任教育，让其运营团队明白，在网络越是传播迅速的状况下，越是要明白自己在网络平台上发布消息时承担的社会责任，做到新老媒体的责任感一致，做好"融"媒体责任工作；第二，"融"媒体资源。县级媒体由于数量大，内部结构冗杂，再加上新兴媒体的不断涌现，要想融媒体建设工作的顺利开展，对资源进行整合是必不可少的一步，比如对采编环节的优化，新老媒体之间的资源分享等。而资源整合就涉及建立具体的体系架构，对整个媒体体系中被遮蔽的问题进行解蔽，将各种各样的问题拎到台面上进行解决，避免只简单地实现物理融合；第三，"融"媒体人才。新老媒体看似不同，却又有相同之处，"融"二者之人才对县媒体建设融合工作的开展有极大的帮助。人才就像组成新老媒体工作的血液，将二者人才的融合等于让新老媒体的血液进行融合，由此才能诞生出新的事物。"融"媒体人才也是后期工作细节深化开展的基础。

三、做好"融"之加减法工作

上述的做好"融"之高度重视和清晰认识工作，是从宏观维度对实现融合的工作路径进行探究。而"融"之加减法工作则从微观的角度，从具体细节实施的方法论角度对开展县级融媒体工作做出了思考。

既然是"融"，根据上文对"融"的定义可以清晰的看出，做好"融"工作，就势必要在新老媒体上增加一些东西，或是舍弃一些东西。这就要求我们先做好"融"之加减法工作。

（一）"融"之加法工作

1.加强对新媒体的质量把控

这是做好融之加法工作中至关重要的一点，也是建设县级融媒体工作中十分重要的一点。新媒体利用网络渠道，可以在网络上分布消息，而网络门槛低，基本人人都可以在网络上发言。如今，网络传播速度也十分迅速，在网络上发布的消息，一会儿就会覆盖一定数量的受众。所以对新媒体质量的把控更要加强，做好加法工作。对传统媒体的质量把控一直以来都做的很好，而随着新媒体的诞生，融媒体工作的不断开展，对媒体质量的把控也要实现融合，实现对新老媒体质量把控"一碗水"端平，对新媒体发布内容的审核机制要积极跟上。对新媒体负责人定期要开展思想教育工作，除此之外还要细化负责人的职责职能，做好对新媒体的质量把控工作。

2.加大版权保护力度

加大版权保护力度也是做好融之加法工作的重要内容之一。在今天的社会里，信息资源之间的传播共享已经十分便捷，而对信息的版权保护也是一个不容忽视的问题。传统媒体的发布通常会有篇幅长、对社会事件的分析更为深入的特征，较新媒体会更严谨一些；而新媒体则抓住当下人对碎片时间的消磨，比如等公交车的时间或是排队的时间，所以其发布的内容以短小精悍、抓人眼球的特点，有的新媒体为追求快速时效，采取直接复制粘贴的方法，这对整个媒体行业都是一个伤害。县级融媒体建设在融合二者时，要注意版权保护问题，一旦出现一篇报道的传播随后大量雷同的报道，这不光会打消报道人以及写稿人的积极性，也会使受众感到视觉疲劳。

3.加宽媒体服务功能

在建设县级融媒体建设工作时，要注重整合资源，实现资源的最大化利用。

这就要求我们要加宽媒体服务功能。形成"资讯＋服务"的新型媒体客户端。在这样的一个融合中要避免服务功能过于庞杂，媒体界面过于复杂的情况。要将媒体真正实现为人民服务的功效。将传统媒体可以提供精准咨询要闻的特长和新媒体方便快捷的优点相融合，实现从单纯物理融合像化学融合的转变。要始终以人民的需求为圆心，以简化人民日常办理各项手续程序为宗旨，将政务官方账号、主要窗口行业账号等集纳到县媒体融合中心建设之中[3]，做到加宽媒体服务功能，在工作中做到创新意识和服务意识的结合。

（二）"融"之减法工作

1. 减少单纯追求绩效思维

如今党中央高度重视县级新媒体融合建设工作，这就要求相关领导干部在高度重视这项工作的基础上也要减少单纯追求绩效的思维。领导干部在做这项工作时，不能出现为了绩效，一味追融媒体体系的扩大，只追求数量不重视质量，这样对融媒体建设工作的认识是错误的。在这样的状况下，政府各个部门会开设多个微博、微信公众号、APP，为了追求关注度，强行推广。由于开设的媒体数量太多，就会导致信息重合度高，更新速度跟不上。尤其是APP，它需要人力财力对其进行开发，并且需要根据用户需求不断改造升级，若一旦领导干部只追求绩效，那么APP的实际功能就会发挥不出来，这样一来也会造成资源上的浪费。

2. 减轻媒体人信息采编工作的负担

在如今快节奏的年代里，受众对信息更新的要求就是及时。如果采编环节负担太重，则会导致信息发布变慢。特别是当今新媒体，其本身就带有发布信息快、传播快的特点。若采编流程过于复杂，则不能最大化实现新媒体的优势。这就要求减轻媒体人信息采编工作的负担，实现传统媒体和新媒体之间的合作。不局限于理论层面，本着从实际情况出发的准则，研发出一套适合自身融媒体建设的采编流程。在实现传统媒体和新媒体之间的合作中，要注意对二者利益的均衡，以达到合作共赢的效果，在合作中加快融媒体建设的步伐。

3. 减除多余冗杂传播媒体及信息

县级媒体数量庞大，首先要做的就是整合工作。在传统媒体方面，要对长期停止更新的和存在价值低的报纸杂志进行整改；在新媒体方面，对活跃度较低、影响力低、运营思路缺乏创意的进行整合。在传播的信息方面，以新媒体为例，一些新媒体选择直接从官方网站上复制粘贴信息去传播；也有一些新媒体语言风格单一化，不能激起受众的兴趣；还有一些新媒体发布信息频率低，信息内容缺乏新意。对于这些信息也要进行筛选减除，保证新媒体发布的信息质量。要做好减除多余冗杂传播媒体及信息的工作，保留住精华的部分，才能将县级融媒体建设工作做得更好。

四、结语

总之，县级融媒体建设工作是有重大意义的。这项工作是面对媒体环境新形势下做出的正确战略部署，也是时代背景下的必然产物。不管融合的路径如何实施，归根结底就是使媒体能更好的服务于人民，用现代先进的科技水平便捷人民的生活。马克思主义认识论认为：认识过程具有反复性。人们对复杂事物的认知，由于各种主客观条件的限制，不可能一次性完成。这就意味在开展县级融媒体建设工作中势必会遇到困难和挫折，尤其面对的还是一些新事物。所以要保持不怕挫折困难的精神，积极响应国家号召，将县级融媒体建设工作做到习近平总书记所说的"服务群众，引导群众。"

注释：

[1]陈国权：《扎实做好县级融媒体中心建设 推进县级媒体改革》，《传媒》2019年第2期。

[2]支庭荣：《我国媒体融合发展的内在逻辑与焦点问题》，《人民论坛·学术前沿》2019年第3期。

[3]石丹：《县级融媒体中心建设的价值意义与生态系统建构》，《传媒》2019年第4期。

（作者单位：河海大学马克思主义学院）

县级融媒体中心建设文献研究

江俞希　刘勇峰

一、政策背景及研究意义

21 世纪以来我国经济不断突飞猛进，互联网技术已经成为社会不可或缺的部分。2014 年 8 月 18 日，在讨论《关于推动传统媒体和新兴媒体融合发展的指导意见》时，习近平强调，着力打造一批形态多样、手段先进、具有竞争力的新型主流媒体，建成几家拥有强大实力和传播力、公信力、影响力的新型媒体集团，形成立体多样、融合发展的现代传播体系。

2018 年 8 月 21 日至 22 日在全国宣传思想工作会议中，习近平指出，"要扎实抓好县级融媒体中心建设，更好引导群众、服务群众。"2018 年 9 月 20 日至 21 日，中宣部在浙江省长兴县召开县级融媒体中心建设现场推进会。会议要求 2018 年先行启动 600 个县级融媒体中心建设，2020 年底基本实现在全国的全覆盖。2018 年 11 月 14 日习近平主持召开中央全面深化改革委员会第五次会议并通过了《关于加强县级融媒体中心建设的意见》。会议指出，组建县级融媒体中心，有利于整合县级媒体资源、巩固壮大主流思想舆论。

从 2018 年 8 月到 2019 年 5 月县级融媒体中心建设的研经历了究从以简单的案例分析到较为具体的实证研究。2018 年下半年是县级融媒体中心建设研究成果最为突出的时间段，这段时间在全国宣传思想工作会议上习近平总书记提出关于县级融媒体中心建设的顶层设计以来全国各省区县纷纷成立并挂牌融媒体新闻中心，而学界对县级融媒体建设情况也进行了学术研究，并取得了较为丰富的学术成果。

互联网融媒体技术的飞速发展，用户对移动端信和服务的广泛需求，使得基层融媒体建设受到了中央和地方广播电视的极大关注。本文对有关县级融媒体中心建设研究在学界和业界的主要成果进行了梳理，同时为基层融媒体建设提供相关案例和经验文献参考。

二、县级融媒体中心建设相关文献分析

通过分析归类，目前县级融媒体中心建设研究主要分为三个方面：谁在建？如何建？以及建得怎么样？对于县级融媒体中心建设的研究，核心期刊主要集中体现在案例分析和顶层设计的探讨上。在案例研究方面，学者主要分析目前县级融媒体中心建设情况以及针对出现的问题提出相关看法和建议。在顶层设计方面主要是对国家政策进行解读和分析，存在重理念轻效果的问题。此外，在对县级融媒体中心建设媒介经营方面的研究存在不足之处。

对于县级融媒体中心建设而言，2018 至 2019 年各个县级宣传平台进行体制机制改革和平台重建成果是决定行业发展的关键因素。因此，对县级融媒体进行研究成为全国宣传思想会议后学界和业界的重点和热点课题。

1. 相关研究文献来源

本文对相关文献进行研究，文献检索以"县级融媒体"为关键词，在"中国知网"中进行检索，截至 2019 年 5 月 31 日，共检索到文献 309 篇其中期刊文献为 273 篇，报纸 35 篇，学术辑刊 1 篇。从文献所在学科分布上以新闻传播学科为主（287 篇占比 94.68%）还包括政治学科（8 篇），信息通信（3 篇），工业经济学科（2 篇），计算机学科（2 篇），公共管理（1 篇），生态（1 篇）。从文献时间来看，在习近平总书记 2018 年 8 月 18 日以前发表县级融媒体建设讲话之前，有关"县级融媒体"论文总共有 7 篇，最早于 2015 年 6 月 8 日林光明（厦门市集美区广播电视台）《"融媒体"对县级媒体发展的作用》。被引最多和下载量最多的是复旦大学新闻学院的朱春阳《县级融媒体中心建设：经验坐标、发展机遇与路径创新》被引：23 次，下载量：2277 次。从发布期刊类型分析，核心期刊及以上为 50 篇。

2. 建设和发展现状

县级媒体建设最初实践于广播电视领域，1983 年在"四级办台"政策指导下县级广播电视台开始搭建。从目前全国各地建设情况来看，各省市下属县区级融媒体平台布局已基本建成。各地试点挂牌工作陆续推进，并逐步形成具有各地品牌特色的"模式"。在近半年的不断探索借鉴中，各区县级广播电视平台通过培训学习，开展研讨会，平台合作等方式建设区域性融媒体中心。在 2018 年启动的 600 个县级融媒体中心的基础上，2019 年不断总结经验优势继续稳步推进，争取在 2020 年底基本实现在全国的全覆盖。

在对目前县级融媒体建设现状分析当中，有学者采取乐观态度，认为县级融媒体中心建设已融入许多传播措施并取得阶段性成果。有的学者认为目前融媒体建设面临资金，人员，内容等方面的匮乏。李岚强调，作为"四级办广电"的基础支柱和神经末梢，县级电视台的地位和作用非常重要。经过 30 多年的发展，县级电视台面临外部激烈竞争的媒介环境和内部资金、人员、技术、管理等方面

严重不足的问题。[1]谢新洲教授认为，县级融媒体中心的建设是媒体融合进入新阶段的关键布局，也是将党政策思想传入基层的重要宣传口，更是深化我国文化体制的重大举措。然而目前我国县级融媒体建设平台还存在内容质量和资源提供不足；财政资金来源单一；经营方式自主；参与人员分散等问题。[2]

朱春阳教授提出，新时期以来，县域媒体生存方式表现出行政与市场的混合模式，因同质化程度高、缺乏竞争而导致资源配置效率甚是低下。因此在改革开放后经历的多次媒体体制机制调整中，县域级媒体机构由于缺乏财政支持及矫枉过正的裁减手段，全国大多数基层媒体都严重脱离社区空间。随着网络技术和传媒业的发展，区县级媒体不断彰显自身优势即逐渐降低社区关系的摩擦，加强社区群体的黏合程度。[3]

黄楚新教授认为，部分地区区县级融媒体中心建设行动迅速，成效显著。尤其是北京市在中央部署后截至2018年7月底16个区全面建成融媒体中心。除此之外，全国各地融媒体中心凝聚各平台各渠道合力，打造具有地域特色的品牌模式。如"邳州模式"，"长兴模式"等。[4]

3. 平台建设方案和措施

目前县级融媒体的建设尚处于探索学习经验阶段，要立足于宣传本色，服务政风民生顺应融媒体生产需求走出符合自身品牌特色的融合道路是各地县级融媒体发展的必然要求。经研究文献分析得出，县级融媒体中心平台建设方案和措施上主要在基层舆论宣传，平台技术内容和体制机制改革三方面发力。朱春阳教授提出，县级融媒体中心建设的两项任务，第一是要回到区县媒体层面建设融媒体中心，第二是要落到新型主流媒体的时代定位。其核心指向是新型主流媒体的打造，即"引导群众，服务群众"。[5]胡正荣教授认为，县级融媒体建设有三个模式，三个体系，三个团队。具体来讲三个模式包括横向的自有媒体与对外媒体的整合，纵向的上级宣传部联合下级县域媒体共同建设以及自建平台，自我经营模式。其次业务中心分别由内容＋服务，政务和商务。最后县级融媒体需要搭建技术，生产，运营三个团队即对人才机制的健全。[6]谭天教授提出，单纯的融合不是目的，转型才是根本。而融合媒体的关键在于移动社交，要连接一切重建用户关系，通过社交媒体与用户互动满足用户信息和服务需求，依托互联网获得更多资源以此来增加用户黏度。[7]陈国权教授认为，县级融媒体建设第一要务是体制机制的变革。由于目前全国大多数县域级媒体机构都遵循"事业单位，企业化管理"，县级媒体面对机构臃肿，人员老化等问题急需重新整合更迭组织架构，激活良好的运行机制和与之匹配的考核制度。[8]同时，他指出对内应有效整合机构和资源，优化磨合采编流程，抓好绩效考核，对外积极争取资金政策支持才是县级媒体改革的着力点和路径。[9]沙奎以玉门融媒体中心建设为案例，提出了"新闻＋政务＋应用服务"的融媒体建设思路，重点打造"一中心四系统＋爱玉门 APP"。同时建设大数据智库，更好的发挥县级融媒体在反映民意，舆论监测和精准服务受众方面的作用。[10]

4. 平台建设成果

从目前全国建成县级融媒体中心来看，大多数还处于摸索和适应阶段，东部地区较西部地区发展较快，并逐渐形成了具有地方特色的"品牌模式"。浙江长兴集团总编辑王晓伟指出"长兴模式"的成功之一在于体制机制的独立性，这个县级媒体进一步良性健康发展带来一定的挑战。2018 年 9 月 20 至 21 日，中宣部在长兴县召开县级融媒体现场推进会，并将"长兴模式"作为全国县级融媒体中心建设的示范样板在全国推广。[11] 其次，黄楚新教授提到的"邳州模式"也成为全国县级融媒体学习的典范。邳州广播立足于基层新闻宣传本色，结合地域特色打造融媒品牌。作为全国知名的银杏之乡，邳州结合自身特色打造以银杏为主题的"银杏融媒"，旗下包括"银杏直播"，"邳州银杏甲天下"APP 和微信公众号等产品，逐步使邳州融媒体成为全国经验，并为县级广播电视台转型发展提交了"邳州答卷"。[12]

但随着县级融媒体不断探索与发展，各大融媒体设备商家纷纷驻足县级媒体建设领域。而在短时间内由于没有足够的案例方针支撑和上级政策指导，很多县域融媒体往往是摸着石头过河。在各大设备商家的推荐下，往往有些县级媒体建成不规范不专业的融媒体平台，从而导致实操性不高，资源浪费，建设成效不好等问题。2019 年 1 月 15 日中共中央宣传部和国家广播电视总局联合发布《县级融媒体中心建设规范》，（以下简称《规范》）《规范》提出关于县级融媒体中心建设的业务类型，总体架构，功能要求，网络安全，运行维护，监测监管，基础设施配套要求和关键指标要求等一系列规范性标准。最终验收要求包括初验，试运行和终验三个环节，各省市党委宣传部组织专门技术力量或委托拥有检测资质的第三方检测机构对系统进行检测验收。系统的检测验收按国家、行业的现行标准和相应的技术规范执行，系统的关键指标应满足国家、行业和本规范的相关要求。因此，在《规范》要求下，按照程序进行合理化建设，县域媒体才符合顶层设计初衷并逐渐形成地方品牌特色模式。

三、县级融媒体中心建设研究存在的问题

通过对上述核心期刊研究文献的分析发现，目前国内对于县级融媒体中心建设的研究不断地具体和全面，但也存在以下几个方面的问题。首先，对于县级融媒体的研究处于初始阶段。由于习近平总书记于 2018 年 8 月才在全国宣传思想工作会议上提出"县级融媒体中心建设"，并且在 2019 年 1 月 15 日发布的《规范》中首次提出了县级融媒体中心（county-level converged media center）具体概念即：

整合县级广播电视、报刊、新媒体等资源，开展媒体服务，党建服务，政务服务，公共服务，增值服务等业务的融合媒体平台。因此，业界和学界的探索研究处于初步起始阶段，研究成果还不够成熟。其次，研究范围和研究力度薄弱，从知网论文发布量可知，对于"县级融媒体"论文仅两百多篇，由于研究时间较短，从数量上看总量仍然过少；从质量上看，对于县级融媒体的探讨大多停留在介绍性和说理性的层次上，创新性不足。从全国各地县级融媒体中心建设的情况来看，文献主要研究东部发达地区各地县域级融媒体建设模式，而在中部和西部欠发达地区的县级融媒体建设却没有较为完整和深入的研究，因此不能从整体上把握住全国目前县级融媒体中心的建设状况。最后，大部分文献过度注重"融合"忽视"发展"。在县级融媒体研究当中，多数学者注重如何打好"融合"这一步。但是"融合"不是目的，如何在"融合"中寻求发展，无论是将县域融媒体归为一类事业单位，做好党的基层宣传工作，还是将其归为二类事业单位，做好媒介经营管理，这都是研究县级融媒体中心发展的关键。各类模式都是特色和经验之处，由于每个地方文化等不同，模式不能被一味模仿。文献研究的最终方向还是要以县级媒体工作的长远发展展开。

四、县级融媒体中心建设研究前景与展望

县级融媒体中心建设是做好党的基层宣传工作的重要途径。在全媒体时代，网络技术与媒体已密不可分，用户需求也从最开始的被动接受转变为主动寻求信息。因此，县级融媒体中心建设是目前中央和地方媒体服务群众的重要途径，发展前景良好。

研究者在进行县级融媒体研究的过程当中，从多学科视角进行研究，县级媒体在融合过程中需要技术支撑，在媒介经营方面需要管理学知识为背景，在用户受众调查方面需要提供社会学理论等，各个学科的研究者需加强协调与合作，探索如何从多学科视角挖掘各研究领域的共通性。在研究范围上系统化，目前对县级融媒体中心建设研究还属于碎片化，单个化状态，未能形成较为完整性区域性和系统性的建设模式研究。因此，对于东部，中部以及西部地区可分区域进行系统化量化分析，找准社会及文化背景下模式建设的共通之处与特色经验，才能在研究范围上形成体系。最后，在分析基层县级融媒体中心建设的对策中注重媒介产业经营方面的研究，县级融媒体建设目的最终还是要解决媒体机构自主经营问题和发挥好基层党的喉舌功能。因此分析党的喉舌功能和基层宣传时应结合传媒产业经济方面进行研究与才能为业界提供可靠的指导意见。

总之，在当今社会，互联网技术正在迅猛发展，用户关注度已转移到移动客户端。县级融媒体中心的建设正是不断满足基层群众对信息和服务的需求。由于正处于新兴转型时期的产物，县级融媒体中心的研究必将受到学界和业界的广泛关注。

注释：

[1]李岚：《县级电视台媒体融合发展－要补血－更要造血》，《电视研究》2018年第12期。

[2]谢新洲、黄杨：《我国县级融媒体建设的现状与问题》，《中国记者》2018年第10期。

[3]朱春阳：《县级融媒体中心建设－经验坐标－发展机遇与路径创新》，《新闻界》2018年第9期。

[4]黄楚新、王丹丹：《县级媒体融合的典型案例》，《中国记者》2018年第10期。

[5]朱春阳：《县级融媒体中心建设的任务、核心问题与未来方向》，《传媒评论》2018年第10期。

[6]胡正荣：《县级融媒体中心建设的一二三》，《综艺》2018年第10期。

[7]谭天：《移动社交－构建县级媒体融合新平台》，《中国记者》2018年第10期。

[8]陈国权、付莎莎：《传播力建设的最后一公里－县级融媒体中心建设路径》，《新闻与写作》2018年第11期。

[9]陈国权：《中国县级融媒体中心改革发展报告》，《现代传播》2019年第4期。

[10]沙垚：《审时度势谋发展－媒体融合纵深行－基层主流舆论阵地建设论坛会议综述》，《新闻与写作》2018年第9期。

[11]王晓伟：《长兴模式－县级融媒体中心的建设探索》，《新闻与写作》2018年第12期。

[12]黄楚新、王丹丹：《县级媒体融合的典型案例》，《中国记者》2018年第10期。

（作者分别为：西北政法大学新闻传播学院硕士研究生；四川广播电视台主任编辑）

县级融媒体中心如何筑牢基层舆论阵地

——河北省青县《德化人生》栏目的实践与启示

韩春秒　张　芸

　　在全国县级融媒体中心紧锣密鼓推进的当前，官方、业界及学界往往将关注与建设的重点放在技术平台的打造与信息发布的时效性与形式的多样性上，却忽略了内容建设这个支撑起县级融媒体中心的关键部分。一些县级融媒体甚至出现了对流量盲目信仰、对技术过度迷信、急于在上级平台发声亮相、却与本土用户越来越生疏等不良倾向，导致"碎片化、娱乐化内容传播愈演愈烈，假新闻、标题党、煽情内容泛滥，传播环境日渐复杂"。强化内容建设是县级融媒体中心实现"守正创新"的基础工程，是乘上技术之帆，实现"更好引导群众、服务群众"的出发点与落脚点，是传播正能量、绘就同心圆、做强主流舆论阵地的根本要求。河北省青县融媒体中心的《德化人生》栏目，用18年的坚守与努力，筑牢了基层舆论阵地，打造出一个线上线下都清朗向上的青县好人空间。

一、走近青县融媒体中心《德化人生》栏目

　　《德化人生》最初是青县电视台《青县新闻》中一个开播于2001年、以公民道德建设先进典型为主题的电视专栏。2002年7月1日，《德化人生》专栏从新闻节目中分离出来，成为青县电视台正式设立的社教类专题栏目，并推出首期专题节目《好人张寿发》，此后每周播出一期，每期播出一名道德模范人物或一个模范群体，讲述青县百姓身边的道德故事。

　　推出一大批道德典型。18年来，《德化人生》栏目累计播出道德人物故事800余期，带动全县涌现出孝老爱亲、扶危济困、见义勇为等各类道德典型3000余个，这些典型人物，有30人荣登"中国好人榜"，6人分别荣获"全国百名优秀志愿者""全国自强模范""全国美德少年""全国道德模范"提名奖、"感动中国"候选人、"首届全国文明家庭"等称号，8人当选全省道德模范，3人

荣获省级"优秀志愿者"称号，青县"中国好人榜"上榜人数位居全国县级之首，形成了引人瞩目的思想道德建设"青县现象"。

赢得大批忠实观众。作为青县思想道德建设的重要舆论阵地，《德化人生》已经成为青县甚至周边县、市群众熟悉和喜爱的知名电视栏目品牌，栏目组最多时每月收到观众来电上百个、电子邮件一百多封，观众自发地为节目推荐道德先进典型，为《德化人生》栏目和模范人物谱写歌曲达几十首，创作诗歌、散文等文艺作品近百篇。一位县广播电视台领导的父母从外地到青县过年时，看到了《德化人生》节目，受节目的吸引，为了能够天天收看节目，这对老人就在青县常住下来不走了。

营造良好社会风气。《德化人生》通过持之以恒、潜移默化的宣传引导，对教化群众、引导群众起到了极大的推动作用，在全县形成了浓厚的道德舆论氛围。目前，全县孝敬友善、诚实勤俭的道德风尚深入人心，婚事新办、丧事简办等良风美俗日渐形成，孝敬模范、教子模范、见义勇为、爱岗敬业模范的事迹被广为传扬和效仿，助人为乐、乐善好施、热心公益成为青县人民的社会时尚。《德化人生》日益成为全县弘扬正气、培育新风的重要工作抓手，成为思想道德建设的重要阵地，成为乡风文明建设的一面旗帜。

助推经济社会发展。道德品牌的"软实力"带来了经济发展的"硬效益"，为青县经济社会发展注入了生机与活力。青县由多年前还是"财政小县、民生大县"的穷县，经过近二十年的快速发展，县域经济实力不断提升，自 2014 年起成为经济强县；与此同时，全县社会事业全面进步，社会秩序保持和谐稳定，信访量连年下降，刑事治安案件发生率逐年降低，计生、教育、民政事业均获国家荣誉。近年来，青县引进新上了 40 多个超亿元的大项目，总投资近 150 亿元，投资方之所以落户青县，正是看重了"道德青县"这个品牌。

二、《德化人生》筑牢基层舆论阵地的主要做法

开播 18 年来，《德化人生》栏目一直秉持打造品牌、深入采访、以事感人、以情动人的节目制作理念，以"平民化的视角、故事化的方式、本土化的内容、情节化的人物"讲述老百姓身边的道德故事，聚焦身边人、身边事、身边情，彰显道德模范凡人善举中蕴含的人性光辉、道义力量。18 年不改初衷，18 年坚定笃行，道德之花在《德化人生》这个平台上绽放，并孕育为引领青县社会发展的强大力量。

（一）精选主题、精铸品牌，舆论引导落地生根，打造品牌力。

《德化人生》栏目是青县县域舆论建设的重要阵地，2001 年，《德化人生》创办之初就明确了节目定位：弘扬"孝敬、友善、诚实、勤俭"青县道德标准，打造道德建设高地。18 年来，节目主创人员一直坚守节目定位，围绕道德建设精心策划选题。《德化人生》栏目坚持"有主题　成系列"，围绕家庭美德、职业

道德、社会公德、时代先锋等道德建设领域，根据播出时机和主题设置，形成以点带面、主线贯通的节目矩阵。

《德化人生》栏目自开播以来，一直坚持精准定位、精细制作、精心服务，表现道德模范的崇高精神境界，为他们鼓与呼，营造"崇敬模范　人人向善"的社会氛围，成为青县及周边地区家喻户晓的电视品牌栏目，也成为引领青县道德建设的风向标。2012年《德化人生》在国家工商总局成功注册商标，2014年荣膺河北省著名商标，成为河北省首个电视栏目著名商标品牌，也是全国首个公益类电视栏目著名商标品牌。为了做强《德化人生》的节目品牌，提高社会影响力，推动道德建设落到实处，节目积极组织开展相关社会活动。自2008年以来，《德化人生》已经连续承办了十届"感动青县——道德人物评选颁奖"活动。2018年7月，《德化人生》栏目开启了青县首届道德故事汇暨《德化人生》形象大使选拔赛，掀起新时期道德建设的新浪潮。

（二）扎根基层、贴近百姓，展开深入采访，提升感染力。

《德化人生》作为一档县级媒体的电视栏目，其目标受众就是当地百姓。让节目为观众所喜闻乐见，必须在贴近性上下功夫。《德化人生》栏目坚持贴近生活、贴近实际、贴近群众，致力于"讲述身边的道德故事"。为了让道德模范的感人事迹更加可触、可感、可学，2013年以来，《德化人生》深入推进"走基层"活动，把演播室搬到田间地头、工厂车间、街头巷尾，观众在熟悉的生活场景中感受凡人善举，更容易产生共情效应。近年来，《德化人生》报道推出了36年收养17个孤寡老人的好人尹升、24年为170多位孤寡老人养老送终的敬老院长周汝珍、10年带着母亲谈生意的张强、20年从车祸中救死扶伤30人的王俊岗、坚持8年背着残疾同学上学的好少年吕希庆、致富不忘乡梓热心公益事业的韩宪东、替亡父还债的"诚信哥"刘金印等800多位道德模范。他们虽然身份各异，但都是观众熟悉的普通人；他们的所做所为虽不是轰轰烈烈的壮举，但都渗透着令人敬仰的人格魅力与责任担当。《德化人生》扎根基层、扎根生活，强烈的贴近性唤起受众的深刻共鸣，得到观众的认可与信赖。

《德化人生》栏目时长虽然只有15分钟，为了生动展示道德模范人物的感人事迹，节目记者坚持走到一线，走进采访对象的内心世界。编辑记者只有一个朴素的理念——"要感动观众必须先感动自己"。他们常常骑着摩托车背着摄像机辗转几十公里，来到采访对象家中同吃同住，通过和采访对象交朋友，让道德模范打消顾虑，敞开心扉。很多节目都是记者流着眼泪录制完成的。这样精耕细作的节目，怎会没有直指人心的力量！

（三）建立机制、保障资源，长线追踪身边好人，保持生命力。

《德化人生》保持旺盛生命力的关键除了面向社会广泛征集线索之外，还在于建立了行之有效的内容线索征集机制。《德化人生》栏目与县乡公民道德促进会、村老年道德评议会、村青年敬老协会、公民道德建设公开栏一起，列入公民道德建设"三会两栏"，建立起协调联动的道德建设长效机制。《德化人生》栏目配合县委宣传部开展"月评好人"活动，对全县每月评选出的十名道德模范进行宣传报道。常态化的机制和广泛的信息网络确保了节目素材源源不断。

《德化人生》栏目对发掘推出的道德模范一直持续追踪，专门设立"现在你还好吗"子栏目，关注报道过的道德模范的生活现状，报道社会各界对他们的关爱帮助，彰显"德有邻必不孤"带来的美好回报。事实上，从《德化人生》中走出的道德模范不仅收获了赞誉，很多的人生轨迹甚至因此改变。比如美德少年吕希庆在征兵中被优先招录；曾对生活失去信心、严重抑郁的赵春梅如今变得开朗阳光……《德化人生》对道德模范持续不断的关注、报道，为节目发展注入了不竭的动力。

（四）创新形式、丰富载体，舆论引导常做常新，彰显持久力。

《德化人生》栏目创办 18 年来，新闻传播环境、受众信息需求和阅听习惯都在发生深刻变化。《德化人生》栏目适应社会发展，不断创新节目形式，拓展传播平台，加强与受众的多向互动，使栏目保持"年轻态"。2013 年《德化人生》推出"走基层"大型公益活动，成立了德化人生志愿服务队，组织开展各类群众参与性活动。通过和观众面对面交流，让节目真正走到百姓身边，走入群众心中。为适应移动传播趋势，《德化人生》栏目利用"智慧青县"客户端进行活动直播。2018 年 7 月启动的青县首届道德故事汇暨《德化人生》形象大使选拔赛，在微信公众号、客户端等多个平台全程直播，并开通红包打赏功能，截至 2018 年底，参与人数已达数万人。2018 年共直播活动 62 场，有超过 56 万人次观众参与互动，使《德化人生》在移动先行中常办常新、永远与群众"零距离"。

三、《德化人生》对县融媒筑牢基层舆论阵地的启示

《德化人生》作为县级媒体成功播出 18 年的老栏目、老品牌，有其特殊的社会人文土壤、媒介生态及其受众市场。可以说，在媒体格局、舆论生态、传播技术、受众对象等深刻变革的今天，青县《德化人生》栏目在筑牢基层舆论阵地中的精髓与经验仍然没有过时：它实践着县级媒体在县域舆论环境建设中的主导作用，它深耕着县级媒体与本土用户深入持久的感情连接，它执着于打造品牌、擦亮县域文化名片、为家乡赢得美名盛誉。这些，均为当前县级融媒体中心值得参考的宝贵经验，让县融媒建设回归新闻舆论工作的重要阵地、地方党委和政府的重要执政资源、县域群众的贴心朋友与精神家园，实现"更好引导群众、服务群众"。

启示一：守正创新、构建良好舆论生态，是县级融媒体建设之本。

县级融媒体中心建设的目标是打通新闻舆论工作的"最后一公里"，实现省市县三级媒体的深度融合，建设新型主流媒体，构建县域良好舆论生态，《德化人生》通过18年的坚守打造出"好人青县"的良好舆论氛围和地域金字招牌。当前，在县级融媒体中心建设中，涌现了不少"模式"或"样板"，比如"服务国家建设的延庆模式""提升地方宣传的玉门模式""市场经营的长兴样板""国家级贫困县武强样板"等等，这些县级融媒体中心各有所长、可圈可点，但不可否认的是，一些县级融媒为了领导政绩、经济创收等拼命打造新的模式、开创新的样板，置地方财政实力、原有媒介基础于不顾，千方百计上"大屏"、进设备、要钱要地又要人，可谓"狮子大张口"。更有甚者，有的地方为了县委班子方便，在县电视台和县委大楼各建了一个"大屏"，重复建设严重，造成财政资金的巨大浪费。上述种种可窥县级融媒体建设多多少少出现了形式主义的苗头，与基层媒体守正创新的根本追求出现了偏差。县级融媒体中心建设不是比声势、竞名气、扯大旗，首要的是扎扎实实做好县域舆论生态建设，切切实实履行好基层党媒的职责与使命，打造出正向、清朗的县域舆论空间。

启示二：厚植沃土、密切联系县域群众，是县级融媒体立足之基。

县级融媒体最大的优势就是与群众的贴近性，是基层群众的"家门口"党媒，县级融媒体应充分利用这个优势，与县域群众建立联系、深化感情、培养价值共鸣，厚植群众沃土，筑牢县级融媒体立足之基。当前，县级融媒体中心为了提升服务功能，陆续在客户端开设各类便民服务窗口，比如：水电暖燃气费缴纳、医院挂号、交通违章缴费等等。但没有感情基础、价值认同的平台功能并不天然具有吸引力和黏性，用户只会在必要时点开客户端进行某些便民缴费或挂号、预约等，只会是短暂停留、偶尔想起。厚植群众沃土，是要与本县群众建立起感情连接和价值认同。《德化人生》通过发现好人、弘扬典范、社会援助、志愿活动等，走遍了青县每一个乡镇、村庄与街道，先后有数以万计的本县乃至外县群众参与到志愿活动中来，《德化人生》成为一张四通八达的网，牵动着无数群众的心，它已经成为青县家喻户晓、全县每个村庄都有人参与过的贴心好栏目，这种感情维系、价值共鸣是牢固而深厚的。当前，县级融媒体在依托先进技术开辟基础服务功能的同时，更应强调与本县用户的感情培养，通过弘扬美德、完善网络政务、畅通民声渠道、接受群众投诉和监督等，打造出真正植根于民、服务于民、使人民信赖拥戴的县级融媒体。

启示三：塑造品牌、打造精品力作，是县级融媒体力量之源。

内容创新是媒体立身之本，县级融媒体应坚持以高质量内容赢得发展优势，以塑造品牌、生产拳头产品为追求，深耕信息资源，丰富呈现形式，以更有价值、有趣味、有思想的内容聚拢受众。当前，县级融媒体在筑牢基层舆论阵地方面普遍存在两方面问题：一是宣传痕迹明显，新闻生产思路、报道模式、表现手法相对陈旧，不少新闻报道的主体至今还是当地领导活动、工作动态、总结性报道等，既缺乏时效性、贴近性，也不符合基层百姓的实际需求。二是内容生产过于碎片化、零散化。融媒体中心成立后，基于移动优先、视频先行的思路，存在偏重小屏、过于强调轻量化内容的现象，关注的是单条视频或新闻信息的点击率、转发量，缺少深广度、强连接、抵人心的品牌节目或专栏。上述现象从一定程度反映出当前县级融媒体在内容生产上的创新不足、急功近利与取巧、走捷径心态，渴望通过简单的技术创新"新瓶装旧酒"吸引用户，觊觎通过一两个爆款短视频、快闪、H5等奠定坚实的群众基础，殊不知这与成为新型主流媒体相去甚远。县级融媒体中心只有坚持内容为王、创新为要，保持内容定力、专注品牌塑造，久久为功，方能强信心、聚民心、暖人心、筑同心。

四、结语：深耕本县群众沃土，做强县域主流舆论阵地。

按照中央要求，县级融媒体中心要建成主流舆论阵地、综合服务平台和社区信息枢纽。一些县级融媒体争先恐后、摩拳擦掌购置了"大屏"、建起了"高大上"演播室、创出了各类县融媒模式开拓者的知名度、斥巨资上了不止一家APP（县自建、市媒建、省媒建、央媒建、商业公司建等终端），声势何其浩大！然而，与狂奔猛进的县级融媒体中心上述基建相区别，筑牢基层舆论阵地的根本职责似乎要滞后许多。况且，对于县级融媒体中心来说，与技术手段、工作空间、展示大屏等短时间内便可完成的物理基建相比，或许筑牢基层舆论阵地才是最关键、最根本、更需要全心投入的基础建设民心工程。

青县《德化人生》栏目，用18年的坚守，深耕本县群众沃土，建立起与本土用户深厚持久的感情连接，营造出德赞化育、从善如流、互帮互助的地域文化舆论氛围。县级融媒体筑牢基层舆论阵地需要智慧、担当和时间，离不开媒体人的情怀、汗水与坚持。筑牢基层舆论阵地，不仅是中央的战略要求，也是县级融媒立足、扎根、壮大的必然要求，更是媒体融合规律的本质要求，不容小视，时不我待。

（作者分别为：河北省社会科学院新闻与传播学研究所副研究员；河北省社会科学院新闻与传播学研究所副所长）

县级融媒体中心体制机制创新研究

韩　诚

2018 年 8 月，习近平总书记在全国宣传思想工作会议上提出"要扎实抓好县级融媒体中心建设，更好引导群众、服务群众"。作为媒体融合"最后一公里"的县级融媒体中心，在中央号召和各级政府积极推动下快速发展，至 2019 年 5 月底，已有 1097 家县级融媒体中心正式挂牌，呈现出高速建设、形态多样等特点，涌现出长兴传媒集团、邳州市融媒体中心等有代表性的单位，但也存在融合不足、机构整合困难、建设资源有限等问题，在体制机制创新方面仍有较大发展空间。

一、县级融媒体中心建设进程

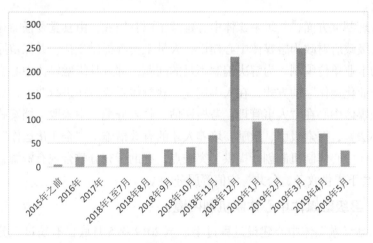

图1　县级融媒体中心建设进程

我国县级融媒体中心建设进程中，早期主要有浙江长兴传媒集团、湖北公安县融媒体中心等少量试点，在 2018 年 8 月习近平总书记讲话后提升了建设速度，其中 2018 年 8 月至 12 月之间有 401 家县级融媒体中心挂牌，2019 年 1 月至 5 月之间有 529 家融媒体中心成立，北京、福建、贵州、天津 4 个省市已实现全覆盖，浙江、河南等 6 个省份预期在 2019 年年底全覆盖，其余省份则按照中央规划在 2020 年底之前完成。

县级融媒体中心建设面临最重要的问题，是如何有效开展体制机制创新。体制通常被定义为"国家机关、企事业单位在机构设置、领导隶属关系和管理权限划分等方面的体系、制度、方法和形式的总称。"在《关于加强县级融媒体中心建设的意见》指导下，县级融媒体中心均是由县级政府宣传部管理，负责所在区域的新闻宣传工作的机构。但我国幅员辽阔，各地经济水平、文化环境不同，因此县级融媒体中心建设与发展的途径各异，在机构、整合、模式、管理等方面选择了不同的道路。

在机构设置方面，县级融媒体中心多为公益一类或公益二类事业单位，行政级别为正科级或副科级，归口县级宣传部领导。少量的县级融媒体中心开展了市场化尝试，在挂牌的同时成立国有属性的企业，或是直接建成新闻传媒集团，采取企业化管理的方式。在整合方式方面，由于县级报刊数量较少，而"四级办台"的政策明确各区县要建设电视台，因此多数区县是在县广播电视台基础上，整合新闻中心、县委报道组、县级报刊、内部刊物、政务新媒体等机构和平台。在建设模式方面主要有自主建设与合作建设两种，自主建设模式约占八成，通过购买"中央厨房"等软硬件系统，搭建自主掌控的技术平台，而合作建设模式主要是依托外部技术力量，如"赣鄱云""长江云"等省级技术平台支持县级融媒体中心的建设。

在管理制度方面，县级融媒体中心延续了原有模式，由县党委任命相关负责人，由县级政府财政为融媒体中心建设、人员工资等提供支持，并保留原单位正式员工的事业单位编制。为解决编制不足的问题，部分县级融媒体中心尝试"事业单位企业化运作"的方式，在人事制度、薪酬体系等方面进行改革，如北京市昌平区融媒体中心在"人事管理、考核评估、收入分配"中采取《档案式人才管理考核办法》，探索吸引、激励、培养人才的有效措施。"企业化运作"模式为县级融媒体中心体制机制创新提供了突破点，有助于充分整合现有资源，在"媒体 +"理念下提供政务、公共、增值等服务。

二、县级融媒体中心体制机制困境

我国县级融媒体中心建设进程过半，至 2019 年 5 月底已有超过三分之一的区县实现挂牌，但在体制机制创新层面仍面临较多问题，融合不足、整合困难、经费有限、人才缺失等问题，制约了县级融媒体中心的进一步发展。

1. 县级融媒体中心融合程度有限

在从图 1 中可以看到，2018 年 8 月之后的县级融媒体中心建设有两个高峰期，分别是 2018 年 12 月和 2019 年 3 月，有 231 家和 249 家县级融媒体中心挂牌，占总数的 21% 和 23%。这两个高峰期月份分别是年末和季度末，反映出部分区县急于在规定的时间内完成挂牌任务。在部分区县的宣传报道中，快速建成融媒体中心成为一种特色，如四川富顺县在 15 天之内完成融媒体中心指挥大厅的建设和设备安装，安徽省濉溪县用 20 天完成技术后台搭建和运行平台建设，河南省许昌市建安区强调在 44 天内实质性建成启用。县级融媒体中心建设意味着对原有的媒体平台进行整合，并非简单的硬件建设或机构合并，还需要相应的干部任免、机构调整、人员招募等工作，无法在短时间内一蹴而就。因此部分地区采取"先挂牌后转隶"的方式，在挂牌之后再分阶段进行具体的人事调整，也有些地区选择融媒体中心与广播电视台"一套人马，两块牌子"的策略，实际上只是在广播电视台的基础上加挂了新牌子，并没有实现真正的机构融合发展。

2. 县级融媒体中心机构整合困难

县级融媒体中心的整合较为复杂，包括县级广播电视台、县级报刊、新闻中心、县委报道组等机构；以及内部刊物、县级新闻网、部分政府部门运营的"两位一端"等平台。各地机构整合情况有所不同，但以县级广电、县级报刊、新闻中心三类机构为主。在多数县和县级市以县级广电为基础去整合其他机构，同时保留县级广电的牌子，如福建省罗源县、陕西省华阴市等地均强调在县级广电基础上，整合区域内其他的媒体资源。在城市各区的融媒体中心建设中，部分区新闻中心已初步整合广电、报刊等资源，因此区级融媒体中心多是在新闻中心的基础上开展建设。县级报刊的情况较为特殊，在 2003 年的全国报刊整顿后仅有 50 余家保留了正式刊号，多为浙江、广电等经济发达地区的县级报纸，如《太仓日报》《义乌商报》《珠江商报》在当地具有较强的影响力，并且已经进行了融媒体建设尝试。但县级报刊所有权很复杂，有些是隶属于省级报业集团，有些是在市级报业集团中，因此在县级融媒体中心的机构整合中存在一定困难。此外，在国家进行政务新媒体整顿的背景下，部分县级政府部门、乡镇政务新媒体账号被关停，这部分政务服务功能将来有可能转移至县级融媒体中心，需要对相关部门的平台、资源进行整合，对县级融媒体中心的整合能力提出更高要求。

3. 县级融媒体中心发展经费有限

县级融媒体中心的前期建设，多数依靠县级政府的财政支持。在国家、各省市的大力支持下，有些地方斥巨资为县级融媒体建造"中央厨房"、演播厅、办公中心等硬件设施，如山东平原县投资 4700 万元建设融媒体中心，广东开平市融媒体中心近年来投入 2000 多万元进行基础性改造升级，河北固安县融媒体中心首期建设资金达到 1845 万元。但多数地区的县级财政支持能力有限，投资也主要集中于"中央厨房"等硬件建设，难以持续对县级融媒体中心进行高投入。此外，政府部门的财政支持管理严格，对使用途径有着明确规定，很难直接用于人才引进、工资发放、福利待遇提升等方面。县级融媒体中心的长远发展，不仅需要政府部门"输血"支持，还体制机制创新提升"造血"能力。如长兴传媒集团的发展离不开特殊的政策支持，如在"台网分离"改革中保留了对县级广电网络公司的管理权，在其2018年2.32亿营业收入中，其中广电网络收入为1.1亿，占到总收入的一半以上，与此类似的还有安吉新闻集团、德清县新闻中心。但多数地区的县级广电网络公司均被纳入省级网络公司垂直管理，导致县级融媒体中心缺少这方面收入，营业收入不足制约了县级融媒体中心的发展。

4. 县级融媒体中心人力资源不足

县级融媒体中心发展离不开充足的人力资源，但受到人事制度与薪酬制度的限制。我国各地县级融媒体中心体量不同，通常发展较早员工数量较多，如长兴传媒集团多达400余人，广东开平市融媒体中心有员工320人，而一般的融媒体中心则在50人至100人左右。目前在县级媒体人事制度中，普遍存在员工身份不同带来的同岗不同酬问题。县级媒体核心成员是的是拥有事业编制的员工，能够享受到较好薪酬待遇，但这部分人数量很少，通常是年纪较大的部门管理者。更多的是事业单位编外人员，从事新闻采编、技术维护、新媒体运营等一线工作的年轻员工。他们承担了县级融媒体中心建设发展的主要工作，但由于身份限制在薪酬待遇方面不及正式员工，缺少足够的保障，因此容易出现人才流失现象。因此，各地县级融媒体中心将编制调整、薪酬改革等提上议程，部分区县借融媒体中心成立的机会，扩大了编制人数，同时在提高编外人员的待遇，如长兴传媒集团、山东昌乐县融媒体中心等单位为编外人员提供更好的晋升空间。但对于多数新建的融媒体中心而言，人事改革困难重重，将长期面临人才缺失的问题。

三、县级融媒体中心体制机制创新策略

面对融合不足、整合困难等问题，应从加强政府支持力度、推动管理体制改革、完善人事薪酬制度等角度入手，开展县级融媒体中心体制机制创新与改革，加速县级融媒体建设与发展进程。

1. 获取政府部门的政策资源支持

县级融媒体中心建设与发展，离不开当地政府的政策扶持。中央全面深化改革委员会会议审议通过《关于加强县级融媒体中心建设的意见》，中宣部、国家广播电视总局出台了《县级融媒体中心建设规范》等文件，从宏观角度提出对县级融媒体中心建设的支持与规范。部分省市也发布了相应政策和规范，如山东省出台《山东支撑县级融媒体中心省级平台规范要求》，甘肃省发布《甘肃省加强县级融媒体中心建设工作方案》，许多地级市或区县也发布了建设《工作方案》和配套政策。但也有部分地区，受建设基础薄弱、相关部门不重视等因素影响，尚未出台扶持政策或工作方案，影响到县级融媒体中心建设进度。

在提供政策支持的同时，政府部门还应为县级融媒体中心提供各类资源保障，不仅在财政支持方面支持初期的硬件建设，还需要保障县级融媒体中心持续发展所需的各类资源。如浙江从省级层面提出"各地将政府性公共资源优先配置给融媒体中心"，要求便民信息服务平台搭建、政府性户外广告业务、大型活动策划、文化产品采购等活动优先由融媒体中心承办。我国多数县级融媒体中心是公益类事业单位，缺乏企业化管理和市场竞争优势，因此政府部门有必要提供一定的公共资源，采取"政府购买"等形式支持县级融媒体中心的建设与发展。

2. 改革县级融媒体中心管理制度

习近平总书记提出建设"资源集约、结构合理、差异发展、协同高效的全媒体传播体系"。各地应根据当地发展实际情况，合理设置县级融媒体中心的属性。如经济欠发达、媒体基础较为薄弱的地区，县级融媒体中心应设置为公益一类事业单位，由国家财政提供全额拨款支持，专注于基础的媒体、政务服务；在经济较为发达、媒体基础较好的地区，可设置为公益二类事业单位，在获得国家财政拨款的同时，通过开展广告、活动等经营活动获得收入；对于市场化程度较高、媒体环境发达的区域，县级融媒体中心可以转型为新闻传媒集团，或是成立相应的文化传媒公司，通过企业化管理的方式提升经营能力，主动适应市场的需求。

对于开展经营活动的县级融媒体中心，其管理制度改革主要内容是做好"政事分开"，即解决好政府管理部门与县级融媒体中心之间的职权划分、管理模式等问题。参照《中共中央、国务院关于分类推进事业单位改革的指导意见》，应推动"实行政事分开，理顺政府与事业单位的关系"，具体到融媒体中心的建设与发展，县级政府宣传部应在新闻采编、公共服务等方面加强规范，而在经营管理、运营推广方面放手，减少微观管理和直接管理，避免行政命令式的管理方法，为县级融媒体中心提供更多自主权限和发展空间。

3. 完善县级融媒体中心人事制度

与传统媒体相比，县级融媒体中心对人才需求标准有所不同，需要大量掌握新技能、新知识的新闻采编、网络技术人才。目前的事业单位人事体系无法提供足够的岗位，原有的薪酬制度也难以吸引专业人才。人事制度改革是县级融媒体中心发展的最大障碍，既需要政府为县级融媒体中心适当扩充编制，更需要融媒体中心出台公平公正的人才制度，充分运用新增岗位吸引高素质人才，而不是简单地解决原有编外人员转正的问题。但扩编不能根本解决问题，多数县级融媒体中心需要通过合同聘用、人事代理、劳务派遣等方式招募编外人员，如何好处理好人事"双轨制"成为难点。由于编内、编外人员在基础工资、晋升空间、奖励绩效、福利待遇等方面差异较大，导致难以留住优秀的编外人员。

在编制问题难以解决的背景下，县级融媒体中心应在薪酬待遇方面寻求突破：一方面争取财政支持改善编外人员待遇，如四川省会东县将10名临聘人员的工资待遇纳入县财政预算；另一方面合理运用广告、活动等经营收入，通过绩效考核的形式为编外员工提供稿费、绩效等收入，如长兴传媒集团打破编两类人员的薪酬差异，实现"同岗同酬、量化考核、多劳多得"的原则，提升员工的积极性。只有增加县级融媒体中心编外员工的待遇和福利，为其提供良好的晋升空间，才能有效吸引和留住专业人才，促进县级融媒体中心良性发展。

（作者单位：天津师范大学新闻传播学院，山东省广播电视总台博士后科研工作站，复旦大学新闻传播学博士后流动站）

江苏省吴江区广播电视台转型融媒体中心探讨

王一舒　沃叶红

媒体融合一词最早由麻省理工学院的教授尼古拉斯.尼葛洛庞蒂提出，后几经发展，中国的媒体融合成为热词则是从 2014 年中央全面深化改革领导小组第四次会议后开始的。2018 年 8 月，在全国宣传思想工作会议上明确提出要扎实抓好县级融媒体中心建设。2018 年 11 月召开的中央深改委第五次会议，审议通过了《关于加强县级融媒体中心建设的意见》，中宣部部署开展县级融媒体中心的建设试点，并要求 2020 年底在全国基本实现全覆盖。

媒体融合是国家层面的顶层设计，建设县级融媒体中心是打通媒体融合最后一公里的势在必行之举，我们要应势而动，顺势而为。2016 年，吴江电视台与吴江广播融合，组建成吴江区广播电视台，2019 年，吴江区广播电视台与吴江日报社合并，挂牌成立苏州市吴江区融媒体中心和吴江传媒集团，融媒体中心将实现企业化管理。接下来以吴江县级融媒体中心为例，探讨县级融媒体转型发展过程中可能遇到的一些问题和解决方法。

一、融合背景与现状

2019 年 1 月 15 日中宣部与国家广电总局联合发布了《县级融媒体中心建设规范》（简称《规范》），对县级融媒体中心作出的定义是："整合县级广播电视、报刊、新媒体等资源，开展媒体服务、党建服务、政务服务、公共服务、增值服务等业务的融合媒体平台。"目前县级融媒体已经进入深化细化、做好落实的阶段，政策环境上来说，不论是顶层设计还是细化政策，都为县级融媒体的发展提供了遵循。网络化趋势的影响，新旧媒介使用的变化，移动端和社交媒介的渗透，让县级融媒体建设已经处于加速道上。

吴江结合自身特点与本土特色，在区委全面深化改革工作推进的背景下，2019 年 7 月吴江广播电视台与吴江报社合并，成立苏州市吴江区融媒体中心和吴江传媒集团，树立一报一台一盘棋意识。吴江区融媒体中心不光是新旧媒体的融合，原有的报纸电视广播、两微一端、网站以及第三方平台账号等媒体资源融合在一起，参照人民日报"中央厨房"一次策划采集、多种生成、多元传播的模式，同时也会借助互联网公司与高校的技术与支持，在融媒体中心成立仪式上已经与苏州大学和南京师范大学两所高校签订了合作协议，将与高校建立广泛而深入的合作。还将在全区设置多个融媒体站点，以区融媒体中心为圆心，织就一张全区的融媒体大网，从成立过渡、内容生产、技术平台等多方进行全面的融合。

二、融合过程与问题

（一）县级融媒体发展基本都是在摸索中前进，可互相借鉴不假，但由于大家都刚刚起步，真正可参照的成功案例少之又少，所以县级媒体融合必然是会有一个不断遇到问题，解决问题的过程。因此，县级媒体融合，合在一起容易，融在一起则需要更多的努力。

吴江区融媒体中心由吴江日报社和吴江广播电视台两家传统媒体为主要融合对象，两家都有原来的一套班子成员，并且工作流程也互不相通，需要对工作内容、机构岗位、人员绩效等重新梳理协调，否则很容易变成形融实未融，各自为政，那融合就难以落到实处。吴江广播电视台原来的层级化管理变成融媒体中心的扁平化管理，必然会精简机构，而扁平化管理对决策者的要求更高，同时部分传统从业人员的危机意识不强，对媒体融合的时效性和迫切性还不够，这样可能会错失最佳发展窗口期。

（二）原先的吴江广播电视台建设了网站，开设了微信公众平台、微博、抖音号，还开发了刚刚新闻客户端，吴江日报社也有网站客户端等内容，可以说在传统播发平台之外已经大大拓展了互联网传播渠道，但有些还只是停留在解决了有无问题，缺少优质产品，也缺乏吸引力，尤其是缺少互联网元素和新媒体特征，缺乏一些脑洞大开的创新产品。创新做优内容的同时还要关注受众的需求，用户连接是否成功是融媒体能否成功的关键，县级融媒体存在的问题往往是内容不够精、难以满足群众的现实需求。

中央厨房的形式很容易建起来，但是实实在在的流程改造才能检验它是否起到了应有的作用，能否改进产能、提高效率。纵观全国中央厨房模式的发展，《人民日报》的中央厨房是最早成功的模板，但也仅仅是重大活动才派上用场，其他一些媒体的中央厨房可以说是用之甚少，效用不佳。对于吴江融媒体中心而言，建造的可能是类似中央厨房的形式，但如果盲目照搬，恐怕难以达到预期效果。

（三）技术融合与内容融合一样重要，甚至技术需要走在内容的前面，在吴江区融媒体中心成立后，与报社的一整套传播渠道平台如何融合，例如粉丝的迁移和内容的分布等。如何与江苏省的荔枝云平台相融合，既要考虑需求和成本，也要考虑长远发展和移动优先，就目前来说，荔枝云平台广播电视整个流程具有完整性，而报社部分的功都暂未完善，并且缺乏定制性。另外，各个生产工具如何基于标准接口访问，且根据业务流程组成工作群，从而提供更强大的生产制播能力，这些都要在不断摸索中实现。

三、融合探索与尝试

（一）管理团队转换思想，打造有担当能干事的领导层，选择有文广、报社、宣传等多方工作经验的为一把手领导，并由吴江广播电视台和吴江日报社原先领导共同组成融合小组，从管理层尽可能确保能够给出科学高效的决策，有计划有重点地推进吴江融媒体中心各项工作。成立初期，吴江区融媒体中心机构改革领导小组分对外公关和对内推进两部分，对外攻坚主要争取各类资源和各种政策支持，以及考核体系建立等工作。对内工作主要是人员摸排、办公场所整合、技术平台对接、中心 LOGO 口号征集、生产融合、业务拓展等，确保各项工作按照序时进度推进。业务按照融媒体中心的生产流程再造，人员的隶属与安排也按照新的流程来安排。并且特别注重加强与周边其他地区融媒体中心的沟通交流，组织外出参观考察，充分借鉴成熟经验。

（二）吴江区融媒体中心成立总指挥调度平台，将原先的电视报纸整合流程，根据吴江区实际情况筛选素材、选题上报、记者调度、分级审核跟进、确定最终播发平台等。充分发挥区域互联网科技资源优势，成立多家融媒体工作站点，联合合作的互联网企业、高校成立媒体融合发展联盟，使传播渠道更宽，增加网络流量，将吴江的区域资源优势转化为吴江融媒体的传播优势。除了中央厨房形式上的重塑流程，更重实际内容，结合中心的使用实际和本地域特色与辐射范围，做适合融媒体中心的改造，实现各类资源的合理配置。吴江融媒体中心的用户是区党政机关、人民群众以及商业客户，提供客户需要的咨询是生产内容的指挥棒，做泛媒体化经营，发挥出主流媒体的优势，做好舆情研究与服务，做好新闻＋政务＋服务的文章。

融媒体中心采用项目制管理，小到一个采访，大到一场直播活动，活动负责人就相当于一个项目经理，统筹需要的人力和物力，一个项目结束则所有人员恢复到原来的岗位与状态，可能有人会质疑没有固定的搭配，如何保证工作时的默契顺畅，但事实上合作好的成员下次会优先考虑合作，这样能使吴江融媒体中心团队更加精英化，无形中也让合作意识和工作能力较差的一部分人有被淘汰的危机感，进而能更好提高团队整体效能。

2019 年人民日报联合腾讯新闻与全国 70 家广播电台推出了庆祝新中国成立70 周年的《我家住在解放路》融媒体报道，展现了媒体开放式合作的优势。在这方面，吴江广播电视台也有过探索，2018 年吴江广播电视台与以上海东方卫视为主的沪苏浙皖三省一市八家电视台共同呈现的端午江南文化长三角联合大直播，取得了极高的社会关注。未来吴江融媒体中心可以充分发挥区域优势，与苏州、上海、浙江等媒体形成合作，共享新媒体资源，提高信息传播效率。

（三）县级融媒体的特点之一是体量较小，但也因此船小好调头，在技术融合上，吴江把传统的广播电视平台转换成基于互联网的融合新平台，与江苏省省级"荔枝云"技术平台对接，参照《规范》中的系统配置情况分类，最大化利用好省平台资源模式，例如党建、政务、民生、文化、教育等综合服务，互动、用户、舆情传播等数据分析，线索汇聚、通联合作等策划指挥。

《规范》中提到县级融媒体中心要利用移动传播技术，形成移动传播矩阵。在智能手机普及的时代，吴江融媒体中心将打造好移动传播矩阵，为内容生产与传播赋能，将信息传播接入到移动用户，特别是服务接入，移动优先不仅是信息优先，各类资源也会优先倾斜。

2019 年 7 月的中国网络媒体论坛上，马化腾指出腾讯将为构建媒体融合发展新生态提供全方位和立体化的助力。可见互联网公司未来对于融媒体的技术支持会越来越强大，县级融媒体也要最大化利用最新媒体技术成果，在技术的连接、平台的对接和内容的创新上，紧跟技术潮流。像人工智能，大数据和用户画像等技术已经很成熟，怎么用好用准，未来可借力主流互联网公司提供的最新技术和方案，完善和加快吴江融媒体中心技术平台的建设。

四、结语

对于传统媒体而言，媒体融合既是职责所在，也是生存所需，既是挑战，更是机遇。县级媒体融合任务复杂又紧迫，对媒体融合的深度广度以及效率都提出了较高的要求，县级融媒体中心要将传统媒体的主流舆论和新媒体的头条热点想融合，将议程把关与人工智能相结合，整合区域资源，深化协同宣传，把握发展机遇，找准定位。融媒体工作人员需要快速转变观念，开拓视野，提升技能，发挥出 1+1 远远大于 2 的作用。建设吴江融媒体中心，融合不是目的，转型才是，讲好吴江故事，传播吴江声音，展现吴江形象，期待能为县级融媒体发展交出一份满意成绩单。

（作者分别为：常州大学商学院副教授；常州大学商学院硕士研究生）

新闻供给侧改革策略研究

——兼论县级融媒体中心建设问题

高玉飞

一、新闻供给侧改革是打通服务群众"最后一公里"的关键，也是建设县级融媒体中心所必须面临的抉择

马克思说："人天生是社会动物。"[1] 新闻起源于人类群居生活，满足大众物质交往和精神交往中的信息传递需求。互联网的诞生标志着人类进入信息爆炸时代，自上而下"一对多"的单向传播格局已被打破，舆论生态变得日益多元而复杂。伴随着科技进步，"两微一端"异军突起，私人化、普泛化、自主化的传播方兴未艾。如今，作为信息流通工具的新闻虽极易获得但也稍纵即逝，传统的大众传播方式面临着不可忽视的结构性失衡。

《中国互联网络发展状况统计报告》数据显示，截至 2018 年 12 月，我国网民规模达 8.29 亿，普及率达 59.6%，较 2017 年底提升 3.8 个百分点，全年新增网民 5653 万；我国手机网民规模达 8.17 亿，网民通过手机接入互联网比例高达98.6%。[2] 与此同时，《法制晚报》《北京晨报》《重庆时报》《申江服务导报》等众多报纸纷纷停刊，证明"供需错位"已成为新闻事业发展的障碍和阻力。具体表现为：一方面，落后的同质化新闻产能遭到文化素质明显提升的现代受众淘汰，成为制约主流媒体尤其是县级媒体常规发展的"拦路虎"；另一方面，新媒体泛娱乐化、碎片化、快餐化信息供给体系中生产的产品，远达不到受众思想日趋成熟、信息消费日渐理性的"审美"标准。这样的新闻供给体系削弱了主流媒体的传播力、引导力、影响力、公信力。综观县级传统媒体和新兴媒体发布的各类信息，充斥着满足于描述式、会议类、"告知型"的中低端新闻产品供给，鲜见将党的路线方针政策与本土资源结合打通，从两者的情感共鸣点、思想交汇处做好解释性、阐述式、"分析型"的高端新闻产品。这样的状况当然不能够服务

好广大人民群众对新闻产品的需求，新的形势使新闻供给侧改革势在必行。

县级媒体新闻供给侧改革，要从强化内容生产、拓宽传播渠道工作入手，补好正确设置议题和开发本土资源短板，做好分众传播中的价值引领弱项，以故事细节化、服务理性化、引导全程化增强新闻生产针对性和产品亲和力。尽管新媒体时代新闻不再是稀缺的资源，但是受众对内容客观公正、形式新颖别致、充满真知灼见的新闻产品仍然满怀期待。正如2018年8月21日习近平总书记在全国宣传思想工作会议上指出："要扎实抓好县级融媒体中心建设，更好引导群众、服务群众。"[3] 因此，坚持正确宣传导向，需要在加快媒体融合中巩固主流思想传播阵地，通过渠道下沉和资源整合提升用户黏性，占据舆论引导制高点，集聚推动经济社会文化发展的正能量。

二、加强有效的舆论和引导，是县级融媒体中心建设的根本任务

县级主流媒体作为中国特色社会主义舆论引导体系的神经末梢，理应犹如大树根须牢牢扎进人民群众之中，在公共信息传播中承担起社会舆论引导、服务受众需求，推动"中国梦"早日实现的作用。但是，长期以来摘录文件报告的"八股"文风，刻板说教的灌输式传播方式，已成为县级媒体难以发挥舆论引导力的桎梏。因此，整合县级媒体资源，构建协同高效的全媒体矩阵，实施产品生产、内容呈现和传播渠道供给侧结构性改革，成了亟待解决的现实问题。

1. 正确设置议题，巧妙引导社会舆论

改革开放40年来，我国经济发生了翻天覆地的喜人变化，但是市场机制下，不同阶层利益发生分化，产生了新的社会矛盾。微博、微信、网络社区平台等电子媒介凭借自由开放、互动体验深得人们宠爱，迅速成为各种意见集结交流、超越时空的场所。当个体的态度主张在思想碰撞中相互产生作用形成共鸣共识，便会发酵为群体化社会思潮快速传播，并呈现出网民情绪集群效应更加明显的特征，一些热点事件往往会形成舆论场。

县级媒体具有直面基层、贴近群众特点，如果在舆情发酵之初牵住正确设置议题的"牛鼻子"，则能起到聚合围观群众思维、提振受众精气神、传播正能量的作用。例如，2019年1月爆发的江苏金湖疫苗事件，由于当地及时发布官方权威通报，直面网上网下各种质疑，公布调查问责情况，科学合理做好善后处理，终使舆情从爆发到回落控制在一周之内。其实，各种舆情事件引发公众愤怒的根源往往并不是事件本身，而是由于官方或没有及时发布信息，或以工作疏忽之类的理由搪塞造成。舆情工作的疏漏导致不明真相的公众在众声喧哗中肆意表达，然后"网络水军"推波助澜，一旦形成波诡云诡的"猜疑链"，鸡毛蒜皮的小事也有可能被放大成极具轰动效应的舆情危机，久而久之便会影响到政府的公信力。建设县级融媒体中心，就要统筹策划正确议题，从时效度上全面把控并积极引导

公众理性表达诉求，在党群之间寻找"最大公约数"，因势利导引导公众，从而促进主流媒体凭借舆论引导参与社会治理。

2. 深耕本土新闻，贴近受众信息需求

随着新媒体异军突起，人类社会进入了"全民记者"时代，散落在世界各个角落的受众只要有传播欲望，都可以通过网络发布各种各样的新闻。人的天性中就有通过互动交流释放情绪、表达意见的需求，互联网快速便捷的沟通渠道成就了个体的这种愿望。尤其是在突发事件报道中，受众只要轻轻地点一点屏幕，一条爆炸性信息就会像病毒一样疾速传播，引发舆论狂潮，有时还会裂变出带有负能量性质的口头交际热词暗语。这种不受身份和地域限制的信息发布速度，催生出新的传播理念。新媒体时代贴近受众信息需求，要满足其"知其然"与"知其所以然"，结合本土实际求深求新求快，这是主流媒体理应树立的新思维。

无论媒体介质如何改变，内容为王永远是亘古不变的真谛。地缘上的接近性与文化上的亲近性是县级媒体得天独厚的优势，为其深耕本土新闻提供了基础条件。长期以来，县级媒体自拉自唱以自我为中心的落后内容生产方式和人才短缺等因素制约，形成了比中央及省市媒体慢一拍，甚至慢两拍三拍的情况。比如，当前我国正在开展脱贫攻坚战，县级媒体如果仅仅"择其要而告之"，新闻只是就当地如何贯彻落实上级决策部署、党员干部走村入户访贫问苦等会议类或描述性报道，自然会因没有契合受众兴奋点，受众理所当然无法产生兴趣。主流媒体漠视受众需求，已成为县级媒体舆论引导功能逐渐弱化的症结。习近平总书记在新闻舆论工作座谈会上强调："要转作风改文风，俯下身、沉下心，察实情、说实话、动真情，努力推出有思想、有温度、有品质的作品。"[4] 建设县级融媒体中心，就是要整合力量认真研究身边群众现实生活中的迫切愿望，通过准确把握时代脉搏从大处着眼、小处入手开掘新闻第二落脚点，用老百姓喜闻乐见的话语方式和表达习惯呈现形式和内容完美统一的新闻产品，全方位多层次立体化讲好具有地域特色的中国好故事。也就是说，县级融媒体内容发布要结合本地实际，对国家方针政策进行贴近民生、民情、民意的深度解读，不仅告诉受众"这是什么"，更要围绕群众关心的热点、难点、焦点问题分析意义，还原时代背景，让受众明白"这是为什么"。这种拓展新闻深度和广度的报道视角，因其突破"此时此地"的框架，融入更多贴近地方实情的背景知识，符合受众日益增长的理性消费需求，自然会形成独家新闻，长期坚持则使品牌效应水到渠成。

3. 适应分众传播，遵循时代发展规律

媒体多样性、信息广泛性、受众选择性是 21 世纪以来新闻传播中凸现出的三大时代特征。大众传播与分众传播最大的差异当属受众地位逆转，从被动接受"一对多"的灌输式信息消费，逐渐演变成根据自身需要有针对性地选择新闻产品，

并对其认为没有价值的信息过滤排除。信息接收的选择性往往受情感动机等因素支配，当新闻产品不能给受众带来愉悦心理体验时便会遭到拒绝，反之，受众的注意力则会被吸引。"受众中心"逐渐取代"授者中心"的信息传输过程，呈现出扁平化网状结构。信息发布者只有根据受众年龄结构、收入状况、文化背景、性别等细分特征，按照各个群体不同的个性特征扬长避短开展分众传播，才能形成有效传播。

以电子介质为媒介的新媒体具有传播迅速、信息量大、直播互动、不受时空限制等优势，但也存在着内容浮光掠影、信息生产不够严谨、观点主张缺乏权威等劣势。传统媒体最宝贵的资源是拥有经验丰富的采编力量和严格的审核把关制度带来的权威性。融媒体建设必须坚持统筹策划一体化发展思路，以先进技术和内容建设为两翼。"一体两翼"战略对于传统媒体和新兴媒体形成优势互补，因时因地因势不断调整比较优势，生产形态多样、内容丰富、传播迅疾的新闻产品，放大主流舆论引导效能具有不可替代的作用。2019年1月15日，中宣部和国家广电总局发布了《县级融媒体中心省级技术平台规范要求》和《县级融媒体中心建设规范》两个纲领性文件，对于构建"统筹策划、一次采集、差异生成、多元传播、科学评价、有效应用"的全新业务模式作出了全面论述。具体到业务操作层面上就是，运用微博、微信、公众号、网络社交平台等"两微一端"新媒体率先发布新闻快讯；然后根据各个媒体自身特点打造上接中央"天际线"，下连民生、民情、民意的优质原创权威信息；再借助二维码、超链接实现传统媒体和新兴媒体信息互动、资源共享的聚合作用；最后依据大数据采集整理出的受众参与程度和关注热点进行追踪、解释、预测等报道，形成线上线下贯通的社会主义核心价值观主旋律。县级媒体融合新闻生产供给体系，利用现有资源可采取文字、图片、音视频相结合的传播手段，开展滚动式、图表式、对话式、嵌入式等多元化报道，适应分众传播；还可借助科技应用无人机航拍、机器人写稿、VR共情沉浸、大数据监控等构建"发生—反应"双向循环机制；对于条件成熟的内容可开发年轻态的动画游戏等新闻产品。建设县级融媒体中心，就是为了有效避免新闻产品落入低端无序的同质化俗套，集中电台、电视台、报社、网站等信息资源形成集群优势，提升主流媒体应对挑战的能力，通过靶向发力开展互动式、服务式、体验式、共情式传播能力建设，强化其弘扬时代主旋律传播正能量的优势，实现传播效果最优化，从而占据舆论场的主动权和主导权。

三、结语

实施新闻供给侧改革，建设县级融媒体中心，必须勇于突破固化的新闻报道藩篱，顺应新时代受众个性化的信息需求，重塑与再造采编流程，探索建立规范、高效、灵活的新闻服务体系，促进传统媒体与新兴媒体融为一体，打造出全程、全息、全效的媒体矩阵，从而充分发挥主流媒体引导公共舆论的作用。

注释：

[1]《马克思恩格斯全集》第 23 卷，第 363 页，人民出版社 1972 年版。

[2]李政葳：《第 43 次〈中国互联网络发展状况统计报告〉发布》，《光明日报》2019 年 3 月 1 日。

[3]张晓松、黄小希：《习近平出席全国宣传思想工作会议并发表讲话》，http://www.xinhuanet.com/2018-08/23/c_129938245.htm

[4]李斌、霍小光：《习近平：坚持正确方向创新方法手段　提高新闻舆论传播力引导力》，http://www.xinhuanet.com//politics/2016-02/19/c_1118102868.htm

（作者单位：江苏盱眙县融媒体中心）

乡村振兴背景下县级台的转型机遇

刘贤政

　　十九大作出了实施"乡村振兴战略"的重大决策，要求加快推进农业农村现代化，实现中国乡村产业兴旺、生态宜居、乡风文明、治理有效和生活富裕。乡村振兴战略是习近平新时代中国特色社会主义思想的有机组成部分，它的提出标志着中国农村改革与发展新时代的大幕已然拉开，从中央到地方将有更多的政策和资源向三农倾斜。处于三农最前沿的县级广电，可谓近水楼台先得月，迎来了重大的发展机遇。县级台要紧紧抓住历史契机，主动对表，乘势而上，加快媒体融合和转型升级步伐，在全力服务和推进乡村振兴中实现自身的浴火重生。

一、从全局谋一域，"四个把握"紧抓县级台转型机遇

　　牢牢把握全局大势和时代主题，才能抓住转型发展的难得机遇。乡村振兴战略是着眼未来的一篇大文章，旨在推动乡村产业、人才、文化、生态、组织等的全面振兴。近年来，面对新媒体新业态的巨大冲击以及自身体制机制不适应的挑战，县级台面临着传播影响弱化、经营收入下降、专业人才短缺、技术装备老化、体制机制制约等问题。这些问题，有的直接会在战略的实施中迎刃而解，有的虽然具有行业的、局部的特征，也将随着战略的整体推进而顺势化解。

　　1. 从农村农业优先发展的国家战略中把握

　　十九大报告中明确"优先"发展的只有三项，农业农村占其一，表明中央将其摆到了国家战略位置进行决策部署。习近平总书记在中央农村工作会议上进一步提出"四个优先"，即在干部配备上优先考虑，在要素配置上优先满足，在资金投入上优先保障，在公共服务上优先安排。可以看到当前及今后相当长时期内，国家资源下乡将成为新常态，更多的新兴产业项目和扶贫项目到农村落户，更多的财政扶持资金向农村倾斜，更多的愿意到农村施展抱负的人才向乡村会聚。具有敏锐触角的广电人一定会感知到，突围的历史契机正在出现。只要积极对接服务乡村振兴，所谓大河有水小河满，产业项目、财政扶持、专业人才等都会成为

广电发展的源头活水，县级台发展将进入又一个新时空。

2. 从乡村发展补齐短板的协作推动中把握

乡村发展相对滞后是实现中华民族伟大复兴必须加以弥补的主要短板。当前乡村发展主要存在产业、流通、公共服务、农民收入、基层治理等短板，县级广电对这些领域驾轻就熟，能为补齐短板发挥独特而高效的作用。常熟台在乡村振兴战略提出后，打出了一套组合拳。新闻谈话类栏目《民声汇》邀请农民代表、党政部门负责人等一起走进演播室，围绕城乡融合发展、重大民生项目等热点话题展开讨论，致力打造农民参政议政新平台，节目崭新亮相后得到领导和观众好评，市长专门批示将节目经费列入市级预算。已开播28年的对农栏目《常熟田》全新改版，与市委农办签订战略合作协议，围绕薄弱村帮扶、生态补偿、美丽乡村建设、集体"三资"监管等补短板项目，展开政媒合作，打造全新对农融媒节目。《政风行风热线》栏目牵手市纠风办，推出乡镇"基层行"大型现场互动直播活动，真正将节目办成了基层治理能力提升的助推器。

3. 从党委政府公共服务供给侧改革中把握

乡村振兴的基本要求就是实现城乡基本公共服务均等化，这就倒逼地方政府扎实推进公共服务供给侧改革，向社会组织购买公共服务产品，稳步提升农民群众的获得感。县级台植根农村土壤，更了解当地党委、政府和百姓的所需所求，能够提供直接高效的资讯服务。萧山台推出"双贴"战略举措，紧紧"贴牢党委、贴近群众"，满足当地党委政府的新要求和百姓的新需求，全力打造集"新闻资讯、政务信息、生活服务"等为一体的地方性公共服务大平台，为县级广电在新时期谋求转型升级探索出一条新路径。[1] 具体做法包括，开发七大信息服务阵地，形成"两台＋两门户＋三微"的新媒体传播格局；推出《今日关注》专栏，围绕地方重点工作，曝光相关部门不到位、不作为等问题；打造本地网上生活消费信息门户"千人购"；承担区政府官方微信"萧山发布"日常运营工作等。

4. 从农民日益增长的美好生活需要中把握

围绕农民日益增长的美好生活需要，实实在在地做文章，就会找到发展的出路。一些县级台在这方面已经积累了不少好的经验。固始《农民之友》栏目结合人口大县实际，围绕农民工返乡创业等热点问题深入挖掘报道，为农民增收出谋划策。诸暨台对农节目《微梦想》讲述农民真实追梦故事，如"小山村掀起电商热"讲述了妇女们开网店、把当地特产搬上网络的新鲜事。黄岩台方言对农节目《望黄岩》推出"到村长家吃饭"系列，主持人引导镜头，从乡村历史、旅游亮点、土产风味到百姓餐桌上的时鲜美食，展示一村一品不同特色，为乡村旅游搭建桥梁。瑞安台《吾乡吾土》节目与农机部门联手，打消农民对新型电动喷雾器的疑虑，促成一千多名农民团购3200多台，赢得农民连连称赞。龙泉台开设《农技讲堂》节目，为农民种田提供实用性科技服务，得到当地农民和政府的肯定，分管副市长专门牵头协调有关部门单位落实了节目经费。

二、对表乡村振兴，"五个突破"打造县域新型主流媒体

春潮涌动好行船，善于借势者，方能扬帆"中流自在行"。县级台如何借势呢？关键在主动对表，紧扣乡村振兴战略的理论逻辑、科学内涵与实现路径，通过对接重点工程明确发展新方向，找准脱困突破口，在服务和推进中实现转型升级和再出发。

1. 从打造本土化品牌上求突破

按照中央精准施策的要求，各地纷纷制订本土化的"乡村振兴战略"。多个省份提出，要打造绿色农业、特色产业、生态旅游、地方文化等本土化品牌，形成"一县一业""一村一品"的发展特色。这不仅为县级广电提供了鲜活的声屏素材，更是佐证了县级台要加快实施本土化战略。要通过接地气、沾土味、带露珠的表达方式，关心老百姓身边的热点、焦点、难点问题，创作独具本土特色的新闻、评论、专题、文艺、栏目剧等节目，努力将县级台打造成当地的重要文化品牌。这是在激烈竞争中获得一席之地的有效方式。长兴台打造了全国首个县级电视新闻频道，《长视新闻》《小彤热线》《说吧说吧》分别是时政、民生、服务及评论类节目，制播了大量本土新闻，日播量长达3个多小时，深受当地观众欢迎，每月平均收视率及收视份额位居长兴地区60多个落地频道的第一位，成为商家竞相投放的金牌栏目。

2. 从升级多元化产业上求突破

乡村产业振兴，就是提高农业现代化水平，推进农村一二三产业融合，实现多元化发展。如依托乡土要素搞好食品加工、特色生产，发挥乡土优势开办休闲旅游、文化旅游、生态旅游和乡村养老。乡村产业兴旺，必然为广电产业带来水涨船高效应。要紧紧抓住三农领域蕴藏的商机，在多元服务中拓展业务空间。要聚合线上线下、台内台外优势资源，与各类广告媒介进行联合营销。要积极开展培训、电商、旅游、节展等多元化业务，举办才艺秀、房展会、车博会、优品会、家居展等本地化营销活动，满足客户多种需求。要满腔热忱服务三农，策划以乡村振兴为题材的微电影、网络剧、电视剧，助力乡村文化发展。通过升级一主多元产业格局，打造新时代信息消费服务型媒体。寿光、海宁、武进、武义、桐庐等县级台在这方面进行了有益的探索。

3. 从构建融媒大格局上求突破

乡村振兴战略提出了城乡融合发展的新思路，促进城市与农村在人口流动、公共政策、资源开发、环境共享等方面融合，促进农业与服务业融合，与互联网、物联网技术融合。县级广电要围绕城乡融合，做好舆论引导和对农服务，并且乘

势发力，加快构建县级广电融媒大格局。要树立全媒体运营理念，打通内部传播渠道，实现IP化、云端化、移动化的运行流程。要高度重视布局互联网移动平台，让广电内容占领移动终端，实现快速、精准、个性和有效的传播覆盖。要改变传统媒体和新媒体貌合神离、各自为战的状况，全力打造"一专多能"的全媒体记者团队。江油台早在几年前就成立了全媒体中心，形成了手机App、"i江油"公众平台、江油传媒网、微信、微博五位一体的当地最大综合传媒平台。仅"直播江油"就拥有活跃粉丝9万人，单条点击量逾17万。五平台融合互补，奠定了江油台区域主流媒体的公信力优势。[2]

4. 从再筑人才新高地上求突破

人才是发展的核心要素。乡村振兴战略将人才振兴列为重要突破口，着力造就一支懂农业、爱乡村、爱农民的三农人才队伍。县级台草创之初及成长阶段，乡村人才是乡村采访的向导和三农报道的主角，甚至当年的一些名记者、名主持人就是从他们中走来。人才兴则广电兴，县级台曾经的辉煌靠的是人才，如今转型升级仍然要靠人才。在当前面临人才流失和队伍老化的困境下，要抓住国家推动人才向乡村聚合的良机，加大创新型、全媒型人才的培养和引进。通过专题培训、实战训练等方式，引导现有广电人向全媒记者、全媒编辑、全媒管理人才转型。探索建立相应的激励约束机制，增强招才引智吸引力，加快培养造就一支新型新闻舆论工作者队伍。开平台实施人才强台战略，内强素质，广纳英才的做法值得借鉴。

5. 从创新体制与机制上求突破

体制机制是社会发展活力的总开关。全面深化农村改革，要不断完善和深化农村经营、农村土地、集体产权、三农人才等制度改革，激活乡村发展的潜能和新动能。县级广电也要深化体制机制改革，这是助力乡村振兴的需要，也是实现转型发展的关键。要加快节目供给侧改革，扩大节目有效供给，满足城乡居民的多样化需求。要加快建立鼓励创新、激励创造的集约化运营管理机制，适应媒体格局深刻变革的新形势。要优化内部结构，规范内部管理，加快人事、分配、保障等制度改革。[3]还要加快建立开放共享的县级广电合作机制，推动县级台在新闻共享、跨区服务、节目合拍、人才交流、专业培训等方面加强合作。在跨区合作方面，广东"触电新闻"、湖北"长江云"两个平台比较成功，已经发展成为省内县级台区域性融媒体合作平台，初步显示了广电资源的区域聚合共振效应。

三、乡愁使命担当，"三个初心"共筑新时代广电之梦

不忘初心，牢记使命。这是习近平总书记在十九大报告中对全党同志提出的要求。县级广电要深刻领会并贯彻十九大精神，不忘媒体责任与担当初心，认清新时代肩负的新使命，加快打造新型主流媒体，全力服务和推进乡村振兴战略，

为实现中华民族伟大复兴的"中国梦"多作贡献。共筑新时代县级广电之梦，还需要广电人从思想认识的高度，深刻领会三点。

1. 留住"乡愁"初心，带着感情埋头干

传统文化中的乡愁，是对家乡对故土的思念情感，现代语境下的乡愁，是一种经过升华的美好的家国情怀。当前阶段，中国最大的乡愁是实现中华民族的伟大复兴。[4]为了这份乡愁，就要推动中国乡村振兴，让亿万乡亲父老都过上幸福美好的生活。广电人要带着对农民和农村的深厚感情，贴近基层贴近群众，养成埋头干、多奉献的过硬作风，拿出响当当、有干货的乡村报道，为转型发展打牢最深厚的基础。

2. 牢记"使命"初心，大胆创新加油干

习近平总书记提出的党的新闻舆论工作48字职责使命，首先在于坚持正确政治方向和舆论导向，紧紧围绕中心、服务大局。当前，服务和推进乡村振兴，是县级广电的重要使命。只有立足改革创新，加快媒体融合，才能提升舆论引导水平，才能做到不辱使命。要紧紧抓住媒体融合"窗口期"，要撸起袖子加油干，切勿错失困境突围的良机。

3. 坚守担当初心，客观严谨务实干

习近平总书记极为强调"担当"二字。敢于担当责任，勇于直面矛盾，对于实现转型发展极为重要。转型发展的实质是一场改革，改革就会面临难题和风险，当代广电人要勇于担当，才能扛起这份责任。勇气之外，还要具备客观和严谨的精神，这更为难得。不能罔顾客观规律一哄而上，而要科学严谨地决策和推动。比如，在加快发展新媒体的进程中，广电原有的特色和优势不能丢，要在巩固主业优势和推动融合之间精准拿捏。

注释：

[1]来宏明：《公共服务：县级广播电视台的突围与再出发》，《中国广播电视学刊》2015年第7期。

[2]陈爱民：《县级台"改革·创新·融合+跨区域媒体合作"发展模式刍议》，《声屏世界》2017年第1期。

[3]张海涛：《改革创新合作共赢 推动城市广播电视健康发展》，《中国广播电视学刊》2016年第7期。

[4]贺雪峰：《不可复制的乡村建设意义何在》，观察者网2018年2月26日。

（作者单位：江苏常熟市广播电视总台）

县级融媒体建设中移动优先原则实施策略

——以江苏省邳州市"银杏融媒"为例

胡剑玮

据 2019 年 2 月 28 日中国互联网络信息中心发布的第 43 次《中国互联网络发展状况统计报告》，截至 2018 年 12 月，我国网民规模为 8.29 亿，其中手机网民占 98.6%。移动互联网时代下，越来越多的用户通过手机、平板电脑等移动终端接受和传播信息。移动媒体成为最为广泛、便捷的信息传播方式，得到党和国家高度重视。习近平总书记在主持中共中央政治局第十二次集体学习时强调："要坚持移动优先策略，让主流媒体借助移动传播，牢牢占据舆论引导、思想引领、文化传承、服务人民的传播制高点。"[1] 县级融媒体建设也在此环境下蓬勃发展，而江苏省邳州市在"银杏融媒"建设中，移动媒体平台建设成为其融媒创新的"先行军"，也成为县级融媒体建设中移动优先策略的典型模式。

一、移动优先是县级融媒体建设的整体基础

优先规划移动客户端的建设和使用的理由，一方面是我国互联网络发展，尤其是手机等移动客户端应用的迅速崛起，并日渐成为最强势、覆盖最广泛的媒体，另一方面是广播电视等传统媒体在媒体市场的衰微。根据昌荣传播发布的电视媒体趋势报告，2018 年上半年，全国平均每人每天收看电视 132 分钟，这个数字与 2015 年上半年相比，则减少了 24 分钟。也就是说，在短短的 4 年间，人均看电视的时间整整缩短了近半个小时的时长。[2] 两种媒体的此消彼长明显，而且这种距离还在不断加大。无论从广电自身的生存发展，还是信息传播、舆论引导职能的实现，都是县级媒体融合的硬道理。

近年来，县级融媒体建设在全国应运而生，各地都在摸索实践，出现"玉门样板""长兴模式""项城模式"等具有地方特色的范例。"长兴模式"融合发展、智慧发展、品牌发展和文化发展的四大理念；"玉门样板"按照"新闻 + 政务 +

应用服务"的思路，建设了"一中心四系统＋爱玉门APP"云技术构架的融合媒体共享平台。这些模式都是基于移动网络技术对广播电视等传统媒体的变革。而邳州市在融媒体建设中，更是坚持移动优先原则，投资3000多万元建设"中央厨房"运行机制，推动资源、技术、人才向移动端倾斜，构建了以"邳州银杏甲天下"客户端为核心的"两微一端多平台"移动传播矩阵。其中，邳州银杏甲天下APP摘得2017年度中国县域最强广电APP冠军。[3]

移动媒体是重视用户体验的全新信息服务形式。在广电等传统媒体和移动新媒体的融合发展成为现实的必然之后，要强调有机融合，凸显移动媒体传播快捷、内容丰富等优势特点。融合不仅是传播渠道的创新和拓展，而是在传播信息的同时，强化娱乐性、互动性和个性化，是更加宽泛和灵活的信息服务。移动媒体无论是电脑客户端还是手机客户端获取信息，都是传统的广播电视所不能比拟的。从内容的丰富性而言，富有个性的图片、视频和评论，满足了不同用户群体的个性化需求，美食、风景、时装等图片海量存在，给视觉带来强烈的冲击，评论区可以相对自由表达思想和观点，都是移动媒体的魅力和价值所在。

信息服务和舆论宣传要创新发展与时俱进，就要吸纳和借力新技术成果，移动媒体的传播优势决定了它必然成为发展的方向。2018年11月14日召开的中央全面深化改革委员会第五次会议审议通过了《关于加强县级融媒体中心建设的意见》，县级融媒体中心建设将打通媒体融合的"最后一公里"、连接群众的"最后一公里"，让党的声音传得更开、传得更广、传得更深入。

二、移动优先在县级融媒体建设中的具体实施

在县级融媒体建设中，首先要建立和使用一个自主可控的基于互联网和移动客户端的融合平台。传统的广电媒体竞争力的急转直下，就是因为相对于新媒体，其传播的渠道和方式过于狭窄和单一，而且容量小、更新慢，互动性也远不及于互联网的电脑、平板和手机客户端等新兴传播媒介。如果不能建设新媒体平台，信息流量极大受到制约，广电产品开发拓展也严重受限，在商业竞争和舆论引导中都将处于被动地位。

移动优先首先是建立以移动媒体为核心的媒体平台。无论"玉门样板""长兴模式""项城模式"，还是"邳州模式"，都是基于移动优先的技术基础，融合资讯、党建、政务、公共、增值等服务，打造传播、服务、运营三位一体的融媒体平台。比如，项城融媒体建设中，融合当地电台、电视台在内的八大宣传平台，整合全市70家网站和42个微信公众号等，建立了"一中心八平台"的融媒体中心。现有的县级融媒体模式，无论长兴的多部门联合，成立全国第一家县级传媒集团；还是由中央、省市媒体出力，帮助县级媒体打造融媒体中心的"吉林模式"，都是以移动网络为基本载体的。邳州以广播电视台为主体打造"中央厨房"的做法，

是融合"报、台、网、端、微"等资源，以一体化采编为生产方式，以移动传播为渠道搭建的多媒体融合的传播体系。2019年初已经实现广播电台300万级、电视信号200万级、移动端100万级用户覆盖，经营收入近三年连续上扬。

有效发挥融媒体平台"中央厨房"的功能应用，是融媒体在新闻制作和传播中的关键环节。邳州银杏融媒重点打造的邳州银杏甲天下APP成为最重要的网络服务载体，设置了多个功能板块，如新闻资讯、银杏TV、银杏直播、手机问政、互动社区等，还开设了《有融有度》《搭把手》《逗是这个事》等特色品牌栏目。资金的投入、人员的调配和采编播内容的生产，都向新媒体客户端倾斜集中，体现了移动优先的策略。

移动信息技术保障了融媒体的传播时效，就是要利用网络的即时性传播特点，发挥移动客户端的作用，优先让信息通过移动端发出。为此，邳州融媒体要求记者采编的现场新闻，第一时间上新媒体。作为媒体平台的邳州银杏甲天下APP，每天滚动推出本土新闻达到20多条，速度和数量都远超其他几个媒体平台。该平台以微视频、移动直播为两大拳头产品，以创新的节目形态和传播方式搭建融媒体舆论场，强调"准""新""微""快"。其中"快"的策略就是牢固树立"移动优先"的理念，建立APP第一时间发布，微信跟进深度策划，微博、今日头条等平台扩大影响的新媒体快速发布机制。

三、移动优先模式下县级广电媒体的创新发展

融媒体对人力、财力、设备和原有各种媒体等资源进行了整合，又将各种网络平台优先对待。然而，融媒体并非具体媒体，而是多种媒体在移动网络环境下的融合。那么，广播电视等传统媒体依然要以自身的方式存在和发展。广播电视媒体究竟如何创新发展仍是需要面对和解决的问题，实际就是大屏和小屏的合理处置的问题。手机、平板等移动客户端日渐成为人们获取信息和视听娱乐的主流时，广播电视媒体由于自身仍有不可替代的优势，因而并不可能萎缩到消亡，而是一方面要融合，一方面要创新，保持独立发展的态势和坚守阵地。

坚持内容为王，发挥广播电视优势，确立权威性、公信力形象。移动媒体首先保证了信息传播的快捷，保证了手机、平板电脑等小屏的轻、快、短，而广播电视媒体可以依靠专业的队伍，做到高、深、美。如果说移动媒体是快餐的话，广播电视媒体就应该是大餐，传播思想，传达政策，报道和诠释新闻事件、新闻人物等，体现独立价值和存在地位。广播电视作为官方媒体，有着严格的审查管理，也是政府联络群众的传统且权威的渠道，相比于网络媒体的开放式、个性化的传播方式和较为宽松的管理，广播电视的权威性和公信力还是更高一些。新媒体传播主体呈现出大众、碎片化、多样化等特点，传播速度达到零时差。网络新媒体平台往往是个人视角，多以图片或视频片段为主，缺乏完整连贯的现场；

与此相比，广播电视在重大事件的报道中更具有持续性、稳定性、纵深性和权威性。2017 年，央视市场研究（CTR）发布的《2016 年传统媒体趋势盘点》显示，电视是公信力和可信度最高的信息平台。要重视新闻报道，"新闻报道是整个传媒业的核心业务和支柱，无论中国还是世界各国都是如此。"发布政府政务信息，连续、深度报道重大活动和新闻事件，对突发事件、民生问题发声，凸显主流媒体的功能和价值，是广电媒体面对新媒体保持独立性的合理选择。

广电媒体要借力新媒体和新技术，拓展传播渠道，提升用户体验。通过网站、客户端、网络电视等新媒体渠道，将广播电视内容传播出去是最原始、最简单的做法，但仍不失为一种有效而便捷的途径，重点是要增强网站页面的视觉效果，提升网站的便捷性和服务性。借助新媒体创新广播电视节目形式，丰富节目内容，比如增加文字、声音、影像等多媒介交互流通，电视播出时通过扫描屏幕下方二维码发布文字、视频，向嘉宾提问，为嘉宾点赞，和观众互动等。中央台推出的"央视快评"，不仅做到重大事件必发声，还能够利用互联网的先进技术，丰富内容和展现形式，用户体验也得到提升。再拿邳州台的电视栏目《邳州新闻》来说，《有融有度》子版块就是结合移动媒体，以大屏带动小屏，将小屏贯通大屏，引导受众参与讨论，让受众发声，让观点碰撞，以多屏联动提高电视新闻的用户体验感。

邳州银杏融媒是以广播电视台为基础，发布平台坚持移动优先的理念和操作，突出了新媒体邳州银杏甲天下 APP 和微信客户端的功能。它既发挥了移动媒体的优势，提升了自身在信息传播活动中的竞争力，而且带动了广电等传统媒体的内容和形式革新，甚至拉动了广电媒体运行节奏，是把移动优先原则执行到位且取得成功的一种模式。

注释：

[1]《光明日报：移动优先，让主流媒体牢牢占据制高点》，人民网，2019 年 1 月 30 日，http://opinion.people.com.cn/n1/2019/0130/c1003-30597862.html

[2]《2018 半年度电视媒体趋势报告》，搜狐网，2018 年 10 月 16 日，http://www.sohu.com/a/259886569_411484

[3] 徐希之：《银杏融媒：县级融媒体中心建设的邳州实践》，第 162 页，中国广播影视出版社 2019 年版。

（作者系徐州广播电视传媒集团主任编辑）

县级融媒体中心建设要真融真建

钱逸鑫

当前，县级融媒体中心建设无疑是传媒界的热词。热热闹闹搞培训者有之，争相兜售各种理论和实践；轰轰烈烈宣布成立挂牌者有之，不甘落后于别人；千方百计推销技术平台者有之，唯恐分不到一杯羹……众声喧哗下，真融真建显得何其重要！

一、县级融媒体中心建设，是县级广电改革开放后的第三次重大发展机遇，要满腔热情地去主动拥抱机遇，而不是被动应付交差

1983 年，中央出台文件，广播电视由中央、省、市、县四级办，县级广电迎来了第一次发展热潮，也可谓是县级广电改革开放后的第一次重大机遇。县级广播站改为广播电台，并增加了中波和调频广播，播音时间大大增加。特别值得一提的是，县级电视台纷纷成立，自办新闻和专题、文艺节目，这成为"四级办"的一个标志性事件，这一阶段县级广电主要依赖财政经费维持。

20 世纪 90 年代初，县级电视台发展过程中的散、滥等问题引起高层重视，一度停办的传闻不断，促使县级广电集中财力发展有线电视，从村村通，到户户通，后又实施了数字电视整转，县级广电在做好做大宣传主业的同时，产业化的步伐不断加快，实力大大增强。这一阶段，可以视为县级广电改革开放后的第二次重大机遇，许多县级广电台主要依靠自身的经营创收和收视费发展壮大，对财政经费已经没有依赖。

近年来，由于省有线电视网络整合，县级广电失去了收视费这块最大的经费来源，加上自媒体的兴起，电视开机率的下滑，县级广电发展面临心有余而力不足的境地。一方面，广告创收急剧下降；另一方面，宣传主业要求更高。同时人事、分配机制僵化，媒体融合步履维艰。县级广电要不要发展？怎样发展？正在这样的十字路口，党中央关于县级融媒体中心建设的部署，给县级广电送来了福音，指明了方向，县级广电在改革开放 40 年之际迎来第三次重大机遇，这是新时代

的新机遇，也是县级广电继 1983 年"四级办"的东风后第二次得到中央层面的政策支持。

对于融媒体中心建设这一新时代县级广电发展的新机遇，我们必须要提高站位，真抓实干，创新作为，不辱使命。

二、县级融媒体中心建设，转型是根本，要把传统广播电视台打造成媒体融合新平台

1. 物理整合后更要化学融合

在这场改革中，县级广播电视台是主体，党报党刊也是县级媒体融合不容忽视的阵地，目前县级媒体的存在模式主要有三种：第一种是县级广播电视台和没有刊号的县报本来就在一起，有的也同时有"两微一端"；第二种是县级广播电视台和有或没有刊号的县报不在一起，各自也同时有"两微一端"；第三种是在第二种的基础上，还有县委报道组或者新闻中心。县级融媒体中心建设主要任务的第一条就是整合现有媒体机构，在这三种存在模式中，第一种在建设融媒体中心时最便于操作，牌子往外一挂就是了。而其他两种情况因为涉及机构和人员重组，比较复杂。一些地方比较重视物理整合，但对于创新内容生产机制、重构策采编发网络、再造策采编发流程以及融合政务、民生等方面着墨不够，这样的融媒体不是真融。

在我们海门市，广电台和日报社分别是两家独立的正科级事业单位，海门日报社还是新华报业集团的子报，有公开发行的刊号，两家媒体实力都比较强。我们的做法是，立足真融真建，循序渐进，在正式成立融媒体中心前，先做打基础、利长远的工作。如目前我们整合了广电和报社新闻采访业务，在利用各自现有生产平台和办公区域的基础上，实现新闻策划、采访一体化，即"五统一"：统一采前例会、统一采访编组、统一采访调度、统一出稿安排、统一内容初审。接下来，我们还准备整合两家新闻单位的新媒体业务，以与互联网相适应的全新的体制机制，运行新媒体部门，并通过公开招聘的方式，向全国招聘新媒体人才，以这批新媒体人才为突击队，带动新媒体人才培养和队伍建设，逐步使原有的传统媒体人员过渡到新媒体，使新媒体业务成为融媒体中心的核心业务。同时，稳步推进技术系统建设方案落地，不照搬现成的东西，而是在全省统一的"荔枝云"平台基础上，更多地体现自己的个性需求，并邀请权威专家论证，广泛听取意见建议，力求最优，从而以先进的技术平台，再造流程和业务，促进媒体真正融合。

2. 指挥大屏不是重点

现在，一些地方把县级融媒体中心建设的重点放在了指挥大屏建设上，一些上级电视台和技术公司或通过行政命令，或通过其他途径，想方设法推销自己的东西，以赚取利润，不少地方的领导也误以为这就是县级融媒体建设的重点，数百、上千万的投入毫不犹豫。当然，这不是说指挥大屏建设不重要，问题是指挥大屏建设不能变成形象工程，更不能因此而忽视了更重要的东西。

3. 重要的东西是什么

是体制机制，广电行业已经到了拐点，县级广电最辉煌的时期已经过去，已经到一个必须要做深化改革、加速改革的紧迫时期；重要的东西是什么？是互联网思维，互联网是我们这个时代最大的变量，在县一级媒体，我们怎么把互联网这个最大变量变成最大增量；重要的东西是什么？是不要只把县级融媒体中心仅仅当做一个融媒体中心看，而是同时成为党和政府治国理政的新平台，为县级媒体可持续发展探索新路。

三、县级融媒体中心建设，要遵循新闻传播规律和新兴媒体发展规律，真正把移动优先作为首要战略

1. 从传统为主到新兴为主

到去年年底，全国的网民达到 8 亿多，拿手机上网的已经达到 98%，绝大多数网民都在手机上，特别是现在的互联网原住民只对手机有概念，这也是"移动优先"的原因。人在哪里，我们的主流舆论阵地就要建到那里，要下大决心，逐步关停一批电视频道和纸质报纸，以壮士断腕的力度向传统媒体平台告别，强化新媒体建设，人员、经费、政策、技术设备等要立即向新媒体、向移动互联网转移。应该说，县级融媒体建设的核心就是新媒体，就是移动端。

2. 从内容为王到用户为王

传统广电人始终固守一个观念，就是内容为王，内容为王原本没错，但是好酒也怕巷子深，内容再好，如果出不去，到达不了目的地，那么，主流媒体的公信力、传播力、影响力、引导力怎么体现？在智能手机普及的移动互联网时代，真正的传播力体现在你的信息能否通过社会化传播接入移动用户，而这个接入更重要的是服务接入。我们不能再用听众、观众、读者这些概念，要称"用户"，在社交化场景下，这个"用户"既是消费者，也是生产者，还是销售者。

3. 从技术保障到技术先行

在传统的广电人的思维中，技术部门一直是个保障的部门，从非编机到非编网，从全台网到中央厨房，再到云平台，往往生产部门需要什么，技术部门就干什么，技术一直是在跟随和保障。而在媒体融合过程中，技术是第一驱动力，要运用信息革命的成果来做媒体融合，以先进的技术来引领媒体融合。现在，抖音快手的短视频很火，而 5G 时代来临后，由于提供了高速率、强宽带、低延时，解决了流量问题，中长视频将会兴起，5G 还可以和 4K 结合起来，带来强体验视听消费，人工智能也会给我们带来根本性的变革，大数据、算法、精准化传播、机器人生产等等，对此，我们要早做准备。

四、县级融媒体中心建设，要把媒体服务、民生服务和政务服务整合在一起，连好群众"最后一公里"

1. 要建好阵地

群众在哪里，我们工作就要做在哪里，群众在抖音上，我们就要在抖音上做工作，群众在微信上，我们就要在微信上做工作，群众在 APP 上，我们就要在 APP 上做工作。首先，要利用好现有的互联网商业平台，采取措施和手段，去渗透、去发展，使商业平台为我所用，从而展示影响力、公信力，传播主流价值，拓展增值业务。如海门广电的抖音视频平均阅读量在 5 万以上，海门日报微信公众号目前拥有 20 多万粉丝，10 万 + 的作品层出不穷，在本地已经颇具影响力；其次，要自建互联网平台，主要是移动平台，比如湖南卫视成立了芒果 TV 互联网视频平台、央视最近也成立了短视频公司。海门广电台早在 5 年前就建起了集信息资讯和政务、民生服务于一体的 APP 手机客户端，目前用户数 15 万以上，已占全市智能手机用户的三分之一。自建移动互联网平台要成为县级融媒体中心建设的重点。

2. 做"四全"媒体

全媒体不断发展，出现了全程媒体、全息媒体、全员媒体、全效媒体，县级融媒体中心就要做到这样。第一个全是"全程"，就是一天 24 小时全涵盖，传统媒体不是全时空的，广电节目基本是定时的，报纸更是一天一出，"全程"就要一天 24 小时，任何地方全能够到达，不管在什么状态下都能到达，是全时空媒体。比如，县级广电台基本上一周工作 6 天，一天 18 个小时左右，"6×18"，而做广电 App 就要"7×24"，做互联网全程媒体；第二个全是"全息"，全息媒体是基于传统媒体真实现实和虚拟现实的混合，就是把人所有感官体验完全调出来，它是一个三维以上空间的概念，比如 AR、VR、MR，就是增强现实、虚拟现实和混合现实等；第三个全是"全员"，广电现在最大的问题是链接人、财、物、信息及数据的能力不足，影响力和经营创收下降，全员不仅是指人人皆媒体，而且要把人、财、物、信息及数据全部都打通、链接，让其创造价值；第四个全是"全效"，是指媒体功效的全面化，各种各样的应用汇聚在同一互联网媒体平台上，这样的媒体平台，功能空前丰富，比如我们广电做 App 就要突破传统媒体较为单一的信息传播功能，成为社会的数据总汇和运营枢纽，让本县市区的人离不开。

3. 提供"媒体 +"服务

县级融媒体中心的功能定位是主流舆论阵地、综合服务平台、社区信息枢纽，我们在注重主流舆论阵地建设的同时，要顺应群众多样化信息需求，探索"媒体 + 政务""媒体 + 服务"等运行模式，从新闻宣传向公共服务领域拓展。

要开展政务服务，承担智慧政务建设，整合党政部门信息资源，对接党政部门技术平台，提供申报审批、注册办证、办理社保、投诉受理等"一站式"移动软件平台服务，打造"指尖上的政务服务中心"；要强化为民服务，适应群众信息需求日益细分的趋势，负责建设智慧城市项目移动软件平台，整合水电燃气缴费，医疗、税务、旅游、购物、停车等便民服务资源，提供全方位的生活服务，参与组织开展各类群众性文化、体育、科普、公益活动；要服务公共决策，开展融媒体用户数据分析、建言资政等工作，突出本地化、社区化，搭建线上线下结合的互动交流平台，为群众反映诉求建言献策提供通道，为党委政府了解社情民意提供窗口；要组织经营创收，拓展广告创收渠道，探索发展产业经营途径，特别为是要通过政府的政策扶持和资源划拨，增加重资产，壮大集团资产规模，促进国有资产保值增值，增强自身可持续发展能力。

（作者单位：江苏海门市广播电视台）

县级广播电视台融媒发展的选择和突围

周 谧

市县广播电视台转型融合媒体已是发展的必然趋势，但是选择什么样的移动互联网入口融入新媒体传播，却是市县广电媒体决策者们普遍为之焦虑的选择难题。广电媒体在综合的智慧客户端外再建新闻客户端自有性优势明显，内容架构可以做得更完备，但建设投入大，推广已不占先发优势，运维成本也不容小觑，最主要的问题是盈利模式还尚不明确；微信公众号开办方便，投入成本不高，但内容容量小，平台受制于人，各方面牵制太多，总让人感觉很难充分地施展拳脚。面对各方面的争议和讨论，浙江省平湖市广播电视台以三年多时间的实践探索证明，在目前的新媒体竞争中，微信公众号作为小微新媒体自有"船小好调头"的灵活与轻便，非常适合同样作为轻量级的县级广播电视媒体，以它为入口融入移动互联网大平台，构建轻质融媒架构，赢得网络社会中应有的影响力。

2014 年 4 月，平湖市广播电视台推出官方微信公众号"乐享平湖"，运行三年多，截至 2017 年 12 月，粉丝量超过 25 万（平湖市常住人口 50 万）。根据清华大学新闻研究中心提供的数据显示，2017 年，"乐享平湖"已跃居全国县级电视台微信公众号排名第七（2017 年 9 月），而根据国内另一新媒体大数据平台新榜指数显示，"乐享平湖"传播力超过全国县级台微信公众号 98.37%。据统计，2017 年，"乐享平湖"全年共发布 2299 篇微信内容，原创内容 465 篇，阅读数破万的有 367 条，"10 万 +"内容有 4 篇。与进入全国榜单前十的其他县市相比，平湖市无论在人口规模、地域面积、经济总量等方面都与它们存在不小的差距。与此同时，"乐享平湖"在平湖当地也坐稳了全市第一微信公众号的位置，根据国内比较权威的第三方平台清博指数及新榜提供的数据显示：2017 年以来，"乐享平湖"WCI 指数连续九个月位居平湖市第一，领跑全市新媒体。这些成绩，对于县一级广电媒体来说，来之不易。

	公众号	发布	阅读	头条	平均	点赞	WCI
1	最江阴 jytv2013	29/220	435.2万+	167.4万+	19782	36110	1125.28
2	天天看余杭 ttkyh2014	30/201	314.6万+	96.5万+	15655	22389	1047.17
3	寿光电视台 sgtvxinwenpindao	30/201	2123394	764168	10564	51642	1001.30
4	偶俚张家港 zjgtvnews	30/158	1698433	754595	10750	33388	984.56
5	登封第七天 difengdiqitian	30/119	170.9万+	63.2万+	14369	12697	983.34
6	平湖万州 cqwztv	30/184	184.4万+	66.3万+	10023	8986	955.02
7	乐享平湖 phxlgo	30/190	152万+	75.8万+	8004	11243	952.99
8	大潮网 dachaohn	29/188	1754142	834272	9331	8215	947.47

全国县级电视台微信榜　广电新媒体
榜单日期：2017年09月01日-2017年09月30日　月榜
微信公众号：meitimeiti
冲榜请联系QQ或微信：262543701

　　跟别的地方一样，在新媒体领域，平湖市的民营资本介入较早。早在十年前，便凭借着网站、论坛等获得较高人气，以至于有些政府部门发布信息也会选择民营公号。经过三年多时间的努力，如今，平湖广电在信息的全媒体发布中，占据了绝对的优势。从追赶到反超，"乐享平湖"逆袭的秘诀是什么？回顾概括，关键还是要以己之长克彼之短，用好三大优势。

一、新闻单位的采访优势

　　跟社会网站以及自媒体相比，拥有新闻采访权，能够最快最全掌握信息，是媒体做好微信公众号的根本。在"乐享平湖"微信公众号推出之初，也曾走过弯路，简单地认为"夺人眼球"，就能吸引"粉丝"，于是头条普遍采用社会爆料：车祸、凶杀、情伤……同质化竞争，不仅无法拉开与对手的差距，还降低了主流媒体的公信力。经过一段时间的磨合，乐享平湖团队开始学会从会议中、材料里寻找金矿：最新资讯、公共话题、名人乡贤，充分开掘自身的采访优势。

　　2017年6月，平湖市人民法院举行新闻发布会，公布了一批老赖。当天，除了电视新闻跟进外，"乐享平湖"头条发布《平湖法院曝光56个"老赖"名单！丢脸啊，有你认识的哇……》，跟电视新闻不一样的是，新媒体发挥了其大容量的优势，56个"老赖"相关信息被一一曝光，转发量很大，获得了"10万+"的好成绩。《方案定了！平湖中医院、妇保院迁建到哪？第一人民医院要搬？这些重要信息都有了！》《@所有平湖家长，多所学校迁建新建，在你家附近哇？》……这些都是记者从政府会议上面获悉，并且在第一时间赶制的新媒体作品。由于这一类消息关系到每一个人，关注度很高，所以，往往是朋友圈里转发的"宠儿"。国产大飞机C919首飞举国关注，在众多功臣中，首飞现场指挥部常务副指挥沈波是平湖人，从传播特质来说，"亲近效应"是点看转发的一大动力，于是，记者第一时间赶赴上海基地，采访功臣，并登上模拟舱，为网友揭秘《独家专访：国产大飞机 C919 首飞背后的故事》，当晚，点击数便超过 5 万。

当然，不管是从会议中获取也好，还是在材料里挖掘也罢，传统媒体人做新媒体产品，一定要贴近群众，自媒体时代，崇尚轻阅读。这几年，浙江省从上到下都在进行水环境治理，2016 年 2 月份，平湖市举行水环境治理大会，会后，有公众号推出文章《平湖市举行水环境治理大会》，点击数不过二千，效果不佳。我们在对市委书记的主题报告进行解读时，看到一行有别于传统时政新闻的表述，市委书记说"他希望通过三五年时间的努力，能够在平湖重新看到萤火虫和红蜻蜓"，萤火虫的出现标志着该地域的水质达到了三类水，红蜻蜓则表明水质达到四类水，这个说法非常生动，而且对于一些上了年纪的网友来说，更多的是一种情怀，寄托着儿时的记忆。于是，"乐享平湖"当天以头条的位置推送了《书记的心愿：让萤火虫和红蜻蜓重新回到我们身边》，由于标题新颖别致，点击数达到 5 万，传播效果翻番。

除了从会议文件中获取信息之外，对于新媒体记者来说，一个很重要的途径，还要与地方上一些资源丰富部门建立起良好的沟通关系，当下，部门开设公众号已经是一种趋势，跟媒体运营的公众号相比，部门公众号的阅读量明显偏少，双方紧密合作既为媒体提供了丰富的信息，也帮助部门拓宽知晓渠道。

二、新闻单位的专业优势

对于广电媒体来说，专业优势是什么？无非就是视音频拍摄、制作的优势。近年来，诸多大型传媒平台也在进行短视频化改造或上马短视频项目，知名的如微信公众号"一条""二更"，原澎湃新闻团队转型做"梨视频"等，无论是在吸引流量，还是在打造口碑上，短视频已经成为新媒体江湖无法绕过去的潮流产品。

2017 年以来，平湖广电新媒体团队把握"时机""品牌""互动"音视频制作三大关键词，在短视频和音频的创作上也展开了探索。平湖接壤上海，是远近闻名的西瓜之乡，玲珑剔透的西瓜灯更是一绝，每年的 9 月，平湖市总要举办西瓜灯文化节，提升城市知名度和美誉度。怎样推荐瓜灯节？在开幕式当天，平湖广电旗下的"乐享平湖"微信公众号在头条位置推送了《平湖，向全国人民发出邀请》，短短一天，便收获了"10 万 +"的阅读量，从后台看，达到 13 万多。这条消息之所以转发分享率与美誉度齐飞，除了精到的文字、精美的版面外，核心竞争力还是精心剪辑的短视频"平湖·夜"，短短 45 秒，激发起了大家强烈的本土骄傲，再加上合适的发布时机，从而促成了化学反应，形成良好的口碑发酵。另一个成功案例是教师节的策划，《平湖市教育局局长，有一份礼物要送给大家！教师节前夕，他悄悄录了一首诗……》文章中，这位局长与他的孩子，还有孩子的班主任，一起朗诵诗歌《老师，您好！》，说来也是巧合，孩子的老师居然也是父亲小时候的老师，于是，这位父亲也是如今的教育局长，创作出了这一首满怀深情的诗歌，借此，向全市教师传达节日的祝福。视频中，当三个不同身份不同年龄的人深情演绎时，这份教师节的礼物显得格外珍贵。同样，这篇文章也获得了9万多的点击量，点赞超过1000。

除了一些爆款音视频外，一个微信公众号，想要形成独特的辨识度，在视频的制作上，还是要有品牌效应。从2017年4月份起，"乐享平湖"微信公众号每天推送一条45秒的"平湖好风景"，航拍与地面拍摄相结合，既有自然之美，也有人文之美，截至10月底，已拍摄推送了300多条短视频，平均点击量在四五千左右，在视频推送过程中，还配上了微信定位，更加考虑用户体验，经过半年多时间的打磨，跟着"好风景游平湖"在当地，俨然成为一种时尚。

互联网时代，最核心的特性是传受一体化互动，成功要素包括但不限于自我性上传、个性化选择、主体性互动、爆炸性流行等，所以，视频的制作推送也不是单方面选材，必须你情我愿，网友能够参与其中，乐在其中。2018年，乐享团队又策划了"平湖人讲平湖故事"这一活动，收集整理了100多个平湖地名、平湖人物、平湖习俗故事，用道法自然、天下为公、厚德载物、勤勉奉公等优秀传统文化讲好平湖故事。活动首先邀请了一批国内外知名的平湖籍人士讲故事，并在网络上进行传播推广。同时，在闹市区设置朗读亭，一时间，进朗读亭讲述平湖故事，成为街头一景，这些二三分钟的短视频，虽然稚嫩，但因为都是"素人"所为，有着不可替代的真实，深受网民喜欢。

三、新闻单位的人员优势

新兴媒体的攻城略地，虽然刺激到了传统媒体，但国家舆论工具的需要和政策保护的底部托举，并没有完全唤起传统媒体自我革新的内在动力。传统媒体的危机意识，更多地存在于台领导层面，并没有延伸到每一位员工。媒体融合，除了引进新鲜"血液"外，更需要"挖潜"和"盘活"现有人才。

2016年7月，平湖市广播电视台全面实施《平湖市广播电视台全媒体记者考核办法》，一线记者、摄像、编导共计48人列入考核，对任务数、时效性、点击量等都作了明确要求。办法实施后，一线记者的主观能动性大大增强，仅2016年7月至12月，新媒体中心共收到全媒体记者传送有效稿件1084条，其中手机客户端首页录用747条，"乐享平湖"微信公号录用258条（约占微信公号推送内容的20%），微信公号采纳的内容中有50条阅读数超过1万，最高的单条内容阅读数突破4万。全媒体记者考核，有效扩大了公众号的信息来源，除了日常传统媒体报道的内容外，记者们各自的朋友圈也发挥了重要作用，以一个记者二三百名朋友量计算，无形之中，记者队伍成倍增加。

在内容生产过程中，全媒体记者运作模式实现了新闻线索共享、报道成果共享，新媒体编辑在接到爆料信息，或检索出有价值的新闻线索后，第一时间传递给新闻中心记者，一线记者发挥机动优势，直击新闻现场，在拍摄过程中不断传回图片和信息，新闻成片不仅供给广播、电视播出平台，也在新媒体平台优先或者同步投放。

在全媒体产品的创作过程中，我们发现，有些工作，单靠一个部门无法胜任，从策划、营销、主持、摄像以及落地执行、技术保障等，需要多部门协同配合完成，于是，从 2017 年年初起，平湖市广播电视台专门成立了一个"虚拟部门"，所有人员打破部门原有隶属关系，按照策划组、主持组、摄像组、技术组等抽调骨干重新归类，并建立相应的工作流程。

"虚拟部门"在组织框架上实行"三跨"，即跨部门、跨平台、跨专业，能者上。在具体运作时，执行项目制，台给予每个项目一定的资金和技术保障。这一用人制度上的改革，大大提升了记者、摄像、编导的内容创作热情，提升了内容质量和产品的多样性，让媒体人的创意产生更大的内容价值。比如，"平湖好风景"的短视频拍摄和制作，专门委派 4 位业务能力较强的摄像，在完成本职工作的同时，兼顾拍摄，台以节目收购形式给予经济补贴。目前运作正常，参与这项工作的人员很有成就感，他的业务能力也得到了提升，成为广电新媒体的一个品牌。2017 年 4 月，平湖广电再战网络直播，开辟直播平台"乐享直播间"，依托"虚拟部门"的调度，半年时间，共开展各类直播活动 80 多场，涨粉 10 万。

发挥好"采访""专业""人员"三大优势，归根到底是要生产出适销对路的内容，无论技术载体怎么变化，具有互联网思维的内容生产总是被需要的，而传统媒体只有自觉从信息的垄断者，主动转变成基于互联网思维的内容提供商，才能真正掌握意识形态的话语权，在新的舆论格局中继续成为名副其实的新型主流媒体。

（作者系浙江平湖市广播电视台台长、党组书记）

学习习近平新闻工作重要论述
加强县级台改革创新

孙海苗

习近平新闻思想以中国特色社会主义伟大事业为背景，以实现中国梦为奋斗目标，对加强和改进党的新闻舆论工作提出了一系列新观点新论断新要求，与我们党长期形成的新闻思想一脉相承，是对马克思主义新闻理论的重要发展，是做好新时代党的新闻舆论工作的科学指南。

县级广播电视台（以下简称县级台）是党和政府的喉舌，是基层主流新闻媒体，是公共文化信息服务的重要平台，也是"智慧城市"建设的有生力量。近年来，新媒体的发展对传统媒体带来极大冲击，县级台的生存和发展也面临不少困难。创新是习近平新闻思想的鲜明特征，也是新闻舆论工作与时俱进的内在驱动力。面对困难和挑战，我们要以习近平新闻思想指导和推进县级台改革创新和转型发展，巩固基层宣传文化主阵地。

一、推进融合发展，加强基层主流舆论阵地建设

广播电视与新兴媒体融合发展是广电行业改革创新、赢得未来的必由之路。县级台现有的网站和"两微一端"，最大的问题是运行不良，不少处于半死不活的状态。做的仍是"搬运工"，把前一天的广播电视节目放到网站、"两微一端"上，时效性极差，没有充分发挥好新媒体快捷的优势。这些台的媒体融合工作其实还处于产品融合阶段，或者也就是生产了一些带有新媒体元素的产品，仍然有着较大的提升空间。

媒体融合不仅是传播方式的变革，也是生产内容、运营方式的变革。真正的媒体融合，应该是全方位的融合。2014年8月，习近平总书记在中央全面深化改革领导小组第四次会议上强调，要遵循新闻传播规律和新媒体发展规律，强化互联网思维，坚持传统媒体和新兴媒体优势互补、一体发展，坚持先进技术为支撑、

内容建设为根本，推动传统媒体和新兴媒体在内容、渠道、平台、经营、管理等方面的深度融合，着力打造一批形态多样、手段先进、具有竞争力的新型主流媒体。所以说，简单的产品融合发挥不了持续性效果，要努力实现全方位融合，使媒体发生深入内核的连锁性反应，这才是我们真正要的融合。

媒体融合没有固定的模式和现成的路径，融合发展并非简单的"相加"而是"相融"。县级台由于缺乏资金与人才的支撑，发展新媒体，推动媒体融合，只有因陋就简、因地制宜，去探索去突破。有条件的台，举全台之力抓好内部整合，抢占新媒体发展制高点，实现"一次采集、多种生成、多元传播"，形成全媒体传播、大范围发布、多平台共享、双向交流互动的传播新格局。从设备改造、软件升级到技术创新，从采编流程的优化到内容的生产发布，使广电融媒体的平台化优势逐步显现，增强了竞争力。没有条件的台，也另辟蹊径，通过与省市广电机构或大平台的合作，逐步推进媒体融合，增强了覆盖面和影响力。

县级台走融合之路，从功能上、内容上着手，要做区域新闻发布平台和信息综合服务平台，以最少的投入、最高的效率，推进供给侧改革，创新传播方式，打通党和人民群众信息沟通的"最后一公里"。用新技术推进转型升级，建立视听传播新格局。跨界发展也是县级台转型的一个突破点，当前常见的模式是深入实施"广电＋""互联网＋"和"人工智能＋"战略，通过与其他产业的合作经营，拓展创收渠道。

习近平总书记在8月21日召开的全国宣传思想工作会议上指出，要扎实抓好县级融媒体中心建设，更好引导群众、服务群众。建设县级融媒体中心，这是县级台转型发展的窗口期。

县级融媒体中心建设，各地都在探索。浙江的长兴传媒集团、安吉新闻集团、镇海区新闻中心、德清县新闻中心，河南的项城广播电视台，江西的分宜县融媒体中心等都是比较成功的案例。目前比较普遍的做法是：将广播电视台、党委政府开办的网站、内部报刊、客户端、微信微博等所有县域公共媒体资源整合起来、融合发展。在资源整合与融合发展的双重改革中，县级台需要找准自己的角色和定位。

县级台发展的目标就是融媒体，而不仅仅只是频率频道。在县级融媒体中心建设这新一轮改革中，县级台是主体，关键在于能不能把握机会，使之真正成为县级台融合发展的"升级版"，打造区域性新型主流媒体。

二、提升传播能力，扩大区域性新型主流媒体影响力

创新是习近平新闻思想的鲜明特征，县级台必须坚持创新为要，顺势而为，因势而动，构建全媒体传播格局，发挥"台、网、端、微、屏"优势，联动互动滚动，全方位、多平台、立体化呈现，形成报道合力，更好地服务社会公众。

传播好新时代的中国声音，讲述好新征程上的中国故事，县级台同样大有可为。余姚市广播电视台借助与浙江卫视"蓝媒号"手机APP、新华社"现场云"、今日头条号等对接合作，通过大平台的带动，扩大了新闻报道、现场直播的传播渠道和传播效果。

习近平总书记指出，随着形势发展，党的新闻舆论工作必须创新理念、内容、体裁、形式、方法、手段、业态、体制、机制，增强针对性和实效性。"互联网＋"为提升县级台的传播力提供了平台和契机。要努力顺应分众化、差异化传播趋势，重视新闻传播时度效的有机统一，在增强吸引力和感染力上下功夫。

提升传播能力，要坚持新闻立台，进行专业化新闻生产，着力打造优质新闻产品，传递最有价值的新闻和信息。要坚持内容为王，实施本土化战略，推出更多富有地方特色，重民生、接地气的优秀节目。要坚持技术引领，不断强化互联网思维，注重新技术应用，狠抓产品的多样化和用户体验，吸引更多的年轻人。要坚持多元化传播，提升新媒体的运营能力和全媒体的传播能力。要坚持借船出海，嫁接新兴的聚合型短视频平台，实现内容与渠道的优势互补，扩大影响力。

三、履行社会责任，办党和人民满意的媒体

根据试点媒体历年发布的社会责任报告，广电媒体必须履行的社会责任主要包括八个方面，即正确引导责任、提供服务责任、人文关怀责任、繁荣发展文化责任、安全播出责任、遵守职业规范责任、合法经营责任和保障新闻从业人员权益责任。

坚持正确导向，是新闻舆论工作的生命线。习近平强调，"新闻舆论工作各个方面、各个环节都要坚持正确舆论导向。各级党报党刊、电台电视台要讲导向，都市类报刊、新媒体也要讲导向；新闻报道要讲导向，副刊、专题节目、广告宣传也要讲导向；时政新闻要讲导向，娱乐类、社会类新闻也要讲导向；国内新闻报道要讲导向，国际新闻报道也要讲导向。"

坚持正确导向，是做好舆论引导的根本。县级台作为最基层的新闻媒体，是党的新闻舆论阵地的重要组成部分，我们要始终坚持"党媒姓党、新闻立台"宗旨，办党和人民满意的媒体，做有责任、有态度、有温度、有深度的媒体人，把宣传党的主张与反映人民呼声有机结合，努力满足人民群众对美好生活的新需求、新期待。

县级台承担着传播党的声音、宣传党的主张的重要角色，发挥着引领人、团结人、鼓舞人、塑造人的重要作用。面对多元、多样、多变的舆论场，我们更应当把职责使命作为努力方向和根本遵循，认真履行政治责任、社会责任、职业责任。县级台既要发挥新闻宣传的导向功能，实现社会效益；又要承担经营创收任务，实现经济效益。在实现这两个目标的过程中，必须遵循依法依规、诚信经营的原则，

在坚持社会效益第一的前提下，兼顾社会效益与经济效益的统一。

四、加强舆论监督，提高舆论引导水平

把新闻舆论监督单独列出来讨论，是因为舆论监督是县级台的"短板"，亟须引起重视并加以改进。

媒体开展舆论监督难是个共性问题，而县级台开展舆论监督更是难上加难。最近刷屏的《浙江日报》"监督厕所卫生难"、山东寿光水灾当地媒体在舆论监督方面的表现，也从一个侧面折射出当前的舆论生态环境不容乐观。舆论监督是社会进步的助推器，其作用不可替代，其价值不可小觑，但仍有一些部门和地方对舆论监督缺乏正确的认识。

习近平总书记在党的新闻舆论工作座谈会上明确指出："舆论监督和正面宣传是统一的。新闻媒体要直面工作中存在的问题，直面社会丑恶现象，激浊扬清、针砭时弊，同时发表批评性报道要事实准确、分析客观。"由此可见，以习近平同志为核心的党中央是重视、鼓励舆论监督的。

坚持正面引导与舆论监督，可谓一体两面，也是媒体奋力前行的双翼和两腿。如果缺乏有序、有力、有效、建设性的舆论监督，县级台就是自废武功，丧失竞争力，就会影响主流媒体在受众心目中的公信力。如果丧失了公信力，舆论引导力又从何而来。

善于运用新闻舆论推动工作，也要讲方法讲艺术，一方面就是要做好针对性的舆论引导，另一方面就是要开展建设性的舆论监督。早在 1989 年 5 月，习近平在福建宁德地区新闻工作会议上指出："舆论监督的出发点应该是积极的、建设性的。监督的重点应该针对那些严重违反党和国家重大政策以及社会生活中存在的重大问题，要抓典型事件。揭发的事实，务求准确。涉及党的一级组织和政府的批评，要持慎重态度，不能先入为主。要深入调查，多方听取意见，得出合乎事实的结论。特别要注意不应把批评的矛头对准那些群众有意见而我们工作中因限于目前条件、一时难以解决的问题上。要让人民知道，党和政府正在采取措施，克服困难，解决问题。"习近平同志这段 30 年前关于建设性舆论监督的论述，仍然值得新闻工作者深思。

县级台要积极争取党委政府和宣传部门对开展舆论监督的支持，高扬舆论监督的利剑，从巩固党的执政基础、以人民为中心的高度，主动加大舆论监督力度，维护社会公平正义。在具体工作推进中，要建立一套科学、规范的舆论监督运行机制，包括采编发布、稿件考核、联动合作、权益保障等方面都要有完善周到的制度保障，不断提高舆论监督水平，确保舆论监督长久高效。同时，要善于借力，顺势而为，借助上级媒体推动新闻舆论监督。

五、创新体制机制，助推县级台改革创新

当前，制约县级台发展最关键也是最重要的问题是体制不顺、机制不活，导致不少县级台举步维艰，干的是企业化的事，参与的是市场化竞争，用来管理和考核的却还是事业单位那一套制度体系。

优秀人才留不住，节目质量上不去，主要阵地守不稳，竞争能力弱化。县级台"在夹缝中求生存"，日子越来越不好过。只有敢于开拓创新，突破困局，县级台才能实现可持续发展。

我们要在新时代媒体变革中占据主动、赢得优势，就要始终牢记习近平总书记强调的"创新为要"，不断创新求变，破除体制机制上的壁垒。要全面推进新闻采编、产业经营、行政后勤等各环节制度的优化，加快打造符合现代传媒治理体系要求的体制机制。

在"互联网+"的时代背景下，县级台的转型发展，必须结合自身优势，走产业化经营、市场化运作、企业化管理、社会化服务的路子。要积极争取优惠政策，依托广电主流媒体的平台作用，延伸经营领域，激活经营活力。探索集团化运作新机制，让县级台的职能由单一的新闻传播向新兴媒体融合传播、全媒体内容生产，以及信息发布、政务服务、生活服务、产业经营等平台转型，获得更好的经济效益。

同时，要深化人事制度改革，改变完善用工机制和薪酬激励制度。通过推行科学合理的用人机制，激发用人活力。实施中层干部竞聘上岗，工作人员双向选择，优化人力资源配置，让优秀人才脱颖而出。淡化干部职工编内、编外身份，强化绩效考核，建立科学严格的考核制度，多劳多得，优劳优得，用同一个考核标准、同一把尺子来衡量员工的能力和效率，用好的制度约束人，用好的考核机制激励人。

六、加强队伍建设，为转型发展提供人才支撑

广播电视是一个高科技、重装备、高投入的行业，当前，面临的不仅仅是听广播与看广播、看电视与用电视之间的竞争，而是技术、资金、人才、市场之间的竞争。县级台现有人员知识结构不合理、业务素质参差不齐，加上自身平台小，发展空间小，福利待遇一般，难以吸引高学历、高素质的人才加入。急需的优秀人才招不来、留不住，一些能力弱、表现差的员工却难以淘汰，人才的空心化形象越来越严重，导致县级台缺乏核心竞争力。

习近平总书记强调，媒体竞争关键是人才竞争，媒体优势核心是人才优势。要加快培养造就一支政治坚定、业务精湛、作风优良、党和人民放心的新闻舆论工作队伍。

当前，要努力培养和造就一支与县级台融合发展相匹配的高素质人才队伍。新媒体运行、全媒体传播和广电产业发展，需要更多新闻人才、技术人才、营销人才的保障，经营管理也需要更多懂业务、善管理的复合型人才，这是县级台实现科学可持续发展的有力保障。

无论是新闻宣传、技术保障、产业经营，专业性越来越强，县级台必须引进和造就一支思想先进、政治过硬、业务精湛、素质较高的专业化队伍。要改革用人机制，引进急需人才，用好现有人才，培养优秀人才，把事业单位体制下的"养人"变为市场经济下的"养事"。引入竞争、激励和约束机制，改革考核评价机制和收入分配机制，最大限度激发员工的潜能。要深化制度，完善措施，提供成长空间，搭建事业平台，增强员工的事业心、归属感和忠诚度。要关心、尊重、爱护人才，创造良好工作条件，真正发挥专业人才的主观能动性和创造性。

七、结语

习近平新闻思想博大精深，具有系统性、创新性和时代性，是对我们党新闻思想理论的创新发展。如关于传统媒体与新兴媒体如何融合发展的问题，关于党的新闻舆论工作的工作理念和方式方法等等，精确把握新闻传播发展的大趋势，十分切合时代的需要，是取之不尽用之不竭的思想宝库。县级台的改革创新要认真践行习近平新闻思想，从其"新闻观""方法论"中汲取灵感和智慧，因应媒体发展趋势，推进融合发展，推进创新转型，着力打造区域性新型主流媒体。

（作者系浙江余姚市广播电视台总编室主任、主任记者）

县级融媒体中心建设如何实现"借船出海"

刘友才

　　当前，县级融媒体中心建设正在如火如荼进行，已经到了爬坡过坎的关键时期，如何更好地爬上这个坡、越过这道坎，全国各地都在寻找融合发展模式，探索适合县级媒体的融合发展新路。

　　今年6月至7月，笔者在重庆市委党校参加了重庆市委宣传部举办的"全市区县新闻单位采编骨干融媒体培训班"为期一个半月的学习，期间多次到重庆日报报业集团、重庆广播电视集团（总台），对媒体融合发展情况进行调研，有一个深刻感受：省级媒体在人才、资金、技术、平台、生态上具有明显优势，县级媒体与之相比捉襟见肘。那么，县级媒体应该如何借助省级媒体优势，合作共建县级融媒体中心，实现"借船出海"呢？

一、县级媒体的劣势与省级媒体的优势

　　众所周知，县级媒体作为最基层的媒体，普遍存在着人才缺乏、资金短缺、技术落后、平台偏少等问题，一些偏远县在人力、财力、物力等资源上更是严重不足。这些问题和不足，一直掣肘县级融媒体中心建设。县级媒体相对于省级媒体，体量较小，人才、技术资源较弱。"县级媒体由于其传播范围和影响力的地域性，一直处于弱势地位，终端多元化、移动化的发展进一步消解了传统县级媒体'在地化'的唯一优势。"[1]

　　相比县级媒体，省级媒体在人才、资金、技术、平台等方面都具有较大的优势。人才优势毋庸置疑，仅重庆日报报业集团旗下的上游新闻，就拥有工程师60人。资金优势更为明显，2018年，重庆广电集团营业总收入42.29亿元，利润1.84亿元；重庆日报报业集团营业总收入18.37亿元，利润1.26亿元。在技术、平台方面，重庆广电集团不仅拥有"两江云"融合云平台集群、融媒体新闻中心专业集群，还拥有"第1眼"移动客户端新闻视频APP、重庆手机台、"掌上重庆"等移动传播矩阵。重庆日报报业集团也有"上游云"融媒体平台、华龙网重庆客户端、

上游新闻移动端平台 APP、"新重庆"移动客户端等新媒体矩阵。这些强大的新媒体矩阵，为区县融媒体中心的建设和运营提供了起步支撑。

二、借船出海，走出适合县级媒体融合发展新路

所谓"借船出海"，是指与他人合作，借用他人的资源来完成自己的事。

借船出海，关键在于"借船"。在县级融媒体中心建设中，借助省级媒体这艘"大船"，与区域里的区县媒体合作，走出一条适合县级媒体融合发展的新路，成为县级融媒体中心建设的一个重要思路。笔者认为，借船出海，是加快县级融媒体中心建设步伐，快速实现媒体融合的有效途径。

面对县级媒体的劣势和省级媒体的优势，当前，县级媒体还需要"借船出海"，急需借助省级媒体的平台资源与人力优势，与省级媒体开展广泛合作，因地制宜，共同进行县级融媒体建设。事实证明，省级媒体与县级媒体开展合作共建，既节约建设成本，又节省人力、物力。2018 年全国各地在建设县级融媒体中心过程中，省级媒体与县级媒体开展合作共建的成功案例很多，有的帮助承建融媒体中心，有的则是开展渠道合作。重庆市也不例外，如 2018 年 9 月上线运行的重庆市首家县级融媒体中心——綦江区融媒体中心，就是在重庆日报报业集团提供的技术支持下，建设的重庆市区县首个"中央厨房"。该项目总投资约 600 余万元，由重庆日报报业集团与綦江区联合打造，是重庆市区县"中央厨房"模式的样板项目，从资金投入到软硬件设施配置，从平台构建到"中央厨房"打造，都是重庆日报报业集团协助区县媒体快速高质量地完成融媒体中心建设的，使区县媒体实现了"借船出海"。

当然，"借船出海"并不是放弃原有的海。"借船出海"是过渡，而"造船出海"才是目的。在"借船出海"的同时，县级融媒体中心建设还应顺势而为，实现从"借船出海"到"造船出海"，打造自主可控、传播力强的新型主流媒体。这样，县级融媒体中心才能自主驰骋、扬帆远航。

三、借力发力，合力建设县级融媒体中心

2019 年，是推进媒体深度融合的关键之年。我国四大直辖市之一的重庆市拉开了县级融媒体中心建设大幕，今年 3 月 1 日重庆市出台了《重庆市加强区县融媒体中心建设实施方案》，明确了将在 2020 年底前实现区县融媒体中心建设全覆盖。为此，重庆市加快县级融媒体中心省级技术平台建设，今年 4 月 15 日，由重庆日报报业集团和重庆广电集团（总台）联合组建的重庆广大融媒科技有限公司成立，开始建设区县融媒体中心市级技术平台。新建的这个平台主要是为区县融媒体中心建设提供云计算、大数据、物联网和 5G 网络等技术服务，用科技手段让平台、渠道、机制管理等深度融合，实现区县融媒体中心与市级融媒体平

台的有效对接，助推县级融媒体中心建设。

重庆市合力建设县级融媒体中心，各区县借力发力，借助市级融媒体平台，合作共建县级融媒体中心。如重庆广电"两江云"着力探索市区县广播电视协作新模式，在"两江云"平台的基础上，构建重庆广电区县融合媒体云，为区县融媒体中心建设提供解决方案。重庆广电区县融合媒体云采用混合云（私有云＋专有云＋公共云）架构，满足大数据、多租户、云平台的服务要求，具有大规模、高并发、跨地域的平台服务能力，可为区县融媒体中心提供指挥调度与联动、内容聚合共享、融媒体采编中心、全渠道融合发布、内容营销能力、传播大数据、安全能力、N 个"新闻＋"拓展等核心服务。重庆广电"两江云"平台是重庆广电集团为区县量身定做的融媒体中心建设样板，为区县融媒体中心提供新闻＋政务、新闻＋产业、新闻＋项目等方面的运营解决方案，从智慧城市、智慧行业、智慧家庭、智慧文化服务 4 个方面入手服务县级融媒体中心建设，帮助区县媒体在媒体融合中实现速成和有效运转。目前，重庆广电区县融合媒体云平台已和沙坪坝区、秀山县、巫溪县等区县对接，为区县融媒体中心编制建设方案，合作共建县级融媒体中心。

重庆市市级媒体还与各区县媒体深度连接，重庆日报报业集团所属的华龙网联合重庆 39 个区县媒体，共建共享打造县级融媒体中心，打造了全覆盖的新媒体矩阵——"新重庆"客户端集群平台，探索"1+39"模式，并将其作为重庆市及县级融媒体中心建设的首要载体。"新重庆"客户端依托"1+39"客户端集群，充分发挥综合服务和区县平台聚合功能，目前下载量突破 1000 万，集群"1+39"模式获得业内高度评价，作为媒体融合经验向全国推广。重庆广电集团所属的重庆手机台联合区县媒体共建平融媒体台，建立了全市广播电视新媒体联盟——"区县联盟"集群平台，重庆 39 个区县手机台加盟其中，拓展了区县媒体的传播形态和传播范围。

四、借梯登高，提升县级媒体舆论传播能力

县级融媒体中心建设的目标是提高新闻舆论传播力、引导力，让党的声音"飞入寻常百姓家"。2018 年 8 月 21 日至 22 日，习近平总书记在全国宣传思想工作会议上强调"要扎实抓好县级融媒体中心建设，更好引导群众、服务群众。"[2]为县级融媒体中心建设指明了方向。要更好引导群众、服务群众，必须提升县级媒体舆论传播能力和引导能力。只有这样，才能打通媒体融合的"最后一公里"，让党的声音传得更开、传得更广、传得更深入。

但是，我们应当清醒地认识到，县级媒体的传播能力有一定的局限性，尤其是传统媒体，影响力很小，传播力也有限，多元传播渠道少，自有移动终端影响弱。当下，要提升县级媒体舆论传播能力，最有效的方法就是借梯登高，借助中

央媒体、省级媒体和社会媒体的移动传播矩阵，增强传播力、引导力。笔者认为，借梯登高，是提升县级媒体舆论传播能力的有效方法。

县级融媒体中心建设关键在提升县级媒体舆论传播能力，实现内容传播效应最大化。重庆日报报业集团"上游新闻"是国内优质新闻客户端，用户黏度和用户活跃度都很强，截至今年5月，上游新闻下载量超过2000万，日均活跃用户量超过150万，日均访问量超过600万人次，日均发稿量1500余条，已成为中国西部影响力新闻品牌。区县媒体借梯登高，截至今年6月，重庆市有38个区县新闻频道加入"上游新闻"移动媒体矩阵，每天可通过"上游新闻"航母传播原创新闻资讯。38个区县报电子版入驻上游新闻客户端，提升了传播力、影响力。区县媒体借梯上楼，重庆广电区县融合媒体云与阿里云、腾讯云、百度云、华栖云、搜狐、优酷、网易等社会媒体合作，使区县媒体实现了多元终端渗透。"第1眼"移动客户端新闻视频APP注册用户近10万人次，总下载量140万，视界网群日均访问者以及移动端重庆手机台注册用户人数超80万，形成新媒体传播矩阵，提升了区县媒体的传播效应。

注释：

[1] 田龙过　解倩怡：《建设县级融媒体中心　巩固基层舆论阵地》，《中国广播电视学刊》2018年第11期。

[2] 张洋：《习近平在全国宣传思想工作会议上强调　举旗帜聚民心育新人兴文化展形象　更好完成新形势下宣传思想工作使命任务》，《人民日报》2018年8月23日。

（作者系重庆市荣昌区广播电视台主任记者）

县级融媒体中心人才队伍建设思考

张永清

县级融媒体中心是加强和改进基层宣传思想工作，提高县级媒体传播力、引导力、影响力、公信力的国家战略工程。当前，全国范围内掀起了县级融媒体中心建设高潮。同时，县级融媒体中心也面临着资金、技术、体制、人才等多种困境。其中人才因素是县级融媒体中心的根本所在。有了人才支撑，才能有发展的基础，打通媒体融合"最后一公里"的限制才有坚实保障。

笔者通过对已经建成县区融媒体中心的案例分析，结合自己的从业经验和理论研修，梳理了县级融媒体中心人才队伍建设的基本思路和主要做法。

一、县级融媒体中心概述

随着信息的高速发展与传播媒介的扩大，作为我国宣传思想战线最基层的县级媒体正面临着新媒体、自媒体的激烈竞争和挑战。2014年8月18日，中央全面深化改革领导小组第四次会议审议通过了《关于推动传统媒体和新兴媒体融合发展的指导意见》。从此以后，县级融媒体中心逐渐进入快速发展阶段。

县级媒体是最基层、最贴近群众的媒体单位，站在传递党的声音的最前线，担负着传播最基层新闻信息的重任，只有坚持正确的舆论导向，才能营造良好的舆论氛围。随着信息生产和传播方式的巨大转变，县级融媒体中心应运而生。

县级融媒体中心是整合县级广播电视、报刊、新媒体等资源，开展媒体服务、党建服务、政务服务、公共服务、增值服务等业务的融合媒体平台。其中，媒体服务类包括广播业务、电视业务、报刊业务、新媒体业务、应急广播等；党建服务类包括党建新闻、党建管理、党务管理、在线培训考核、效果评估、党内沟通等；政务服务类包括新闻发布、政务公开、政务办理、建言资政、服务评价等；公共服务类包括民生服务、文化服务、教育服务等；增值服务类包括供广告运营、区域运营、电子商城等。

县级融媒体中心有助于推动建设资源集约、结构合理、差异发展、协同高效的全媒体传播体系。其主要功能包括采集和汇聚、策划指挥、数据分析、内容生产、综合服务、内容审核和融合发布等。县级融媒体中心是统一思想认识、凝聚社会共识的迫切要求，是提升基层媒体传播力、引导力、影响力、公信力的迫切要求，也是更好服务人民、联系群众"最后一公里"的迫切要求。

目前，从中央到省级到市县级，媒体融合呈现出一种不可阻挡的态势。县级融媒体中心建设正"如火如荼"，并取得阶段性成果。2018 年 7 月 21 日，北京市 16 个区级融媒体中心全部挂牌成立。通过整合电视、广播、报社、网站、移动客户端、微博、微信、第三方账号等平台资源，建立起内容丰富、载体多样、覆盖广泛的传播体系，实现一次采集、多种生成、多种传播、全方位覆盖的新模式。

二、人才队伍建设的重要意义

不管是国家、地区，还是单位，其核心竞争力都是人才。正因如此，从历史到今天，一直都在上演着人才的"争夺战"。

"我们比历史上任何时期都更接近实现中华民族伟大复兴的宏伟目标，我们也比历史上任何时期都更加渴求人才"。这是习近平总书记在 2018 年 5 月 28 日中国科学院第十九次院士大会、中国工程院第十四次院士大会上的讲话内容，表现了他爱才求贤若渴。

长期以来，县级媒体管理层级较多，人才流失严重，人员素质较差，薪酬待遇偏低，甚至部分人员人浮于事、观念陈旧现象明显，人才资源成了制约县级媒体发展的重要因素。而且县级广电、报刊、网络和县委宣传部分工不同、各行其责，很难适应县级融媒体中心建设要求。

县级融媒体中心是适应时代要求的科学选择，是更好引导群众、服务群众，让党的创新理论"飞入寻常百姓家"的重要载体。其建设取得成效与否的关键在人才队伍建设。这个县域综合智慧平台，对人才结构和素质提出了新要求，既需要懂业务、会经营、有前瞻性的"一把手"，也需要业务功能、网络安全、运行维护等方面的专业人才。因此，建立一支高素质、高水平、专业化人才队伍十分必要。既有利于县级媒体精简人员、淘汰冗杂和提高效率，还在一定程度上逼迫着县级媒体进行转型以更好地适应环境。

三、人才队伍建设的主要做法

习近平总书记指出，"媒体竞争关键是人才竞争，媒体优势核心是人才优势"，并要求新闻舆论工作者"努力成为全媒型、专家型人才"，这为县级融媒体中心人才队伍建设指明了方向、明确了目标。贯彻落实习近平总书记这一重要要求，从规划编制、合理使用、政策吸引、科学培养、环境留人等方面搞好县级融媒体中心人才队伍建设，形成强大的凝聚力和思想共识，全面提高县级融媒体中心的新闻舆论传播力、引导力、影响力、公信力。

（一）规划编制

2018年8月21日至22日的全国宣传思想工作会议上，习近平总书记指出："要扎实抓好县级融媒体中心建设，更好引导群众、服务群众。"而人才资源是县级融媒体中心第一资源。县级主要领导应充分认识到融媒体中心在传播信息、凝聚共识、汇聚民心、服务群众等方面的重要作用，深刻把握媒体融合基本规律，高度重视人才队伍建设，根据当地的实际情况，因地制宜，做好机构编制和人员配置。

在服从县域人才发展总体规划的基础上，县级融媒体中心人才队伍建设要以深入调查研究为前提，根据整体事业发展的客观需要，整合优势资源，注重发挥人才队伍的主动性与积极性。科学规划编制，保证每项任务都有明确的承担主体，同时出台配套的任务分工方案，将具体任务落实到承担部门，做到事事有人管，人人有专责；合理设置部门和岗位，以专业技术岗位为主，按一定比例控制高级、中级、初级岗位之间的结构，调剂部分岗位为优秀人才聘任的专项岗位，避免取得专业技术任职资格，却得不到相应岗位聘任的现状，为专业技术人才提供职务晋升空间，既有利于单位事业发展，又能调动人才的积极性；优化队伍结构，配足专业技术岗位编制，按业务功能、网络安全、运行维护等类别进行岗位设置，形成合理的人才年龄梯队和储备梯队，促进专业技术人才队伍全面协调发展。

（二）合理使用

让专业的人干专业的事，是县级融媒体中心人才队伍建设的主题。只有人尽其能，任其所宜，合理使用，才能最大限度实现人生价值，为社会创造出更多财富。因此，县级融媒体中心的"一把手"，部门负责人、骨干成员要选择真正合适的人才，形成稳定的人才队伍。

俗话说："三军易得，一将难求"。县级融媒体中心是一个新型传媒机构，选准"一把手"是关键。既要有专业、魄力和眼光，又要政治过硬、勇气勇气可嘉，并且具有互联网思维。同时注重领导团队成员的搭配，既要有业务能力突出的采编骨干，也要有懂经营、善管理的管理人才，还要有党性修养高、沟通技巧强的党务干部。只有这样才能维持平台的正常运转、人力资源和媒介资源的合理配置。

美国哈佛大学一项研究显示，人才的开发效益在科学使用和良好激励下将发挥到80%—90%。这从一定意义上反映了合理使用人才的重要性。要把人才安排到最能发挥他才能的岗位上，实现人和事的最佳配合。有技术专长的人才放在对口技术岗位，有组织才干的人才放到管理岗位上，同时兼顾个人的兴趣爱好，做到专才专用，人尽其才。

建设过程中要敢于打破身份限制，以工作绩效为考核标准，强化正向激励，打通编外人才成长通道，吸引更多的策划创意、新闻采编、播音主持、设计制作、媒体运营等优秀人才加入人才队伍。

（三）政策引进

拥有一批热爱新闻事业的高素质、高水平、专业化人才是县级融媒体中心发展的关键。因此，制定合理的人才引进优惠政策，通过多种形式和不同途径全方位运用各类人才的特长才是人才引进的本质所在。

县级融媒体中心技术性高、专业性强。县域主要领导一定程度会影响媒体融合的进程发展。所以，要充分认识到人才引进的重要性和必要性，加强与上级部门、周边县区、高等院校等沟通合作，不仅注重学历、专业、职称，更要看重创新能力、团队意识等方面，通过遴选、招聘、高端人才引进等方式引进更多人才，确保县级融媒体中心发展中的内容生产和技术支撑。同时，制定切实可行的人才引进实施办法，严格按照国家政策和规章制度，确立科学的人才标准和建立科学的人才评价体系，保证引进人才的质量，真正将政治立场坚定、业务素质精湛、工作作风过硬的人才吸引到融媒体中心人才队伍。

人才引进的目的是引智，对于一些确实需要，但又不具备引进条件的人才，应该充分利用互联网、人工智能等方式，综合运用多种途径，让他们也能参与到县级融媒体中心建设中来。新形势下媒体格局、传播方式急速发展，县级融媒体中心的人才引进优惠政策也应根据实际发展需要及时调整、完善，保持其对优秀人才的吸引力。

（四）科学培养

人才队伍整体素质的优劣，直接关系到工作效率的高低和任务完成的好坏。县级融媒体中心要求人才队伍的思想观念、专业知识、工作方法、业务能力都必须紧跟时代步伐，因此，要树立长远的人才战略观念，加强队伍成员的能力素质提升。

首先，实施继续教育培训。保证专业技术人员参加继续教育权利，落实继续教育有关规定，专业技术人才每年参加继续教育时间累计不少于90学时，单位全力支持和争取条件保障其学习期间各项待遇。其次，选拔优秀人才研修。依托高等院校、科研院所等行业机构，对业务骨干、学术带头人、高技能人才等开展新理论、新知识、新技术、新方法的专项培训，增强创新能力。再次，邀请业内专家讲座。通过"请进来"的形式，邀请行业内的专家、教授进行专题授课，提升人才队伍的业务素养，促进队伍成员从单一技能向复合类型转变，适应全媒体传播要求。

同时，要强化对马克思主义新闻观的学习，做到培养人才与党的要求相统一，与实现群众的根本利益相统一，全面提升人才队伍政治理论素养，持续丰富政治文化涵养，保持清醒的政治头脑和政治立场，牢固树立"四个意识"，坚定"四个自信"，坚持正确舆论导向，自觉用习近平新时代中国特色社会主义思想武装头脑、指导实践、推动工作，才能无愧于时代赋予的职责使命。

（五）环境留人

"栽下梧桐树，引得凤凰来"。人才发展环境是一项系统工程，只有营造良好的工作环境和生活环境，充分调动其工作积极性和主动性，才能落实好"党管人才"原则。县级融媒体中心需要建立一个强有力的支持保障体系，完善传统媒体在技术和产品形态方面的不足。因此，留住熟悉业务和具有创新的人才至关重要。

习近平总书记在党的新闻舆论工作座谈会上强调，要"对新闻舆论工作者在政治上充分信任、工作上大胆使用、生活上真诚关心、待遇上及时保障"。县级融媒体中心要健全和完善各种激励机制，充分体现人才价值、激发人才活力、鼓励创新创造的分配制度，从住房、医疗、教育、交通等方面给予补贴，切实提高人才的福利待遇，更要关心人才的岗位是否满意，抱负能否实现。这样既能提高工作效率，又能持续留住人才。

建立专业技术人才奖励体系。坚持精神奖励和物质奖励相结合，对贡献突出的专业技术人才优先给予表彰奖励，对科技创新的专业技术人才积极申报项目支持，适时举办集体文化娱乐活动，增进相互之间的感情交流，充分保护和调动人才工作热情和创新创业积极性。

同时，要保障人才的晋升空间，坚持"德才兼备，以德为先"的选人标准，坚持"公平、公开、公正"的选拔程序，让提拔结果服众。

不管是媒体融合发展，还是事业转型改革，人才队伍的建设至关重要。县级融媒体中心主要依靠专业技术人才才能保持其在媒体行业的竞争力。只有加强人才队伍建设，才能形成强大的凝聚力和思想共识，进而提高县级融媒体中心的传播力、引导力、影响力、公信力。

（作者系山西平顺县广播电视台记者）

山东省宁津县：做好媒体融合文章

王长起　张国徽　付永康

近年来，网络、移动终端等新兴媒体以其随时随地、快捷检索等优势给传统媒体带来巨大冲击。而县级广播电视台作为我国广播电视系统中最基层的媒体，由于受体制机制、资金、技术、人才等条件的限制，在激烈的媒体竞争面前，生存和发展尤为艰难。身处传媒日趋纷繁复杂的迷宫，肩负建设基层舆论主阵地的重任，县级广播电视台困局怎么破，未来的发展又在何方？本文结合宁津县广播电视台融媒体建设的具体实践，浅谈一下县级广播电视台改革发展经验、方向和对策。

一、宁津县广播电视台发展现状

宁津县位于山东省西北部，隶属德州市。广播事业始于1956年，1984年成立山东省首家县级广播电台。1992年成立鲁西北地区首家县级电视台。近年来经历了局台分开、台网分离，县级广电行政管理职能划出，有线网络业务剥离，面临着创收渠道收窄，市场竞争加剧，体制机制落后，发展空间变小的窘境，出现了经营和发展的一系列问题。

1. 传播力影响力弱化，地方党委政府声音落地成问题

随着有线数字电视、网络电视的发展，电视屏幕的内容越来越丰富，中央、省、市台的节目档次、品位远远高于县级台，县级台收视率可想而知。再加上移动智能终端普及，县级电视台受众被进一步分流。

2. 创收收入下降，资金保障成问题

台网分离后，资金收入仅仅依靠广告。当前，广告播发形式越来越少，对广告内容的审查越来越严，收入形势很不乐观。而当地墙体广告、车载广告、电子荧屏、个人公众号等广告形式也蚕食着电视台原有广告市场。

3. 平台小、机制不活、发展空间低，人才流失成问题

在绩效考核方面宁津县广播电视台进行了大胆尝试，但是在现有体制下很难

实施岗位能上能下、人员能进能出、待遇能高能低的竞争激励机制。受各种因素的影响，台里部分招聘人员甚至有编制的人员通过跳槽、公务员考试等方式寻求其他方面发展。

二、积极布局新媒体，开辟传播新阵地

宁津县广播电视台始终聚焦宣传主业，充分发挥着县级台作为基层宣传思想文化工作的主阵地、主渠道作用，多次受到上级表彰，面对新兴媒体带来的机遇和挑战，宁津县广播电视台积极布局新媒体，打造媒体矩阵。

宁津县广播电视台涉足新媒体较早。2012年，宁津县广播电视台注册了宁津广播电视台官方微博。在此之前，依托宁津广电网开设的"宁津广电论坛"就是当地有名的互动论坛。

2014年3月12日，宁津县广播电视台注册开通了"宁津广播电视"微信公众号，目前已拥有粉丝7万名，在山东省县级广播电视台微信公众号排名中居前十位，被山东广电网络视听协会评为山东省广电行业最具影响力微信公众平台。

2015年3月9日，宁津县广播电视台与山东台轻快融媒体云平台合作，建设了轻快云平台在山东的首家区县手机融媒体平台"智慧宁津"手机客户端。目前，"智慧宁津"客户端有两万多人下载安装，点击量达到2200多万次，在全国近200家与轻快云平台合作的县级台中点击量统计中多次居第一位。客户端不仅设有第一资讯、本地直播、国内直播、栏目点播板块，让传统栏目在平台上落地，还开设有宁津报、党政机关、直通乡镇、开票有喜、诚信宁津、文明宁津、便民查询、反腐倡廉等板块，与纸质媒体和各级政务发布实现互联互通，成为功能比较完备、信息量大、方便易用的新闻客户端。

"智慧宁津"手机客户端的建设和发展，有力地助推了全县重点工作开展，各乡镇和部门单位积极订阅和使用，各单位自行建立的手机App，都通过"智慧宁津"进行链接，在"智慧宁津"App公众平台上打造阳光政务掌上聚合App云平台，先进经验曾被国家广电总局发展研究中心作为独家案例在全国予以推广。被中国传媒大学互联网信息研究院和山东网络广播电视台评为"全国最具影响力"手机台，先后荣获轻快云平台"最具人气手机台奖"、轻快移动互联网+智慧政务云平台"先进典型奖"、轻快融媒先锋奖等称号。

另外，宁津县广播电视台还注册了今日头条、闪电号新闻客户端，开设了"宁津广播952""记录宁津"微信公众号、各栏目官微等平台，新媒体矩阵初步形成，覆盖用户不断增加。其中，通过闪电号实现了内宣外宣的结合和新媒体与传统媒体的融合，截至6月底，闪电新闻小视频和文字稿的发稿量在全省分别位列第2位和第17位，部分优质内容通过闪电号实现全媒体推送。

三、"融"字做文章，"合"力求突破

宁津县广播电视台把做强新媒体、促进媒体融合作为县级台改革的方向，着力增强服务党委、政府中心工作的能力，重大主题宣传、典型宣传持续深入，不断提高传播力、引导力、影响力、公信力。目前，媒体融合已经见成效，初步实现了优势互补、相互促进的目标。

1. 传播渠道融合，组建立体宣传"大家庭"

传统媒体与初步建成的新媒体矩阵优势互补、相互借力。新媒体平台在广播里有声、电视上有码，广播、电视栏目在新媒体上能播、能点、能互动，广播节目上电视、在新媒体上能"看"。

2. 内容生产融合，挖掘机构人员"新潜力"

一是内容优先，打造"媒体厨房"。外出采访先用手机拍摄回传图片新闻，突出快，打造出具有宁津特色的"第一资讯"品牌。随后再整合提炼播出微视频或专题深入报道，实现"一次采集、多元生成、全媒播出"。在公益寻人、有事大家帮、移风易俗等方面发挥媒体融合优势，推出了一些当地现象级的新闻作品。如2016年"爱心葡萄"，展示了一农户"儿子病逝老母哭瞎双眼5000斤葡萄无人摘"的困境，并记录和推动了爱心人士的救助活动，最终将一家人的困境转化为一人有难众人帮的正能量。2017年4月，组织精干力量对宁津县杜集镇"米老鼠婆婆"银丕芝进行深入采访，并利用融媒体进行全方位报道。2018年7月，一高中生负气出走，通过新媒体和传统媒体互动报道，第二天就把这一学生从石家庄顺利找回。2018年8月5日，通讯员杨世康在"宁津媒体厨房"群转发了一条好心人给倒地老汉做人工呼吸和胸外按压的短视频。宁津广播电视官微当即发布消息，寻找好心人，弘扬正能量。《新闻姊妹花》栏目根据网友留言找到好心人采访，栏目视频又在新媒体反馈，并在《山东新闻联播》栏目播出。通过融合共享，这则《宁津：老人突发心脏病晕倒路边　小区大夫人工呼吸救人》的凡人善举新闻共计播放4万多次；二是注重反馈，打造扎实文风。建立网友批评意见收集上报反馈机制，记者文章少了官话，多了接地气的"人话"；三是加强考核，形成良好竞争机制。每周对记者、栏目、平台的网络影响力进行统计排名，奖励先进，并作为年终考评依据，挖掘全员采编潜力。

3. 管理机制融合，着力建设舆论"主阵地"

一是实行微信共享，凝聚正能量。建起全县通讯员群、网评员群等微信群，积极引导正面舆论，有效控制负面舆情，促进舆论监督正面效应的最大化；二是统一把关，堵住错误源头。建立了由县委办、县政府办、县委宣传部人员组成的重要稿件审核小组，对涉及全县重要工作的新闻稿实行多级把关，统一发布，从源头上减少了宣传错误的发生；三是整合资源，建设中央厨房。中央厨房是融媒

体中心的标配和龙头工程，利用全县大数据运营管理中心建设融媒体中心的中央厨房，有效利用已经建设好的办公场所、大屏幕、存储器、摄像头等硬件资源。宁津县大数据运营管理中心是德州市首个县域大数据中心，集信息获取、信息处理、分析决策、安全应急、联合调度等功能为一体，为城市综合管理提供信息化智力支撑和服务。下一步将继续推进资源整合，实现新媒体与传统媒体进一步融合发展。今年以来，我们先后到山东广播电视台、寿光广播电视台等先进单位参观，考察硬件设施投入，学习其先进的运行机制，结合县级台标准化建设，我们对部分高清播出等设备进行了招标采购。

4.传播技术融合，引领新闻传播创新

对全县重大会议、重大活动、重点项目的报道率先采用移动直播、H5应用、无人机航拍等融合传播技术，取得良好效果。

四、深度融合永远在路上

国家广播电视总局发展研究中心主办的微信公众号"国家广电智库"今年7月发布消息："最近，中央对推进县级融媒体中心建设进行了部署，这是新阶段深化文化体制改革的重大举措，也意味着推进媒体融合工作重点从省以上媒体延伸到基层媒体、从主干媒体拓展到支系媒体，支系媒体的改革将促进国家媒体体系的全盘激活。"习近平总书记在全国宣传工作会议上指出，要扎实抓好县级融媒体中心建设，更好引导群众、服务群众。这更为宁津县广播电视台在媒体融合的路上奋力前行打了一剂"强心针"，也为我们指明了方向。

1.实施创新项目，推进矩阵建设

为进一步促进媒体融合，今年宁津县广播电视台实施了"加快新媒体矩阵建设，推进新老媒体融合"创新项目，结合单位实际制定媒体融合的指导思想和总体框架，开发更多载体和渠道，以更好地适应分众化的传播趋势，最大限度吸引用户，力争形成更加立体多样、融合发展的现代传播体系。具体措施包括明确责任、定期调度、全员分享、影响力排名竞赛等。

2.重构采编发网络，再造采编发流程

我们将聚焦突破这一媒体深度融合最需要突破的难点，处理好"统"与"分"的关系，重构采编发网络，再造采编发流程，进一步形成"一次采集、多种产品、多媒体传播"的工作格局。目前，已先从每天采编晨会开始，将重点栏目的新闻线索进行整合。

3.顺应广电发展趋势，培养全媒体人才

结合山东省实施的县级台标准化建设，研究解决用人体制方面的问题，加大培养、引进全媒体人才力度，培育全媒体时代的名记者、名编辑、名主持。坚持用事业留人、用待遇留人、用环境留人"三个留人"和"不求所有，但求所用"

的用人原则，引进、稳定广电人才队伍，更好更快地推进媒体融合工作。

宁津县广播电视台将坚持"政治办台、新闻立台、改革兴台、产业强台、服务树台"的发展理念，积极作为，大胆实践，加速媒体融合发展，牢牢把握正确舆论导向，进一步弘扬主旋律，打好主动仗，为推动全县经济、政治、文化、社会、生态文明建设又好又快发展提供强有力的精神动力、思想保证和舆论支持。

（作者分别为：山东宁津县广播电视台党组书记、台长；宁津县广播电视台融媒体中心记者；宁津县广播电视台融媒体中心记者）

深度融合时代县级传统媒体的生态重塑

吴禹霖　吴鸿飞

进入互联网时代，如何在与新兴媒体共舞中求生存，一度成为不少地方传统媒体面临的最大难题。多年来，他们在阵痛中不断适应着媒体的变革和发展，纷纷设立微信公众号、建网站、开微博、打造 APP 移动客户端等，试图借助这些新媒体平台壮大自己的发展，但是，多年的实践证明，简单的媒介相加不但没有带来的 1+n 大于 2 的发展预期，反而使许多地方传统媒体与新媒体的关系陷入互拖后腿的尴尬境地。

"融合发展关键在融为一体、合而为一。"党的十八大以来，以习近平同志为核心的党中央高度重视传统媒体和新兴媒体的融合发展。在 2018 年 8 月的全国宣传思想工作会议上，习近平总书记发表重要讲话，县级融媒体中心的概念首次在中央级会议上提出；11 月 14 日，中央全面深化改革委员会第五次会议审议通过了《关于加强县级融媒体中心建设的意见》，对县级融媒体中心建设提出了进一步要求；2019 年 1 月 25 日在十九届中共中央政治局第十二次集体学习时，总书记强调，"推动媒体融合发展、建设全媒体成为我们面临的一项紧迫课题。要运用信息革命成果，推动媒体融合向纵深发展，做大做强主流舆论......"。

在新的机遇与挑战面前，县级传统媒体从一路磕磕绊绊"你是你，我是我"，到"你中有我、我中有你"，再到"你就是我、我就是你"，正在欲火中涅槃重生。

一、先破后"融"，重构主流舆论阵地架构

信息技术革命日新月异，带来了新兴媒体裂变式发展，不仅极大改变了新闻传播和新闻生产方式，也从根本上改变了媒体格局和舆论生态，在这种新的传播环境下，本就受制于体制、资金、人才、传播范围等方面局限的县级传统媒体，四处受敌，除了要与同一区域内其他传统媒体争取有限资源外，还要面对新兴媒体的冲击，于是，为了解决生存压力，他们"八仙过海、各显其能"，贩卖公信力、

盲目跟从新媒体重复搭建媒介平台等现象比比皆是，主流媒体阵地权威性、影响力逐渐弱化。如何在多元多样中掌握舆论主导权、在复杂多变中引领舆论走向，更好地提升基层主流媒体的传播力、引导力、影响力，成为各传统媒体面临的一项重要课题。

实际上，在中央顶层设计之前，为应对县级媒体所存在的问题，很多县已较早开始了改革尝试。一些县先以建立全媒体新闻中心的名义来满足县级传播需求。比如，贵州瓮安县2008年将报纸、广播、电视、网站合并为一家媒体；2011年，原来的长兴县委报道组、长兴政府网、长兴宣传信息中心、长兴广播电视台四个单位整合组建而成长兴传媒集团。他们的探索，为今天的融媒体中心建设积累了丰富的经验。

2019年1月15日，中共中央宣传部和国家广播电视总局联合发布《县级融媒体中心建设规范》，对县级融媒体中心定位为："整合县级广播电视、报刊、新媒体等资源，开展媒体服务、党建服务、政务服务、公共服务、增值服务等业务的融合媒体平台"。定位为县级融媒体中心建设指明了方向，但是媒体融合并非一蹴而就，面临的问题很多且相当复杂。既存在着一些普遍的共性问题，也存在着一些个性问题，需要认真对待，区别研究，"别人的天路，也许是你的绝路"。

融媒体中心的建设，涉及不同部门、不同利益群体的变革，需要从顶层设计，打破原有体制的藩篱，而我们的一些媒体领导和主管部门领导，特别是当地党委政府的主要领导，由于缺乏对融媒体中心的内涵和要求的把控，有的简单认为融媒体中心建设就是报纸、电视台和政府网站等新媒体的简单合并，挂上牌子万事大吉，"穿新鞋走老路"；有的坐等观望等待盲目照搬照抄，实践证明，由于各地媒体发展水平不同，加上原有的机制体制各不相同，盲目照搬只会使自己陷于尴尬境界。

中宣部在县级融媒体中心建设现场推进会上提出"努力把县级融媒体中心建成主流舆论阵地、综合服务平台和社区信息枢纽"，即突出县级融媒体中心的舆论引导功能和服务功能，为中心建设明确了共性：通过县级融媒体中心建设，打造适应现代传播体系的新型主流媒体，建设成为新时代治国理政新平台。这一共性，为县级融媒体中心建设指明了方向，就是以"突出核心职能、聚焦关键职能、合并重复职能"的思路，在相关主管部门的统一规划协调下，打破部门壁垒，创新工作机制，重塑内容生产流程，实现对广播、电视、报纸及各部门新媒体发布平台的"统一指挥"，有效盘活媒体资源，有的地方还陆续将职能延伸至规范"自媒体"管理，代管运营主要政务部门和县直单位新媒体资源，整合党务政务、服务民生等功能。

对融媒体中心建设来说，最大的难题不在于机构上怎么"改"，而是运行机制的突破。大多县级媒体"台网分离"改革之后，失去了最大的营收来源，仅靠微薄的广告收入难以维持日常生存，纷纷回归全额拨款或差额拨款事业单位，虽然媒体作为内容生产需要创造性劳动的工作属性必须要有良好的绩效考评作为指挥棒，但在运营机制上各类监管者则认为政策面前对所有事业单位一视同仁，一把尺子量到底。正如新昌县新闻传媒中心主任陈立新说："现有体制把你的手脚捆起来，却要你到市场去游泳；管理方式按照机关事业单位管理，运行的却是市场化模式，不好解决。"这种矛盾已成为融媒体中心建设的一大阻碍。有识之士指出，要实现机制上的突破，必须厘清融媒体中心的公益属性和市场属性，实行严格意义上的事业企业"两分开"。部分地方探索了实行财政直拨、自主经营、绩效挂钩的管理运行机制，根据公益岗位测算编制人数，财政按照事业在编人数全额拨付岗位工资、办公经费等款项，对承担服务类性质功能的，融媒体中心按照现代企业管理制度自主经营，创收用于自身发展和绩效考核。输血与造血并重，有效激活了融媒体中心运行机制。

二、内融外联，拓展主流舆论传播空间

多年实践证明，融媒体中心并不是简单的媒介平台相加，而是通过流程优化、平台再造，实现各种媒介资源、生产要素有效整合。

一是在内部打破不同部门、不同版块之间的边界，借助新技术对信息采集、生产、加工、存储和发布等多个程序的融合；利用新媒体双向互动的传播技术，为用户提供个性化内容推送，内容分享和互动平台，拓宽传播范围。前些年，随着对新媒体的认知，许多地方传统媒体也开始寻求自建网络和节目内容的网络表达，渴望继续抢占主导地位而不再是跟在网络身后跑，纷纷创办了各类新媒体平台，或是通过搬运媒体内容，或是通过双方互动，来切入网络舆论场，试水与新媒体互动。但由于缺乏"互联网产品"用户理念，缺少相互渗透、相融相和的有效手段，许多新媒体平台成了传统媒体母体的附属品和延伸品。以我们蓬莱市广播电视台为例，早在2008年就创办了自己的网站，主要以每天的视频内容转播为主，其余内容大多为网摘，只有少数人浏览观看，沦为"鸡肋"，随着移动传播的发展，又相继创建了微信公众号、微博、APP等平台，虽然拉起了新媒体框架，但办台的惯性思维和运行模式导致这些新媒体平台缺乏独特性、针对性，而且各栏目组微信公众号互相拆台，难以产生忠诚的"粉丝"，陷入进退两难之地。融媒体中心的成立，将更多部门合而为一，这种现象如果不从根本上解决，必将乱象更生。

目前有许多地方在融媒体建设过程中已经清醒地认识到这一点，在机构重构中，他们有的以内容生产为基础，彻底打乱原有各媒介平台人员组织结构，在融

媒体中心下设生产中心，中心上层设立广播、电视、平面媒体等不同媒介编委会，由编委会负责不同媒介平台总体把控；有的则以媒介形态为板块，对新闻、经营、技术等共性内容整合，对电台、平面媒体、新媒体等其他部分仍按照媒介平台分工。无论什么模式，最重要的就是要打破原有各媒体各自为战的模式，从人员思想上合而为一，只有"忘记我变成你"才是"你就是我，我就是你"。

融媒体并不是一融了之，我们必须清醒认识到，不同媒体平台有着不同的用户需求，针对各媒体平台传播方式的不同，传统媒体风格应有深度、有内涵，更符合其享受"客厅文化"的固有受众收视需要；微信公众号、微博则以短平快见长，特别是微博的及时性功能，可以第一时间满足碎片化信息时代的传播需要；客户端和网站则要重点围绕杂志风格展开，在知识的获取和生活的需求上突出实用和鲜活，各平台之间相互独立又相互渗透。

二是打破传统媒体之间的边界以及媒体行业与其他行业的边界，使自己与同行、与其他产业充分融合。"联合起来做大事，团结起来谋发展"，新的环境下，地方媒体要想发展，一方面要坚持立足自身，以我为主，挖掘潜力，另一方面要学会借船出海，借力前行，通过引进、合作等多种形式，善于加强与上级媒体、兄弟媒体、社会资本的合作，争取与大的新闻聚合平台合作，包括人民网、新华网这样的中央级新闻媒体的聚合平台，腾讯新闻网易新闻这样的市场化的新闻聚合平台，也包括类似于头条号、一点号这样的算法新闻平台。既要充分利用上级媒体、兄弟媒体先进的理念优势、技术优势、平台优势、内容优势、管理优势、运营优势，嫁接我们自身的资源，借我所用，又要广泛吸纳、整合配置多渠道的行业资源和广泛的社会资源，加快我们的发展。目前，全国有许多家专业协会和媒体单位在节目的引进、广告的联盟、产业的拓展等方面提供了有益的合作机遇，收效显著。2016 年，蓬莱市广播电视台借力山东轻快云平台成熟的技术平台以及千台联动平台着手搭建了蓬莱手机台，与同在这一云平台之中的各级广播电视媒体相互借鉴，内容分享，联手互动，抱团发展，不定期同步直播各位兄弟台大型活动，在兄弟台平台上推送我们的精彩内容，在互动中融合，在融合中拓展，扩大了影响力，实现了广播电视媒体在融媒体大背景下的突围和创新。

三、用户为王，增强主流舆论阵地竞争力

随着媒体融合纵深发展，我们媒体面对的对象也从"受众"转变为"用户"。山东广播电视台台长率芃指出，"对于新闻媒体来说，内容永远是根本，我们在强调技术引领和驱动的同时，着眼于强化信息内容的核心竞争力，以内容优势赢得发展优势。不能给用户提供个性化内容服务的移动客户端将不会赢得未来"。香港浸会大学传理学院高级讲师、原 BBC 中文总监李文也在分析欧美传统新闻媒体起死回生的启示中指出，欧美传统媒体业起死回生，"内容为先"为原则，

独特内容是武器；全力打击"虚假新闻"，重建媒体公信度。

相比较而言，传统媒体有着非常强的政策资源以及传统社会的连接资源，这就足以使得它能够有比较强的生命力，这也是传统媒体内容打造的优势所在。

在坚守自己的传统优势基础上，面对融媒时代新形式，融媒体中心在内容生产和传播方式上已经发生了深刻变化。传统媒体与新兴媒体的传播特点并不相同，对内容的表达也各不相同，在新闻的"事态、情态、理态"三要素中，新媒体多偏向"情"，传统媒体多偏向"理"，而在"事"的方面，新媒体强调及时、多样、海量、互动、共享，而传统媒体强调准确、严谨、客观、深度和权威。权威性、公信力以及新闻信息的专业生产能力，是传统媒体具有的、无可替代的优势与核心竞争力，而新兴媒体在互动性、即时性、数字化以及丰富的多媒体表现形式、超大的信息量的等方面更具优势。

面对这种新变化，内容生产上，一是要围绕市委、市政府中心工作及时跟进做好宣传，坚守主流媒体阵地，让党和政府放心，让群众满意，进而增强媒体权威性、公信力，争取党委、政府政策和资金扶持；二是强调地域特色，摆脱人有我有的同质化竞争，打造具有地域特色的品牌节目，从而在众多媒体信息包围中脱颖而出。节目本土化，是地方传统媒体立足的根本，因其内容具有浓郁的地方特色，有天生的贴近性、亲近态、认同感，深受群众喜爱。三是改进话语表达和传播方式，使内容更丰富多彩。现在，一般化的信息不再是稀缺资源，人们的个性化需求越来越多，倒逼内容生产必须在特色化、分众化上下功夫。《新闻记者》主编刘鹏在《新传播环境下用户新闻学的开启》演讲中表示，在当今时代传统的新闻业或新闻学面临着巨大的颠覆与挑战，新闻日益呈现出"网状"、去中心化的传播特点和模式。在新媒体时代，任何机构、社交媒体平台和个人都可以在网络中成为传播的节点，改变传统媒体时代"一对多"的传播模式，出现"多对多"的传播模式。在传统媒体时代，我们的闲言碎语可能不一定是媒体所需要的东西，但是在微博上，闲言碎语本身也是能够构成宏大信息流的，在互联网时代，每个人都是主角，每个人都有发出自己独立的声音，他们充分发挥着自己的想象力，综合运用图文、图表、动漫、音视频等多种形式，满足用户多样化个性化的需求，增强了新吸引力感染力。

随着媒体融合的进程，传统媒体已经不再是独立的优质主流传播媒介，形成了与新兴媒体你中有我、我中有你的新格局，在这种演变进程中，通过反思纵观互联网的思维本质，其核心就是"用户"，只有抓住了用户才会找到合作方的共鸣点，抓住用户的关键点在于"服务"，只有提供速度快、质量优和体验佳的新型媒体服务产品，搭建全媒体服务平台，才能使自身更具粘合力。一是围绕"媒体＋政务"做活服务，各级党政部门的工作决策、形象、民生福祉等方方面面都需要主流媒体传播，各职能部门同样需要主流媒体的公信力扩大影响。围绕"政府购买服务"中心工作需求，服务大局，宣传推广、整合传播，像河南项城、浙江长兴等地在媒体融合建设中优化政务平台服务内涵，探索多元经营模式，让企业和群众"多走网路、少走马路"，通过市长信箱、群众爆料、民生诉求、城市管理、业务查询等功能，为群众提供"掌上便利"，提高民生服务方面在线办事能力，与便民服务监管、食品安全监管等职能部门合作，发挥媒体舆论监督作用，督促相关部门及时解决问题，既方便了群众，又丰富了内容生产信息。二是围绕"媒体＋民生"做好服务。媒体的最终用户是社会大众，最大资产是拥有相当规模的、高忠诚度的用户群，分利用媒体移动互联、大数据、物联网等新技术，搭建起大数据信息资源平台、智能生产传播平台和用户平台，为用户提供多种形式的生活服务，大力拓展媒体产业发展空间，让用户主动参与到节目的生产、整理与推送过程中来，为用户"创造消费之外的梦想，提供超越商品本身使用价值的人文诉求和情感寄怀，赋予内容更多的附加值"，强化信息传播的互动性，提高用户的成就感、新鲜感、创造感与愉悦感，在生活中时时享受媒体平台带来的便捷。2018年北京歌华有线与建投享老合作，联合打造了国内首个以中老年人受众为目标的电视专区——50+年华专区，立足于中老年垂直领域，核心覆盖电视受众中50岁以上的人群，内容涵盖旅游、合唱、舞蹈、模特、美食、健康养生和书影文化等，实现实体产业、服务业与传媒产业在养老市场中的深度碰撞与结合，线上线下通过吸引广告赞助、会员制、大赛等形式赚取巨大利润。

随着媒体融合力度的加深，"媒体＋……"的内涵也在不断延伸，只要结合好媒体优势就会裂变出无限可能。未来，信息传播服务将逐渐成为媒体的基础服务，而各媒体在垂直领域的深耕和不断专业化，将逐渐形成差异化竞争，媒体逐渐演变成一个具有媒体基因的服务平台，这个平台的服务价值将决定媒体转型的成败。

随着5G、人工智能、大数据精准分析等技术革命的不断深化，当下万物皆媒时代正步入智媒时代，县级融媒体中心的未来仍将在不断转型中发展。

（作者单位：山东蓬莱市广播电视台）

县级台如何强化在融媒体中心建设中的站位

王钦峰

根据习近平总书记"要扎实抓好县级融媒体中心建设，更好引导群众、服务群众"的指示，作为一名基层广电人，如何深入学习贯彻习近平总书记重要指示精神，扎实推进县级融媒体中心建设，本文结合业务实际，就县级台如何强化在县级融媒体中心建设中站位谈几点意见，供业内基层广电人参考指导。

一、要重在更好引导群众、服务群众上下功夫

习近平总书记指示要扎实抓好县级融媒体中心建设，目的是要更好引导群众、服务群众。县级台作为党的基层传统媒体，唯有在更好引导群众、服务群众上下功夫，才能强化自身在县级融媒体中心建设中站位。如何加强县级融媒体中心对群众的引导与服务功能，县级台应重在以下几个方面着手：一是紧跟形势，认真学习领会中央政策部署，认真把握正确的宣传导向；二是必须坚持党管媒体原则，认真接受县委对县级融媒体中心建设的统一领导，紧密配合本县党政中心任务开展宣传报道，确保中央政策部署在当地的贯彻落实；三是积极弘扬本县政治、经济、社会、文化亮点，打造社会正能量，加强对群众的正面引导；四是紧密结合当地群众的关注点与实际需求，为群众提供及时到位的服务；五是针对客户端、微信、微博等自媒体发布的一些不实信息，认真做好去粗取精、去伪存真工作，以正视听，强化对社会舆论的正确引导。

二、坚持内容为王

县级融媒体中心要更好引导群众，服务群众，就必须坚持内容为王，紧密结合当地群众关注，用抢眼悦耳的文字与音视频内容吸引群众，引导群众，服务群众，借此强化县级融媒体中心的传播力、影响力和公信力。

作为县级电视台，在宣传内容上不仅要上接天气，充分宣传中央大政方针，更要下接地气，结合本地实际，彰显区域特色，服务当地关注，用亮眼的视频内

容与农民熟悉的语言，有针对性地推出更多受众喜闻乐见的本土化内容节目，用正能量引导群众，以贴近需求服务群众，让党的声音"飞入寻常百姓家"。

在接地气节目采制实践中，笔者深深体会到必须重点突出地区特色，作为县级台，一要突出农业特色，贴近服务农村发展。我国地域辽阔，地形、土壤、气候各异，东西南北中都有着各自的土特产。以山东为例，烟台的苹果、莱阳的梨、寿光的蔬菜、昌乐的西瓜、青州的花卉、乐陵的小枣等等都是享有盛名的地方特色土特产品，伴随着融媒体平台的传播，近年来知名度与产销量同步提升。昌乐县电视台为了贴近服务西瓜生产，专门推出《走进新农村》栏目，推介西瓜种植新经验和成功案例，同时帮助瓜农及时解决生产中遇到的各类问题。该栏目已成为当地家喻户晓的品牌节目，助推了昌乐西瓜产量与质量同步提升。节目通过融媒体的裂变传播，近年来昌乐西瓜销量逐年攀升，实实在在促进了昌乐县的经济发展与当地农民生活质量的改善，受到当地领导与瓜农的一致肯定，不失为县级融媒体中心服务群众的一个成功案例。

二是突出旅游特色。在融媒体之前，因为传播渠道受限，县级电视台对旅游资源的推介对象大都是本地受众。在融媒体时代，县级电视台应该充分抓住本地域特色历史传承、人文景观等资源优势，加大宣传力度，扩大在县域外的影响。以山东昌乐县为例，100多座一千八百万年前的古火山群，蔚为壮观；古火山口上一根根撑天六棱石柱，更是气势非凡；昌乐也因火山喷发形成的蓝宝石而享有世界宝石之都的美誉。囿于地域经济与宣传推广的限制，这么古朴独特的天然旅游资源一直没有得到有效开发，但随着目前旅游景点建设逐步完善与融媒体平台的推介传播，正在引发外界关注，乐昌古火山群景观旅游可望成为乐昌旅游业发展的一个新亮点。

三是突出文化特色。伴随着融媒体发展，文化正借助互联网的广泛传播，进一步凸显文化的内涵和精神的温度，并开始向其他产业延伸与融合。中华文化色彩斑斓，大到繁华都市，小到县市乡村，各地都有着各自独特的文化传承。县级融媒体中心同样要及时抓住文化产业发展这一契机，挖掘本土化文化资源，打造特色文化产业栏目，推动文化产业走出吹拉弹唱的小文化，融入国民经济的大文化，从看不见、摸不着的软实力，逐渐成为拉动一方经济的硬实力。文化题材要靠挖掘，靠传承，靠发展，靠推广，才能逐步成长为文化产业。山东昌乐县有一位老农民在当地可谓家喻户晓，他连续20多年自行举办桃花会的故事，展现了浓郁的地域性民间文化，广受当地民众青睐。为放大本地文化资源影响力，昌乐电视台对这位老人以及他主办的桃花会进行了充分报道，并通过互联网广泛传播，受众反响强烈。如今，"桃花会"已由当年单纯的诗词绘画歌会，演变成了每年一届的文化搭台经贸唱戏的商贸盛会，有效带动了当地经济发展。随着"桃花会"

规模的不断扩大和融媒体中心的进一步传播，一年一度的"桃花会"可望越来越成为助推乐昌经济文化发展的盛会。

三、充分发挥自身优势

县级广播电视台要强化在县级融媒体中心的站位，重要一点就是要充分发挥自身优势。一是充分发挥县级台作为基层党媒的优势，强化舆论的正能量、公信力与影响力；二是充分依托县委县政府的重视与支持优势，紧密配合当地党政要求开展宣传报道业务；三是要充分发挥信息优势。县级台作为党的基层喉舌，信息源获取快捷及时，采访报道畅通无阻，借此确保新闻报道的时效性与影响力；四是要充分发挥人才优势。相对当地微信、微博、客户端等新媒体、自媒体而言，基层传统媒体广电人大都经过高等学校的专业培养，且都经过严格的政治考察才被正式入编广电队伍，政治素质、专业素质都有保障，伴随着广电业多年的持续发展，县级广电人的政治素养与专业技能日趋提高，广电节目质量与影响持续扩大；五是要充分发挥受众优势。县级台作为已持续播出了数十年的当地主流媒体，业已形成当地广大的固定受众群，进入融媒体后，除固定受众外，受众的外延也将随之更加广泛，传统广电媒体影响力只会是有增无减；六是充分发挥现有技术设备优势。县级广播电视经过数十年的建设发展，设备从模拟、数字到高清历经数次更新换代，大都基本具备适应融媒体发展的技术要求；七是充分发挥资源优势。随着新一轮机构改革的推进，广播电视的体制机制更加理顺，从中央到地方、从省市台到县级台，互联网上下联通，融为一体，不仅资源共享，丰富节目源，还可以相互学习借鉴，借此提升基层广电人的政治素养与业务素养。县级台相对当地媒介具有诸多自身优势，通过充分发挥自身优势，无疑会强化县级台在县级融媒体中心的站位。

四、转变传统思维，顺应融媒体时代潮流

面对融媒体时代新变化，完全沿用传统媒体运作模式显然已经难以适应新需求。县级台作为党的基层传统媒体，要在县级融媒体中心建设中发挥更大作用，就必须转变传统思维，一是在"融"字上狠下功夫，方可顺应融媒体时代潮流，形成满足新需求、赢得新市场的能力。所谓突出一个"融"字，就是要在内容生产与发布上实现全面融通，而要实现全面融通，就必须创建"统筹策划、一次采集、多种生成、多元传播、有效应用"的融媒体业务模式。"统筹策划，一次采集"就是统一策划选题，统一安排人力，实施一次性采集，改变多头重复采访、浪费人力的传统模式；"多种生成"就是分头将采集的信息编辑制作成音频、视频、文字内容；"多元传播与有效应用"就是将采编的音频、视频、文字内容通过多钟媒介渠道同时发布，使采编的内容得到充分有效的应用，借此扩大传播力与影

响力，形成以主流媒体为引领，融合体制内宣传平台、社会媒体、自媒体为一体的融合发展格局。

二是面对媒体融合带来的业务形态变化，原有运行体制机制已明显不适应新形势的发展，要抓好县级融媒体中心建设，就必须勇于突破体制机制固化的掣肘，积极推进采、编、播流程及组织管理体制机制创新，加快从内容生产、节目传输、技术创新到经营平台与管理体系的深度融合，促进县级台与新媒体融合发展。

三要迎合受众需求，不断创新节目模式。在融媒体时代，信息量急剧增加，新媒体的受众日趋年轻化，获取新型途径多种多样，人们不再受时间、空间的制约，随时随地都能收听收看到自己所需的信息。相对新媒体发展态势，广播电视等传统模式节目收视率已呈下降势头，要改变这一趋势，就必须加大与各类新媒体模式相匹配的音视频节目的制作播出，摒弃"高大上"，打造"短而精"的节目。近年来短视频正成为新媒体的一大亮点，传统广电媒体只有适时增加短视频节目制作播出，才能有效与新媒体争抢受众，争抢影响。毋庸置疑，传统媒体都是专业新闻人，制作的短视频肯定比新媒体制作的更专业受看。

四要不断完善技术更新。技术更新是扩大传播的前提，也是县级融媒体中心建设的技术保障。得益于自身努力与当地党政支持，目前不少县级台新技术设备已初具规模，基本适应融媒体发展需求，但囿于资金及规模制约，还有部分县级台技术设施仍相对滞后，难以适应融媒体发展新形势。为有效应对这一困难，县级台要在资金上向融媒体技术建设倾斜；要开动脑筋借助外力合作发展；要根据习近平总书记"要扎实抓好县级融媒体中心建设"的重要指示精神，积极主动争取当地财政资金支持。

五要着力加强人才队伍建设。在媒体竞争中，人才是关键。有了人才，才会产出优质内容、才能强化传输平台。县级台作为党的基层传统媒体，新闻业务人才在当地大都有着明显优势，但传统业务模式如何适应融媒体发展模式，这对传统广电人来说也是一个共同面对的课题。因此新形势下加强对采编播人员的教育和培训，努力培养适应融媒体发展的全媒体复合型人才，这也是县级台当下的一项重要任务。相对新媒体而言，县级台作为传统媒体，在采编播业务方面虽有自身优势，但在新媒体技术应用方面不少台还处于弱势，所以在积极完善新媒体技术设备的同时，还必须加大对新媒体技术应用人才的培养，只有同时强化对编播业务人员与技术人员的教育和培训，才能确保县级台节目的收视率、传播力与影响力，才能强化县级台在县级融媒体中心建设中的主体站位。

（作者单位：山东潍坊市昌乐电视台）

建设县级融媒体　广播扬帆正当时

王春莹

习近平总书记在全国宣传思想工作会议指出："要扎实抓好县级融媒体中心建设，更好地引导群众、服务群众"。为落实好这一重要讲话精神，全国各地都在积极探索有效途径，加快县级融媒体中心建设步伐。这无疑给广播发展再次带来了机遇与活力，正所谓广播扬帆正当时。

一、广播给融媒体建设积累了丰富经验

早在县级融媒体中心建设之前，广播为了自身发展，早就积极与新媒体融合，并取得了可喜成果。以东港广播电台为例，通过建立广播在线收听平台，与智能手机终端平台相连接，探索出了传统媒体与互联网之间的融合。东港电台于2016年成立新媒体部，先后实现广播在线收听、手机在线收听、视频直播等功能。微信公众号上线4年，专题点击量多次过万数。广播节目在蜻蜓FM和喜马拉雅FM收听总量超过30万。这种以广播直播、视频直播、微信专题等形式融合报道，取得良好成效。

在外省市，县级广播与新媒体建设经验更加成熟。绍兴广播电视台坚持"本土化、新媒体、多元化"发展思路，加快媒体深度融合，从内容提供商向聚合型平台转型。扬州广播在与新媒体融合中，通过多元化、全方位实践与探索，形成了"扬州广电生态圈"，为广播创新发展做出了示范和引领作用。这些都为县级融媒体中心建设提供了成功经验。

二、县级融媒体中心建设给广播带来的主导作用

在媒体融合中，广播电视积累了丰富的经验，也探索出了成功的路子，这为广播发挥县级融媒体中心建设的主导作用夯实了基础。

以广播电视为主导力量，可以实现县级两大传统媒体的优势互补，达到乘数效应。广播电视台拥有先进的录摄播设备，有专门的音视频方面人才；同时，还

建有内容丰富的影音资料库，信息可听化、可视化传播优势得天独厚，并拥有有线广播电视数字宽带网络。而报社有一整套行之有效的新闻把关制度，有一批训练有素、文字组织处理能力过硬的采编人员。这支队伍与广电联姻，文字实力大增，表情达意更精准传神，无疑将会出现"电波增辉、满屏生色"的可喜局面。以移动端传播为主要手段，符合现代信息传播规律。音视频是移动端的主要传播形态；移动传播，可以极大提高信息传播效果，符合县级受众获取信息的特点。

辽宁广播电视台进行资源整合，将广播电视、电信、互联网相融合，广播、电视、电脑、手机"一云多屏"，多渠道传播的形式，实现了以传统媒体为核心，以官方微信、官方微博为两翼的移动新媒体矩阵，形成了全媒体发展格局，这无疑是融媒体中心的雏形。河南项城以广播电视为主导，探索出了具有县域特色的"新闻＋政务＋服务"融媒体运行模式，成为县级广电媒体融合改革发展的领头羊。2018 年 6 月 13 日，中央政治局委员、中宣部部长黄坤明在项城调研时，对项城融媒体发展给予了高度评价。东港广播电台在当地媒体中也率先探索与新媒体融合，通过建立广播在线收听平台，与智能手机平台这一新兴终端设备相连接，探索出了传统媒体与互联网之间的融合。广播传播渠道通过移动互联网拓宽，展现了伴随性广播的优势，这样极大地补充了广播只能听的短板，也可以图文并茂，受众不仅能听，还能通过手机边听边看，增强了广播的影响力。作为一个地处西北的县级广播电视台，2017 年，玉门市积极响应中央媒体融合战略号召，开始实施"数据融合服务中心暨融合媒体共享平台项目"建设，正式开启媒体融合进程。实行业务内容的共享融合、传播技术的交互融合和应用服务融合（产业融合）。提出了"新闻＋政务＋应用服务"的融媒体建设思路，重点打造"一中心四系统＋爱玉门 APP"为技术架构云计算融合媒体共享平台。为此证明，在县级融媒体中心建设中，广播的主导地位不可动摇。

三、补广播短板　办多彩节目

县级广电媒体作为最主要的媒介平台，无论如何都具有存在性与发展空间。在国内，不少县级传统媒体纷纷将媒体融合作为发展口号，在新的媒介生态下，谋求媒体融合发展正成为传统县级广电媒体转型发展的共识。既然县级融媒体中心建设是大势所趋，广播电视又成为建设主体，那么广播就应该查找自身在融媒体建设中的不足，补广播短板，求发展，以适应新形势下融媒体发展的需求。

（一）打破资金不足瓶颈。县级融媒体中心建设，就是借助广电网络、多终端覆盖以及用户规模等优势，构建多点采集、统一加工、统一审核、统一分发、多端发布的党政集中宣传平台，真正实现县域"三屏一声"（电视、电脑、手机、广播）全覆盖的目的，要实现这一目标，需要很大的财力支撑，而就东港市（县级市）目前财政状况来看，各类媒体多以财政供养为主，无力承担建设任务，很难能在财力给予保障。既然广播电视是县级融媒体中心建设的主题，就要勇于担当，应该趁这次县级融媒体中心建设的大好机会，争取到财政对县级媒体的包养。同时在自身多方筹集资金的基础上，积极与上级行业管理部门争取项目扶持，中央台和省级台每年都有这方面的扶持资金，力争得到上级的帮助。

（二）弥补缺乏技术人员的短板。融媒体环境下，传统广播转型要在发扬其优势的同时，利用新技术弥补其劣势。县级媒体暂时无法与上级媒体平台形成有效对接，缺乏公共服务平台核心技术支撑。在加快县级融媒体中心建设中，网络尖端技术人才是关键。由于县级财政有限，很难招到专业的本科大学生进岗。以东港广播电台为例，已经连续四年陆续到辽宁各院校招聘技术人才，但适合广播编程技术的大学生凤毛麟角，只能从相近行业招聘，无法满足广播专业化发展需求。由此可见，建设县级融媒体中心在设备平台、技术人才方面还存在很大难题。这就需要打破体制机制瓶颈，出台各种优惠政策，通过多渠道、多途径吸引高端人才，留住人才。在本系统也要对在岗人员进行培训，采取请进来、走出去等多种培训方式，让在岗人员尽快掌握新技术发展的需要，以弥补广播缺乏技术人员的短板。

（三）以新颖的节目吸引人。随着数字化、手机终端的开发利用和广播与新媒体的融合，传统广播的传播方式已满足不了受众的需求，融媒体迫切需要准确把握受众的品味、偏好和兴趣，把精品节目推送给受众。如何发挥电台微信平台、公众号的作用，让更多人关注，参与其中，这既要求媒体提供丰富的内容供给，更要求音视频产品适销对路。东港电台在这方面做了有效尝试，2018 年，以"有文化的东港，有故事的乡村"为主题，推出融媒体系列报道《记忆东港》，以广播直播、视频直播、微信专题等形式融合报道，取得良好成效。这些以贴近百姓、贴近生活，精心制作的融媒体节目，其版面灵活、图文并茂、音视频共兼，群众喜闻乐见、亮点颇多的微信平台节目。为此，做好节目策划制作对融媒体发展至关重要。

（四）以快速迅捷占领舆论阵地。无论是传统媒体和新媒体，都以快速传播来抢占宣传阵地，新媒体能够得到广泛欢迎，就是以灵活快捷抢了先机。在县级融媒体中心建设中，广播应该克服订阅号每天只能推送一次的短板。以东港人民广播电台为例，在腾讯申请了订阅号，开办了微信平台，每天只能推送一次且不能超过 8 条，制约了手机端的新闻发布，限制了广播媒体本身具有的快捷特点。应该积极与上级媒体和腾讯沟通联系，采取有效方式，把每天一次推送 8 条，变成每日多次推送。这样不仅保证了新闻的及时传播，更重要的在突发事件发生时也能让受众及时、准确了解事件真相以及政府的声音无死角传播，以正确的导向消除一些非正常的误传。

县级融媒体中心建设，为广播提供了广阔的发展空间，广播要紧紧抓住这一机遇，发挥自身优势，勇于担当、敢于作为，要借助融媒体这一平台不断改善自身的不合理之处，创办出深度关注民生的融媒体新闻，不断在新的形势下发展自身。为此，建设县级融媒体中心，广播扬帆正当时。

（作者单位：辽宁东港人民广播电台）

融会贯通破局发力　打造县级融媒体中心

李国光

一、进一步深刻认识县级融媒体中心建设的重大意义。

习近平总书记在 2018 年全国宣传思想工作会议上指出："扎实抓好县级融媒体中心建设，更好引导群众、服务群众。"在一次全国性高规格会议上，由党和国家及军队最高领导人首次提出县级事务机构建设，时机非同寻常，意义非常重大。11 月 9 日，《人民日报》高调发文《扎实抓好县级融媒体中心建设》，权威阐述抓好县级融媒体中心建设具有重大意义，深刻剖析当前县级融媒体发展存在的突出问题，从 6 个方面指出抓好县级融媒体中心建设的现实路径，为当前县级融媒体中心建设提供了强有力的决策参考。

一是强化县级媒体新闻舆论的时代所需。首先要把县级融媒体中心建设这一战略决策放在国际国内意识形态的激烈交锋去思考。中西意识形态的敌对渗透是我国宣传思想工作面临的常态，是巩固党的执政根基的最大挑战。在错综复杂的国际斗争形势中，西方强国往往依仗话语霸权，罔顾事实、造谣生事，制造舆论紧张，中国对国际事务的处置不仅展现大国担当，更传递一种民富国强的实力和信心，这种信心不仅是老百姓的知情权，更是不可或缺的民族向心力。作为老百姓身边的媒体，县级媒体应当主动作为。其次要把县级融媒体中心建设放在国内深化改革凝心聚力的大环境中去思考。近年来，受全球经济的影响，国内经济供给侧结构改革不断走向深入，通胀压力明显加大，如何稳定民心，把老百姓士气鼓舞起来，精神振奋起来，把人民群众对美好生活的追求，化作工作实际行动，县级媒体必须有所作为。再次要把县级融媒体中心建设放在坚定个人信念信仰，筑牢精神之基的价值引领去思考。网络媒体的迅猛发展，传统媒体不再是信息传播的源泉和舆论策源地，网络成为思想交锋主阵地，用新闻的形式和服务的内涵鼓劲励志，用社会主义主流价值观培育担当民族复兴大任的时代新人，县级融媒体中心不可缺位。特别要把县级融媒体中心建设放在基层广大地区应对重大突发情况安全维稳的公共需求去思考。从农村广播村村响、防洪预警、地质灾害预警这些公共服务末端，到监督舆论、救助弱势群体等不可预知的突发情况，往往都是县级媒体第一时间赶到现场，采制专题视频为上级提供决策依据。

二是纠错网络媒体管办不分、同质内耗的改革必然。在传统主流媒体中，广播电视、报纸杂志都是获得播出资质许可证或出版发行刊号以后面向市场发行的官方媒体，审批程序十分严谨，均需在国家层面报批。网络媒体兴起以后，各地方政府网站、新闻网站、微博微信客户端以及上级网站链接延伸铺天盖地，尽管这些网站经过正规注册，能够有效接受监督，在宣传当地党委政府、应对舆情监督、打造民情通道、倾听百姓呼声方面发挥了重要作用，但从本质上说还是门户网站，缺少国家层面核准的媒体资质，从业人员也没有国家相关部门核发的编辑记者资格证，只能挂靠县委宣传部运行，有管办不分之嫌疑。实际工作中，一起新闻事件，广播电视、报纸网站、本地媒体、上级媒体、自媒体等交集重叠时有发生，稿件相互采用，不仅浪费大量的人力物力财力，还与新闻宣传纪律严重不符。由于网络媒体方便快捷、传播宽泛，广告经营创收难免与传统媒体出现恶意竞争，造成很多时候党委、政府一方面要想方设法保证广播电视的工资和运转，一方面又默认网络媒体与传统媒体市场窝里斗现象，这对弱小的县级媒体和有限的市场资源来说，无疑雪上加霜，媒体之间同一新闻采访性质人员福利待遇明显不同，体制矛盾十分明显。

三是县级媒体握紧拳头整体发力的重要手段。县级融媒体中心建设概念的提出，充分说明县级媒体过来散兵游泳、各自为政，相互拆台、于事无补的现状，时下，当网络作为一种民主政治的有效渠道、学习教育的百科全书、生产消费的时尚方式迅速走进千家万户的时候，传统的县级广播电视正因传播缓慢、方式陈旧、时效落后、互动不足离开大众视线，受众严重边缘化，网络覆盖大面积萎缩，加强广播电视与新媒体融合发展成为县级媒体发展的大势所趋。就网络媒体而言，缺少视频制作的必要设备，视频资料基本上都是拿来主义，采写的稿件大多是文字＋图片，随意性较大，有时写得天花乱坠，与事实相差甚远，尽管传播较快，但缺少传统媒体的权威性，有时甚至闹出笑话，如悬浮视察照片等，在网民素质不高、自律不严的情况下，很容易产生网络暴力，严重时甚至左右民意，影响社会稳定，且很难落实责任追责。广播电视的权威而缓慢与新媒体的快速而不权威形成县级媒体强烈的互补效应，必须坚持以融合为抓手，通过无缝对接，实现资源共享、技术共用、人才共建、数据共通，重大战役整体响应，集体出动，舆情监督权威发声，一锤定音，除了减少人力、物力和财力以外，广播电视媒体的传播力、影响力，网络媒体的舆论引导力、公信力可以迅速得到加强，快速实现 1+1＞2 的可喜局面。

二、全面了解县级媒体的生存困境。

县级融媒体中心建设不仅是全国深化文化体制改革的重要内容之一，更是基层媒体整合、对接上层建筑、打开世界之窗的重大举措，对党的治国理政将产生深远的影响。当前，县级媒体究竟遇到哪些困境，如何建立更完备、更稳定、更管用的制度体系？开展县级媒体建设"回头看"，全面解剖小麻雀，找准县级媒体生存发展症结和问题所在，才能真正构建统筹协调、责任明确、功能互补、覆盖广泛、富有效率的舆论引导格局。

一是县级传统媒体普遍存在人多债重，运转困难。20世纪90年代，县级电视台纷纷成立，至今20余年，为党的新闻舆论工作做出了重要贡献。由于广播电视生产流程繁杂，人员需求相对较多，各地县级电视台膨胀过快，这些人员关系复杂，素质参差不齐，专业技术人才短缺，同一部门、同一工种全额、差额、自收自支和临聘等几种身份并存，管理难度很大，目标考核形同虚设。另一方面，电视自诞生以后，历经多次体制改革，管理混乱，人心思安，特别是台网分离以后，网络收入由上级统筹，人员却是带编委派性质，这种人财务不同步、权责利不对等，没有厘清人员最终归宿的改革为日后管理埋下了严重隐患，在网络收入断崖式下滑以后，集体上访要求回电视台上班。反观目前县级广播电视台，以网养台的局面不复存在，广告市场严重萎缩，巨额外债无法偿还，人员工资、养老保险无着落，根本无力投入新媒体建设。

二是大部分县级新媒体人少活多，势单力薄。县级新闻网理论上是当地对外宣传的重要窗口，也是展示本地形象的第一门户，拥有地方党网特有的政治优势和强大的新闻采编力量，具有新闻和信息发布的权威性，按理说工作应该很好推进，但绝大多数县级网络媒体自诞生之日起，并不是独自承建中央厨房，没有单独的网址域名，而是租赁上级媒体的新闻存储和维护空间，从刚开始就被牵着鼻子走，背上了沉重的经济负担。同时，由于对网络媒体认识不够深入，普遍停留在图片＋文字办网站的形式，采编人员严重不够，在应对特定时期、重大活动、突发情况繁重的新闻报道任务时，往往心有余而力不足，无论舆论引导还是舆情监督，无论创收服务还是网民互动，都没有达到理想的效果。

三是贫困落后地区总体发展水平不高，造血不足。作为党的舆论阵地，长期以来各地党委、政府对媒体建设十分重视，对媒体从业人员十分关心，媒体主管部门和业务部门在提高党的新闻舆论工作水平想了很多办法，做了大量工作，但是由于县域经济总量不大，特别是贫困落后地区县市区，相对东部沿海及内陆发达地区来说，没有优越的地理条件，没有良好的区位优势，在媒体建设资金设备技术投入方面明显不足。近几年来受国际国内经济影响，地方经济下行压力进一步加大，地方债务早已超出通胀红线，在紧缩开支、偿还历史债务的重大压力下，除了保障常规宣传报道以外，对传统媒体与网络新媒体融合无力顾及。另外，贫困落后地区基础设施落后、交通严重滞后，企业投资风险高、成本大、落地难，无论是网络还是电视，市场收入几乎为零，财政乏力，市场疲软，根本谈不上造血生肌，贫困地区县级媒体举步维艰。

三、建设县级融媒体中心的几点建议

建设县级融媒体中心是一项意识形态补短板、强基层、打基础的时代工程，县级融媒体中心究竟应该怎么建？资金从哪里来？人才从哪里来？后勤人到哪里去？融媒体，还是融服务？9月28日，县级融媒体中心建设研讨会在人民日报社举行，会议指出县级融媒体中心建设"技术已不是难题，体制创新、机构改革、工作流程再造才是真正需要突破的问题。"[1]

一是统人员，确保县级融媒体中心顺利诞生。11月14日中央深改委员会第五次会议指出，组建县级融媒体中心，必须深化机构、人事、财政、薪酬等方面改革，调整优化媒体布局，推进融合发展，不断提高县级媒体传播力、引导力、影响力。各地首先要将县级融媒体中心纳入党委意识形态责任制考核和一把手工程，成立党委、政府主要领导任组长的领导小组，明确主体责任，深入调研考察，广泛征求意见，充分尊重干部职工知情权，加强顶层设计，科学设置机构，因地制宜地出台"三定"方案。建议将贫困落后地区和发达地区县级融媒体中心建设分类实施，在机构设定、单位性质确定的基础上，科学核定人员编制数量，利用政策机遇，参照事业单位改革，合理解决非财政业务骨干身份问题，对业务能力不足的非财政人员采取双向选择等二次就业方式进行分流，确保媒体从业人员轻松上岗，解决后顾之忧。要客观认识过去"老人老办法"的历史背景，汲取以往改革不深入不彻底、挂个牌子换汤不换药、人员问题往后拖、反复请求财政支持的教训，避免县级融媒体中心重回文化体制改革多年分合、积重难返的老路。

二是融媒体，打造党的新闻舆论桥头堡。县级融媒体中心建设，媒体是根，宣传是本，巩固壮大主流思想舆论，汇聚奋进新进代的磅礴力量，是县级媒体的使命所在。必须坚持专业人员做专业的事情，基层的事情基层做，建议以县级广播电视台为主体建立县级融媒体中心，突出县级融媒体中心的新闻舆论主业，将县广播电视台、新闻网、政府网、手机报等平台资源整合一起，搭建全新的空间技术平台，打通大屏小屏、线上线下的传输瓶颈，为内容生产提供有力的保障，形成采编融合、内容汇聚、多渠道传送、多终端一体化的媒体发送模式，建议中央、各省、市、自治区将贫困落后地区县级融媒体中心纳入媒体扶贫攻坚项目建设，设立专项基金，建起资质齐全、功能完整、有单独域名的融合中心平台，一劳永逸地解决后期租赁、网络接入费用。在完善硬件设施和技术装备的基础上，创新

体制机制，激发内部活力，打造一支政治过硬、本领高强、求实创新、能打胜仗的县级融媒体新闻人员队伍，推动党的创新理论"飞入寻常百姓家"[2]。

三是拓服务，把群众服务送回家。11月7日，网上公布了中央批复同意的《天津市机构改革实施方案》，报社和广播电视台均被取消"番号"，此前8月31日，郑州16个县级融媒体中心完成挂牌工作，各地融媒体建设正按照中央要求，不断提升政治站位，紧密结合媒体发展态势和市场发展规律，用融媒体的视角、互联网的思维，按照"新闻＋政务＋服务＋电商"的模式打造县级融媒体中心多元化服务平台。需要注意的是，县级融媒体中心不能完全等同县级融媒体服务中心，其核心功能和主要职责还是应当落在媒体二字上，因此县级融媒体中心的服务应准确定位，分步实施，不可盲目做大做强。首先坚决唱好主业。党媒姓党，是党和政府的喉舌，必须始终坚持正确导向，树立"四个意识"，坚定"四个自信"，贯彻落实"两个维护"和"两个巩固"，自觉承担起举旗帜、聚民心、育新人、兴文化、展形象的使命任务，为服务党和国家事业大局作出突出贡献。其次，逐步延伸服务。媒体是连接党和政府的桥梁和纽带，只是服务的链接与渠道，要在做好资讯发布、应急指挥、舆情监督、政务服务等主业的基础上，量力而行，分步实施，结合群众实际需求，逐步拓展融媒体的服务功能，有些看似美好、象征意义大于实际意义、没有市场生存基础的在线服务切忌盲目引进，一哄而上。

四是兴产业，逐步培植贫困地区县级媒体新业态。长期以来，在全国四级媒体共存的金字塔结构格局中，无论是舆论引导，还是媒体创收，都是中央媒体一家独大，省级媒体各领风骚，地级媒体苦苦支撑，县级媒体举步维艰，县级媒体尤其是广播电视的存在一直备受争议。县级融媒体建设的提出，从巩固舆论阵地、服务群众的迫切要求，不仅为广播电视的存在作了一次系统定论，更为整合提升基层媒体提供了法理依据。随着县级融媒体的深度融合和新业态的出现，县级媒体产业将迎来一次新的发展春天。一方面遵循"资金、技术、人才实力比较雄厚的县（市）可以采用'自办'模式，对传统媒体和新媒体平台进行集约化、统一化管理，形成融媒体中心"[3]，另一方面，为防止"合办"产生的各种综合征、后遗症，应坚持属地管理，通过中央和省级财政专项资金，鼓励支持资金、技术、人才实力较弱的县（市）走"自办"道路，从源头上避免上级媒体通过行政推动争抢市场资源、拒绝接收从业人员甩包袱、变相增加基层财政负担的做法，建议将贫困落后地区县级融媒体中心定为公益一类，下设网络有限公司和广告服务公司，所有产业创收进入当地财政大笼子，待条件成熟后走向市场，逐步培植媒体新业态。

总之，县级融媒体中心是加强党的新闻舆论阵地建设的重要内容，媒体从业人员是捍卫舆论阵地的刀锋战士，形如战争，只有做好和平时期军事斗争准备，才能真正确保打赢，在改革开放 40 周年之际，县级隔媒体中心建设不仅鼓舞着媒体人赤胆忠心，更承载着党和人民殷切的希望，书时代答卷，让历史检阅吧！

（作者单位：湖南沅陵县广播电视台）

县级融媒体中心可持续发展探讨

延文章

随着信息技术的飞速发展，传统媒体的生存环境急剧恶化，县级广播电视台面临着一系列日益突出的问题。如何提高宣传报道的传播力、引导力、影响力和公信力，以自我革命的精神来加快融合，这是摆在广大基层广电人面前急需解决的问题。

一、县级广播电视台生存现状及存在问题

1. 先天不足，缺乏顶层设计。长期以来，县级广播电视台改革的方向和目标缺乏统筹考虑与统一认识。县级电视台需要发挥新闻引导功能，实现社会效益；需要拉人头来创收，实现经济效益。然而，在实现这两个目标的过程中，对应遵循的原则和规范缺乏明确的定义和法律规定。体制机制改革落地难、突破难，另外由于没有自主改革的权限，因此在用人、分配、激励、业务决策等方面均需县委县政府或其他上级相关部门的授权或许可，而在这些部门的工作部署中，县级台往往处在视野的边缘位置，导致体制机制改革的落地难，突破更难。

2. 后天贫血，缺乏资金。近年来，受经济形势及自媒体等因素的影响，县级台普遍存在入不敷出、经营困难等问题。县级融媒体中心定位为事业单位，财政给予相应保障，但这种保障实际上很难覆盖运行成本。这样，运营短板仍是县级融媒体中心建设的瓶颈问题。没有造血功能全靠输血的媒体，是不可能具备发展能力的，也无法获得运营力传播力影响力。

3. 发展乏力，竞争力不足。平台小，薪酬低，人才挽留困难，县级电视台作为基层舆论宣传的主体地位面临着巨大的挑战。设备老化严重，缺乏人才和投资，节目质量无法提高。有的县级台制作播出基础设施完善，功能突出，人才齐备，各类媒体发展良好，融合深入推进，制作传播能力强大，经营状况持续良好。但很多县级媒体，基础条件十分薄弱，软件硬件都不匹配，数字化网络化任务欠账多，甚至要设备没设备、要人没人、要钱没钱，几乎没有节目制作能力。这样的县，

要建设标准化的县级融媒体中心，困难极大，需因地制宜。。县级融媒体中心建设需要技术和业务人才，运行同样需要人才。但目前县级媒体的人才严重匮乏，新人进不来、老人出不去、人才留不住。

二、建设县级融媒体中心建设的意义及模式

2018 年 8 月 22 日，习近平总书记在全国宣传思想工作会议上明确提出，要扎实抓好县级新闻中心建设，更好地引导和服务人民群众。9 月 20 日，宣传部部署，要求到 2020 年底，县级金融媒体中心基本覆盖全国。这标志着推动媒体深度融合发展的新进程已经开启，县级融媒体中心建设成为这一阶段工作的重心。这标志着推进媒体发展深度融合新进程的开始，县级媒体中心建设成为现阶段的重点。会议强调，建立县级媒体中心，有利于整合县级媒体资源，巩固和扩大主流意识形态和舆论。深化机构改革、人事改革、财务改革、薪酬改革，调整优化媒体布局，促进整合发展，不断提高县级媒体沟通、引导和影响力。

通过系统的研究中心精神，我们理解了建设县级融媒体中心的内涵：县级融媒体中心应该成为县域新闻报道的主要力量和舆论引导，全面服务平台为当地居民提供各种服务，社区成员提供信息交互中心，和一个新的平台，党和政府治理国家的新时代。

近年来全国许多省市积极探索县级媒体中心改革建设，取得初步成效。我国县级金融媒体中心建设总体上有几种主要模式。

模式一：省市级媒体带动县级媒体融合。后者依靠前者的人力资源、制度资源、资金和技术优势，"借船出海"，建设媒体中心。这种方式的优势在于县级金融媒体中心的建设可以立竿见影，成本更低，见效更快。其不足之处在于县级媒体整合中心不"接地"，主观性下降，检验了二者之间的良性互动。从国家层面来看，县级金融媒体中心与省级媒体的合作更多。利用省级金融媒体技术，建立本地云平台（如"新湖南云""四川云"、长江云），探索县级金融媒体中心建设。当然，县级媒体中心与市级媒体合作建设的案例也不少，如郑州日报报业集团与 16 个县合作建设县级媒体中心。

模式二：自主开发建设县级媒体中心。不同的省级媒体"支持"或"托管"模式，这种模式能保证的主要对县（区）在路上的媒体集成，但早期的技术平台有大量投资建设，后来运营资本和技术门槛高，已成为一个困难的县级媒体融合中心的建设。其中，许多县（区）通过与高校、科研院所的"联姻"，借助"外脑"推动金融媒体中心建设，并与市场化的传播机构合作。目前，一些县级电视台率先改革，积极探索县级媒体中心建设，形成了自己的媒体融合发展模式和路径。除了湖南的浏阳，还有浙江的长兴、安吉、福建的酉溪、江苏的邳州等地。由于他们独立参与研发，他们掌握了主导力量。结合地方优势，媒体中心建设有其自

身的亮点和特点。

三、几点思考及建议

（一）抢抓机遇，做大做强县级融媒体中心。

推进县级金融媒体中心建设，是新形势下深化文化体制改革的重要举措，是宣传思想领域的重大改革。这项建设任务肩负着巩固基层舆论地位、推进国家治理体系现代化的重大使命，具有重大的政治意义。促进资源整合，加快集成开发，摆脱困难，变得更大、更强、更好。有必要尽快计划和部署，抓住县级媒体综合发展领域的制高点，促进县级媒体的发展和扩张，使它更大、更强、更好，打下坚实的基础的建设文化强县的目标。

（二）突出重点，明确县级广播电台的主体地位。

在县级媒体中心建设中，要明确县级广播电视台的主体地位。以县广播电视台为主体，建设县级金融媒体中心具有三大优势。一个是政治优势。县级广播电台是重要的政治资源对于基层各级党委和政府，以及舆论宣传的工具中央的精神，贯彻党的计划，贯彻党的政策和巩固基层政权，直接和有效地指导地方公众舆论，地域文化传播，发布公共信息和服务当地人民。第二，专业优势。全媒体时代的核心产品是文本、声音、图片、视频等媒体形式的综合呈现。县级广播电台从设备到人才都具有基本的储备和专业优势，这是县级媒体中心建设的基本保障。三是区位优势。县广播电视台作为全县唯一的主流电视媒体，在其他媒体中占有不可替代的地位。以县级广播电台为主体的县级媒体中心建设是县级广播电台摆脱困境、实现创新发展的契机。加强湖南广播电视产业的弱项、强项，促进其发展，壮大、壮大和优化"湖南广播电视大军"，也是湖南广播电视产业的一项重要举措。县级省级广播电台要抓住机遇，顺势而为，成为县级新闻中心建设的主阵地、领导者和领导者。

在县级媒体中心建设中，要巩固各方实现可持续发展的责任。一是主体责任。县级融媒体中心建设由地方党委、政府负责。县级党委、政府要把中心建设纳入社会经济发展全局，加大投入，协调全社会发展。二是部门职责。国家级行业主管部门已经搞好顶层设计，制定了县级融媒体中心建设规范和标准。行业主管部门要加强对建设的管理和指导，及时总结推广良好经验，制定、指导性文件。

（三）把握创建全媒体制作传播矩阵的关键。

一般来说，金融媒体的形式是广播＋电视＋报纸＋网站＋客户＋微信＋微博等，要建立和发展这样一个所有媒体的生产和传播矩阵，必须采取五个步骤：整合、容纳、扩张、转型和发展，并进行一系列的改革，以满足市场需求。删除这五个步骤。在这一系列改革中，我们应该抓住三个关键问题。

1.抓住核心业务，巩固和扩大基层舆论地位。正确的舆论导向，提高新闻舆论传播力、引导力、影响力和公信力，巩固扩大基层主流民意，保持良好的意见基层职位，使党的政策理论和社会主义核心价值观飞入寻常百姓家，统一思想，凝聚力量，有效地领导基层是致力于中华民族伟大复兴的中国梦的伟大实践，其中融县级媒体中心建设的核心业务，必须始终坚持。

2. 抓好基础业务，拓展产业运营。做好基层媒体服务群众工作，更好地为人民群众服务是习近平总书记赋予县级新闻中心建设的又一使命，这也是县级融媒体中心建设的基础业务。输血十分必要，但不能仅靠输血，服务群众必然需要运营。媒体服务是市场行为，离不开竞争，面向用户的必然是市场主体，有造血功能才具备发展能力。产业运营是培育造血功能的必由之路。一般情况下县级融媒体中心具有产业运营的条件与市场：一是依托专业人才团队，为相关部门、单位、乡村搭建宣传展示服务窗口，提供微信微博等自媒体运维服务；二是开展用户运营，利用广泛的用户连接和大数据分析，为用户提供各种生活服务，并引入经营服务主体利用平台资源提供商业服务；三是助力乡村振兴和旅游发展，在平台上开展各种旅游文化和农特产宣传与电商业务，推动县域经济的发展；四是为县域各类商户提供服务，满足群众衣食住行娱游教等方面的服务需求。

3. 创新机制，确保县级媒体中心可持续发展。

在机制方面需要创新管理，激发内生动力。县级媒体中心是新旧媒体的融合，也是传统媒体向新媒体的转型。新媒体不仅是新技术、新渠道，也是新概念、新体系、新机制。没有一系列的改革创新，只有物理整合，没有化学反应，没有更新。这只是装在新瓶子里的陈酒。新成立的媒体中心仍然没有活力和活力，这就需要重构管理体制与事业体制。将原来由广电行政部门设立的广播电视台、县委宣传部设立的内部报刊、由县政府设立的政府网站整合起来，设立统一法人机构——县融媒体中心。中心是县委县政府设立的事业单位，归口县委宣传部管理，是县域唯一的官方媒体。从试点经验来看，县级融媒体中心采取事业单位、企业化管理；采编宣传属事业主体、经营属企业主体，分离运行，事业、产业双轮驱动，突破现行做法，实现用人和分配的准市场化。这个设计兼顾了我国媒体基本制度，保证其内部富有活力。事业单位的基本运行经费需要政府财政保障，但应允许一定的经营活动和用于激励的二次分配。事业单位企业化管理，必须实行采编与经营两分离，因此经营类业务转制成企业，实行事管企体制，企业进行混合所有制改造，增强内部活力。是打破思想体系和机制制约，增强内在活力。媒体中心建设在改革的过程中，打破部门壁垒，创新工作机制，重塑内容制作过程，一个单独的编辑是分开管理，商业行业，企业管理的全面实施，取消系统权限的员工的原因，打破僵化的人事分配制度，激发员工积极性，显著提高内部能量。

在新闻方面，这个平台要打造权威信息发布的"云稿库"，构建全县共享互通的"中央厨房",实现跨站点调用、跨区域订阅,丰富各地新媒体的内容并显著提升其品质。既然是全功能平台,必然要满足文字信息、图片、视频、音频等各种业态的专业要求和标准,县级融媒体中心是架设在大平台上的小平台,是全媒体融媒体,主责是新闻宣传,也承担着县域综合信息服务的职责。总结试点经验,其功能模块应包括但不限于:新闻资讯、电子政务、电子党建、智慧社区、频道频率、互动平台、社交。这个平台设计有基本模块,但具有扩展性和包容性,适应不同县域的实际和不同业务的需要。典型做法是打通公积金、交管、医疗、户政等40余项通用政务和民生服务接口,提供精准扶贫、智慧医疗、网络教育、智慧食药监等信息化建设服务,支持各地信息化成果转化,助力"智慧城市""智慧社区"建设。只有通过有效服务才能建立同群众和用户的有效连接。县级融媒体中心连接用户的方式唯有服务。从湖北长江云平台的实践看,要汇聚政务微博、微信、客户端,当地政府部门入驻当地电子政务大厅发布信息,入驻"民声"问政系统回应百姓诉求,从而督促各级党政领导干部,让融媒体中心成为了解群众、贴近群众、为群众排忧解难的新途径,成为发扬人民民主、接受人民监督的新渠道。

四、小结

县级融媒体中心建设是新时代基层宣传思想文化建设的战略工程,在媒体深度融合过程中,加大改革力度,优化改革实效,适应发展趋势,夯实基层思想舆论阵地成为媒体改革不容回避的问题。县级融媒体中心建设的本质是在媒体深度融合形势下做大做强做优做实党的媒体,巩固和扩大基层思想舆论阵地,这就需要重构体制机制,建设全功能平台,强化用户连接和服务,拓展产业运营和增强自我造血能力,才能实现县级融媒体中心建设的腾飞。

(作者单位:湖南衡东县广播电视台)

抓好节目内容　服务广大群众

邓富学

习近平总书记在全国宣传思想工作会议上发表重要讲话时强调，完成新形势下宣传思想工作的使命任务，必须以新时代中国特色社会主义思想和党的十九大精神为指导，增强"四个意识"、坚定"四个自信"，自觉承担起举旗帜、聚民心、育新人、兴文化、展形象的使命任务，坚持正确政治方向，在基础性、战略性工作上下功夫，在关键处、要害处下功夫，在工作质量和水平上下功夫，推动宣传思想工作不断强起来，促进全体人民在理想信念、价值理念、道德观念上紧紧团结在一起，为服务党和国家事业全局作出更大贡献。

新闻媒体在新形势下如何更好地担当起举旗帜、聚民心、育新人、兴文化、展形象的使命任务呢？笔者认为，习近平总书记的重要讲话，已经为新形势下新闻宣传战线举什么旗帜，走什么道路道，办什么节目、做什么新闻，怎样把握好正确的舆论导向，如何用习近平新时代中国特色社会主义思想武装全党、教育人民、推动工作提出了明确要求，更为新闻媒体在新形势下如何进一步讲好中国故事、传播好中国声音指明了方向。作为新闻媒体如何落实好习近平总书记的讲话精神，怎样坚持以人民为中心的创作导向，既积极主动阐释好中国道路、中国特色，把全党全国人民士气鼓舞起来、精神振奋起来，朝着党中央确定的宏伟目标团结一心向前进在当下愈发显得格外重要。

新闻应顺应民意的重要性

现如今，媒体如雨后春笋越来越多，除报纸、广播、电视等传统媒体外，网络视听等新兴媒体也随着时代的发展和科技的进步不断壮大。无论是哪种媒体其传输手段和方式也越来越灵活多样，传输速度也越来越快，覆盖范围也是越来越大，受众人数也越来越多、广大群众获取新闻的渠道和途径也是越来越宽。但是，从某种角度说，现在不论哪种媒体的新闻与农村群众，尤其是弱势群体有关的新闻并没有因媒体的不断增多而增加，新闻与农村群众的距离并没有越来越近。因而媒体新闻关注农村群众、追随民心、顺应民意；更好的强信心、聚民心、暖人心、筑同心在新形势新闻宣传工作中更显得至关重要。

我国是一个农业大国，农村人口有9亿，占全国人口的70%，因而农村、农民、农业问题关系到经济发展、社会稳定、国家富强，人民安居乐业。但是全国农村群众发展经济必须掌握了解党和国家现行大政方针、惠农政策和先进科技致富信息，依靠党的方针政策才能发展农村经济，脱贫致富。而要了解这些政策只能通过报纸、广播、电视、网络等媒体新闻获取，所以新闻关注农村、关心农民、反映民意、追随民心，拉近与农村群众之间的距离，自觉地与农村群众融为一起已迫在眉睫。

反映农村广大群众心声新闻较少的原因

1. 媒体身在城市、距离农村遥远，条件制约，心有余而力不足。在当今众多的新闻媒体中，不管是中、省、市报纸、广播、电视、网站等媒体因身处大中城市，距离县、镇尤其是距村组农户较远，新闻的来源和触觉主要在城市及城市近郊。偏远农村所发生的各类新闻、农村群众关注普遍问题的新闻往往因为路途遥远、交通不便等诸多原因，中、省、市媒体不能在第一时间赶到，错过了新闻报道的最佳采访发布时间，造成这一方面的新闻数量相对不足。

2. 忽视农村群众、农村新闻板块设置定位不够全面，受众范围不够广泛。如今，相当一部分媒体把新闻的重心和新闻板块设置放在当地主要时政活动上，没有把农村群众尤其是弱势群众最关心、最期盼，亟待要求尽快解决问题的新闻纳入该媒体新闻报道的范围，忽视了这一层面受众的存在，使新闻宣传引导范围不够全面广泛。新闻媒体举旗帜、聚民心、育新人、兴文化、展形象的使命和作用没有得到更好更大的发挥。

3. 注重经济发展新闻，忽略"三农"问题新闻。今天，有相当一部分媒体关注热捧一些交通便利、资源丰富、发展速度较快地方的变化，总是把话筒和镜头对准经济发达的地方和富裕的人群，把新闻做成经济富裕层面人群的专栏、专题、专集，违背了新闻"贴近生活、贴近群众、贴近实际"的原则。以致出现众多媒体对农村群众新闻关注不够，编排农村新闻数量不足、位置不突出的问题，使新闻应有的主流思想舆论引导作用没能得到最大限度的发挥。

笔者在县级广播电视台从事新闻记者、编辑工作20多年，认为做好新形势下新闻宣传工作必须始终学习好、贯彻好、落实好习近平总书记在全国宣传思想工作会议上的重要讲话精神，坚持用习近平新时代中国特色社会主义思想武装全党、教育人民，坚持培育和践行社会主义核心价值观，坚持以人民为中心的创作导向，尤其是以农业、农村、农民为新闻创作源泉，以弘扬新风正气，推进移风易俗，培育文明乡风、良好家风、淳朴民风，焕发乡村文明新气象为创作题材，讲好农村故事、传播好中国声音，展现好农村巨大变化。

要讲好农村故事、展现出农村日新月异的变化，察民情、接地气，倾听群众呼声，反映群众诉求，关注农村、反映民意、追随民心，拉近与农村群众之间的距离尤为关键，尤其是身处最基层的县级广播电视台新闻更应充分发挥距离农村、农户、农民最近、倾听农民群众诉求声音最真切、搜集"三农"问题最广泛、了解农村变化最准确、最真实的诸多优势，积极发挥县级广播电视台地方主流宣传媒体的舆论引导作用，及时把党和国家的声音及当地党委、政府的重大决策传递到千家万户，不断丰富人民群众文化生活、满足人民群众精神文化需求，使县级广播电视台新闻节目成为农村群众了解党和国家政策的阵地，反映心声、解决问题的平台，掌握科技致富信息的园地。

做好追随民心、反映民意新闻应把握的环节。

1. 准确设置好农村新闻节目板块、重点突出农村新闻的位置、数量。作为县级新闻宣传主流媒体的县级广播电视台有着身处最基层，当地大量鲜活、典型、真实新闻故事发生后，县级广播电视台有着能够在第一时间就能赶到农村、来到老百姓身边，而且在第一时间将新闻事实真相反映给农村群众等这些中、省、市报纸、广播、电视、网站等媒体在第一时间却无法无力做到的独特优势，可以说农村所发生的新闻及国家大政方针、当地党委政府重大决策和农村群众关心和急于要求解决的事是否得到解决？农村群众是通过收看收听县级广播电视台新闻了解到的。所以说尽管现在各种媒体数不胜数，但农村老百姓还是比较相信县级广播电视台的新闻，因而县级广播电视台应顺势而为，在本县新闻节目中应设置农村新闻板块、并保证充足的数量、合理编排位置、准确选择播出时段，让党的创新理论"飞入寻常百姓家"，使反映民意的新闻成为县级广播电视台新闻的"灵魂"。从而提高县级广播电视台在当地农村群众心目中的舆论传播力、引导力、影响力、公信力，进而巩固壮大地方主流思想舆论阵地。

2. 新闻要时刻装着农村、心中始终惦记着农民。县级广播电视台覆盖范围在农村，三分之二多的受众是农村人口。对于多数受众来说，近距离的信息与他们日常工作、生活、利益关系密切，农村所发生的一些新闻更有吸引力、号召力、更有看头。农村群众收看收听县级广播电视台其新闻节目，比收看收听中央和省市媒体新闻人数还要多。因此县级广播电视台在完成好把党和国家的声音传递到千家万户这一重要政治使命的同时，更应把农村群众尤其是弱势群体最关心、最期盼的问题作为新闻报道的重点，使农村群众觉得县级广播电视台新闻没有冷落他们，没有忘记他们，与他们很近，很亲切，收看收听县级广播电视台新闻成为他们日常生产生活中不可缺少的一堂必修课。

3. 新闻要始终为农村群众着想，讲出讲好广大农村群众的心声。在媒体日新月异，争奇斗艳；新闻抢抓受众、抢引眼球的今天，县级广播电视台新闻要做到吸引住农村群众，并且使他们成为县级广播电视台的真实听众、观众。县级广播电视台必须着眼于农村、立足与农民，要把农村新闻摆在各项新闻宣传的首要地位，要不断研究探索创新农村新闻的报道方式、报道手法，并因地制宜定期不定期策划农村新闻，把镜头对准农村，把话筒伸向老百姓，说老百姓要说的话、说老百姓想听的话，讲老百姓爱听的故事，心中装着农村群众、时刻关注农村群众，追随民心、顺应民意。这样县级广播电台新闻农村老百姓才爱听、爱看，县级广播电视台在老百姓心目中的地位才能不断提高。

4. 要敢于说真话，讲实情。随着经济的发展，农村一些深层次的矛盾纠纷和其他问题也不断涌现，县级广播电视台新闻如何做到既要坚持正确的舆论导向，又敢于说真话，讲实情，及时反映群众心声、顺应民意？为此，县级广播电视台应自始至终必须以习近平新时代中国特色社会主义思想和党的十九大精神为指导，增强"四个意识"，坚守新闻实事求是的马克思主义新闻观原则，不要道听途说，更不能相信没经当地党委政府认可的网站信息，而是要深入实地，赶到第一现场，亲历目睹新闻事实，掌握了第一手材料后，才能根据新闻发生的事实和进展，不误报、不漏报、不夸大、不加温、不添乱，实事求是的做好新闻，使农村群众通过新闻了解事实真相，自觉承担起举旗帜、聚民心、育新人、兴文化、展形象的使命任务，这样县级广播电视台新闻在一个地方才有传播力、引导力、影响力、公信力，做到了这些县级广播电视台的事业才能不断发展和壮大。

（作者单位：陕西省柞水县广播电视台）

县级媒介融合生态系统的可持续策略

——以新疆巴州地区媒体融合工作为例

陈琛

一、县级媒体融合的误区分析

2018年8月21日习近平总书记在全国宣传思想工作会议上强调"要扎实抓好县级融媒体中心建设",这一重要指示明确了媒体发展的核心要领与工作重点。国家对媒体融合的工作部署逐渐由省级媒体过渡至基层媒体,激活了国家宣传工作的发展体系,为"上情下达、下情上达"的全效运作提供了科学的战略思想。此后,全国县级融媒体中心纷纷挂牌成立,各地主流媒体普遍形成"两微一端"传播模式,并秉持"一次采集、多种生成、多元传播"的指导理念提升信息传播效果,基层媒体在这一趋势下以加强互联网思维为融合重点,试图探寻传统媒体向新媒体转型的具体路径。然而,大多媒体在转型过程中仅仅停留在既有融合思维下,囿于省市级融合思路,随波逐流地追求"中央厨房"建设、多元矩阵模式与流量输送效应。县级媒体融合并不是简单复制上级的工作流程,而是需要透彻分析当地媒体格局,从融合障碍与实施效果中探索基层发展之道。

1. 中央厨房生产模式的理念误区

在媒体融合的进程中,大多媒体若想从相加过渡到相融,则会选择打造"新旧融合、一次采集、多种生成、多元发布、全天滚动、多元覆盖"的"中央厨房"系统,改变原有纵向单位的板块分割式运作模式。截至目前,全国已有55家媒体组建了"中央厨房",从搭建方式层面来看,可将其分为两种类型:一是聚合型"中央厨房",它是以平台聚合为宗旨,整合不同媒体的信息资源,随之将这些内容分发至各个单位。人民日报中央厨房作为典型的聚合型平台,首先服务于本体的各个子系统,其次又与《四川日报》《广州日报》等其他单位进行协作,共享子系统间的技术、产品与传播通道,达成同行业间的合作;二是内控型"中央厨房"，这一平台着眼于内部机制运作，并未与其他媒体达成协作，最为普遍的做法则是成立全媒体中心，聚合集团内部各个平台的资源，将内容、人员与技术集中调度，实现统一管理。以此看来，"中央厨房"的总体思路则在于构建总编调度中心，聚合信息资源，集中指挥内容的生产与分发，强化多元传播的协调性，实现良好的信息沟通与共享。这一模式在重塑媒介组织与生产流程等方面确实具有借鉴意义，但同时也出现了生产成本上升、内容同质化等一系列问题。

首先，从战略主体层面来看，"中央厨房"始终未跳脱"传者中心"的思维架构，新闻生产效率的提升并不等同于宣传效果的提升，"用户中心"的传播理念才是创新出"现象级"产品的思维定律。其次，从建设成本来说，"中央厨房"的价值成本体现在两方面：一是人力成本，看似"一采多播"节约了媒体人力资源，然而，这一成本只是总媒体生产成本中的太仓一粟，往往在人员磨合沟通时被抵消；二是资金成本，厨房的硬件投入与软件后期升级成本过高，动辄上亿元不等。河南大象融媒体集团"新闻岛"投资 1.6 亿元，廊坊日报社的大数据系统累计投资 1000 余万元。同时大多厨房仍旧是实行节庆模式，"人民日报的中央厨房，从 2015 年两会报道到 2017 年 1 月为止，一共启动运行 20 次。"[1]地市级的运作频率相对更低，日常化运作难以实现。最后，从内容生产效果而言，编辑对信息半成品进行二次加工，素材视点处于同一维度中，易形成新闻内容的同质化现象。同时"屏幕新闻"将记者带离了新闻现场，高效率与技术化的资源分配方式，使记者失去了捕捉现场细节的机会，最终导致新闻失去温度和地气。

县级融媒体的运营大多以政府财政拨款为依托，在"中央厨房"的建设方面，很难实现巨大的资金投入。我们不应将"中央厨房"工程建设作为媒体转型的最终目标，应在理念上形成资源共享机制，将内容提质作为工作重点，努力变革"传者中心"理念为"用户中心"驱动。

2. 多平台矩阵传播量化用户需求

随着新媒体传播生态的变革，传统媒体由过去的纵向传播渠道转型为多平台矩阵传播，"一报一台一网二微二终端"的传播模式丰富了内容样态与传播通道，多数县级融媒体利用主流社交平台借海上船，试图在移动化时代建构舆论引导的多维阵地。然而，从市场与用户需求的角度分析，这一举措依旧停留在"人找信息"的传播思维中，多平台的信息轰炸难以培养受众的媒介接触习惯，同一主题的多种形态传播难免分散了用户的信息关注度。刻意追求内容形式与传播渠道的多样性，是将用户需求以量化形式进行分割，并未实现真正意义上的垂直化内容生产。

美国心理学家霍顿和沃尔（Horton & Wohl）提出准社会交往理论，他们强调，受众接触媒介的驱动力源于自身的工具性需求，也就是说，媒介若想实现与受众的准社会交往，需要从内容上满足用户的理性需求，随之通过长效情感互动培养受众的媒介接触习惯，在此基础上才可影响群体价值理念的建构，坚守舆论引导的阵地。因此，从这一逻辑出发，我们发现，多平台的矩阵传播在一定程度上突出了传播形态的多样性，却忽略了内容与用户关系的建立。一方面，借海上船难以培养用户情感。用户黏性是形成交往关系的重要逻辑，满足受众工具性取向的前提是构建内容与社交的融合。反观县级融媒中心，我们发现，传统媒体沉浸在矩阵传播的量化思维中，借用多个巨头社交媒介进行内容输出，很难保证分发的有效性与沟通的及时性，全媒中心依旧停留在点对面式的单向传播中，受众仅仅满足了第一层面的理性需求，还未过渡到情感互动的进程中，传播链就此打断，这种融合只是在传播样态上有所发展，并未真正地融会用户与关系的核心要旨。另一方面，借海上船难以迁移潜在用户。大多县级传统媒体充当着内容生产者的角色，融合进程中仅仅将传播渠道跨越到新媒体领域中，他们没有社交媒体的海量资源，没有网络中意见领袖的红人资源，更没有大数据技术研发的后方团队，唯有依赖几个巨头平台予以实现长效矩阵传播，移动用户对于这些平台的依赖性极强，融媒体中心若想实现自身终端发展，迁移用户至自己的平台，成为舆论引导者的难度难以估量。

县级传统媒体的融合进程一定程度上表现出新旧融合的特点，作为传统内容生产者，社交资源的匮乏使其不得不依赖巨头平台，以此在赛博空间中坚守舆论阵地。然而，融媒将内容与关系的重点聚焦于多样态的形式传播中，难免走入了平台误区，分散用户的注意力，使其与媒体处于长期失联状态。

3. 流量输送的"注意力经济"

传统媒体不断适应新媒体的传播方式，在自媒体平台发展圈层经济，以往的线下用户余量逐渐消失殆尽，媒介技术改变了人们的日常生活方式，流量红利已经不再成为媒体生存的驱动力。2019 年 1 月 25 日，习近平总书记在中共中央政治局第十二次集体学习中说道："我多次说过，正能量是总要求，管得住是硬道理，现在还要加一条，用得好是真本事。""用得好是真本事"透露出，媒体融合的衡量标准发生了改变，规模化的流量输送已是 Web1.0 时代的传播范式，全媒业态系统正在由 Web2.0 向 Web3.0 跨越，融合标准更加注重产品效果的价值。因此，追求用户黏性与生态系统的可持续发展才是县级媒体的融合之道。

二、县级媒体融合的核心逻辑

1. 一体化：融媒体生态系统的可持续发展

截至目前，新疆地区县级融媒中心的运作仅仅停留于组建新媒体新闻发布中心，地区之间联系较为松散，呈现出纵向分割式的运作模式，从而导致新媒体中心逐渐演变为"第四媒体"。媒体融合的题中之义在于打造一个完整的生态系统，通过相关利益主体间的协作发展，整合各地媒介资源与生产要素，培养区域价值共创理念，实现自上而下的一体化管理，以"上情下达、下情上达"为主导思想，把握好新旧媒体、主流媒体与社交平台、中央与地方媒体、省级与县级媒体之间的本质联系，构建立体式传播通道，从根本上催化融合质变。县级媒体融合的一体化包含以下两个方面：第一，建构融媒体的价值闭环。截至 2017 年年底，A股上市的 138 家传媒企业总市值 1.94 万亿，而腾讯和阿里巴巴的市值均超过了 3万亿。此现象的根本原因在于，两大巨头都是依靠催生内在需求而不断扩张的融合型生态企业，品牌产品与平台联系密切，相互联通，基于用户需求不断衍生出新的产品。举个例子，腾讯在社交平台中通过对海量用户的数据分析，衍生出多元的垂直化产品，腾讯游戏正是催生于生态型的内在需求。县级融媒体生态系统较为单一，产品与受众间存在三方平台，垂直分割的管理模式阻碍了价值的流通生产，因此，我们应建构一体化的协同发展机制，聚合用户与资源，促进媒体的内生需求，形成商业价值闭环，构建持续性生态机制；第二，区域式的嵌套发展生态。新疆地区县级融媒体平台建设的主要困难在于人员与资金的分配不均，根据个体与系统的嵌套机制，相关利益主体间可以采取"抱团取暖"的拉动式发展，搭建同心圆的融合体系，采用省级融媒为中心依靠、县级融媒体为基础渠道的方式，缓解基层媒体融合的平台建设问题，拉动其参与至区域性的宣传工作之中，做到真正的"下情上达，上情下达"。

可见，县级媒体融合工作的一体化建设，不仅在一定程度上催生了融媒体的内在需求，同时成为区域内各级媒体的协同发展的体系支撑。

2. 社交化：构建媒介融合的互动仪式链

马克思曾提出，"人即使不是政治动物，至少也是社会动物"。[2] 我们常常在讨论县级媒体融合对策时，都愈发依赖社交化传播，将社交元素应用到内容的生产与分发中，体现出媒体传播方式的感性过渡。一方面，培养了用户主动接触媒介的社会化行为，提升全民参与政治的积极性；另一方面，互动性增强了用户黏性，挖掘了产品价值的开发深度。

兰德尔·柯林斯（Randall Collins）提出互动仪式链理论，他认为，"互动是社会动力的来源，个体在社会中所呈现的形象是在与其他人的社会互动中逐渐形成的。这些互动和仪式能不断产生情感能量，并将这种情感与符号相联系，从而形成组织信仰、组织思想、组织道德规范以及组织文化的基础。而组织中的个人，又利用仪式所产生的情感和符号，引发之后的社会互动。经过一定的时间，这种循环成为固定的模式"。[3] 我们可以从以下几个层面理解这一理论的核心要义：一是个体在社会化互动中呈现形象；二是社交元素纳入符号体系形成组织文化基础；三是符号体系构建互动循环模式。基于这一理论理解县级融媒体的运作机制，我们可以催生出两种社交化传播方式。首先，突出用户身份的特殊属性。在组织传播中，用户在社群中更多地表现出自己想要建构的个人形象，县级融媒体无法通过内容产品凸显受众的"社会身份标签"，但可以通过用户行为进行数据分层，例如，通过统计用户的浏览文章数量，量化为积分形式，采取"超过本地50%的用户"的属性标签，满足其归属感与荣誉感，彰显其社会形象，淘宝的支付宝账单正是利用了这一核心逻辑。其次，建立群组社交文化制度。以兴趣化的交往情景聚合用户，打造出基于文化符号所形成的自由沟通型的"公共领域"，社群符号象征着内部成员的文化追求。同时，可在组织内推出系列活动，建立用户自发传播制度。

县级融媒体的社交化运行不能止步于"社交平台"的内容分发，而是真正理解用户的社会化需求，深化用户与内容、用户与用户、用户与媒体间的潜在关系。

3. 平台化：提升主导意识与用户深耕意识

在大众媒介时代，主流媒体点对面式传播被赋予强烈的"控制论"色彩，传播者拥有绝对话语权与公信力。融媒体时代下，互联网企业掌握着海量用户资源，主流媒体为适应新的传播生态，纷纷借海上船，依赖超级平台传递政治声音，容易导致话语势能弱化，甚至难以清晰了解自己的每一个用户。2019年1月25日，习近平总书记在主持中共中央政治局第十二次集体学习会议时强调："要抓紧做好顶层设计，打造新型传播平台，建成新型主流媒体，扩大主流价值影响力版图，让党的声音传得更开、传得更广、传得更深入。"[4]因此，县级融媒体只有建设新型移动平台，开设公共领域窗口，以此聚合用户。一方面，媒体应努力"造船出海"，掌握入口主导权；另一方面，深度开发用户数据，进行内容与服务的精准化传播，实现用户与用户、用户与生产者的强联结，将用户转变为生产力。

《2018全国党报融合传播指数报告》显示，"377家党报中有259家党报在新浪微博开通了官方微博账号，开通率达68.7%；在微信平台，有288家党报开设了微信公众号，开通率为76.4%。"[5]多数县级融媒体在超级平台中进行内容输出，依旧在第三方平台充当着用户角色，只是众多内容发布者中的一部分，更无法奢求对用户数据的挖掘。盲目依赖三方平台难以实现潜在影响力，反而会在流量控制与商业利益中患上平台综合征。因此，终端主导权在媒体进行舆论引导与议程设置中起着决定性意义。"'借船'只是缓兵之计，'造船'才是治病良方。"[6]县级融媒体平台的建设是可持续发展的重要举措，同时也为聚合用户、实现更为精准化的生产模式提供有力保障。"'学习强国'即是从'借船出海'到'造船出海'的实践范例。"[7]

三、打造"丝路楼兰"巴州地区全媒体平台的思考

媒体融合的力量必将成为开创未来的力量。丝路楼兰全媒体矩阵紧紧围绕总目标，深入贯彻落实党的十九大精神，以习近平新时代中国特色社会主义思想为

行动指南，牢记 48 字方针，坚定文化自信，勇于改革创新，将"丝路楼兰"全媒体矩阵（一报一台一网二微二终端）打造成全疆的新型主流媒体。奋力提升"丝路楼兰"的品牌效力，坚持以平台化建设为磁力改变用户长期"失联"状态，在人人都有麦克风的全媒体时代，主流媒体应牢牢握紧舆论导向的金话筒，静化浮躁的娱乐氛围，满足用户更高层面的精神文化需求。

1. 顶层理念：坚守主流媒体的舆论阵地

丝路楼兰全媒体矩阵由巴州党委宣传部主管，巴州网信办和巴音郭楞广播电台主办，作为党政机关的宣传通道，具有一定的社会公信力，应在传播队列中发挥主导效应。新故相推，日生不滞，丝路楼兰的融媒体建设是将终端主导权掌握在自己手中，逐渐改变三方平台的强依赖效应，利用大数据技术进行舆情监测，分析社会舆情走向，从而更加灵活地引导群体的关注取向。把握时代大势，坚持守正创新，坚定不移推进媒体深度融合，为各类新闻产品推广提供立体通道，孵化出具有巴州特色的新型主流媒体。

在娱乐泛化的时代，刺激性的自媒体信息使受众产生即时满足感，浮躁浅显的娱乐内容从某种程度上难以满足用户的深层文化需求。新疆是"丝绸之路经济带"的核心区域，丝路楼兰全媒体矩阵在推动"一带一路"建设中肩负着巨大的责任与使命，将"一带一路"建设宣传作为内容旨归，从文化层面满足受众的精神需求。同时，在新疆地区开设独创的"一带一路"建设新媒体宣传平台，让更多的受众了解"一带一路"，了解新疆地区在"一带一路"建设中的成果与贡献。

2. 平台推进：南疆地区的综合性区域品牌建设

"丝路楼兰"主题理念来源于闻名世界的丝路与楼兰文化，Logo 以骆驼为设计主体，沙漠作为环境衬托，小骆驼在驼铃声声的丝绸之路中行走的画面，让受众自然联想到凛冽荒野中砥砺前行的丝路文化，同时也寓意着新疆媒体工作者风雨无阻，持之以恒的新闻精神。楼兰，是西域古城遗迹，曾为丝绸之路必经之地，它是祖先留给巴州的一笔无法估量的历史遗产，更是巴州、新疆乃至中国的骄傲。"丝路楼兰"品牌建设赋予楼兰文化以新的生命，巴州全媒体矩阵在这一理念的驱动下，必将日新月异、提质增效，在弘扬丝路精神、促进东西方文化互鉴的路程中博采众长，不断探索融媒体工作的深度和广度，强化传播效力和质量，努力形成同频共振、同网共宣的宣传态势，为开启巴州社会稳定和长治久安新征程营造良好的舆论氛围。

各级广电媒体已经完成或者正在打造区域范围内的联合发展，即省市级广电机构搭建一个融合媒体平台，可覆盖到不同市级的广电机构，搭建"丝路楼兰"平台既可以进行区域内的资源整合，省去重复化的宣传工作，又可解决发展不平衡带来的弊端。这种区域性的联动效应已成为全国融媒体发展的一大趋势。巴州位于南北疆结合部，是进入南疆的门户，"丝路楼兰"以打造南疆地区的综合性媒体品牌为战略目标，跨地州发展媒体合作机制，整合区域内信息资源，强强联合，发展拉动式融合生态，打破地域概念束缚，实现下达工作任务，上传基层民声，成为南疆、新疆乃至"一带一路"建设的新型主流媒体。

3. 体系建设：搭建同心圆生态格局

巴州新媒体中心将搭建以"丝路楼兰"为品牌核心的综合性网络平台，集结用户内容需求、服务需求与体验需求，主打楼兰 24 小时手机客户端的圆心传播，以"丝路楼兰网""楼兰新闻网"与微信公众号作为矩阵媒体，为各类新闻产品推广提供了立体通道，形成一中心、多平台、多渠道的多声部合唱，孵化出具有巴州特色的新型主流媒体。

另一方面，丝路楼兰新媒体中心的矩阵传播需要打通线上线下的信息资源整合，实现"一个记者，一条采访，多种形式内容报道"的高效机制，以全媒体考评体系为指挥棒，打造"中央厨房"，同步推动"一报一台一网二微二终端"的流程机制和组织再造，引导采编团队向媒体融合进军，确立以质为主、量为辅的考评方式，生产出多元化的优质产品。此外，打通跨媒体、跨行业的渠道空间，加强丝路楼兰新媒体矩阵与巴州其他主流媒体之间的深度融合，努力形成州域媒体新闻资源有效整合的新格局。

4. 用户深耕：服务与产品翻译的价值创新

"丝路楼兰"品牌称号凝结了丝路文化精髓，这一文化情怀感染了诸多慕名而来的受众，网站访问量高达 400 余万次。然而，微信公众号的订阅量与文章阅读量却与访问人数不成正比。大量用户接收到品牌名称的"文化信号"后奔涌而至，但媒体无法长效提升受众黏性，在某种文化情感吸引力度失效之时，用户与媒体之间逐渐处于"失联"状态。

流量红利代表着丝路楼兰用户的文化情怀，这种取向带有一定的工具性与目的性，我们应顺势而为，深耕用户需求，秉持着"优质式、服务式与互动式"的媒体理念，在不断推出优质文化产品的同时，满足受众的服务需求与媒介使用需求，从而提升受众对文化品牌的情感依赖。此外，平台建设的核心要旨在于理清用户与用户、用户与媒体、用户与社会之间的联结关系，我们应打造社会操作系统，透析区域内的受众政务渴望，主动开展移动政务板块，努力实现政务信息的及时传播，将重大信息、重要政策、重大事件第一时间在丝路楼兰全媒体矩阵平台发布，努力实现"水、电、气、暖"网上缴费，方便群众，服务群众，让信息多跑路，让群众少跑腿。内容质量与多平台互动的升温将会不断加强用户黏性，人文关怀将受众媒介接触意识不断由工具取向转变为情感依赖，在这种状态的驱使下，丝路楼兰潜移默化地引导了受众的价值观念，承担起主流媒体舆论风向标的职责。

　　在新疆少数民族中，有一定数量的受众对国家通用语言文字信息的解读、理解能力有限，新疆各类媒体为扩大信息传播的覆盖面，长期以来根据多语种受众需要，对网络信息进行翻译。丝路楼兰作为党政机关的宣传通道，是网络传播行为的主要载体。同时，巴州位于南北疆结合部，是进入南疆的门户，少数民族约占总人口的三分之一，主流媒体在这样的态势下有义务推动多语种传播机制的形成，满足多语种用户的语境需要，努力构建媒体与用户之间的共通意义空间，加强对国家通用语言的翻译质量，更加广泛、高效地传播主流价值思想，为多语种受众打造出权威、多样的媒体平台。

注释：

[1]张丽、张洪伟：《当前媒体融合存在的问题及解决路径》，《中国广播电视学刊》2019年第6期。

[2]《马克思恩格斯全集》，第44卷，第379页，人民出版社2001年版。

[3]王浩任：《互动仪式链视角下的网络亚文化——以〈创造101〉中的"菊文化"为例》，《视听》2018年第10期。

[4]《推动媒体融合向纵深发展巩固全党全国人民共同思想基础》，《人民日报》2019年1月26日。

[5]梅宁华、支庭荣等：《中国媒体融合发展报告（2019）》，第34～52页，社会科学文献出版社2019年版。

[6][7]强月新、刘亚：《从"学习强国"看媒体融合时代政治传播的新路径》，《现代传播（中国传媒大学学报）》2019年第6期。

（作者系新疆巴音郭楞人民广播电台台长）

县级新闻媒体发展的新趋势

牛 涛

前言：就现阶段我国县级新闻媒体发展的现状来看，县级新闻媒体同新媒体产业的融合发展可以说是大势所趋，为了能够在媒体融合发展中强化县级新闻媒体的主要地位，还需要县级新闻媒体能够意识到自己的节目定位和媒体特点，进而开发出具有地方特色化的新闻媒体项目。

一、县级新闻媒体概述

（一）定位

伴随着新媒体技术的不断发展，给我国的传统媒体行业，特别是县级新闻媒体行业的发展带来了巨大冲击，要想实现县级新闻媒体项目更好地发展，首先需要对所代表的媒体定位有所了解。我们都知道，县级新闻媒体电视台在我们国家的新闻网络系统当中属于基层性质的机构，主要负责向县级区域范围内的居民传播新闻消息，同中央电视台的新闻媒体宣传相对比，县级新闻媒体的宣传力度和受众范围都是比较狭窄的，新闻媒体宣传的覆盖范围只能是县域所在地所规划出的范围，并在区域范围内产生一定影响，但是超过这一范围，县级新闻媒体的宣传就不能够再起到媒体新闻的宣传作用，影响力的受限性较大，从而使得当前县级新闻媒体产业发展的市场竞争实力十分薄弱，急需根据当前县级新闻媒体产业的定位进行调整和改进。

（二）特点

就县域新闻媒体的发展特点而言，也有其独特的区域发展优势，而且这种区域上的优势是其他类型媒体无法达到的。比如说，县级新闻媒体具有贴近群众生活的优势，它是老百姓自己的媒体产业，当人们在听新闻广播的时候，宣传内容都符合当地的风土人情，从地理文化上，语言习惯上以及生活民俗上，都具有比较强的亲和力，而且地区新闻的时效性也比较强，可以在短时间内获取百姓身边发生的事情，激发群众的情感共鸣。当地居民参与县级新闻媒体活动的积极性会比较高，丰富了新闻内容，加深了县域村民之间的沟通和联系。不仅如此，县级新闻媒体的地方广告特点十分明显，在市场经济快速发展的今天，县级媒体项目能够深入了解当地居民的消费偏好和消费需求，进而有目的性地展开新闻媒体宣传。

二、当前县级新闻媒体行业的生存现状及生存困境

（一）现状

就当前县级新闻媒体产业的生存发展现状来看，主要工作就是对县域范围内发生的新闻轶事进行采集和播报，但是对于新闻的互动性方面会稍微差一些，缺少关于同声采访和互动的环节，而且关于新闻的宣传主要是对事件进行播放，很少会对新闻媒体的内容进行深入性地挖掘和探讨。新闻播报的形式比较单一，甚至是已经接受了狭窄的受众范围，没有进行新闻媒体宣传技术及模式上的创新，尤其是在新媒体产业冲击的背景下，县级新闻媒体的社会认可度仍然在持续下降，对于新鲜事件的反应速度优势也逐渐被新媒体技术所替代，受到县级媒体产业性质的制约，如果不能够针对行业发展的现状加以调整，县级新闻媒体的发展可以说是岌岌可危的[1]。

（二）困境

在市场经济发展的洪流冲击下，县级新闻媒体发展面临着十分严峻的生存困境，在新媒体产业的刺激下，县级新闻媒体项目的市场占有份额持续下降，进而导致了县级新闻电视台经济效益，常常处在入不敷出的状态，自然也使得县级新闻行业在区域内的数量不断下降，又进一步削弱了县级新闻媒体行业的整体竞争实力，陷入一种恶性循环当中。由于整体竞争实力的减弱，使得县级新闻媒体产业中的内部管理漏洞凸显了出来，节目内容变得更加庸俗不堪，粗制滥造，缺乏创新性，不仅不能吸引到更多的群众，而是加速了县级新闻媒体产业的衰弱进程。

三、新媒体时代背景下县级新闻媒体发展的新趋势

（一）改进新闻形式

为了能够尽量避免让县级新闻媒体产业被新媒体技术项目所吞噬，在今后的县级媒体发展中，需要注意改进新闻媒体的宣传方式，也就是要转变媒体的宣传策略，深入到新闻事件的背后去进行研究探讨，而不是仅仅停留在新闻报道内容的表面，转变过去那种套路化的新闻播报定势，在具体操作过程中，可以尽量避免使用领导的媒体观察视角，而是将群众作为县级新闻媒体的观察视角，拉近同群众之间的距离，才能够吸引到更多的人民群众来观看、收听我们的县级新闻媒体节目，比如说在进行社会民生现状调查时，群众可以自己将社会热点设计成录

像或者访谈的形式，进而上传到县级新闻媒体宣传平台上面，让人们可以随时随地查看和浏览新闻。

（二）创新节目本土化

为了能够进一步提升县级新闻媒体产业在区域范围内的市场占有份额，还是要创新自身节目的本土化发展，意思是说，在县域区域范围内积极打造具有地方经济发展特色的新闻媒体节目，将区域经济发展优势，风土人情以及自然旅游资源融入当地的县级媒体节目当中。在创新节目本土化发展的同时，还要积极响应习近平总书记的群众发展号召，走好本土新闻媒体节目的群众路线，想民之所想，思民之所思，结合县级区域范围内的生产生活方式，制作一些老百姓喜欢看的新闻媒体节目，将民生热点问题融入媒体播报中，例如各地区开展的县级《XX新闻》节目，就精确地找准了节目的受众定位，在本土新闻媒体节目时开展中，向全县居民宣传了区域经济发展特色以及惠民工程项目的开展现状，受到了许多当地居民的喜爱[2]。

（三）打造专栏新闻节目

为了能够进一步打开我国县级媒体产业的乡镇群众市场，我们可以尝试着去打在一组专栏性质的新闻访谈类节目，做好正确的乡情舆论引导，积极向全县民众传递习近平总书记提出的社会主义核心价值观，向群众传达党和政府的政策和指令，同时也要倾听群众内心的声音，将群众的想法传达给地方政府，在打造专栏新闻节目时，把握政治正确的话题走向十分重要，一定要向群众传递积极的正能量思想，并告知群众"黄、赌、毒"的社会危害性，让群众能够自觉抵制社会不良思想的侵蚀。因此，专栏新闻媒体节目的内容要创新，播出形式要创新，做到与群众联系的"三贴近"原则，也就是要让节目更加"贴近实际，贴近生活，贴近群众"。

（四）打开新媒体营销之路

既然新媒体产业的出现给传统县级新闻媒体的发展带来了巨大的冲击，那么我们何不利用新媒体的营销手段优势，将县级新闻媒体节目同新媒体技术结合在一起，打开县级新闻媒体的新媒体营销之路，比如说在微博上、微信上创建具有地方特色的新媒体公众号，通过手机新闻推送的方式，让群众实时接收当地媒体发送的消息，了解生活中的大事小情，人们还可以在公众号的评论区内留下自己对事件的观点和看法，促进了群众和新闻媒体之间的沟通和交流，将过去那种电视新闻媒体直播或剪辑播放的方式移动到智能客户端当中，人们便可以在网络客服端当中接受其他人推送的直播链接，不用再等待电视台媒体到达事件现场。在新媒体营销技术的支持下，县级新闻媒体产业正在朝向更加个性化的方向发展。

结论：综上所述，相信在不久的将来，县级新闻媒体产业一定可以和新媒体技术进行更好地融合，开辟一条具有地方特色的新闻媒体道路，实现我国县级新闻媒体的转型发展，创新改进新闻形式，创新节目的本土化特色，继续打造专栏新闻节目，促进县级新闻媒体产业的新媒体融合发展。

（作者单位：新疆托克逊县文化体育广播影视局）

附录

"轻快杯"县级融媒体中心建设主题征文
优秀奖目录